# ISO 9001：2015 新思维 + 新模式

## 新版质量管理体系应用指南
（第3版）

赵成杰　编著

企业管理出版社
ENTERPRISE MANAGEMENT PUBLISHING HOUSE

## 图书在版编目（CIP）数据

ISO 9001:2015 新思维+新模式：新版质量管理体系应用指南/赵成杰编著．——3 版．——北京：企业管理出版社，2021.9

ISBN 978-7-5164-2383-7

Ⅰ．①I… Ⅱ．①赵… Ⅲ．①质量管理体系-国际标准-指南 Ⅳ．①F273.2-65

中国版本图书馆 CIP 数据核字（2021）第 073680 号

书　　名：ISO 9001:2015 新思维+新模式：新版质量管理体系应用指南（第 3 版）
作　　者：赵成杰
责任编辑：徐金凤
书　　号：ISBN 978-7-5164-2383-7
出版发行：企业管理出版社
地　　址：北京市海淀区紫竹院南路 17 号　　邮编：100048
网　　址：http://www.emph.cn
电　　话：编辑部（010）68701638　发行部（010）68701816
电子信箱：emph001@163.com
印　　刷：河北宝昌佳彩印刷有限公司
经　　销：新华书店
规　　格：787 毫米×1092 毫米　　16 开本　　32.25 印张　　600 千字
版　　次：2021 年 9 月第 1 版　2021 年 9 月第 1 次印刷
定　　价：128.00 元

版权所有　翻印必究·印装有误　负责调换

# 第 3 版序言

2015 年 9 月 15 日，国际标准化组织（ISO）颁布了最新 ISO 9001：2015 质量管理体系标准。这是 ISO 9001 标准从 1987 年第一版发布以来，四次技术修订中影响最大的一次，此次修订为质量管理体系标准的长期发展规划了蓝图，为未来 25 年的质量管理标准做了准备。新版标准采用了《ISO/IEC 导则 第 1 部 2013》附录 2（高阶结构），与以往任何版本标准的结构、内容、理念完全不一样，是一种全新的质量管理模式。这对质量管理体系文件编写（创建）人员提出了新的考验，不但需要有丰富的质量实践管理经验，还需要足够的质量管理专业知识，以及建立在对标准深入理解基础上的应用能力。如何编写一套符合标准又有实用价值的质量体系文件，这是企业的质量管理人员、咨询公司的咨询师、认证公司的审核员都需要面临的问题。

本人从事国际标准管理体系咨询工作二十多年，经历了 ISO 9001：1994 版本、2000 版本、2008 版本、2015 版本标准的变化过程，有四百多家各种类型企业的管理、认证审核和咨询的经验，独创了一套实用并有特色的质量管理体系文件。体系文件各章节编写（创建）按新版"过程方法"要求，结合 IATF 16949 成熟的顾客导向过程方法（COP、SP、MP 三大过程），对标准条款要求利用"乌龟图"表现，形成质量管理体系规范（质量手册），对标准重点及成文信息要求的内容采用"管理流程"图表形式体现，并建立支持文件。这是一种全新的文件编写思维模式及表达方式。

本书详细介绍了新版本质量管理体系文件是如何编写（创建）的，回顾了 ISO 9001 第一个版本颁布以来三十年的应用情况，解释了新版标准对质量管理成文信息的要求，再深入讲解新版标准对建立质量管理体系文件的要求，提出采取过程方法来建立质量管理体系文件；详细地描述了质量体系文件编写流程，包括成立质量体系推行小组、学习和培训安排、企业现状调查、对标准条款的删减、制订体系文件编制计划、文件编制的原则、文件样式确定、文件统稿、初次评审试运行、再次评审正式运行。

本书按最新版 GB/T 19001－2016 idt ISO 9001:2015 标准，结合企业管理实践经验，从应用角度诠释标准，方便非质量专业读者理解，让读者从全新的角度认识标准，把所学知识应用到实践中，真正改善企业质量管理，提升产品和服务质量，而不是仅仅为应对第三方认证、第二方审核（客户评审），这是本人最大的愿望。本书提供了一套系统完整的质量管理体系文件案例，涵盖了老版本的质量手册、程序文件、作业文件、记录表格等内容，对企业有很强的实际指导作用。对有质量管理经验的人员，了解企业基本运作情况后便可参考本书中的 71 个支持文件及 180 多份表单，进行选择、增减或修改后使用，适用性同 ISO 9001 标准一样，适用于各类企业和单位。

本书与标准结构保持一致，便于读者理解应用，共 10 章再加 1 个附录：第 1 章 质量管理体系文件编制指引；第 2 章 质量管理体系规范；第 3 章 术语和定义；第 4 章 组织环境；第 5 章 领导作用；第 6 章 策划；第 7 章 支持；第 8 章 运行；第 9 章 绩效评价；第 10 章 改进；附录按过程进行的内部审核（案例）。

本书自 2016 年 4 月第一版发行后，在全国各地新华书店，以及主流图书销售网站（如当当网、京东网、亚马逊网等）上市，受到读者热烈欢迎，同时也收到读者提出的许多宝贵意见。本人对关注本书、提出有建设性意见的读者表示感谢！本人在一年的质量管理体系咨询工作过程中总结了多家企业的运行经验，充分吸取了读者的意见，对本书内容进行了大量的修订，于 2017 年 4 月发行第二版。

对广大读者重点关注的问题和提问汇总后，特别编写了本书使用过程的说明。

（1）"以顾客为导向过程方法"应用，是本书最大的亮点。让质量管理体系不再抽象，更加符合企业日常管理工作实际情况，质量管理工作主次分明、结构清晰，方便企业体系管理人员识别出"重点过程"，更容易整理出管理思路，把握好质量管理体系全局。"顾客导向过程章鱼图"直观、形象地体现了质量管理体系各个过程之间的关系，"质量管理体系过程路径图"进一步明确各个过程关系及部门之间的关系。复杂问题通过图示表现，拉近了质量管理体系标准与质量管理人员的距离。

小提示：以"过程方法"建立的质量管理体系，策划安排内、外部质量体系审核时，应组合识别出的"COP、SP、MP 过程"和"过程清单"，编写"质量体系审核实施计划""质量体系审核检查表"。与按标准条款逐条审核相比，工作思路更加清楚，审核实施更加方便，重点更加突出，提升了审核效率。

（2）质量体系文件编写灵活方便。以前企业建立质量体系文件时，必须单独编写"质量手册"，把标准条款要求转换成企业的质量管理要求，文件编写人员需要在"质量手册"中进行转换与描述。在文件编写过程中，如果标准条款原文改少了，基本保持标准原文，显现不出"质量手册"结合企业实际；如果标准条款改多了，很难把握是否偏离标准。编写"质量手册"成了体系文件编写人员的烦心事！本书新建立的质量管理体系手册利用"乌龟图"进行描述，直接把标准条款放在"乌龟图"中间，再从"输入、输出、用何资源、由谁来做、如何去做、绩效指标"六个方面进行描述，很好地体现了标准要求、输入输出要求、资源要求、所需建立的支持文件要求、运行所需证据（如记录表单）要求、质量目标、绩效考核要求等完整的成文信息系统，直观、方便，阐述内容全面，让体系文件编写人员更容易上手。

小提示：编写的"乌龟图"在排版时，如果要求在同一张纸上，有些"乌龟图"文字内容较多，一张纸排版不下时，可把"乌龟图"的七个部分拆成七个段落，分开进行排版。这样文字内容不变，只是视觉不直观，整体结构感差些，最终成文信息的效果一样。质量管理体系成文信息的引用，可以在"乌龟图"的左下角"如何去做"栏中加入，放在这里的成文信息可以理解为以前版本的第二层次文件（程序文件）、第三层次文件（作业文件），也可以在"乌龟图"的右中间位置"输出"栏中加入，放在这里的成文信息可以理解为以前版本的第四层次文件（记录表单）。

（3）采取"流程图"方式编写的"管理流程"，文件通过简单图表方式体现。有管理经验的人都清楚，管理体系文件能让参与管理的普通员工真正理解，实施才能达到更好的效果。"管理流程"作为企业质量管理体系的重要支持文件，能把各部门的工作关系、工作方法，通过"流程图"表现，从左到右结构，分别为"过程流程"到"内容描述"，再列出相关"采用表单"。工作流程清晰，职责分工明确，工作要求简明扼要，文件表达直观，通俗易懂，执行方法一目了然。

小提示：在质量管理体系文件编写（创建）过程中，有些企业采取"流程图"方式编写文件后，觉得文件美观、实用、简单明了，要求所有文件采取"流程图"方式。但在实际文件编写过程中，发现不是所有文件都能采用"流程图"方式编写，比如有些管理制度，各条款之间没什么逻辑关系，也没什么先后顺序，只要求逐条列举形成文件。

本书能满足以下需求者：作为质量管理体系专业人员的学习教材；提高 GB/T 19001-2016 idt ISO 9001:2015 标准理解应用能力；参考此书自行编写、建立、实施、保持、改善质量管理体系；申请质量管理体系认证；对原有质量管理体系升级、换版；应对第二方审核（客户现场评审/验厂）建立管理体系，准备相关资料；计划在单位组织开展质量管理工作，提升企业质量管理，体现员工自身的工作能力和自我价值；通过学习文件编写方法及系统完整的实际案例，全面提高质量管理的实践应用能力。

本书读者对象包括但不限于：质量管理专业人员、管理体系相关工作人员、企业最高管理者、总经理、职业经理人、经理、主管、质量工程师、从事质量工作人员、管理体系咨询师、管理体系内外部审核员……

赵成杰

2021 年 3 月 8 日

# 目　　录

**第1章　质量管理体系文件编制指引** ·········································· 1
  1.1　质量管理体系文件历史背景 ············································ 1
    1.1.1　以前版本文件结构 ················································ 1
    1.1.2　金字塔结构文件的特点 ············································ 1
    1.1.3　近三十年标准应用情况 ············································ 2
  1.2　新版标准对体系文件的要求 ············································ 2
    1.2.1　新版标准对文件方面的定义 ········································ 2
    1.2.2　新版标准对质量管理体系成文信息的要求 ···························· 4
  1.3　新版标准对建立质量管理体系文件的要求 ································ 5
  1.4　过程方法的应用 ······················································ 7
    1.4.1　过程的定义 ······················································ 7
    1.4.2　建立质量管理体系的三个常用过程 ···································· 9
    1.4.3　顾客导向过程、支持过程、管理过程间的相互关系 ······················ 9
    1.4.4　质量管理体系 PDCA 及过程关系图 ·································· 10
    1.4.5　如何识别过程 ···················································· 10
    1.4.6　利用"乌龟图"对过程进行分析 ······································ 12
  1.5　新版标准对成文信息的要求 ············································ 15
  1.6　质量体系文件编制流程 ················································ 18
    1.6.1　成立质量体系推行小组 ············································ 18
    1.6.2　学习和培训 ······················································ 19
    1.6.3　企业现状调查 ···················································· 20
    1.6.4　对标准条款的删减 ················································ 20
    1.6.5　体系文件编制计划 ················································ 20
    1.6.6　文件编制的原则 ·················································· 22
    1.6.7　文件样式确定 ···················································· 24
    1.6.8　文件统稿 ························································ 25

1.6.9　初次评审试运行 …………………………………………………… 25
1.6.10　再次评审正式运行 ………………………………………………… 25

## 第2章　质量管理体系规范 …………………………………………………… 26
2.1　质量管理体系规范颁布令 ………………………………………………… 26
2.2　任命书 ……………………………………………………………………… 26
2.3　公司简介 …………………………………………………………………… 27
2.4　范围 ………………………………………………………………………… 27
2.5　规范性引用文件 …………………………………………………………… 28
2.5.1　质量管理体系标准 …………………………………………… 28
2.5.2　适用的法律法规 ……………………………………………… 28
2.5.3　适用的技术标准 ……………………………………………… 29

## 第3章　术语和定义 …………………………………………………………… 31
3.1　标准采用 …………………………………………………………………… 31
3.2　常用品质专业术语 ………………………………………………………… 31

## 第4章　组织环境 ……………………………………………………………… 35
4.1　理解组织及其环境 ………………………………………………………… 35
4.2　理解相关方的需求和期望 ………………………………………………… 40
4.3　确定质量管理体系的范围 ………………………………………………… 43
4.4　质量管理体系及其过程 …………………………………………………… 44

| 相关文件编号 | 相关文件名称 | 页码 |
| --- | --- | --- |
| QM/WI01 | 体系及变更的策划管理流程 | 45 |

## 第5章　领导作用 ……………………………………………………………… 57
5.1　领导作用和承诺 …………………………………………………………… 57
5.1.1　总则 …………………………………………………………… 57
5.1.2　以顾客为关注焦点 …………………………………………… 58
5.2　方针 ………………………………………………………………………… 59
5.3　组织的岗位、职责和权限 ………………………………………………… 60

| 相关文件编号 | 相关文件名称 | 页码 |
| --- | --- | --- |
| QM/WI02 | 岗位描述 | 61 |

## 第6章 策　　划 ········································································ 69

### 6.1 应对风险和机遇的措施 ···················································· 69

| 相关文件编号 | 相关文件名称 | 页码 |
|---|---|---|
| QM/WI03 | 风险和机遇的策划管理流程 | 70 |
| QM/WI04 | SWOT 分析指引 | 82 |
| QM/WI05 | 波特"五力模型"指引 | 86 |
| QM/WI06 | 作业风险管理规定 | 88 |

### 6.2 质量目标及其实现的策划 ················································ 99

| 相关文件编号 | 相关文件名称 | 页码 |
|---|---|---|
| QM/WI07 | 质量目标的策划管理流程 | 100 |
| QM/WI08 | 过程绩效指标（质量目标）管理规定 | 103 |

### 6.3 变更的策划 ·································································· 107

## 第7章 支　　持 ········································································ 108

### 7.1 资源 ············································································ 108

#### 7.1.1 总则 ································································· 108

#### 7.1.2 人员 ································································· 109

| 相关文件编号 | 相关文件名称 | 页码 |
|---|---|---|
| QM/WI09 | 人员管理流程 | 109 |
| QM/WI10 | 员工招聘管理规定 | 114 |
| QM/WI11 | 人员顶岗管理规定 | 121 |

#### 7.1.3 基础设施 ··························································· 123

| 相关文件编号 | 相关文件名称 | 页码 |
|---|---|---|
| QM/WI12 | 设施管理流程 | 124 |
| QM/WI13 | 设备维护保养规定 | 134 |
| QM/WI14 | 工装模具管理规定 | 137 |

#### 7.1.4 过程运行环境 ···················································· 148

| 相关文件编号 | 相关文件名称 | 页码 |
|---|---|---|
| QM/WI15 | 工作环境管理规定 | 148 |
| QM/WI16 | "7S"管理规定 | 163 |
| QM/WI17 | 反对歧视管理规定 | 174 |

7.1.5 监视和测量资源·································································176

| 相关文件编号 | 相关文件名称 | 页码 |
|---|---|---|
| QM/WI18 | 监视和测量资源管理流程 | 177 |
| QM/WI19 | 监测设备管理规定 | 185 |
| QM/WI20 | 检测设备自校规定 | 187 |
| QM/WI21 | 实验室管理规定 | 196 |

7.1.6 组织的知识·····································································200

| 相关文件编号 | 相关文件名称 | 页码 |
|---|---|---|
| QM/WI22 | 知识管理流程 | 201 |

7.2 能力···············································································203

| 相关文件编号 | 相关文件名称 | 页码 |
|---|---|---|
| QM/WI23 | 能力管理流程 | 204 |

7.3 意识···············································································215

| 相关文件编号 | 相关文件名称 | 页码 |
|---|---|---|
| QM/WI24 | 意识管理流程 | 216 |
| QM/WI25 | 提案改善管理规定 | 218 |

7.4 沟通···············································································227

| 相关文件编号 | 相关文件名称 | 页码 |
|---|---|---|
| QM/WI26 | 沟通管理流程 | 227 |
| QM/WI27 | 会议管理制度 | 234 |

7.5 成文信息·········································································244

| 相关文件编号 | 相关文件名称 | 页码 |
|---|---|---|
| QM/WI28 | 成文信息管理流程 | 245 |
| QM/WI29 | 企业保密制度 | 252 |
| QM/WI30 | 认证标志证书和档案管理规定 | 257 |

# 第8章 运 行··········································································261

8.1 运行的策划和控制······························································261

| 相关文件编号 | 相关文件名称 | 页码 |
|---|---|---|
| QM/WI31 | 运行的策划和控制管理流程 | 262 |

8.2 产品和服务的要求……………………………………………………………… 263

| 相关文件编号 | 相关文件名称 | 页码 |
|---|---|---|
| QM/WI32 | 产品和服务的要求管理流程 | 264 |
| QM/WI33 | 顾客账款管理规定 | 273 |
| QM/WI34 | 顾客投诉处理规定 | 274 |

8.3 产品和服务的设计和开发…………………………………………………… 278

| 相关文件编号 | 相关文件名称 | 页码 |
|---|---|---|
| QM/WI35 | 产品和服务的设计和开发管理流程 | 279 |
| QM/WI36 | 工模夹具设计与制作管理流程 | 295 |
| QM/WI37 | FMEA管理规定 | 301 |
| QM/WI38 | 工程变更管理规定 | 306 |
| QM/WI39 | 技术文件管理规定 | 311 |

8.4 外部提供的过程、产品和服务的控制………………………………………… 316

| 相关文件编号 | 相关文件名称 | 页码 |
|---|---|---|
| QM/WI40 | 外部提供的过程产品和服务管理流程 | 317 |

8.5 生产和服务提供……………………………………………………………… 336

8.5.1 生产和服务提供的控制…………………………………………………… 336

| 相关文件编号 | 相关文件名称 | 页码 |
|---|---|---|
| QM/WI41 | 生产和服务提供的控制管理流程 | 337 |
| QM/WI42 | 生产计划管理流程 | 348 |
| QM/WI43 | 产品包装作业指导书 | 351 |
| QM/WI44 | 进货检验指导书 | 352 |
| QM/WI45 | 过程检验指导书 | 357 |
| QM/WI46 | 成品检验指导书 | 361 |
| QM/WI47 | 防错管理规定 | 364 |
| QM/WI48 | 作业准备验证管理规定 | 368 |
| QM/WI49 | 工艺纪律管理规定 | 370 |

8.5.2 标识和可追溯性…………………………………………………………… 373

| 相关文件编号 | 相关文件名称 | 页码 |
|---|---|---|
| QM/WI50 | 产品标识管理流程 | 374 |
| QM/WI51 | 产品追溯管理流程 | 377 |

8.5.3 顾客或外供方的财产 ································································· 381

| 相关文件编号 | 相关文件名称 | 页码 |
|---|---|---|
| QM/WI52 | 顾客或外供方的财产管理流程 | 382 |

8.5.4 防护 ······································································································ 386

| 相关文件编号 | 相关文件名称 | 页码 |
|---|---|---|
| QM/WI53 | 产品防护管理流程 | 387 |
| QM/WI54 | 材料仓库管理规定 | 391 |
| QM/WI55 | 半成品仓库管理规定 | 395 |
| QM/WI56 | 成品仓库管理规定 | 399 |

8.5.5 交付后活动 ························································································ 405

| 相关文件编号 | 相关文件名称 | 页码 |
|---|---|---|
| QM/WI57 | 产品交付管理流程 | 406 |
| QM/WI58 | 售后服务管理规定 | 409 |

8.5.6 更改控制 ···························································································· 410

| 相关文件编号 | 相关文件名称 | 页码 |
|---|---|---|
| QM/WI59 | 生产和服务提供的更改管理流程 | 411 |
| QM/WI60 | 认证产品变更管理规定 | 414 |

8.6 产品和服务的放行 ·················································································· 416

| 相关文件编号 | 相关文件名称 | 页码 |
|---|---|---|
| QM/WI61 | 产品和服务的放行管理流程 | 416 |
| QM/WI62 | 批次管理规定 | 421 |

8.7 不合格输出的控制 ·················································································· 423

| 相关文件编号 | 相关文件名称 | 页码 |
|---|---|---|
| QM/WI63 | 不合格输出管理流程 | 424 |
| QM/WI64 | 产品召回管理规定 | 427 |
| QM/WI65 | 返工返修作业流程 | 429 |

# 第9章 绩效评价 ····························································································· 432

## 9.1 监视、测量、分析和评价 ····································································· 432

### 9.1.1 总则 ······························································································· 432

### 9.1.2 顾客满意 ······················································································· 433

| 相关文件编号 | 相关文件名称 | 页码 |
|---|---|---|
| QM/WI66 | 顾客满意管理流程 | 433 |

### 9.1.3 分析与评价 ········································································ 437

| 相关文件编号 | 相关文件名称 | 页码 |
|---|---|---|
| QM/WI67 | 分析与评价管理流程 | 438 |

## 9.2 内部审核 ················································································ 442

| 相关文件编号 | 相关文件名称 | 页码 |
|---|---|---|
| QM/WI68 | 内部审核管理流程 | 443 |

## 9.3 管理评审 ················································································ 451

| 相关文件编号 | 相关文件名称 | 页码 |
|---|---|---|
| QM/WI69 | 管理评审管理流程 | 452 |

# 第10章 改 进 ················································································ 458

## 10.1 总则 ···················································································· 458

## 10.2 不合格和纠正措施 ···································································· 459

| 相关文件编号 | 相关文件名称 | 页码 |
|---|---|---|
| QM/WI70 | 不合格和纠正措施管理流程 | 460 |

## 10.3 持续改进 ··············································································· 464

| 相关文件编号 | 相关文件名称 | 页码 |
|---|---|---|
| QM/WI71 | 持续改进管理流程 | 465 |

# 附录 按过程进行的内部审核（案例）·················································· 469
# 参考文献 ······················································································ 501

# 第1章　质量管理体系文件编制指引

## 1.1　质量管理体系文件历史背景

### 1.1.1　以前版本文件结构

回顾质量管理体系标准 ISO 9001：1987 版、1994 版、2000 版、2008 版四个历史版本，质量管理体系标准对文件要求基本没有变化，接触过质量管理体系的人，对质量管理体系文件"金字塔结构"应该有很深的印象。如图 1-1 所示。

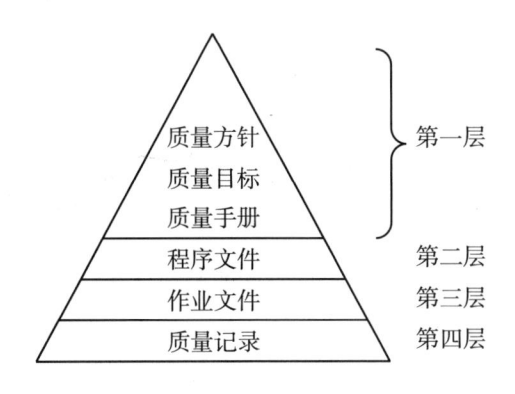

图 1-1　金字塔结构

### 1.1.2　金字塔结构文件的特点

1. 文件自成系统，结构层次清晰，文件之间关系明确。
2. 企业初步建立质量管理体系时编制、套用方便。
3. 国内外企业之间，质量管理体系文件平台一致，接口方便。
4. 第二方、第三方审核时，有了固定结构，免除了了解企业文件结构的时间，审核工作效率高。
5. 虽然不是唯一的质量管理体系标准，但是一套使用范围最广、普及型的标准。

6. 直接提升企业质量管理，间接地提升产品和服务质量。

### 1.1.3　近三十年标准应用情况

1. 中国的文化有自己的特色，中西方文化差异导致西方的 ISO 9001 标准在中国水土不服。

2. 不同行业的大、中、小企业，特别是服务类企业，在发展过程中自然形成一套自有的管理运行模式，而 ISO 9001 标准虽然改版多次，还是解决不了普遍的适用性。

3. 标准要求指派"管理者代表"，并确定其职责。从表面上看是有专人负责，但在企业日常管理工作中，一旦一件事有专人去做，其他员工参与积极性就不大，以免有越职夺权之嫌疑。何况"管理者代表"大多是兼职的，只是在认证需要时，将工作重心转移到质量管理体系工作上，事后重新回到主职岗位。实际成了由兼职"管理者代表"带领的"ISO 9001 认证运动"，造成了"两层皮"现象。ISO 9001 标准很难真正纳入企业日常经营管理活动中。

4. 有些民营中小企业为认证而建立的质量管理体系，平时没有运行，审核前加派人手补充资料，反而成了负担。

5. ISO 9001 标准要求建立的体系文件结构基本固定，企业做认证建立质量管理体系文件时，必须建立质量手册、程序文件这两种类型文件，留给企业编制文件的自由空间不大。

6. 标准对书面的文件化要求高，而大多企业员工对文件化意识不强，习惯于按以前规矩做事，听从领导指示，或见机行事。企业员工大多一边做事，一边看情况是否调整，而标准要求形成文件再执行，也就是说前者"边做边想"，后者"想好再做"。导致体系运行成了高层管理人员的事，不能真正地全员参与。

7. 标准对书面的记录要求高，而大多企业员工习惯于做事，不愿意手写。导致质量管理体系要求的记录平时不填写，或断断续续填写，最后记录、数据、信息不全无法做统计分析，或分析偏向。

## 1.2　新版标准对体系文件的要求

### 1.2.1　新版标准对文件方面的定义

GB/T 19000 - 2016/ISO 9000:2015 的条款：

> 3.8.5 文件 document
> 信息及其载体

理解：

1. 文件范围广，包括记录、规范、程序文件、图样、报告、标准、作业指导书、工艺卡、管理流程、检验指导书等。

2. 文件的样式多：媒介可以是纸张，磁性的、电子的、光学的计算机盘片，照片或标准样品，或它们的组合，可通过语言、图表、软件等方式表现。

3. 可以是单个文件，也可以是一组文件，如：一份管理制度，包括几张记录表格。

4. 不同类型文件可以有不同要求，如：对规范（如修订受控的要求）和记录（如可检索的要求）可以有不同的要求。

GB/T 19000-2016/ISO 9000:2015 的条款：

> 3.8.6 成文信息 documented information
> 组织需要控制和保持的信息及其载体

理解：

1. 成文信息可以以任何格式和载体存在，并可以是任何来源。如：由摄像头实时拍摄的语音、图像，贮存在主机硬盘上，用U盘从监控器主机上拷贝出的影像。

2. 成文信息可包括：

（1）管理体系，包括相关过程，如质量管理体系、环境管理体系；

（2）为企业运行产生的信息，可以是一组文件，如特殊过程有产量记录、工艺参数监控记录、确认记录、检验记录等；

（3）结果实现的证据，通常说的记录、表单、表格。

GB/T 19000-2016/ISO 9000:2015 的条款：

> 3.8.7 规范 specification
> 阐明要求的文件

理解：

1. 规范包括质量手册、质量计划、技术图纸、程序文件、作业指导书等。没有了文件之间的上下级关系，也没有文件之间的包含、属于关系。

2. 规范可能与活动有关或与产品有关，适用范围更大。

3. 规范可以陈述要求，也可以陈述设计和开发实现的结果。因此，在某些情况下，规范也可以作为记录使用。表明了文件与记录之间有着不可分割的关系，有时就用不着分清"什么是文件，什么是记录"。

GB/T 19000－2016/ISO 9000：2015 的条款：

> 3.8.10 记录 record
> 阐明所取得的结果或提供所完成活动的证据的文件

理解：

1. 记录可用于正式的可追溯性活动，并为验证、预防措施和纠正措施提供证据。

2. 通常记录不需要控制版本。

3. 在 GB/T 19001－2016/ISO 9001：2015 标准中已经没有"记录"这个词，采用"保留成文信息"代替了。

4. 可以看出新版标准改变之大。

### 1.2.2　新版标准对质量管理体系成文信息的要求

GB/T 19001－2016/ISO 9001：2015 的条款：

> 7.5 成文信息
> 7.5.1 总则
> 组织的质量管理体系应包括：
> a）本标准要求的成文信息；
> b）组织确定的为确保质量管理体系的有效性所需的成文信息。
> 注：对于不同组织，质量管理体系成文信息的多少与详略程度可以不同，取决于：
> —— 组织的规模及其活动、过程、产品和服务的类型；
> —— 过程及其相互作用的复杂程度；
> —— 人员的能力。

从标准条款可看出：

1. 对所需的成文信息要求不多。也就是说企业需要建立的文件分成两类：一类是标准要求，另一类是企业自己确定的。除此再也没有别的具体要求，不再提及质量手册、程序文件字样，充分尊重编制者的权力，真正地把文件构思、写作、命名、格式等权力交给编制者。采用的是"成文信息（Documented information）"，其定义为"组织需要控制和保持的信息及其载体"。这个词涵盖范围大。不管你采用什么样的方式，只要能把事情表达（说、写、示范、录像等）清楚，能正确有效地执行，实施后有结果的证据，那都可以。

2. 形成文件化信息的多少和详略程度要求不高。取决于以下方面：企业规模及其活动、过程及其相互作用、产品和服务类型、人员能力。以前版本虽然有这方面的要求，但受质量管理体系文件"金字塔结构"要求的限制，编制者自由活动空间不大，文件一编出来就是一大堆。特别是新标准中的"人员能力要求"，十分灵活，更能让中小企业放心大胆地去编写属于企业自己的文件，不必要把文件编制得面面俱到、语句考究、咬文嚼字……最后文件一大堆，没人去执行，也没有能力去理解、执行！应该针对不同文件信息的使用者，因理解能力有差别，采取不同的表达方式。比如在编制《生产作业指导书》时，充分考虑到语言通俗易懂，操作步骤及细节清晰，能用图示表达的，尽量不用文字进行描述。

3. 标准对书面的记录没有具体要求，只要求有"结果实现的证据"，"证据"的方式很多，如文字、影像、声音、痕迹、外部信息、数据分析。表明标准在证据方面，更强调行动产生的结果，而并非事情本身经历，着重于"你有没有做好，而不是你有没有做"，体现出更务实的态度，而大多企业员工习惯于做事，不愿意手写，这种要求更接地气。

4. 文件的结构和命名没有限制。按照开放式思维理念，没有规定的就可以充分发挥主观能动性。就目前国内企业的情况，不同产品、不同规模、不同性质的企业，对文件结构的需求是不同的。大型企业需将文件结构层次细化，有利于把工作分工分细，防止不同单位、部门之间工作混淆；而目前国内大多数中小民营企业，人员配置精简，生产的产品品种多，且变化大，企业讲究的是效率，文件结构简化更利于操作。比如修改文件时，因关联的文件少，改起来就快。本书对新版的质量管理体系文件进行优化、整合，形成一套合订本，先是结合企业实际情况利用"乌龟图"对标准条款分析，再列出相关支持文件信息，包括管理流程、表格、记录、管理规定、作业指导书、检验指导书、制度等。

## 1.3 新版标准对建立质量管理体系文件的要求

GB/T 19001-2016/ISO 9001:2015 的条款：

0.2 质量管理原则

本标准是在 ISO 9000 所阐述的质量管理原则基础上制定的。每项原则的介绍均包含其概述、该原则对组织的重要性的依据，应用该原则的主要益处示例以及应用该原则提高组织绩效的典型措施示例。

质量管理原则是：

—— 以顾客为关注焦点；

—— 领导作用；

—— 全员积极参与；

—— 过程方法；

—— 改进；

—— 循证决策；

—— 关系管理。

GB/T 19001-2016/ISO 9001:2015 的条款：

0.3 过程方法

0.3.1 总则

本标准倡导在建立、实施质量管理体系以及提高其有效性时采用过程方法，通过满足顾客要求增强顾客满意。采用过程方法所需满足的具体要求见4.4。

GB/T 19001-2016/ISO 9001:2015 的条款：

4.4 质量管理体系及其过程

4.4.1 组织应按本标准的要求，建立、实施、保持和持续改进质量管理体系，包括所需的过程及其相互作用。

组织应确定质量管理体系所需的过程及其在整个组织中的应用，且应：

a) 确定这些过程所需的输入和所期望的输出；

b) 确定这些过程的顺序和相互作用；

c) 确定和应用所需的准则和方法（包括监视、测量和相关绩效指标），以确保这些过程的有效运行和控制；

d) 确定这些过程所需的资源并确保其可获得；

> e）分配这些过程的职责和权限；
> f）应依 6.1 的要求应对风险和机遇；
> g）评价这些过程，实施所需的变更，以确保实现这些过程的预期结果；
> h）改进过程和质量管理体系。

理解：

1. "0.2 质量管理原则"七大原则就有一条是"过程方法"，说明这个方法的重要性。

2. "0.3 过程方法"明确指出："本标准倡导在建立、实施质量管理体系以及提高其有效性时采用过程方法"，这也为企业建立质量管理体系指明了方法。

3. "4.4 质量管理体系及其过程"这是建立质量管理体系的总指导条款，明确了采用过程方法建立、实施、保持和持续改进质量管理体系的步骤。

## 1.4 过程方法的应用

### 1.4.1 过程的定义

GB/T 19000－2016/ISO 9000:2015 的条款：

> 3.4.1 过程 process
> 利用输入实现预期结果的相互关联或相互作用的一组活动
> 注1：过程的"预期结果"称为输出，还是称为产品或服务，随相关语境而定。
> 注2：一个过程的输入通常是其他过程的输出，而一个过程的输出又通常是其他过程的输入。
> 注3：两个或两个以上相互关联和相互作用的连续过程也可作为一个过程。
> 注4：组织通常对过程进行策划，并使其在受控条件下运行，以增加价值。
> 注5：不易或不能经济地验证其输出是否合格的过程，通常称之为"特殊过程"。
> 注6：这是 ISO/IEC 导则，第1部分 ISO 补充规定的附录 SL 中给出的 ISO 管理体系标准中的通用术语及核心定义之一，最初的定义已经被改写，以避免过程和输出之间循环解释，并增加了注1至注5。

单一过程要素示意图，如图 1-2 所示。

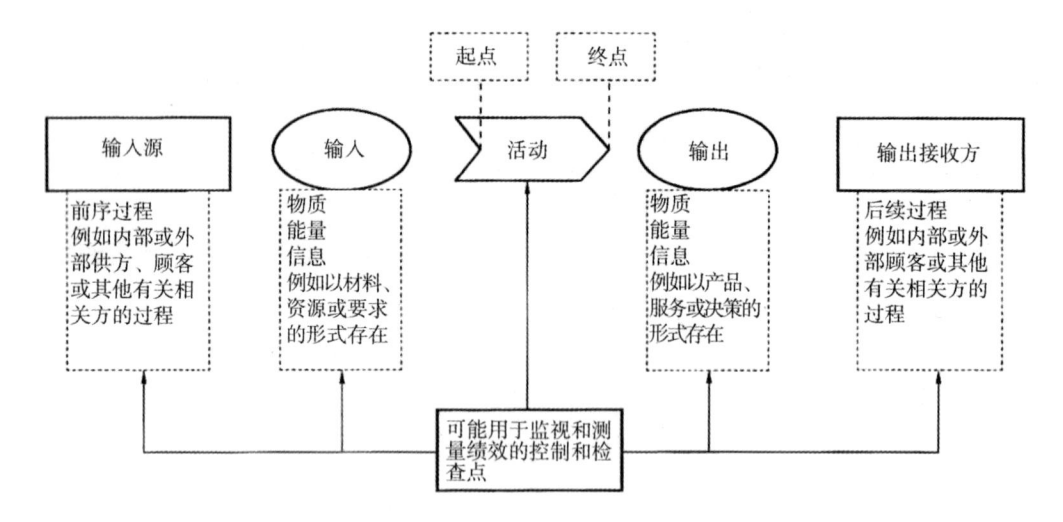

图 1-2　单一过程要素示意图

单一过程结构示意图，如图 1-3 所示。

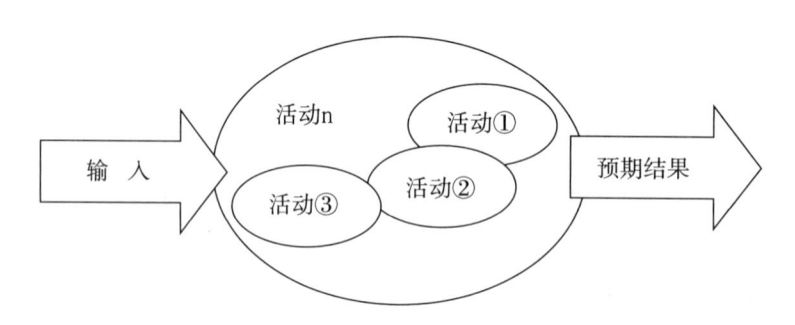

图 1-3　单一过程结构示意图

多个过程结构示意图，如图 1-4 所示。

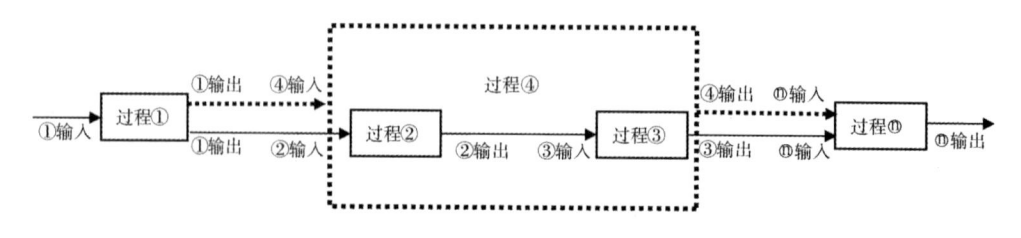

图 1-4　多个过程结构示意图

## 1.4.2 建立质量管理体系的三个常用过程

顾客导向过程（COP）。通过输入和输出直接和外部顾客联系的过程，直接对顾客产生影响，是给公司直接带来效益的过程。

支持过程（SP）。提供主要资源或能力，为了实现公司的经营目标，支持顾客导向过程实现预计质量目标的过程，支持过程是实现顾客导向过程功能的必要过程。

管理过程（MP）。用来衡量和评价顾客导向过程和支持过程的有效性和效率，组织策划将顾客要求转化为组织衡量的目标和指标，确定公司组织结构，产生公司决策和目标及更改等过程。

## 1.4.3 顾客导向过程、支持过程、管理过程间的相互关系

顾客导向过程、支持过程、管理过程间相互关系，如图 1-5 所示。

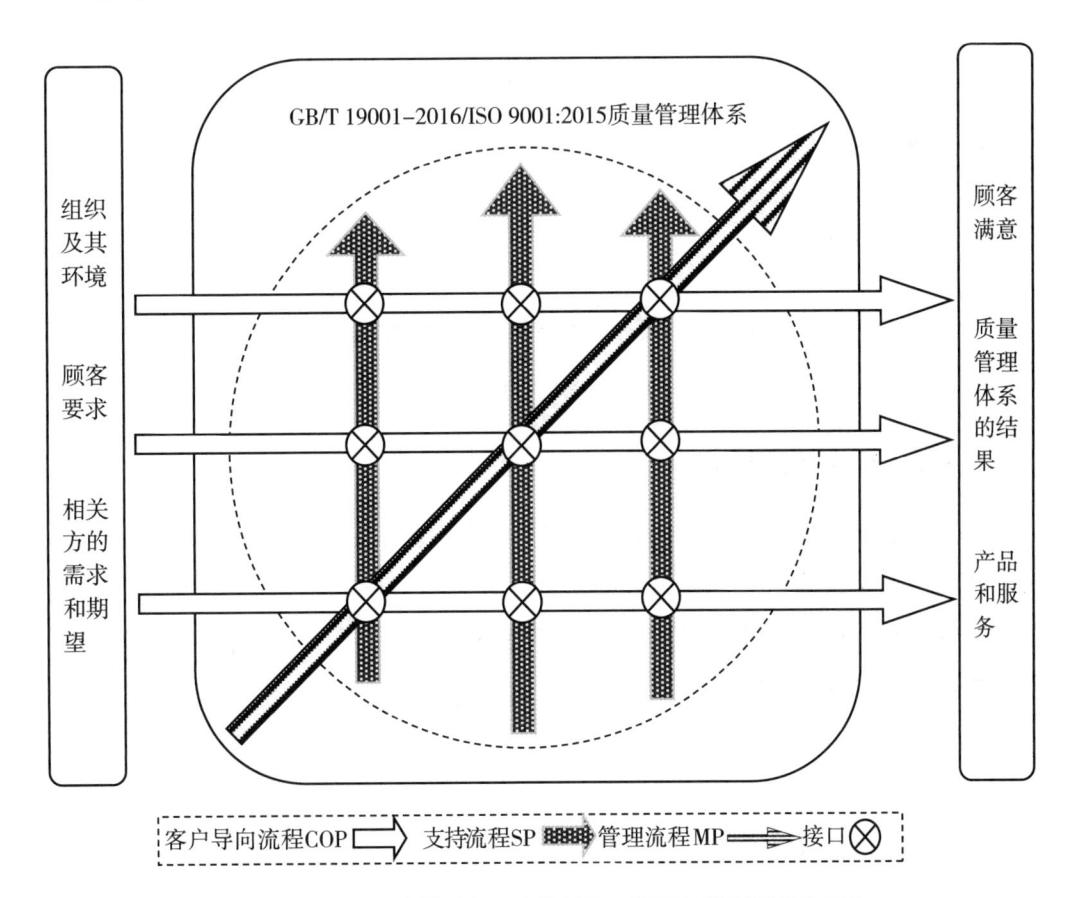

图 1-5 顾客导向的过程、支持过程、管理过程间相互关系图

### 1.4.4 质量管理体系 PDCA 及过程关系图

质量管理体系 PDCA 及过程关系，如图 1-6 所示。

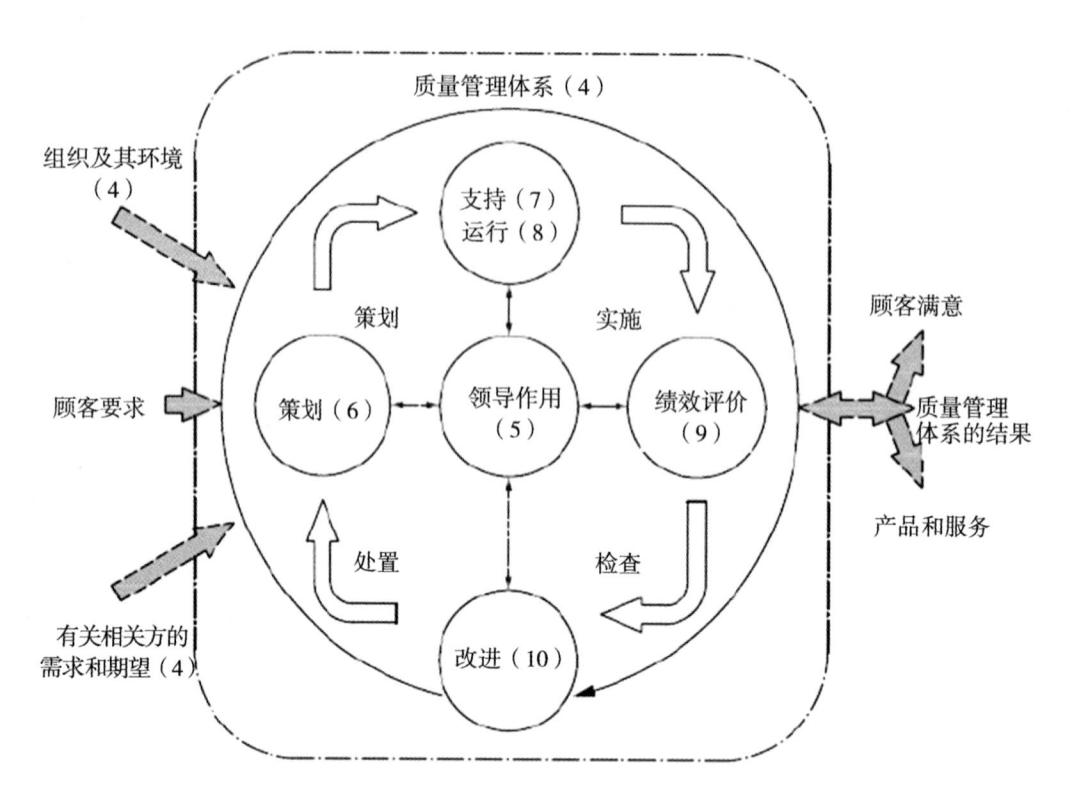

图 1-6 质量管理体系 PDCA 及过程关系图

注：括号中的数字表示 GB/T 19001-2016/ISO 9001:2015 的相关章节。

### 1.4.5 如何识别过程

1. 体系推行小组可先识别出 COP 过程，可按企业与顾客发生业务的时间先后顺序。常见的 COP 过程如：C1 产品和服务的要求→C2 产品和服务的设计与开发→C3 生产和服务提供的控制→C4 产品防护……绘制成流程图形式，也可参照下面的"质量管理体系路径图"。如图 1-7 所示。

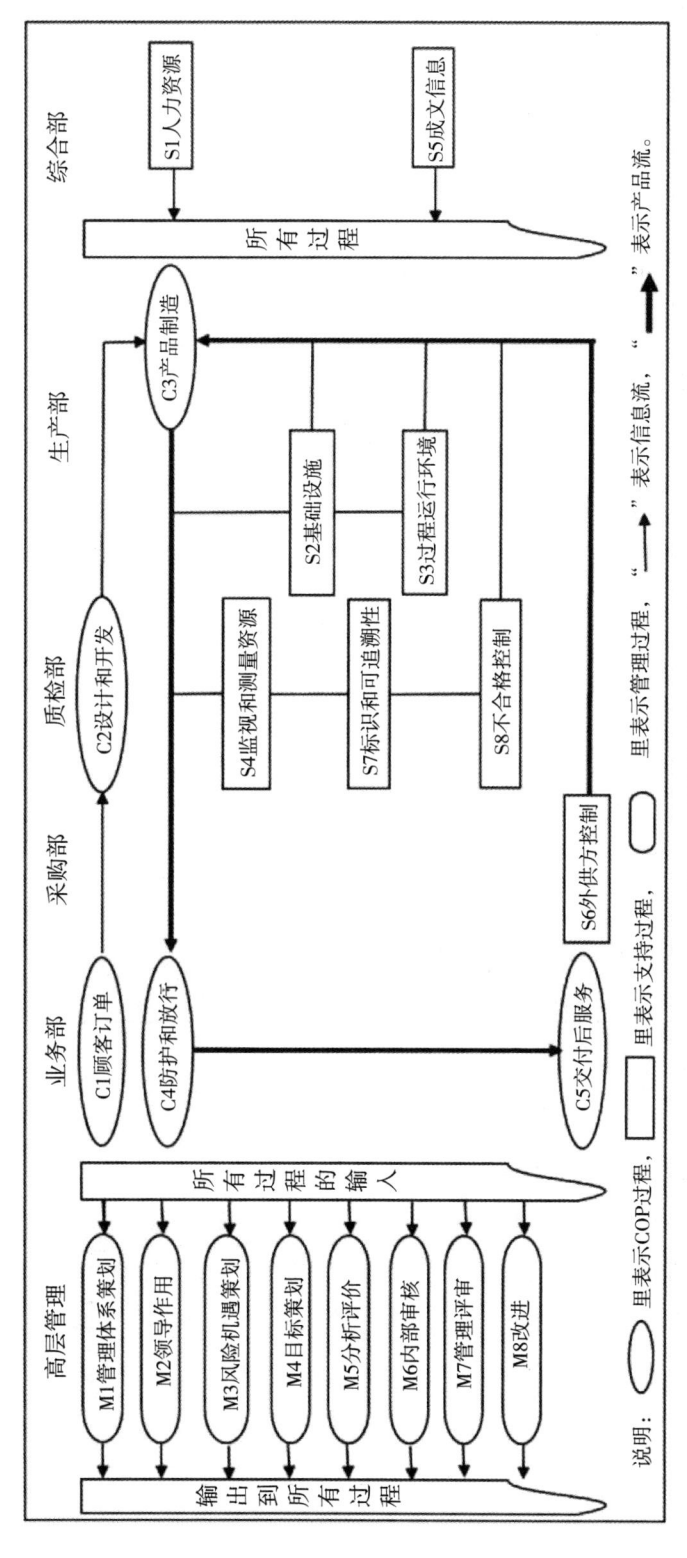

图1-7 质量管理体系过程路径图

2. 根据识别出的 COP 过程，找出 SP 过程，绘制到上面流程图的适当位置。

3. 根据识别出的 COP 过程，找出 MP 过程，绘制到上面流程图的适当位置。

4. 分清"产品流""信息流"，可用不同箭头表示。

5. 对整体顺序、逻辑关系进行调整，最后成图，并列出"识别过程清单"，如表 1-1 所示。

表 1-1 识别过程清单（例）

| COP 顾客导向过程 || SP 支持过程 || MP 管理过程 ||
|---|---|---|---|---|---|
| 过程编号 | 过程名称 | 过程编号 | 过程名称 | 过程编号 | 过程名称 |
| C1 | 顾客订单 | S1 | 人力资源 | M1 | 管理体系策划 |
| C2 | 设计和开发 | S2 | 基础设施 | M2 | 领导作用 |
| C3 | 产品制造 | S3 | 过程运行环境 | M3 | 风险机遇策划 |
| C4 | 防护和放行 | S4 | 监视和测量资源 | M4 | 目标策划 |
| C5 | 交付后服务 | S5 | 成文信息 | M5 | 分析评价 |
|  |  | S6 | 外供方控制 | M6 | 内部审核 |
|  |  | S7 | 标识和可追溯性 | M7 | 管理评审 |
|  |  | S8 | 不合格控制 | M8 | 改进 |

### 1.4.6 利用"乌龟图"对过程进行分析

1. 乌龟图概要：乌龟图是用来分析过程的一种工具。从过程的六个关键方面进行分析，包括输入、输出、如何去做、用何资源、由谁来做、绩效指标。六个关键方面的主体分别放在单独的方框中，组合的图形像乌龟。主体方框成了乌龟的背壳，六个关键方面的方框图分别成了乌龟的头部、尾巴、四支脚，形象直观的表现方式。

2. 乌龟图的部位说明如图1-8所示。

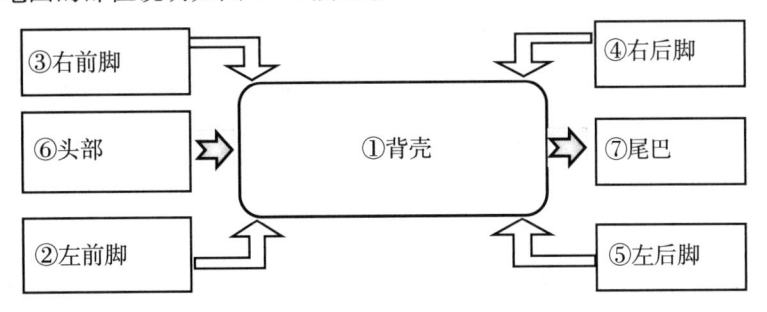

**图1-8 乌龟图的部位说明**

3. 乌龟图的内容结构如图1-9所示。

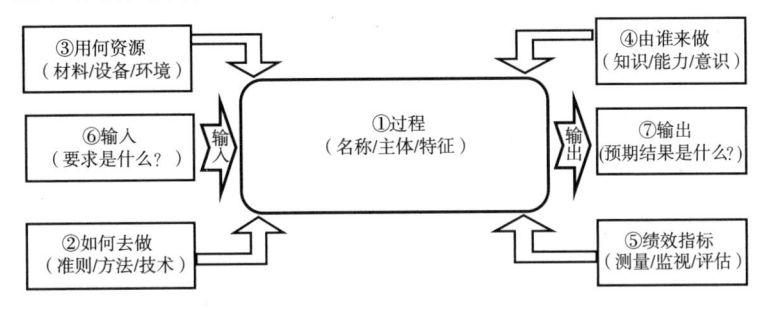

**图1-9 乌龟图的内容结构**

4. 乌龟图的创建

(1) 方框①：是乌龟的背壳，主要填写过程名称、过程主体、过程特征等，如分析标准时把标准条款直接放在此方框。创建时应先了解现有过程是否已经存在类似过程，如管理流程、程序文件、作业指导书、操作说明、检验标准等，如有相关类似过程则考虑是否重新分析，如没有则重新开始，进行过程识别，先后找出COP过程、SP过程/子过程、MP过程，将识别的过程名称填入此框。

(2) 方框②：是乌龟的左前脚，"如何去做"从"准则/方法/技术"方面进行考虑。操作方法简单的，在此框中进行描述；复杂的应创建相应支持此过程的成文信息，并在框中引用文件名称及文件编号。一般管理体系文件之间有一定的关联，仔细查找相关支持此过程的成文信息，有则直接引用，省去重复劳动，避免多个文件重复规定。

(3) 方框③：是乌龟的右前脚，"用何资源"从"材料/设备/环境"方面进行考虑。涉及过程实现所需的相关的资源，在此框中填写本过程使用的材料、设备（包括监视和测量设备）、计算机系统、过程中所使用的软件、过程运行环境等。

(4) 方框④：是乌龟的右后脚，"由谁来做"从"知识/能力/意识"方面进行考虑。在此框中填写岗位职责要求与职责分配，特别考虑企业执行人员的教育、培训、经验等。

（5）方框⑤：是乌龟的左后脚，"绩效指标"从"测量/监视/评估"方面进行考虑。在此框中填写过程最终运行结果的目标、指标，包括期望的目标、指标。尽量考虑目标、指标的量化、可测量，最好能形成数学计算方式。比如环境指标、质量目标、产品合格率、满意度得分等。

（6）方框⑥：是乌龟的头部，"输入"从"要求是什么"方面进行考虑。在此框中填写过程输入的信息。包括内外部顾客、相关方、法律法规的要求，以前类似成功、失败的经验教训，以及产品技术、生产工艺、检验方面信息。应考虑输入是从哪里来、有多少、与其他过程的关系，特别是与其他过程的输出关系。表现形式可能是成文信息、图像、材料、样件、数模、工具、语音等。

（7）方框⑦：是乌龟的尾巴，"输出"从"预期结果是什么"方面进行考虑。在此框中填写过程输出的信息，输出包括产品、服务、软件、硬件等方面，可能是产品、文件、记录、报告等。输出应满足输入要求，充分体现过程结果，输出是过程运行结果的证据表现，考虑可溯性。

5. 乌龟图分析举例，如图1-10所示。

**用何资源？材料/设备/环境**
1. 计算机及网络
2. 打印机
3. 复印机
4. 会议室
5. 扫描仪
6. 电话
7. 网络沟通工具

**由谁来做？知识/能力/意识**
1. 过程责任者：审核组
负责审核计划的实施，审核计划的执行及不符合项的跟踪验证
2. 过程相关责任：受审核部门
受审核部门负责配合审核人员进行审核，对不符合项制订纠正和预防措施并有效实施

**输入：**
1. 年度内部审核计划
2. 质量内部审核实施计划
3. 体系/过程/产品审核检查表
4. 本厂体系文件及顾客要求
5. 图纸、流程图、FMEA、控制计划、作业指导书
6. 场所、生产工艺、供应商更改
7. 重大质量事故及顾客投诉
8. 本厂组织机构及质量管理体系的重大变化/顾客投诉
9. 重大质量事故及连续的一般质量事故
10. 法律法规要求/以往审核结果

**内部审核M5**

**输出：**
1. 《内部质量体系审核计划》
2. 《内审实施计划》
3. 《内审检查表》
4. 《会议记录》
5. 《不符合报告》
6. 《审核报告》
————————————
非预期输出风险：内审过程形式化，没有发现体系运行中的问题，不能持续改进

**如何去做？准则/方法/技术**
内部审核管理流程

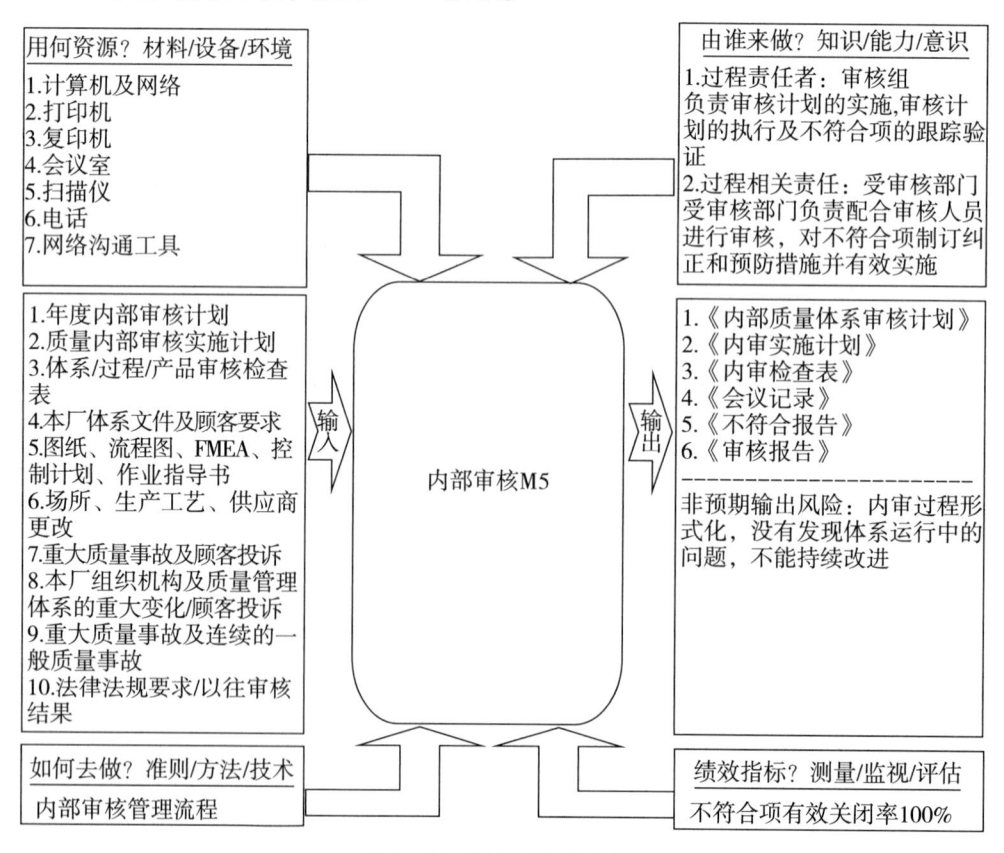

**绩效指标？测量/监视/评估**
不符合项有效关闭率100%

图1-10 过程分析乌龟图

## 1.5 新版标准对成文信息的要求

以下表格列举了标准对"成文信息"的具体要求（见表1-2），在体系文件编制过程需要采取合理的方式表达，可以是形成书面文件、表格、记录、图片、录像、录音、宣传标语等，由企业自定。这些要求将是第二方、第三方审核的直接证据，是质量管理体系运行符合标准要求、顾客要求、法规要求的直接证据。

表1-2 新版标准对成文信息的要求

| 序号 | 条款 | 内容 | 文件化信息 |
| --- | --- | --- | --- |
| 1 | 4.3 确定质量管理体系的范围 | 组织的质量管理体系范围应作为成文信息，可获得并得到保持。该范围应描述所覆盖的产品和服务类型，如果组织确定本标准的某些要求不适用于其质量管理体系范围，应说明理由。 | 质量管理管理体系范围的描述 |
| 2 | 4.4 质量管理体系及其过程 | 4.4.2 在必要的范围和程度上，组织应：<br>a) 保持成文信息以支持过程运行。<br>b) 保留成文信息以确保其过程按策划进行。 | 质量管理体系支持文件，以及过程实施结果的证据 |
| 3 | 5.2.2 沟通质量方针 | 质量方针应：<br>a) 可获取并保持成文信息；<br>b) 在组织内得到沟通、理解和应用；<br>c) 适宜时，可为有关相关方所获取。 | 公司制定的质量方针 |
| 4 | 6.2 质量目标及其实现的策划 | 组织应保留有关质量目标的成文信息。 | 公司的质量目标，以及各部门的质量目标 |
| 5 | 7.1.5.1 总则 | 组织应保留适当的成文信息，作为监视和测量资源适合其用途的证据。 | 监视和测量资源配备、登记，以及使用、维护记录 |
| 6 | 7.1.5.2 测量溯源 | 当要求测量溯源时，或组织认为测量溯源是信任测量结果有效的基础时，则测量设备应：<br>a) 对照能溯源到国际或国家标准的测量标准，按照规定的时间间隔或在使用前进行校准和（或）检定，当不存在上述标准时，应保留作为校准或验证依据的成文信息。 | 测量设备校准记录、验证依据，如校准报告，检测设备校准规程等 |
| 7 | 7.2 能力 | d) 保留适当的成文信息，作为人员能力的证据。 | 能证明人员满足能力要求的记录，包括任职要求、员工档案、培训记录、考核记录等 |

续表

| 序号 | 条款 | 内容 | 文件化信息 |
|---|---|---|---|
| 8 | 7.5 成文信息 | 组织的质量管理体系应包括：<br>a）本标准要求的成文信息；<br>b）组织所确定的、为确保质量管理体系有效性所需的成文信息。<br>注：对于不同组织，质量管理体系成文信息的多少与详略程度可以不同，取决于：<br>——组织的规模，以及活动、过程、产品和服务的类型；<br>——过程及其相互作用的复杂程度；<br>——人员的能力。<br>7.5.2 创建和更新<br>在创建和更新成文信息时，组织应确保适当的：<br>7.5.3 成文信息的控制<br>7.5.3.1 应控制质量管理体系和本标准所要求的成文信息，以确保：<br>7.5.3.2 为控制成文信息，适用时，组织应进行下列活动：<br>a）分发、访问、检索和使用；<br>b）存储和防护，包括保持可读性；<br>c）更改控制（如版本控制）；<br>d）保留和处置。<br>对于组织确定的策划和运行质量管理体系所必需的来自外部的成文信息，组织应进行适当识别，并予以控制。<br>对所保留的、作为符合性证据的成文信息应予以保护，防止非预期的更改。<br>注：对成文信息的"访问"可能意味着仅允许查阅，或者意味着允许查阅并授权修改。 | ISO 9001：2015 标准要求的文件、记录等，质量管理体系有效运行所需的其他必要文件、记录，外来文件等 |
| 9 | 8.1 运行的策划和控制 | e）在必要的范围和程度上，确定并保持、保留成文信息，以：<br>1）确保过程已经按策划进行；<br>2）证明产品和服务符合要求。 | 过程有效进行策划的文件，如作业指导书、检验指导书、技术工艺等；产品和服务的符合性记录，如生产日报、生产统计表、检验记录等 |

16

续表

| 序号 | 条款 | 内容 | 文件化信息 |
|---|---|---|---|
| 10 | 8.2.3 产品和服务要求的评审 | 8.2.3.2 适用时，组织应保留与下列方面有关的成文信息：<br>a) 评审结果；<br>b) 针对产品和服务的新要求。 | 合同/订单评审记录，新产品和服务要求记录 |
| 11 | 8.2.4 产品和服务要求的更改 | 若产品和服务要求发生更改，组织应确保相关的成文信息得到修改，并确保相关人员知道已更改的要求。 | 产品和服务更改记录，以及更改后产生的再评审记录，更改后的文件收发记录 |
| 12 | 8.3.2 设计和开发策划 | j) 证实已经满足设计和开发要求所需的成文信息。 | 在设计和开发策划时，需考虑到设计和开发的要求得到满足的相关证明资料 |
| 13 | 8.3.3 设计和开发输入 | 组织应保留有关设计和开发输入的成文信息。 | 设计和开发输入的资料 |
| 14 | 8.3.4 设计和开发控制 | f) 保留这些活动的成文信息。 | 设计和开发评审记录、验证记录和确认记录 |
| 15 | 8.3.5 设计和开发输出 | 组织应保留有关设计和开发输出的成文信息。 | 设计和开发输出的资料 |
| 16 | 8.3.6 设计和开发更改 | 组织应保留下列方面的成文信息：<br>a) 设计和开发变更；<br>b) 评审的结果；<br>c) 变更的授权；<br>d) 为防止不利影响而采取的措施。 | 设计和开发的变更的技术资料，变更申请表，评审记录，授权书，预防措施 |
| 17 | 8.4.1 总则 | 组织应基于外部供方按照要求提供过程、产品或服务的能力，确定并实施对外部供方的评价、选择、绩效监视以及再评价的准则。对于这些活动和由评价引发的任何必要的措施，组织应保留成文信息。 | 外供方进行评价表、绩效考核记录、重新评价报告、不合格纠正措施报告 |
| 18 | 8.5.1 生产和服务提供的控制 | a) 可获得成文信息，以规定以下内容：<br>1) 拟生产的产品、提供的服务或进行的活动的特征；<br>2) 拟获得的结果。 | 产品和服务的作业文件，及相应的作业记录 |
| 19 | 8.5.2 标识和可追溯性 | 当有可追溯要求时，组织应控制输出的唯一性标识，并应保留所需的成文信息以实现可追溯。 | 产品唯一性标识的记录，如标识卡、流程卡、刻在产品上的识别号、批次号等 |

续表

| 序号 | 条款 | 内容 | 文件化信息 |
|---|---|---|---|
| 20 | 8.5.3 顾客或外供方的财产 | 若顾客或外部供方的财产发生丢失、损坏或发现不适用情况，组织应向顾客或外部供方报告，并保留发生情况的成文信息。 | 顾客或外部供方的财产登记、收发、验收、保存、丢失、损坏或发现不适用的相关记录 |
| 21 | 8.5.6 更改控制 | 组织应保留成文信息，包括有关更改评审结果、授权进行更改的人员以及根据评审所采取的必要措施。 | 产品生产和服务的变更的评价、批准和采取的措施相关记录 |
| 22 | 8.6 产品和服务的放行 | 组织应保留有关产品和服务放行的成文信息。成文信息应包括：<br>a) 符合接收准则的证据；<br>b) 可追溯到授权放行人员的信息。 | 成品出厂检验记录、报告、放行人员授权书、签名、印章等 |
| 23 | 8.7 不合格输出的控制 | 8.7.2 组织应保留下列成文信息：<br>a) 描述不合格；<br>b) 描述所采取的措施；<br>c) 描述获得的让步；<br>d) 识别处置不合格的授权。 | 发现不合格的生产记录、发现不合格的检验记录、不合格品处置记录、让步接收报告、不合格决定人员的授权书等 |
| 24 | 9.1.1 总则 | 组织应评价质量管理体系的绩效和有效性。<br>组织应保留适当的成文信息，以作为结果的证据。 | 质量管理体系测量、分析、评价的相关资料，如质量统计表、目标考核记录等 |
| 25 | 9.2 内部审核 | f) 保留成文信息，作为实施审核方案以及审核结果的证据。 | 内审计划、检查表、内审报告、不符合报告等 |
| 26 | 9.3.3 管理评审输出 | 组织应保留成文信息，作为管理评审结果的证据。 | 管理评审报告，及相关纠正措施记录 |
| 27 | 10.2 不合格和纠正措施 | 10.2.2 组织应保留成文信息，作为下列事项的证据：<br>a) 不合格的性质以及随后所采取的措施；<br>b) 纠正措施的结果。 | 不合格和纠正措施报告，以及采取相关纠正措施的记录 |

## 1.6 质量体系文件编制流程

### 1.6.1 成立质量体系推行小组

其成员由各部门主管、领导组成。任命组长，选择质量体系推行小组成员名单。

小组成员采取兼职的方式，或专职、兼职结合的方式，或全部专职方式。

**举例：**

---

**中国浙江省×××有限公司文件**
ISO（20××）1 号

---

**关于决定成立 ISO 9001 质量管理体系
推行小组的通知**

各部门：

　　为了确保 ISO 9001 质量管理体系推行工作顺利进行，达到预期计划目标，本公司成立质量管理体系推行小组，具体负责公司质量管理体系的策划、组织、编写和审批，以及运行时的监督、指导、协调和评审工作。

　　组　　长：＿＿＿＿＿＿＿＿＿＿＿＿
　　副组长：＿＿＿＿＿＿＿＿＿＿＿＿
　　组　　员：＿＿＿＿＿＿＿＿＿＿＿＿

中国浙江省×××有限公司
20××年××月××日

编制：张三　　审核：李四　　批准：王五

---

　　抄送：董事长、总经理、副总经理、各部门、各车间

## 1.6.2 学习和培训

质量体系推行小组编写人员名单确定后，组织进行学习和培训，包括以下内容：

1. ISO 9000 系列标准。

对于该系列标准应进行全面系统的学习，对于标准理解的偏差将直接影响质量管理体系文件的编写质量，不对标准进行系统的学习就生编硬造的质量管理体系文件不仅毫无使用价值，还会带来负面影响，让员工感觉标准不适用。培训方式可自行组织，或聘请质量咨询机构、质量认证机构协助进行，也可选派人员参加有关专业学习班，如内审员培训班。企业根据具体情况决定采取相应的培训方式，确保培训效果。

2. 与质量管理及建立质量管理体系有关的国家质量法规、法令、政策、条例等，国内外有关质量审核认证的大纲等文件。

3. 最近质量管理的新理论、新概念、新方法。

4. 国内外同行，质量管理体系运行良好的案例。

5. 质量管理体系标准要求的相关知识，如 SWOT 分析方法、FMEA、波特五力

模型等。

### 1.6.3 企业现状调查

经过系统培训学习,掌握了有关质量管理体系编写的基本知识之后,下一步就要充分调查、了解企业目前现状。内容包括:

1. 企业业务、人员、生产规模,企业产品和服务性质。
2. 企业现有质量水平、生产水平。
3. 企业的内、外环境。外部的相关法律、技术、竞争、市场、文化、社会和经济环境等方面,企业内部的价值观、文化知识和相关绩效。
4. 企业质量管理发展的历史,吸取的经验教训。
5. 企业原有管理规范、质量管理文件的收集、归纳和整理。

### 1.6.4 对标准条款的删减

GB/T 19001-2016/ISO 9001:2015 标准的"4.3 确定质量管理体系的范围"规定:"组织的质量管理体系范围应作为成文信息,可获得并得到保持。该范围应描述所覆盖的产品和服务类型,如果组织确定本标准的某些要求不适用于其质量管理体系范围,应说明理由。"

原则上标准的任何条款可以不采用,当不采用标准某项条款时,需要考虑到以下方面,不会影响产品和服务的符合性以及增强顾客满意的能力和责任。所以要把握好尺度,删减理由要充分。当然有些企业在安全、环境方面有特殊要求,虽然标准中没有该项内容,也可适当地增加上去,这也是企业系统化管理的需要。

### 1.6.5 体系文件编制计划

按照 GB/T 19001-2016/ISO 9001:2015 标准条款展开,结合 COP、SP、MP 识别的过程,列举出体系文件清单,分解成为一项项具体的质量活动和质量工作,再对各项活动和工作确定负责部门和配合部门,对体系文件编制进行分工。一般来说,责任部门就是该项活动相关文件的编写部门。规定完成时间,最后形成《体系文件编制计划》。按计划规定的时间进度要求,各部门的兼职编写人员分头编写本部门承担的文件内容。对于综合性的条款要求,一般由质量管理部门(专职编写人员)编写。

表 1-3 体系文件编写计划（例）

| 序号 | 对应 GB/T 19001-2016/ISO 9001:2015 标准内容 | 对应标准条款 | 过程编号 | 负责部门 | 体系小组负责人 | 文件编号/名称 | 草稿完成时间 | 统稿完成时间 | 评审定稿时间 |
|---|---|---|---|---|---|---|---|---|---|
| 1 | 应对风险和机遇的措施 | 6.1 | MP1 | 高层管理 | 总经理 | QM/WI01 应对风险和机遇管理流程 | 20XX/03/10 | 20XX/05/05 | 20XX/06/25 |
| 2 | 质量目标及其实现的策划 | 6.2 | MP2 | 高层管理 | 总经理 | QM/WI02 质量目标管理方案 | 20XX/03/10 | 20XX/05/05 | 20XX/06/25 |
| 3 | 人员 | 7.1.2 | SP1 | 办公室 | 部门经理 | QM/WI03 人员管理流程 | 20XX/03/10 | 20XX/05/05 | 20XX/06/25 |
| 4 | 基础设施 | 7.1.3 | SP2 | 生产部 | 部门经理 | QM/WI04 设施管理流程 QM/WI05 设备维护保养规定 | 20XX/03/10 | 20XX/05/05 | 20XX/06/25 |
| 5 | 过程运行环境 | 7.1.4 | SP3 | 生产部 | 部门经理 | QM/WI06 工作环境管理规定 | 20XX/03/10 | 20XX/05/05 | 20XX/06/25 |
| 6 | 监视和测量资源 | 7.1.5 | SP4 | 质检部 | 部门经理 | QM/WI07 监视和测量资源管理流程 | 20XX/03/10 | 20XX/05/05 | 20XX/06/25 |
| 7 | 能力 | 7.2 | SP5 | 办公室 | 部门经理 | QM/WI08 能力管理流程 | 20XX/03/10 | 20XX/05/05 | 20XX/06/25 |
| 8 | 沟通 | 7.4 | SP6 | 办公室 | 部门经理 | QM/WI09 信息沟通管理流程 | 20XX/03/10 | 20XX/05/05 | 20XX/06/25 |
| 9 | 成文信息 | 7.5 | SP7 | 办公室 | 部门经理 | QM/WI10 成文信息管理流程 | 20XX/03/10 | 20XX/05/05 | 20XX/06/25 |
| 10 | 运行的策划和控制 | 8.1 | SP8 | 生产部 | 部门经理 | QM/WI11 运行的策划和控制管理流程 | 20XX/03/10 | 20XX/05/05 | 20XX/06/25 |
| 11 | 产品和服务的要求 | 8.2 | COP1 | 业务部 | 部门经理 | QM/WI12 产品和服务要求管理流程 | 20XX/03/10 | 20XX/05/05 | 20XX/06/25 |
| 12 | 产品和服务的设计和开发 | 8.3 | COP2 | 技术部 | 部门经理 | QM/WI13 设计开发管理流程 | 20XX/03/10 | 20XX/05/05 | 20XX/06/25 |
| 13 | 外部提供过程、产品和服务的控制 | 8.4 | SP9 | 采购部 | 部门经理 | QM/WI14 外供方管理流程 QM/WI15 物资采购管理流程 | 20XX/03/10 | 20XX/05/05 | 20XX/06/25 |
| 14 | 生产和服务提供的控制 | 8.5.1 | SP10 | 生产部 | 部门经理 | QM/WI16 生产提供管理流程 QM/WI17 生产计划管理流程 | 20XX/03/10 | 20XX/05/05 | 20XX/06/25 |

续表

| 序号 | 对应 GB/T 19001-2016/ISO 9001:2015 标准内容 | 对应标准条款 | 过程编号 | 负责部门 | 体系小组负责人 | 文件编号/名称 | 草稿完成时间 | 统稿完成时间 | 评审定稿时间 |
|---|---|---|---|---|---|---|---|---|---|
| 15 | 标识和可追溯性 | 8.5.2 | SP11 | 质检部 | 部门经理 | QM/WI18 标识和可追溯性管理流程 | 20XX/03/10 | 20XX/05/05 | 20XX/06/25 |
| 16 | 防护 | 8.5.4 | COP3 | 生产部 | 部门经理 | QM/WI19 产品防护管理流程 | 20XX/03/10 | 20XX/05/05 | 20XX/06/25 |
| 17 | 交付后活动 | 8.5.5 | COP4 | 业务部 | 部门经理 | QM/WI20 产品交付后管理流程 | 20XX/03/10 | 20XX/05/05 | 20XX/06/25 |
| 18 | 更改控制 | 8.5.6 | SP12 | 技术部 | 部门经理 | QM/WI21 产品变更管理流程 | 20XX/03/10 | 20XX/05/05 | 20XX/06/25 |
| 19 | 不合格输出的控制 | 8.7 | SP13 | 质检部 | 部门经理 | QM/WI22 不合格输出管理流程 | 20XX/03/10 | 20XX/05/05 | 20XX/06/25 |
| 20 | 顾客满意 | 9.1.2 | MP3 | 业务部 | 部门经理 | QM/WI23 顾客满意管理流程 | 20XX/03/10 | 20XX/05/05 | 20XX/06/25 |
| 21 | 内部审核 | 9.2 | MP4 | 高层管理 | 总经理 | QM/WI24 内部审核管理流程 | 20XX/03/10 | 20XX/05/05 | 20XX/06/25 |
| 22 | 管理评审 | 9.3 | MP5 | 高层管理 | 总经理 | QM/WI25 管理评审管理流程 | 20XX/03/10 | 20XX/05/05 | 20XX/06/25 |
| …… | …… | …… | …… | …… | …… | …… | …… | …… | …… |

### 1.6.6 文件编制的原则

质量管理体系文件在编制时，应遵循以下方面的原则：

1. 符合性。

（1）符合标准的要求；

（2）符合法律法规的要求；

（3）符合组织的质量方针和质量目标；

（4）满足过程、产品和服务要求。

2. 确定性。

在描述任何质量活动过程时，必须具有确定性，即何时、何地、做什么、由谁（部门）来做、依据什么文件、使用什么资源、怎么做、怎么记录等，必须加以明确规定。排除人为的随意性，保证过程的一致性，确保过程质量的稳定性。

3. 相容性。

质量管理体系文件之间应保持良好的相容性，即不仅要协调一致，不相互矛盾，而且要各自为实现总目标承担相应的任务。

4. 可操作性。

要符合组织的客观实际，使其具有可操作性。这是文件得以贯彻执行的重要前提。

5. 系统性。

质量管理体系本是一个由质量方针、目标、相关过程和资源构成的有机整体。因此，要站在系统的高度，注意管理的系统方法、过程方法的有效结合，使过程输入、输出、过程之间的接口和相互关系，以及文件的层次（支持性）关系，得到有效的控制，使质量管理体系文件形成一个有机的整体。

6. 精简。

（1）节省资源。

（2）减少差错。

（3）易识别、理解，降低培训成本。

7. 优化。

（1）每个过程都应权衡风险、利益和成本，寻求最佳的平衡。

（2）明确优化目标，识别约束条件（包括可能的各种负面效应），寻找可能的解决办法，实施最佳的方案。

8. 预防。

预防是质量保证的精髓，在体系文件编写过程中，要预先对可能的各种不良影响因素做出有效控制安排，并加以预防控制。新版质量体系标准中已经没有预防措施条款，因为策划体系文件时，必须考虑工作中易出现的问题，防止发生，才体现出文件价值。如果一项工作进行得井井有条、不出问题、绩效突出，那就没必要制定文件。

9. 区别。

各种管理活动要反对一刀切，实行区别对待、分类处理，从问题的重要性和实际情况出发决定对策，如产品重要程度、质量特性、重要供方或客户的分级、内审的策划安排、生产工艺等，更能体现区别对待，分轻重缓急。在文件编制时就应予以充分考虑，对人员、过程、时间、方法等做出合理的安排。

10. 闭环。

任何管理活动的安排均应善始善终，并按照 PDCA 循环力求不断改进。开环意味着管理中断，检查是否闭环也是检查质量管理体系是否正常运行的一个有效方法。在闭环管理中，要不断检查和评价管理的效果是否达到了预期的要求。如订单评审，应从订单接收前的评审,生产中的控制与协调,直至能按质、按期交付,实施全过程的闭环管理。接口控制不良是造成开环的常见问题。所以在体系策划及文件编制时就应体现这种闭环管理思想。

11. 动态控制。

实施动态控制,要求不断跟踪文化运行实施的效果,及时准确地反馈信息,适时调整控制方法和力度,从而保证质量管理体系具有健壮性,能不断适应质量管理体系环境条件的变化,持续有效运行。

12. 规范性。

为保持文件的规范性,应用统一的格式来编写,而不能各式各样。

13. 逻辑性。

在内容安排及说明文字中,要符合逻辑规律,不能前后矛盾或说法不一。

14. 异常流的控制。

即"非正常的少数",指质量活动失控所造成的那一部分,异常流下的产品易失控而造成品质问题,如紧急放行、设备漏检、标示丢失等。在体系文件中应对异常流有充分的控制措施,来预防失控。

15. 文字表达准确、顺畅、简练。

(1) 要注意文字表达的规范性。"准确"就是要表达清楚,避免歧义。"顺畅"就是要语句通顺,流畅。"简练"就是要简洁、明了。

(2) 质量管理体系文件要用词准确,例如:"必须……""应该……""应……""允许……""注意……"表示要求严格程度是不同的;不能用"是否……""请……""希望……"等词语。

### 1.6.7 文件样式确定

GB/T 19001-2016/ISO 9001:2015 的条款:

> 7.5.2 创建和更新
> 
> 在创建和更新成文信息时,组织应确保适当的:
> 
> a. 标识和说明(如标题、日期、作者、索引编号);
> 
> b. 形式(如语言、软件版本、图表)和载体(如纸质的、电子的);
> 
> c. 评审和批准,以保持适宜性和充分性。

理解:

1. 标准对文件标识做了要求,要有标题、日期、作者或编号,标准后面还有"更改的控制(如:版本控制)"要求。

2. 格式可以是语言、软件版本、图表。

3. 媒介可以是纸质、电子格式等。

4. 对文件的适宜性和充分性方面,要求进行评审和批准,这也就是我们编写文件时有"审核、批准"。

5. 可看出对文件编写空间是自由的,企业可采取文字描述、流程图、图片、语音或其相互组合。质量体系推行小组可以根据企业实际情况确定一种或多种文件样式。

## 1.6.8 文件统稿

在分头编写过程中,专职编写人员应给予指导。按照计划时间,质量体系推行组组长按期收集各编写人员的草稿后,进行统稿。统稿时发现的问题,应与编写者协调解决,直到达到预期目标。

## 1.6.9 初次评审试运行

最后完成的质量管理体系文件草案,交由质量体系推行小组,召开会议进行讨论评审,针对小组提出的意见,责任人进行修改。无异议后,由最高管理者签发试运行指令试运行。为了慎重起见,也可先在小范围内试点,或者部分文件先试运行,总结试点经验后,再全面试行。

## 1.6.10 再次评审正式运行

质量体系推行小组组长跟踪试运行结果,总结经验教训,进行相应修改。将完成的正式文件,再次由质量体系推行小组召开会议,进行讨论评审。无异议后,由最高管理者签发正式运行指令。

# 第 2 章 质量管理体系规范

## 2.1 质量管理体系规范颁布令

为建立和完善我公司的质量管理体系,提高企业的竞争能力,实现公司的质量方针和目标,依据 GB/T 19001-2016/ISO 9001:2015《质量管理体系 要求》标准,结合本公司的实际情况及顾客需求和期望,编制了《质量管理体系规范》,此规范是全公司质量工作的法规性、纲领性文件,用于统一、协调全公司的质量管理体系运行的各个过程,是公司开展各项质量活动的行为准则,全公司员工必须严格贯彻执行。

现批准发布,并于批准之日开始实施。

总经理:张三

20××年××月××日

## 2.2 任命书

为贯彻执行 GB/T 19001-2016/ISO 9001:2015《质量管理体系 要求》,确保质量管理体系的建立、保持、实施、改进,特任命以下部门主管,任命之日起正式上岗,并按《岗位职责》执行:

| 质检部 | 技术部 | 业务部 | 生产部 | 办公室 | 采购部 | 财务部 |
|--------|--------|--------|--------|--------|--------|--------|
|        |        |        |        |        |        |        |

总经理:张三

20××年××月××日

## 2.3 公司简介

公司位于我国浙江省××市，公司在沿海地区，是我国沿海最有经济活力的城市之一，海、陆、空交通十分便利。

本公司始建于2000年，现已发展为集研发、制造、销售于一体的民营股份制企业。历年来都被工商、金融系统评为"重合同，守信用"的企业。"AAA级"资信企业。公司2001已通过ISO 9001质量体系认证，一直以来都致力于为国内外主机厂提供优质的汽车塑料件的各种塑料模具及产品。公司现有员工800多人，各类高级管理与技术人员110余人。公司年产值达到10亿元。

公司引进国外高精密技术设备，包括：数控铣床、高速铣床、双头电脉冲、数控深孔加工设备、五轴加工设备、高速镗铣加工设备、高精密磨床等。先进的加工设备确保产品的品质。公司的模具60%出口到美国、德国、日本、意大利、法国、澳大利亚、巴西等国家，企业生产的汽车塑件等零部件已为国内外多家汽车主机厂提供OEM配套。

公司本着"技术先导、追求卓越、创造精品、顾客满意"的企业方针，以强有力的工作执行力和优良的工作质量，铸就优质的产品和服务。全体员工把成为全球一流的模具和零部件OEM供应商，为中国的汽车工业做贡献作为企业永恒的追求。

公司地址：

公司网站：

联系方式：

联系人：

## 2.4 范围

2.4.1 本公司采用GB/T 19001－2016/ISO 9001：2015标准，规定了质量管理体系要求，建立、实施、保持和持续改进质量管理体系。

2.4.2 质量管理体系规范阐述了本公司质量方针、目标，通过贯彻质量标准，将本公司的质量管理体系文件化、标准化。

2.4.3 本公司建立质量管理体系的目的是：

（1）需要证实公司具有稳定地提供满足顾客要求和适用法律法规要求的产品和服务的能力；

（2）通过质量体系的有效应用，包括对体系过程的改进，以及保证符合顾客和相关方适用的法律法规要求，旨在增强顾客、相关方满意度；

（3）持续提升质量绩效，实现质量目标；

（4）证实符合 GB/T 19001-2016/ISO 9001：2015 标准的自我评价和自我声明；

（5）寻求企业相关方（如顾客）对本公司符合性进行确认；

（6）寻求外部组织（如认证公司）对本公司质量管理体系进行认证或注册。

## 2.5 规范性引用文件

### 2.5.1 质量管理体系标准

2.5.1.1 GB/T 19000-2016/ISO 9000：2015 质量管理体系 基础和术语

2.5.1.2 GB/T 19001-2016/ISO 9001：2015 质量管理体系 要求

### 2.5.2 适用的法律法规

表 2-1 适用的法律法规

| 编号 | 法律法规名称 | 发布单位 | 最近修订生效日期 | 涉及范围 |
| --- | --- | --- | --- | --- |
| 1 | 《中华人民共和国宪法修正案》 | 全国人民代表大会 | 2004/03/14 | 公民权利与义务 |
| 2 | 《中华人民共和国产品质量法》 | 全国人民代表大会 | 2018/12/29 | 产品质量 |
| 3 | 《中华人民共和国价格法》 | 全国人大常委会 | 1998/05/01 | 价格制订 |
| 4 | 《中华人民共和国票据法》 | 全国人大常委会 | 2004/08/28 | 票据活动 |
| 5 | 《中华人民共和国档案法》 | 全国人大常委会 | 2020/06/20 | 档案管理 |
| 6 | 《中华人民共和国劳动法》 | 全国人大常委会 | 1995/01/01 | 劳动制度 |
| 7 | 《中华人民共和国计量法》 | 全国人大常委会 | 2018/10/26 | 计量管理 |
| 8 | 《中华人民共和国环境保护法》 | 全国人大常委会 | 2015/01/01 | 环境保护 |
| 9 | 《中华人民共和国消费者权益保护法》 | 全国人大常委会 | 2014/03/15 | 售后服务 |
| 10 | 《中华人民共和国对外贸易法》 | 全国人大常委会 | 2004/07/01 | 对外贸易 |
| 11 | 《中华人民共和国公司法》 | 全国人大常委会 | 2018/10/26 | 公司设立及监管 |
| 12 | 《中华人民共和国消防法》 | 全国人大常委会 | 2019/04/23 | 消防管理 |
| 13 | 《中华人民共和国未成年人保护法》 | 全国人大常委会 | 2020/10/17 | 未成年人保护 |
| 14 | 《中华人民共和国行政许可法》 | 全国人大常委会 | 2004/07/01 | 经营许可 |
| 15 | 《中华人民共和国清洁生产促进法》 | 全国人大常委会 | 2012/02/29 | 生产活动 |

续表

| 编号 | 法律法规名称 | 发布单位 | 最近修订生效日期 | 涉及范围 |
|---|---|---|---|---|
| 16 | 《中华人民共和国特种设备安全法》 | 全国人大常委会 | 2014/01/01 | 特种设备管理 |
| 17 | 《中华人民共和国职业病防治法》 | 全国人大常委会 | 2018/12/29 | 职业病防范 |
| 18 | 《中华人民共和国安全生产法》 | 全国人大常委会 | 2021/09/01 | 安全生产 |
| 19 | 《中华人民共和国工会法》 | 全国人大常委会 | 2009/08/27 | 工会管理 |
| …… | …… | …… | …… | …… |

注：当以上法律法规修订或换版时，公司应及时按最新版本执行，修改相关管理体系成文信息。

### 2.5.3 适用的技术标准

表2-2 适用的技术标准

| 序号 | 标准号 | 最近修订发布年份 | 标准名称 |
|---|---|---|---|
| 1 | GB 1589 | 2016 | 汽车、挂车及汽车列车外廓尺寸、轴荷及质量限值 |
| 2 | GB/T 18410 | 2001 | 车辆识别代号条码标签 |
| 3 | GB/T 15089 | 2001 | 机动车辆及挂车分类 |
| 4 | GB 7258 | 2017 | 机动车运行安全技术条件 |
| 5 | GB 13094 | 2017 | 客车结构安全要求 |
| 6 | GB 18986 | 2003 | 轻型客车结构安全要求 |
| 7 | GB 4599 | 2007 | 汽车用灯丝灯泡前照灯 |
| 8 | GB 4660 | 2007 | 汽车用灯丝灯泡前雾灯 |
| 9 | GB 4785 | 2019 | 汽车及挂车外部照明和光信号装置的安装规定 |
| 10 | GB 5920 | 2019 | 汽车及挂车前位灯、后位灯、示廓灯和制动灯配光性能 |
| 11 | GB 7063 | 2011 | 汽车护轮板 |
| 12 | GB 11554 | 2008 | 机动车和挂车用后雾灯配光性能 |
| 13 | GB 11564 | 2008 | 机动车回复反射器 |
| 14 | GB 17509 | 2008 | 汽车及挂车转向信号灯配光性能 |
| 15 | GB 18099 | 2013 | 机动车及挂车侧标志灯配光性能 |
| 16 | GB 18408 | 2015 | 汽车及挂车后牌照板照明装置配光性能 |
| 17 | GB 18409 | 2013 | 汽车驻车灯配光性能 |
| 18 | GB 19151 | 2003 | 机动车用三角警告牌 |
| 19 | GB 15084 | 2013 | 机动车辆间接视野装置性能和安装要求 |
| 20 | GB 15741 | 1995 | 汽车和挂车号牌板（架）及其位置 |

续表

| 序号 | 标准号 | 最近修订发布年份 | 标准名称 |
|---|---|---|---|
| 21 | GB 16897 | 2010 | 制动软管的结构、性能要求及试验方法 |
| 22 | GB 17675 | 1999 | 汽车转向系基本要求 |
| 23 | GB 5763 | 2018 | 汽车用制动器衬片 |
| 24 | GB 7063 | 2011 | 汽车护轮板 |
| 25 | GB 11552 | 2009 | 乘用车内部凸出物 |
| 26 | GB 11566 | 2009 | 乘用车外部凸出物 |
| 27 | GB 11567.1 | 2001 | 汽车和挂车侧面防护要求 |
| 28 | GB 11557.2 | 2001 | 汽车和挂车后下部防护要求 |
| 29 | GB 14166 | 2013 | 机动车乘员用安全带、约束系统、儿童约束系统 ISOFIX 儿童约束系统 |
| 30 | GB 14167 | 2013 | 汽车安全带安装固定点、ISOFIX 固定点系统及上拉带固定点 |
| 31 | GB 15083 | 2019 | 汽车座椅、座椅固定装置及头枕强度要求和试验方法 |
| 32 | GB 11550 | 2009 | 汽车座椅头枕强度要求和试验方法 |
| 33 | GB 15086 | 2013 | 汽车门锁及车门保持件的性能要求和试验方法 |
| 34 | GB 11568 | 2011 | 汽车罩（盖）锁系统 |
| 35 | GB 15743 | 1995 | 轿车侧门强度 |
| 36 | GB 17354 | 1998 | 汽车前、后端保护装置 |
| …… | …… | …… | …… |

注：当以上标准修订或换版时，公司应及时按最新版本执行，修改相关管理体系成文信息。

# 第 3 章 术语和定义

## 3.1 标准采用

公司质量管理体系规范采用 GB/T 19000－2016 idt ISO 9000：2015《质量管理体系 基础和术语》所确立的术语和定义。

## 3.2 常用品质专业术语

●8D（8 Disciplines Problem Solving）解决问题的 8 个步骤（团队导向问题解决方法）

●ACC（Acceptable）允收

●AOQ（Average Output Quality）平均出厂品质

●AQL（Acceptable Quality Level）品质允收水准

●ASQ（American Society for Quality）美国品质协会

●AVL（Approved Vendor List）合格供应商清单

●APQP（Advanced Product Quality Plan）产品先期策划

●BOM（Bill of Material）材料清单

●CR（Critical）极严重的（缺点）

●C/R（Corrective Action）纠正措施

●CAR（Corrective Action Request/Report）改正行动要求/报告

●CCC（China Compulsory certificate）中国强制认证（安规）

●CE（Communate Europpene）欧盟

●COP（Customer Oriented Processes）顾客导向过程

●CP（Control Plan）控制计划

●CQE（Customer Quality Engineer）客户品质工程师

●CPK（Index of Process Capability）制程能力指数

- CMK（Machine Capability Index）设备能力指数
- CSA（Canadian Standards Association）加拿大标准协会（安规）
- CQC（China Quality Certification Center）中国质量认证中心
- CR（Control Run）控制运行
- DPPM（Defect Parts Per Million）百万分之不良率
- ECN（Engineering Change Notice）工程变更通知
- EVT（Engineering Verification Test）工程测试验证
- FA（Failure Analysis）不良分析
- FAA（First Article Assurance）首件确认
- FAI（First Article Inspection）首件检验
- FIFO（First In First Out）先进先出
- FPYR（First Pass Yield Rate）直通率
- FMEA（Failure Mode Effect Analysis）失效模式影响分析
- FQA（Final Quality Assurance）最终品质保证
- FQC（Final Quality Control）最终品质管制
- IPQC（In Process Quality Control）制程品质管制
- IQC（Incoming Quality Control）进料品质管制
- KPI（Key Performance Indication）关键业绩指标
- LRR（Lot Reject Rate）批退率
- LCL（Lower Central Limit）管制下限
- LSL（Low Specification Limit）规格下限
- MAJ（Major）主要的（缺点）
- Max（Maximum）最大值
- MIN（Minor）轻微的（缺点）
- Min（Minimum）最小值
- MIL–STD Military–Standard 军用标准
- MP（Management Processes）管理过程
- MQE（Material Quality Engineer）材料质量工程师
- MSA（Measurement System Analysis）测量系统分析
- ME（Manufacturing Engineering）制造工程
- N/A（None Available）不适用
- NG（No Good）不良品
- ORT（On Reliability Test）可靠性测试

- OQC（Outgoing Quality Control）出货品质管制
- OEM（Original Equipment Manufacturer）原设备制造者
- ODM（Original Design Manufacturer）原设计制造
- OBA（Out of Box Audit）开箱检查
- PCN（Process Change Notice）制程变更通知
- PPAP（Production Part Approval Process）生产件批准程序
- PPM（Parts Per Million）百万分之
- PPK（Index of Process Performance）初始过程能力指数
- P/N（Part Number）料号
- P/O（Purchase Order）采购单（定购单）
- PDCA（Plan Do Check Action）计划 执行 检查 总结
- PQA（Process Quality Assurance）制程品质保证
- PQE（Product Quality Engineer）产品质量工程师
- PPR（Production Pilot Run）生产试做
- QA（Quality Assurance）品质保证
- QC（Quality Control）品质管制
- QCC（Quality Control Cycle）品管圈
- QE（Quality Engineer）品质工程师
- QFD（Quality Function Deployment）品质功能展开
- QI（Quality Improvement）品质改善
- QIT（Quality Improvement Team）品质改善小组
- QO（Quality Objective）品质目标
- QP（Quality Policy）目标方针
- QS（Quality System）品质系统
- RE（Reject）拒收
- RPN（Risk Priority Number）风险优先数
- SQE（Supplier Quality Engineer）供应商品质工程师
- S/S（Sample size）抽样检验样本大小
- S/N（Serial Number）序列号
- SP（Support Process）支持过程
- SPC（Statistical Process Control）统计制程控制
- ST（Shipment Ticket）出货单
- SIP（Standard Inspection Procedure）检验标准指导书

- SOP（Standard Operation Procedure）作业标准指导书
- TQM（Total Quality Management）全面品质管理
- USL（Upper Specification Limit）规格上限
- UCL（Upper Control Limit）管制上限
- UL（Underwriters Lab）美国保险商实验室（安规）
- VQA（Vendor Quality Assurance）供应商品质保证
- WIP（Work In Process）在制品
- ZD（Zero Defect）零缺陷

# 第4章 组织环境

## 4.1 理解组织及其环境

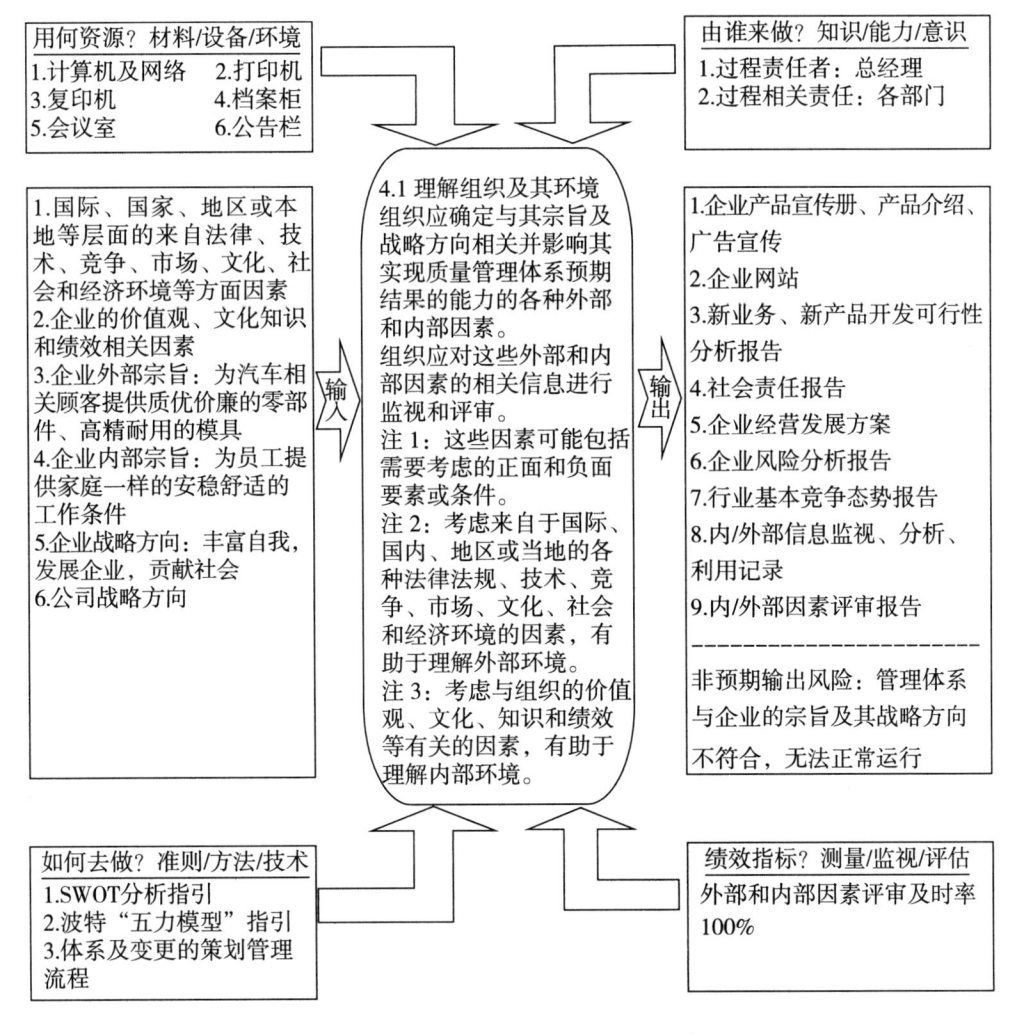

**用何资源？材料/设备/环境**
1. 计算机及网络　2. 打印机
3. 复印机　　　　4. 档案柜
5. 会议室　　　　6. 公告栏

**由谁来做？知识/能力/意识**
1. 过程责任者：总经理
2. 过程相关责任：各部门

**输入：**
1. 国际、国家、地区或本地等层面的来自法律、技术、竞争、市场、文化、社会和经济环境等方面因素
2. 企业的价值观、文化知识和绩效相关因素
3. 企业外部宗旨：为汽车相关顾客提供质优价廉的零部件、高精耐用的模具
4. 企业内部宗旨：为员工提供家庭一样的安稳舒适的工作条件
5. 企业战略方向：丰富自我，发展企业，贡献社会
6. 公司战略方向

**4.1 理解组织及其环境**
组织应确定与其宗旨及战略方向相关并影响其实现质量管理体系预期结果的能力的各种外部和内部因素。
组织应对这些外部和内部因素的相关信息进行监视和评审。
注1：这些因素可能包括需要考虑的正面和负面要素或条件。
注2：考虑来自于国际、国内、地区或当地的各种法律法规、技术、竞争、市场、文化、社会和经济环境的因素，有助于理解外部环境。
注3：考虑与组织的价值观、文化、知识和绩效等有关的因素，有助于理解内部环境。

**输出：**
1. 企业产品宣传册、产品介绍、广告宣传
2. 企业网站
3. 新业务、新产品开发可行性分析报告
4. 社会责任报告
5. 企业经营发展方案
6. 企业风险分析报告
7. 行业基本竞争态势报告
8. 内/外部信息监视、分析、利用记录
9. 内/外部因素评审报告
_____
非预期输出风险：管理体系与企业的宗旨及其战略方向不符合，无法正常运行

**如何去做？准则/方法/技术**
1. SWOT分析指引
2. 波特"五力模型"指引
3. 体系及变更的策划管理流程

**绩效指标？测量/监视/评估**
外部和内部因素评审及时率100%

图4-1　理解组织及其环境—过程分析乌龟图

## 表 4–1　内外部因素评审报告

QR4.1–01　　　　　　　　　　　　　　　　　　　　　　　　　　　　No：

1. 公司主要产品和服务

（1）产品质量水平

| 主要技术/服务指标 | 本企业水平 | 同行业水平 | 国内先进水平 | 国际先进水平 |
|---|---|---|---|---|
|  |  |  |  |  |
|  |  |  |  |  |
|  |  |  |  |  |

（2）前三年产品质量第三方检验、抽查情况

| 日期 | 报告编号 | 产品名称 | 产品型号 | 检验、抽查单位 | 结论 |
|---|---|---|---|---|---|
|  |  |  |  |  |  |
|  |  |  |  |  |  |
|  |  |  |  |  |  |

（3）前三年主要经济效益、安全、环境指标

| 序号 | 项目 | 单位 | 前三年（　　年） | 前二年（　　年） | 前一年（　　年） |
|---|---|---|---|---|---|
|  |  |  |  |  |  |
|  |  |  |  |  |  |
|  |  |  |  |  |  |

（4）前三年企业获奖情况

| 获奖名称 | 获奖时间 | 颁奖部门 | 获奖意义 |
|---|---|---|---|
|  |  |  |  |
|  |  |  |  |
|  |  |  |  |

2. 主要市场与顾客

（1）主要顾客

| 产品分类 | 应用领域 | 产品型号/规格 | 主要技术参数 | 客户名称 | 分布区域 |
|---|---|---|---|---|---|
|  |  |  |  |  |  |
|  |  |  |  |  |  |
|  |  |  |  |  |  |

(2) 前三年主要市场指标

| 项目 | 前三年（　　年） | | 前二年（　　年） | | 前一年（　　年） | |
|---|---|---|---|---|---|---|
| | 国内 | 国际 | 国内 | 国际 | 国内 | 国际 |
| 市场占有份额 | | | | | | |
| 顾客忠诚程度 | | | | | | |

(3) 同行业主要竞争伙伴情况

| 编号 | 单位名称 | 单位地址 | 品牌 | 产品名称 | 年产量 | 市场占有份额 | |
|---|---|---|---|---|---|---|---|
| | | | | | | 国内 | 国际 |
| | | | | | | | |
| | | | | | | | |
| | | | | | | | |

3. 企业文化、愿景、使命及核心价值观

| 序号 | 项目 | 内容 | 说明 |
|---|---|---|---|
| 1 | 企业文化 | | |
| 2 | 发展愿景 | | |
| 3 | 企业使命 | | |
| 4 | 核心价值观 | | |

4. 企业人力资源状况

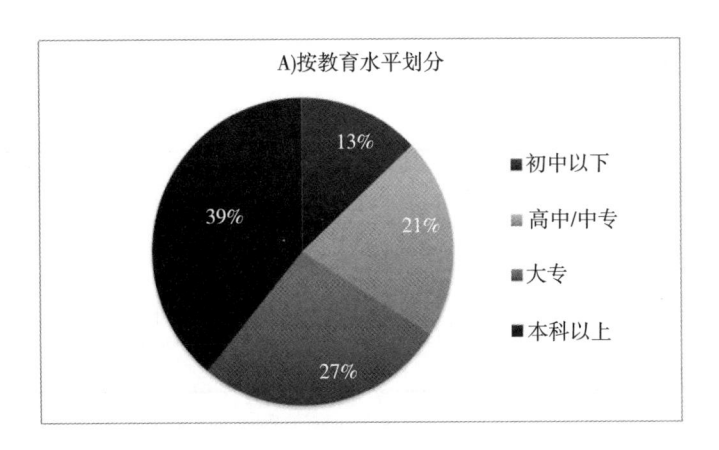

A)按教育水平划分
- 初中以下：13%
- 高中/中专：21%
- 大专：27%
- 本科以上：39%

B）按年龄结构划分

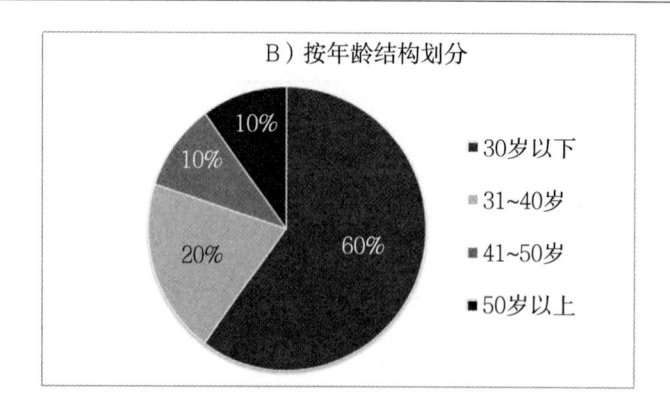

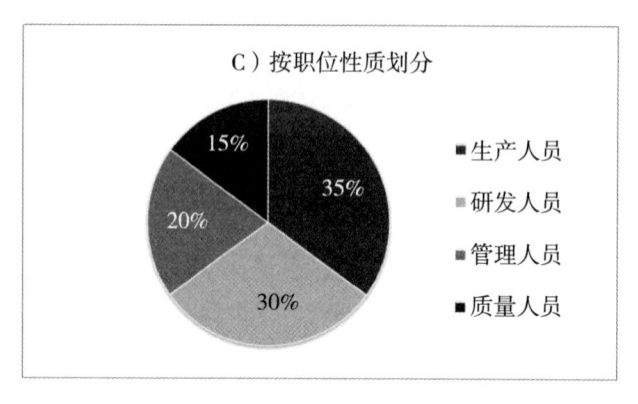

- 30岁以下 60%
- 31~40岁 20%
- 41~50岁 10%
- 50岁以上 10%

C）按职位性质划分

- 生产人员 35%
- 研发人员 30%
- 管理人员 20%
- 质量人员 15%

5．企业主要的技术与知识

| 序号 | 项目名称 | 内容介绍 | 主要特点 | 水平等级 |||
|---|---|---|---|---|---|---|
| | | | | 行业 | 国内 | 国际 |
| | | | | | | |
| | | | | | | |
| | | | | | | |

6．主要设备及设施

（1）主要生产设备

| 序号 | 设备名称 | 设备型号 | 数量 | 加工精度 | 等级水平 |||
|---|---|---|---|---|---|---|---|
| | | | | | 行业 | 国内 | 国际 |
| | | | | | | | |
| | | | | | | | |
| | | | | | | | |

(2) 关键检测设备

| 序号 | 设备名称 | 型号 | 精度 | 特点 | 检测项目 | 技术水平 |||
|---|---|---|---|---|---|---|---|---|
| | | | | | | 行业 | 国内 | 国际 |
| | | | | | | | | |
| | | | | | | | | |
| | | | | | | | | |

7. 法规和政策环境

| 分类/类别 | 法规和政策名称 | 发布单位 | 最近修订生效日期 | 涉及企业业务范围 |
|---|---|---|---|---|
| | | | | |
| | | | | |
| | | | | |

8. 社会环境

| 名称 | 环境因素 | 相关单位 | 影响程度 | 涉及企业业务范围 |
|---|---|---|---|---|
| | | | | |
| | | | | |
| | | | | |

9. 经济环境

| 名称 | 环境因素 | 相关单位 | 影响程度 | 涉及企业业务范围 |
|---|---|---|---|---|
| | | | | |
| | | | | |
| | | | | |

10. 总经理负责评审报告编制、发布、再评审与更新，对评审报告涉及内容进行监视，同时作为体系变更与改进的输入

总经理：＿＿＿＿＿＿＿＿＿＿    日期：＿＿＿＿＿＿＿＿＿＿

## 4.2 理解相关方的需求和期望

**用何资源？材料/设备/环境**
1. 计算机及网络　2. 打印机
3. 复印机　　　　4. 档案柜
5. 会议室　　　　6. 公告栏

**由谁来做？知识/能力/意识**
1. 过程责任者：总经理
2. 过程相关责任：各部门

**输入**
1. 直接顾客
2. 最终使用者
3. 供应链中的供方、分销商、零售商及其他
4. 立法机构
5. 银行
6. 雇员、外包劳务
7. 社会团体
8. 政府机构
9. 社会
10. 股东

**4.2 理解相关方的需求和期望**
由于相关方对组织稳定提供符合顾客要求及适用法律法规要求的产品和服务的能力具有影响或潜在影响，因此，组织应确定：
a) 与质量管理体系有关的相关方；
b) 与质量管理体系有关的相关方的要求。
组织应监视和评审这些相关方的信息及其相关要求。

**输出**
1. 相关方的意见、建议、投诉
2. 市场调研信息
3. 相关方的调查信息
4. 与产品和服务有关要求的确定，如：合同、协议、图纸
5. 识别出来的改进和变革机会
6. 产品标准、规范
7. 劳动合同
8. 遵法方面承诺
9. 与相关方达成的协议、合同及评审信息
10. 相关方的需求分析报告
——————————————
非预期输出风险：管理体系有关的利益相关方关系处理不和谐，影响企业发展

**如何去做？准则/方法/技术**
1. 产品和服务的要求管理流程
2. 外部提供过程产品和服务管理流程
3. 体系及变更的策划管理流程

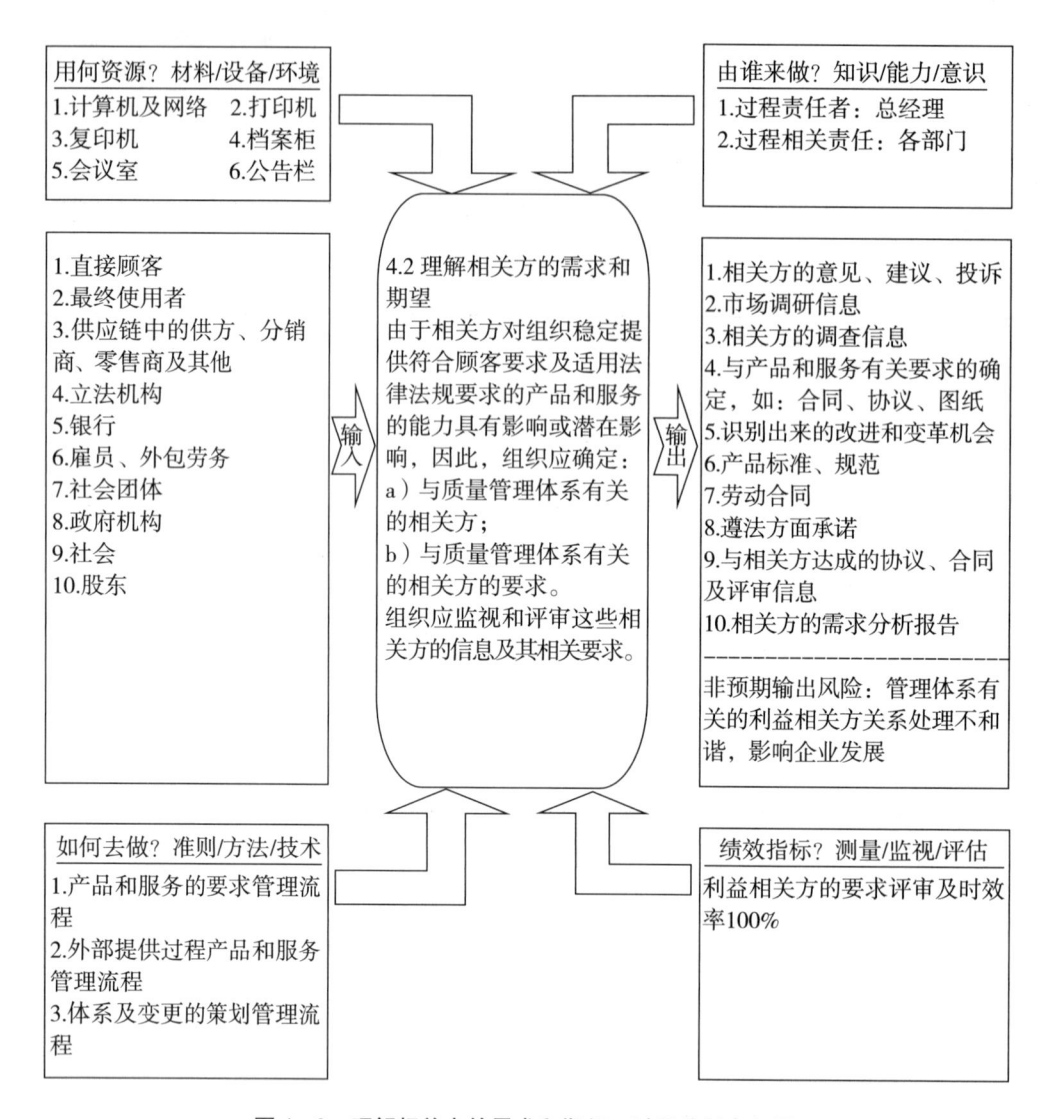

**绩效指标？测量/监视/评估**
利益相关方的要求评审及时效率100%

图4-2　理解相关方的需求和期望—过程分析乌龟图

## 表4-2 相关方的需求分析报告

QR4.2-01　　　　　　　　　　　　　　　　　　　　　　　　　　No：_____

| 序号 | 相关方类型 | 需求和期望 | 转换方式或实现指标 | 责任部门 | 报告频率 |
|---|---|---|---|---|---|
| 1 | 顾客 | 1. 产品质量优<br>2. 及时交货<br>3. 价格合理<br>4. 售后服务良好 | 产品一次检验合格率 | 生产部 | 每月 |
| | | | 产品不良率 | 生产部 | 每月 |
| | | | 成品批次合格率 | 生产部 | 每月 |
| | | | 放行产品退货率 | 质检部 | 每月 |
| | | | 返工产品一次交检合格率 | 生产部 | 每月 |
| | | | 不合格品处理按时完成率 | 质检部 | 每月 |
| | | | 生产计划完成率 | 生产部 | 每月 |
| | | | 交付及时率 | 生产部 | 每月 |
| | | | 合同评审完成率 | 业务部 | 每月 |
| | | | 顾客要求识别准确率 | 业务部 | 每月 |
| | | | 顾客满意度 | 业务部 | 每年 |
| | | | 售后处理及时率 | 业务部 | 每月 |
| | | | 顾客投诉及时回复率 | 业务部 | 每月 |
| 2 | 供方 | 1. 长期合作、共同发展<br>2. 采购订单数量大<br>3. 下单时间尽量提前通知<br>4. 付款及时<br>5. 技术支持力度大 | 原材料采购及时率 | 采购部 | 每月 |
| | | | 原材料批次合格率 | 采购部 | 每月 |
| | | | 采购付款及时率 | 采购部 | 每月 |
| | | | 不合格处理及时率 | 质检部 | 每月 |
| | | | 供应商考评及时率 | 质检部 | 每月 |
| 3 | 员工 | 1. 薪资和福利增长<br>2. 学习成长快<br>3. 工作环境轻松合适<br>4. 健康的企业文化 | 薪资增长率 | 财务部 | 每年 |
| | | | 培训合格率 | 办公室 | 每月 |
| | | | 培训计划执行率 | 办公室 | 每月 |
| | | | 质量意识宣传普及率 | 办公室 | 每月 |
| | | | 环境卫生达标率 | 办公室 | 每月 |
| | | | 办公设施完好率 | 办公室 | 每月 |
| | | | 员工满意度 | 办公室 | 每月 |
| | | | 员工离职率 | 办公室 | 每月 |

续表

| 序号 | 相关方类型 | 需求和期望 | 转换方式或实现指标 | 责任部门 | 报告频率 |
|---|---|---|---|---|---|
| 4 | 审核机构 | 体系运行的有效性、充分性、符合性 | 改进计划实施有效性 | 办公室 | 每年 |
| | | | 内审不符合项有效关闭率 | 办公室 | 每年 |
| | | | 管理评审改进措施完成率 | 办公室 | 每年 |
| | | | 外部审核通过率 | 办公室 | 每年 |
| 5 | 政府机构、园区管委会 | 1. 遵守相关法律法规要求<br>2. 企业安全生产<br>3. 生产运行达到环保标准<br>4. 就业最大化<br>5. 经营效益好 | 劳动纠纷发生率 | 办公室 | 每年 |
| | | | 销售额与利润增长率 | 财务部 | 每年 |
| | | | 安全标准化达标率 | 生产部 | 每年 |
| | | | 产品安全测试合格率 | 技术部 | 每年 |
| | | | 工伤事故率 | 生产部 | 每年 |
| | | | 噪声排放达标率 | 生产部 | 每年 |
| | | | 废弃物分类处置率 | 生产部 | 每年 |
| | | | 综合废水达标排放率 | 生产部 | 每年 |
| | | | 降低能源消耗率 | 生产部 | 每年 |
| | | | 职业病发生率 | 生产部 | 每年 |
| | | | 火灾、爆炸事故发生率 | 生产部 | 每年 |

编制：_____　　批准：_____　　日期：_____

## 4.3 确定质量管理体系的范围

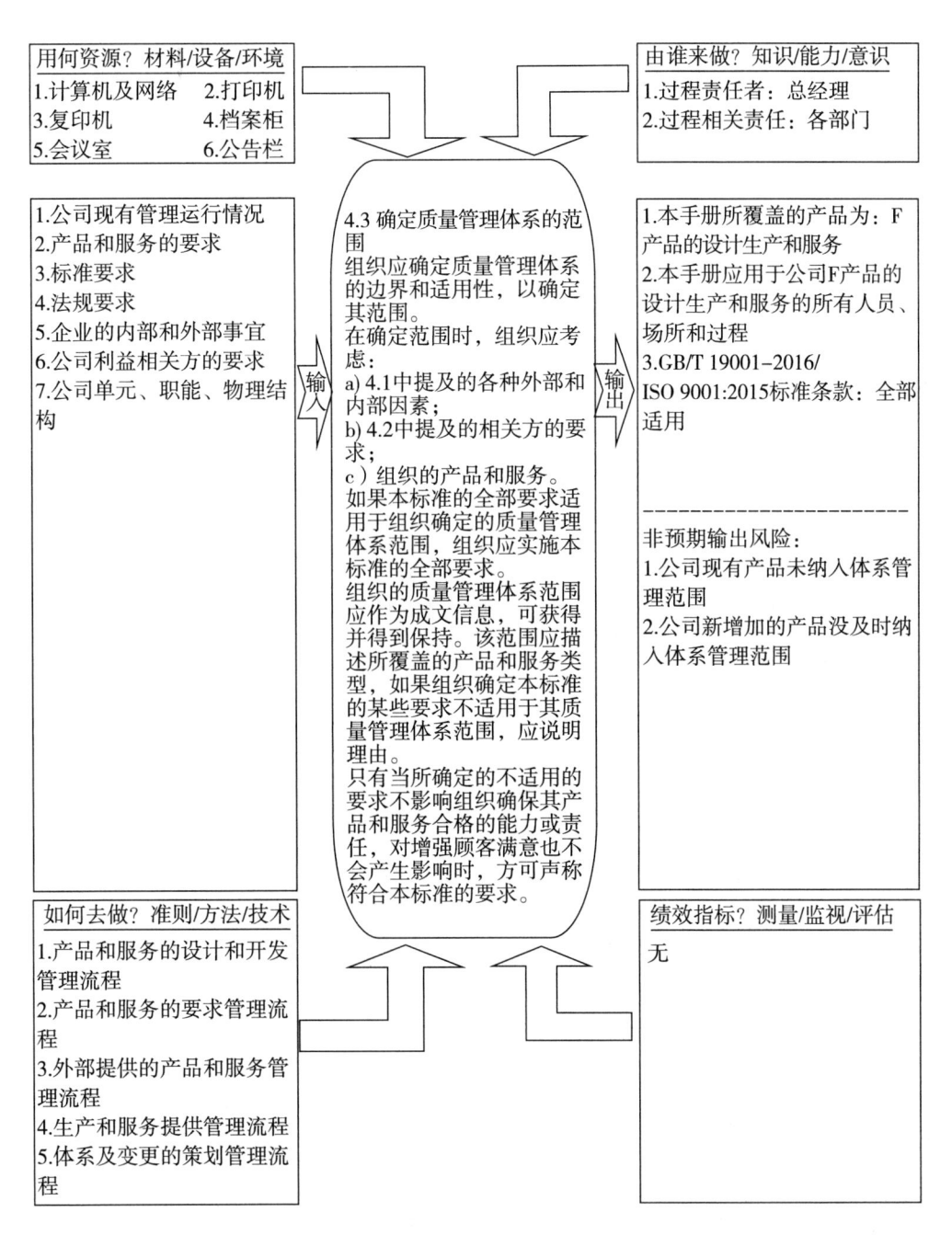

| 用何资源？材料/设备/环境 | | 由谁来做？知识/能力/意识 |
|---|---|---|
| 1.计算机及网络 2.打印机<br>3.复印机 4.档案柜<br>5.会议室 6.公告栏 | | 1.过程责任者：总经理<br>2.过程相关责任：各部门 |

| 输入 | 4.3 确定质量管理体系的范围 | 输出 |
|---|---|---|
| 1.公司现有管理运行情况<br>2.产品和服务的要求<br>3.标准要求<br>4.法规要求<br>5.企业的内部和外部事宜<br>6.公司利益相关方的要求<br>7.公司单元、职能、物理结构 | 组织应确定质量管理体系的边界和适用性，以确定其范围。<br>在确定范围时，组织应考虑：<br>a) 4.1中提及的各种外部和内部因素；<br>b) 4.2中提及的相关方的要求；<br>c）组织的产品和服务。<br>如果本标准的全部要求适用于组织确定的质量管理体系范围，组织应实施本标准的全部要求。<br>组织的质量管理体系范围应作为成文信息，可获得并得到保持。该范围应描述所覆盖的产品和服务类型，如果组织确定本标准的某些要求不适用于其质量管理体系范围，应说明理由。<br>只有当所确定的不适用的要求不影响组织确保其产品和服务合格的能力或责任，对增强顾客满意也不会产生影响时，方可声称符合本标准的要求。 | 1.本手册所覆盖的产品为：F产品的设计生产和服务<br>2.本手册应用于公司F产品的设计生产和服务的所有人员、场所和过程<br>3.GB/T 19001-2016/ISO 9001:2015标准条款：全部适用<br><br>——————————<br>非预期输出风险：<br>1.公司现有产品未纳入体系管理范围<br>2.公司新增加的产品没及时纳入体系管理范围 |

| 如何去做？准则/方法/技术 | | 绩效指标？测量/监视/评估 |
|---|---|---|
| 1.产品和服务的设计和开发管理流程<br>2.产品和服务的要求管理流程<br>3.外部提供的产品和服务管理流程<br>4.生产和服务提供管理流程<br>5.体系及变更的策划管理流程 | | 无 |

图4-3 确定质量管理体系的范围—过程分析乌龟图

## 4.4 质量管理体系及其过程

**用何资源？材料/设备/环境**
1.计算机及网络　2.打印机
3.复印机　　　　4.档案柜
5.会议室　　　　6.公告栏

**由谁来做？知识/能力/意识**
1.过程责任者：总经理
2.过程相关责任：各部门

**输入：**
1.公司现有运行过程进行识别，确定主要过程
2.主要过程的输入和输出要求
3.过程之间的关系进行清理
4.公司运行的作业文件、管理流程、检验标准
5.过程失效的情况
6.人力、设备、财力、环境等资源
7.岗位职责
8.企业内外部环境
9.顾客及有关相关方的要求
10.法律法规要求
11.应对风险和机遇的措施
12.质量体系及过程改进措施

**过程内容：**
4.1.1 组织应按照本标准的要求，建立、实施、保持和持续改进质量管理体系，包括所需过程及其相互作用。组织应确定质量管理体系所需的过程及其在整个组织中的应用，且应：
a）确定这些过程所需的输入和期望的输出；
b）确定这些过程的顺序和相互作用；
c）确定和应用所需的准则和方法（包括监视、测量和相关绩效指标），以确保这些过程的有效运行和控制；
d）确定这些过程所需的资源并确保其可获得；
e）分配这些过程的职责和权限；
f）按照6.1的要求应对风险和机遇；
g）评价这些过程，实施所需的变更，以确保实现这些过程的预期结果；
h）改进过程和质量管理体系。
4.4.2 在必要的范围和程度上，组织应：
a）保持成文信息以支持过程运行；
b）保留成文信息以确保其过程按策划进行。

**输出：**
1.表4-4过程识别清单
2.表4-5过程与过程之间的相互关系表
3.表4-6职能分配与过程矩阵
4.质量目标
5.图4-5质量管理体系过程PDCA循环图
6.图4-6顾客导向过程章鱼图
7.图4-7质量管理体系过程路径图
8.过程分析"乌龟图"
9.业务计划指标
10.运行策划和控制
11.岗位职责
12.图4-8产品生产工艺流程图
13.表4-7体系支持文件清单
————————————
非预期输出风险：
1.管理体系过程未充分识别
2.过程之间相互关系不明确
3.过程运行无效

**如何去做？准则/方法/技术**
体系及变更的策划管理流程

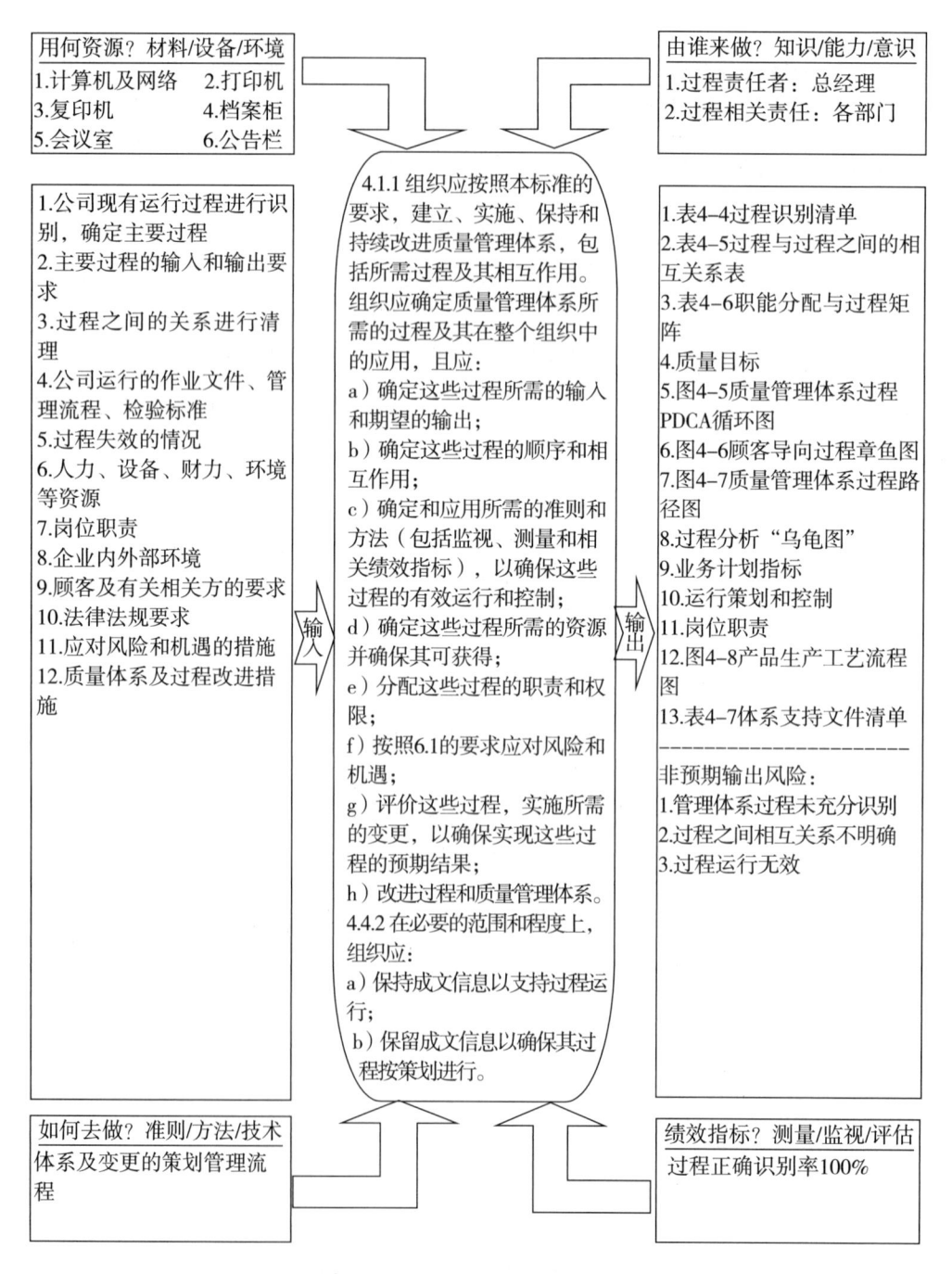

**绩效指标？测量/监视/评估**
过程正确识别率100%

图4-4　质量管理体系及其过程—过程分析乌龟图

### 表4-3 体系及变更的策划管理流程

<u>文件编号：QM/WI01　　版本/改数：A/0　　生效日期：20××年××月××日　　第×页/共×页</u>

| 过程流程 | | | | 内容描述 | 采用表单 |
|---|---|---|---|---|---|
| 质检部 | 技术部 | 总经理 | 其他部门 | | |
| | | 体系及变更的策划时机 | | 1.按照GB/T 19001-2016/ISO 9001:2015质量管理体系要求建立和持续改进公司质量管理体系时<br>2.公司已制定并颁布和实施的质量方针、目标、组织结构发生重大变化或重新制定颁布时<br>3.公司质量管理体系的资源配置、市场情况发生重大变化时<br>4.公司引进、开发和试制新产品，采用新工艺或新材料，技术革新或技术改造以及顾客对产品有特定要求时<br>5.出现公司现有质量管理体系文件未能涵盖的特殊事项时<br>6.多个管理体系整合时 | |
| | | 体系变更的策划原则 | | 1.变更目的及其潜在后果<br>2.质量管理体系的完整性<br>3.资源的可获得性<br>4.责任和权限的分配或再分配 | |
| | | 体系及变更的策划内容 | | 1.针对特定产品、项目或合同所需达到的质量目标（包括公司年度质量目标和各部门年度质量目标）以及所需建立的相应的质量管理过程和子过程，识别关键的过程和活动，对过程或涉及的活动规定的途径。确定过程的输入、输出及活动，并对其做出相应的规定、评审、验证、确认，保持成文信息<br>2.为满足和符合产品、项目、合同和顾客规定的要求，本公司产品的质量计划由技术部门依据本公司产品的特性/性质并结合本公司实际的生产和经营状况制订，以作为公司产品设计、开发、生产、安装和/或服务所需运用的设备（包括检验和试验设备）、工艺装备、技术条件、检验和试验（包括接收准则）、方法、人员等资源管理与控制的指导纲要。并按《成文信息管理流程》进行管理<br>3.识别为实现质量目标（包括公司年度质量目标和各部门年度质量目标）所需建立的过程的资源配置、运作阶段的划分、岗位设立、人员的职责/权限分配、相互关系确定<br>4.确定过程涉及的验证和确认活动及验收准则，对过程和产品的关键或重要特性应安排监视和测量活动，以及确定为过程和产品的符合性提供证据的成文信息<br>5.对实现公司年度质量目标和阶段或局部的质量目标进行定期评审的规定，重点评审过程和活动的改进，实施所需的变更<br>6.根据评审结果寻找与质量目标的差距，确保持续改进，提高公司质量管理体系的有效性和效率<br>7.评估体系运行过程产生的风险和机遇，制定应对风险和机遇的措施<br>8.对于满足产品质量、交付和服务等要求，公司必须做出明确规定并保持成文信息，使体系及变更的策划与其他要求相一致，以确保与产品质量、交付和服务等有关的相关工作有所依循及得到有效实施，并成为适用于本公司的操作性文件<br>9.体系及变更的策划结果应保持成文信息，如部门质量目标、质量管理方案、质量计划、控制计划等 | |
| | | 体系及变更的策划的输入<br>↓<br>Ⓐ | | 1.顾客和其他受益者的需求和期望：公司顾客可能是投资者或未来的生产者，收益者则还应考虑社会（环境与安全）及供应商等<br>2.产品特性：提供的产品应达到的特性指标（如：尺寸、外观、性能、功能等）<br>3.质量管理体系的过程业绩：对质量管理体系原有过程业绩优良者，可以直接引用，否则应考虑更新<br>4.以前的工作经验及教训：公司最高管理层在进行体系及变更的策划时，应借鉴类似产品项目的成功经验和付出巨大代价换来的教训，这对体系及变更的策划来说，是一个很好的预防措施<br>5.改进的业绩：公司最高管理层在进行体系及变更的策划时，应汲取质量管理体系持续改进所取得的成果<br>6.风险评估及风险降低：对可能发生的产品和过程的失效，应根据已有的风险评估资料采取针对性的措施，以便将风险降低到可接受的程度 | |

续表

| 过程流程 |||| 内容描述 | 采用表单 |
|---|---|---|---|---|---|
| 质检部 | 技术部 | 总经理 | 其他部门 |||
| ↓ A ↓ [体系及变更的策划工作开展] |||| 1.确定和配备必要的控制手段、过程、设备（包括检验和试验设备）、工艺装备、资源和技能等，识别过程中的质量特性，以达到所要求的质量<br>2.为过程配备必要的资源（如硬件和软件）<br>1）购置：在市场上寻觅适用的产品<br>2）研制：在技术能力有把握实现的范围内自行研制<br>3）创新：超过现有技术水平，但能在合同规定的期限内设计和/或开发出来<br>4）对管理方法也应注意可能实现的更新<br>3.确保设计、生产过程、安装、服务、检验和试验程序及有关文件的相容性<br>4.必要时，更新质量控制、检验和试验技术，包括研制新的测试设备<br>5.确定所有测量要求，包括超出现有水平，但在足够时限内能开发的测量能力<br>6.确定在产品形成适当阶段的合适的验证活动<br>7.对所有特性和要求，包括含有主观因素的特性和要求，明确接收标准<br>8.保持和保留成文信息 ||
| ↓ [体系及变更的策划的输出] |||| 1.编制"质量计划"<br>2.明确各过程的职责和权限<br>3.对岗位人员素质的要求及所需的知识和技能<br>4.改进的途径、方法和工具<br>5.所需的资源<br>6.实现业绩的指标<br>7.相关成文信息 ||
| ↓ ⟨体系及变更的策划的监督检查⟩ |||| 1.公司各单位在执行体系及变更的策划时应按照体系及变更的策划规定的内容、进度、要求进行控制和管理，并将执行情况进行日常检查，及时解决存在的问题，重要时向公司高层管理报告<br>2.质检部应对体系及变更的策划实施情况进行监督、检查，并及时将情况向公司高层管理报告 ||
| ↓ [体系持续改进] |||| 1.在体系及变更的策划过程中，必须利用质量方针、质量目标、内部和外部审核结果、数据统计分析、纠正和预防措施、顾客抱怨/投诉、管理评审等进行质量管理体系的持续改进<br>2.本公司的质量管理体系强调以预防为主的管理思想，主动对生产过程中的质量倾向和趋势进行诊断、预防和处理，以消除发生不合格的潜在原因，对已发生的不合格现象，主动给予处置和防范，防止其再次发生<br>3.通过质量管理体系的运行和持续改进，不断地达到质量管理体系自我完善和自我规范的目的，使整个企业沿着正常的轨道和规律运行 ||
| ↓ ⟨体系及变更的策划的归档⟩ |||| 体系及变更的策划的更改、修订、审核、批准、发行、回收、销毁、作废保存等作业由技术部或质检部、办公室按《成文信息管理流程》进行，年底送办公室归档 ||

## 第4章 组织环境

**过程相关概念**

QR4.4-01　　　　　　　　　　　　　　　　　　　　　　　　　No：

1. 过程（Process）：利用输入实现预期结果的相互关联或相互作用的一组活动。

2. 公司建立质量管理体系按顾客导向划分的过程，分为：顾客导向过程COP（Customer Oriented Processes）、支持过程SP（Support Process）、管理过程MP（Management Processes）。

2.1 顾客导向过程COP：通过输入和输出直接和外部顾客联系的过程，直接对顾客产生影响，是给公司直接带来效益的过程。

2.2 支持过程SP：提供主要资源或能力，为了实现公司的经营目标，支持顾客导向过程实现预计质量目标的过程，支持过程是实现顾客导向过程功能的必要过程。

2.3 管理过程MP：用来衡量和评价顾客导向过程和支持过程的有效性和效率，组织策划将顾客要求转化为组织衡量的目标和指标，确定公司组织结构，产生公司决策、目标及更改等过程。

**表4-4　过程识别清单**

QR4.4-02　　　　　　　　　　　　　　　　　　　　　　　　　No：

| COP 顾客导向过程 || SP 支持过程 || MP 管理过程 ||
|---|---|---|---|---|---|
| 过程编号 | 过程名称 | 过程编号 | 过程名称 | 过程编号 | 过程名称 |
| C1 | 顾客订单 | S1 | 人力资源 | M1 | 管理体系策划 |
| C2 | 设计和开发 | S2 | 基础设施 | M2 | 领导作用 |
| C3 | 产品制造 | S3 | 过程运行环境 | M3 | 风险机遇策划 |
| C4 | 防护和放行 | S4 | 监视和测量资源 | M4 | 目标策划 |
| C5 | 交付后服务 | S5 | 知识 | M5 | 分析评价 |
|  |  | S6 | 沟通 | M6 | 内部审核 |
|  |  | S7 | 成文信息 | M7 | 管理评审 |
|  |  | S8 | 运行策划 | M8 | 改进 |
|  |  | S9 | 外供方控制 |  |  |
|  |  | S10 | 标识和可追溯性 |  |  |
|  |  | S11 | 顾客或外供方财产 |  |  |
|  |  | S12 | 不合格控制 |  |  |

### 表4-5 过程与过程之间的相互关系表

QR4.4-03　　　　　　　　　　　　　　　　　　　　　　　　　　　No：

| 项目 | | C1 顾客订单 | C2 设计和开发 | C3 产品制造 | C4 防护和放行 | C5 交付后服务 |
|---|---|---|---|---|---|---|
| S1 | 人力资源 | × | × | × | × | × |
| S2 | 基础设施 | | | × | × | |
| S3 | 过程运行环境 | | | × | × | |
| S4 | 监视和测量资源 | | | × | | |
| S5 | 知识 | × | × | × | × | × |
| S6 | 沟通 | × | × | × | × | × |
| S7 | 成文信息 | × | × | × | × | × |
| S8 | 运行策划 | | × | × | | |
| S9 | 外供方控制 | | | × | | |
| S10 | 标识和可追溯性 | | | × | × | |
| S11 | 顾客或外供方财产 | | | × | × | |
| S12 | 不合格控制 | × | × | × | × | |
| 管理过程 | \multicolumn{6}{l}{M1 管理体系策划；M2 领导作用；M3 风险机遇策划；M4 目标策划；M5 分析评价；M6 内部审核；M7 管理评审；M8 改进。} | | | | | |

### 表4-6 职能分配与过程矩阵

QR4.4-04　　　　　　　　　　　　　　　　　　　　　　　　　　　No：

| 章节 | 条款（ISO 9001:2015） | 过程 | 总经理 | 质检部 | 技术部 | 业务部 | 生产部 | 办公室 | 采购部 | 财务部 |
|---|---|---|---|---|---|---|---|---|---|---|
| 4 | 组织环境 | | | | | | | | | |
| 4.1 | 理解组织及其环境 | M1 | ● | ○ | ○ | ○ | ○ | ○ | ○ | ○ |
| 4.2 | 理解相关方的需求和期望 | M1 | ● | ○ | ○ | ○ | ○ | ○ | ○ | ○ |
| 4.3 | 确定质量管理体系的范围 | M1 | ● | ○ | ○ | ○ | ○ | ○ | ○ | ○ |
| 4.4 | 质量管理体系及其过程 | M1 | ● | ○ | ○ | ○ | ○ | ○ | ○ | ○ |
| 5 | 领导作用 | | | | | | | | | |
| 5.1 | 领导作用和承诺 | M2 | ● | ○ | ○ | ○ | ○ | ○ | ○ | ○ |
| 5.1.1 | 总则 | M2 | ● | ○ | ○ | ○ | ○ | ○ | ○ | ○ |
| 5.1.2 | 以顾客为关注焦点 | M2 | ● | ○ | ○ | ○ | ○ | ○ | ○ | ○ |
| 5.2 | 方针 | M2 | ● | ○ | ○ | ○ | ○ | ○ | ○ | ○ |

48

第 4 章 组织环境

续表

| 章节 | 条款（ISO 9001:2015） | 过程 | 总经理 | 质检部 | 技术部 | 业务部 | 生产部 | 办公室 | 采购部 | 财务部 |
|---|---|---|---|---|---|---|---|---|---|---|
| 5.2.1 | 制定质量方针 | M2 | ● | ○ | ○ | ○ | ○ | ○ | ○ | ○ |
| 5.2.2 | 沟通质量方针 | M2 | ● | ○ | ○ | ○ | ○ | ○ | ○ | ○ |
| 5.3 | 组织的岗位、职责和权限 | M2 | ● | ○ | ○ | ○ | ○ | ○ | ○ | ○ |
| 6 | 策划 | | | | | | | | | |
| 6.1 | 应对风险和机遇的措施 | M3 | ● | ○ | ○ | ○ | ○ | ○ | ○ | ○ |
| 6.2 | 质量目标及其实现的策划 | M4 | ● | ○ | ○ | ○ | ○ | ○ | ○ | ○ |
| 6.3 | 变更的策划 | M1 | ● | ○ | ○ | ○ | ○ | ○ | ○ | ○ |
| 7/7.1 | 支持/资源 | | | | | | | | | |
| 7.1.1 | 总则 | M2 | ● | ○ | ○ | ○ | ○ | ○ | ○ | ○ |
| 7.1.2 | 人员 | S1 | ○ | ○ | ○ | ○ | ○ | ● | ○ | ○ |
| 7.1.3 | 基础设施 | S2 | ○ | ○ | ○ | ○ | ● | ○ | ○ | ○ |
| 7.1.4 | 过程运行环境 | S3 | ○ | ○ | ○ | ○ | ● | ○ | ○ | ○ |
| 7.1.5 | 监视和测量资源 | S4 | ○ | ● | ○ | ○ | ○ | ○ | ○ | ○ |
| 7.1.6 | 组织的知识 | S5 | ○ | ○ | ● | ○ | ○ | ○ | ○ | ○ |
| 7.2 | 能力 | S1 | ○ | ○ | ○ | ○ | ○ | ● | ○ | ○ |
| 7.3 | 意识 | S1 | ○ | ○ | ○ | ○ | ○ | ● | ○ | ○ |
| 7.4 | 沟通 | S6 | ○ | ● | ○ | ○ | ○ | ○ | ○ | ○ |
| 7.5 | 成文信息 | S7 | ○ | ○ | ○ | ○ | ○ | ● | ○ | ○ |
| 7.5.1 | 总则 | S7 | ○ | ○ | ○ | ○ | ○ | ● | ○ | ○ |
| 7.5.2 | 创建和更新 | S7 | ○ | ○ | ○ | ○ | ○ | ● | ○ | ○ |
| 7.5.3 | 成文信息控制 | S7 | ○ | ○ | ○ | ○ | ○ | ● | ○ | ○ |
| 8 | 运行 | | | | | | | | | |
| 8.1 | 运行的策划和控制 | S8 | ○ | ○ | ● | ○ | ○ | ○ | ○ | ○ |
| 8.2 | 产品和服务的要求 | C1 | ○ | ○ | ○ | ● | ○ | ○ | ○ | ○ |
| 8.2.1 | 顾客沟通 | C1 | ○ | ○ | ○ | ● | ○ | ○ | ○ | ○ |
| 8.2.2 | 产品和服务要求的确定 | C1 | ○ | ○ | ○ | ● | ○ | ○ | ○ | ○ |
| 8.2.3 | 产品和服务要求的评审 | C1 | ○ | ○ | ○ | ● | ○ | ○ | ○ | ○ |
| 8.2.4 | 产品和服务要求的变更 | C1 | ○ | ○ | ○ | ● | ○ | ○ | ○ | ○ |
| 8.3 | 产品和服务的设计和开发 | C2 | ○ | ○ | ● | ○ | ○ | ○ | ○ | ○ |
| 8.3.1 | 总则 | C2 | ○ | ○ | ● | ○ | ○ | ○ | ○ | ○ |

续表

| 章节 | 条款（ISO 9001:2015） | 过程 | 总经理 | 质检部 | 技术部 | 业务部 | 生产部 | 办公室 | 采购部 | 财务部 |
|---|---|---|---|---|---|---|---|---|---|---|
| 8.3.2 | 设计与开发策划 | C2 | ○ | ○ | ● | ○ | ○ | ○ | ○ | ○ |
| 8.3.3 | 设计与开发输入 | C2 | ○ | ○ | ● | ○ | ○ | ○ | ○ | ○ |
| 8.3.4 | 设计与开发控制 | C2 | ○ | ○ | ● | ○ | ○ | ○ | ○ | ○ |
| 8.3.5 | 设计与开发输出 | C2 | ○ | ○ | ● | ○ | ○ | ○ | ○ | ○ |
| 8.3.6 | 设计与开发更改 | C2 | ○ | ○ | ● | ○ | ○ | ○ | ○ | ○ |
| 8.4 | 外部提供的过程、产品和服务的控制 | S9 | ○ | ○ | ○ | ○ | ○ | ○ | ● | ○ |
| 8.4.1 | 总则 | S9 | ○ | ○ | ○ | ○ | ○ | ○ | ● | ○ |
| 8.4.2 | 控制类型和程度 | S9 | ○ | ○ | ○ | ○ | ○ | ○ | ● | ○ |
| 8.4.3 | 提供给外部供方的信息 | S9 | ○ | ○ | ○ | ○ | ○ | ○ | ● | ○ |
| 8.5 | 生产和服务提供 | | | | | | | | | |
| 8.5.1 | 生产和服务提供的控制 | C3 | ○ | ○ | ○ | ○ | ● | ○ | ○ | ○ |
| 8.5.2 | 标识和可追溯性 | S10 | ○ | ● | ○ | ○ | ○ | ○ | ○ | ○ |
| 8.5.3 | 顾客或外供方的财产 | S11 | ○ | ○ | ○ | ○ | ● | ○ | ○ | ○ |
| 8.5.4 | 防护 | C4 | ○ | ○ | ○ | ○ | ● | ○ | ○ | ○ |
| 8.5.5 | 交付后活动 | C5 | ○ | ○ | ○ | ● | ○ | ○ | ○ | ○ |
| 8.5.6 | 更改控制 | C3 | ○ | ○ | ● | ○ | ○ | ○ | ○ | ○ |
| 8.6 | 产品和服务的放行 | C4 | ○ | ● | ○ | ○ | ○ | ○ | ○ | ○ |
| 8.7 | 不合格输出的控制 | S12 | ○ | ● | ○ | ○ | ○ | ○ | ○ | ○ |
| 9/9.1 | 绩效评价/监视、测量、分析和评价 | | | | | | | | | |
| 9.1.1 | 总则 | M5 | ● | ○ | ○ | ○ | ○ | ○ | ○ | ○ |
| 9.1.2 | 顾客满意 | C5 | ○ | ○ | ○ | ● | ○ | ○ | ○ | ○ |
| 9.1.3 | 分析与评价 | M5 | ○ | ● | ○ | ○ | ○ | ○ | ○ | ○ |
| 9.2 | 内部审核 | M6 | ● | ○ | ○ | ○ | ○ | ○ | ○ | ○ |
| 9.3 | 管理评审 | M7 | ● | ○ | ○ | ○ | ○ | ○ | ○ | ○ |
| 9.3.1 | 总则 | M7 | ● | ○ | ○ | ○ | ○ | ○ | ○ | ○ |
| 9.3.2 | 管理评审输入 | M7 | ● | ○ | ○ | ○ | ○ | ○ | ○ | ○ |
| 9.3.3 | 管理评审输出 | M7 | ● | ○ | ○ | ○ | ○ | ○ | ○ | ○ |
| 10 | 改进 | | | | | | | | | |
| 10.1 | 总则 | M8 | ● | ○ | ○ | ○ | ○ | ○ | ○ | ○ |
| 10.2 | 不合格和纠正措施 | M8 | ○ | ● | ○ | ○ | ○ | ○ | ○ | ○ |
| 10.3 | 持续改进 | M8 | ● | ○ | ○ | ○ | ○ | ○ | ○ | ○ |

QR4.4-05　　　　　　　　　　　　　　　　　　　　　　　　　　　　No：

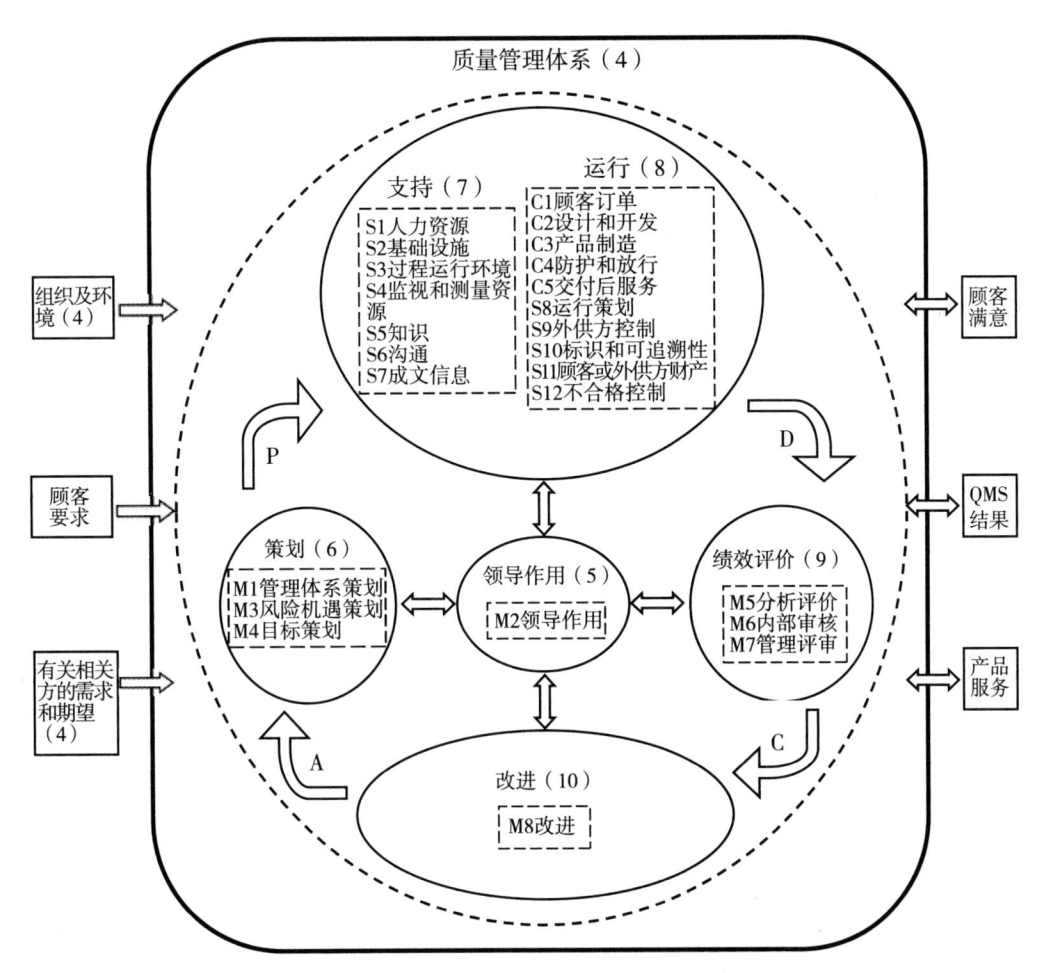

质量管理体系（4）

**支持（7）**
- S1 人力资源
- S2 基础设施
- S3 过程运行环境
- S4 监视和测量资源
- S5 知识
- S6 沟通
- S7 成文信息

**运行（8）**
- C1 顾客订单
- C2 设计和开发
- C3 产品制造
- C4 防护和放行
- C5 交付后服务
- S8 运行策划
- S9 外供方控制
- S10 标识和可追溯性
- S11 顾客或外供方财产
- S12 不合格控制

**策划（6）**
- M1 管理体系策划
- M3 风险机遇策划
- M4 目标策划

**领导作用（5）**
- M2 领导作用

**绩效评价（9）**
- M5 分析评价
- M6 内部审核
- M7 管理评审

**改进（10）**
- M8 改进

输入：组织及环境（4）、顾客要求、有关相关方的需求和期望（4）

输出：顾客满意、QMS 结果、产品服务

注：括号中的数字代表 ISO 9001：2015 标准中的章节

**图 4-5　质量管理体系过程 PDCA 循环图**

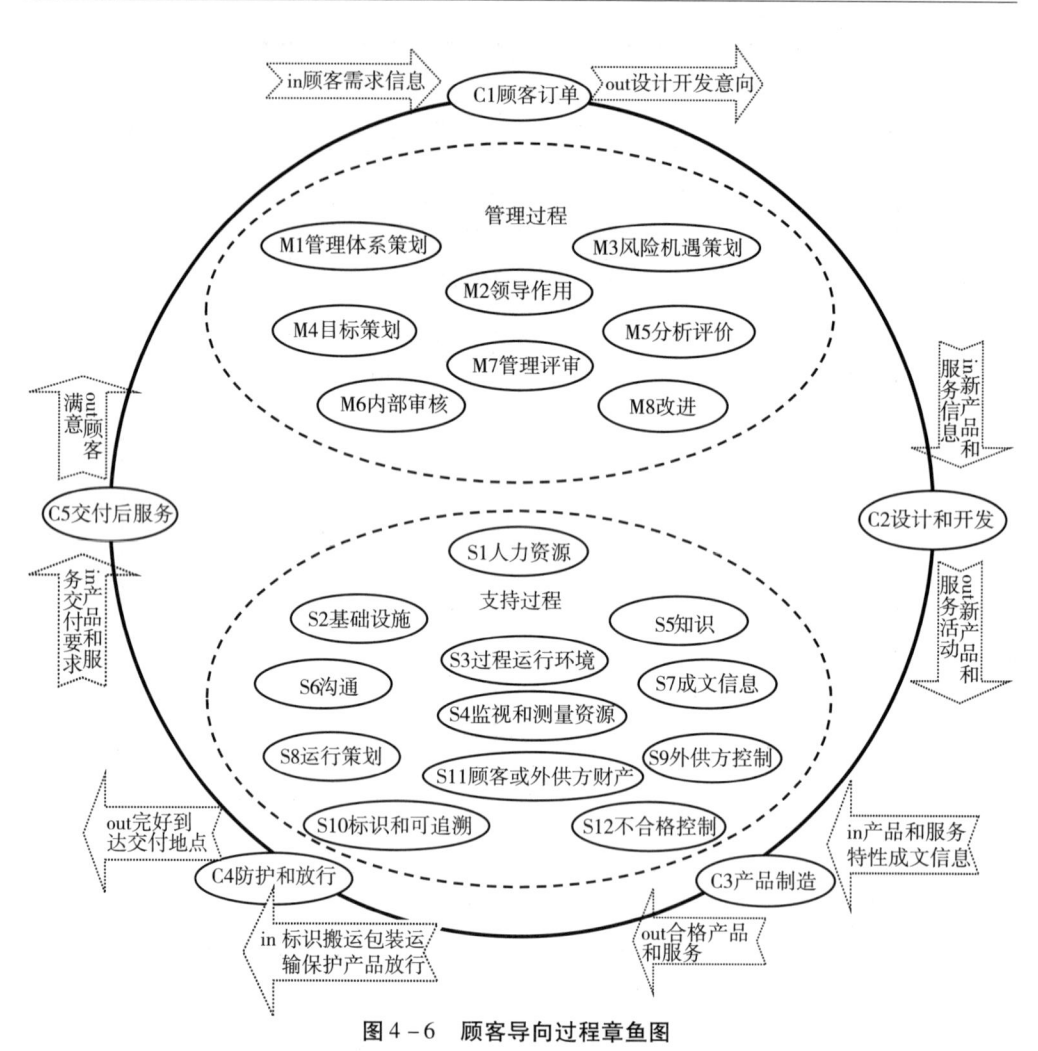

QR4.4-06　　　　　　　　　　　　　　　　　　　　　　　　　　　No：

图4-6　顾客导向过程章鱼图

第4章 组织环境

QR4.4-07　　　　　　　　　　　　　　　　　　　　　　　　　　　　　No：

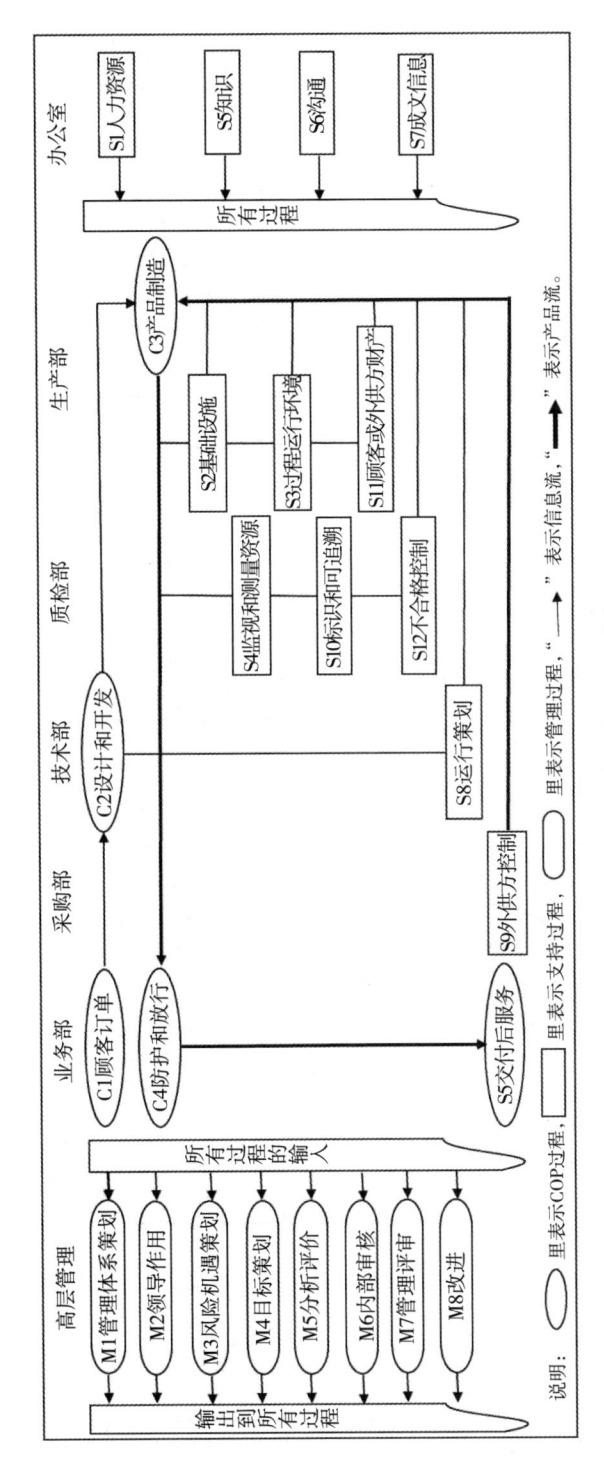

图4-7 质量管理体系过程路径图

QR4.4-08　　　　　　　　　　　　　　　　　　　　　　　　　No：

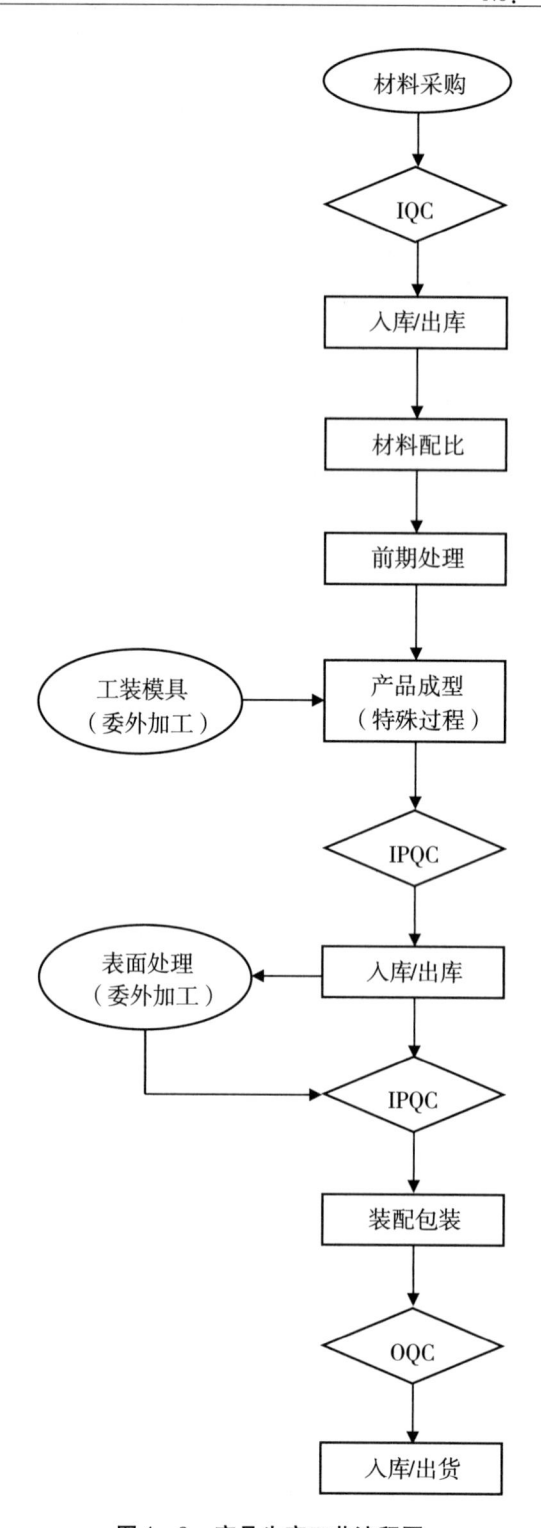

材料采购 → IQC → 入库/出库 → 材料配比 → 前期处理 → 产品成型（特殊过程）← 工装模具（委外加工）

产品成型 → IPQC → 入库/出库 → 表面处理（委外加工）→ IPQC → 装配包装 → OQC → 入库/出货

图4-8　产品生产工艺流程图

### 表4-7 体系支持文件清单

QR4.4-08　　　　　　　　　　　　　　　　　　　　　　　　No：

| 过程编号 | 过程名称 | 标准条款 | 标准条款内容 | 文件编号 | 文件名称 | 版本号 |
|---|---|---|---|---|---|---|
| M1 | 管理体系策划 | 4.1 | 理解组织及其环境 | QM/WI01 | 体系及变更的策划管理流程 | A/0 |
| | | 4.2 | 理解相关方的需求和期望 | | | |
| | | 4.3 | 确定质量管理体系的范围 | | | |
| | | 4.4 | 质量管理体系及其过程 | | | |
| | | 6.3 | 变更的策划 | | | |
| M2 | 领导作用 | 5.1 | 领导作用和承诺 | QM/WI02 | 岗位描述 | A/0 |
| | | 5.2 | 方针 | | | |
| | | 5.3 | 组织的岗位、职责和权限 | | | |
| M3 | 风险机遇策划 | 6.1 | 应对风险和机遇的措施 | QM/WI03 | 风险和机遇的策划管理流程 | A/0 |
| | | | | QM/WI04 | SWOT分析指引 | A/0 |
| | | | | QM/WI05 | 波特五力模型指引 | A/0 |
| | | | | QM/WI06 | 作业风险管理规定 | A/0 |
| M4 | 目标策划 | 6.2 | 质量目标及其实现的策划 | QM/WI07 | 质量目标的策划管理流程 | A/0 |
| | | | | QM/WI08 | 过程绩效指标（质量目标）管理规定 | A/0 |
| M5 | 分析评价 | 9.1.1 | 总则 | QM/WI67 | 分析与评价管理流程 | A/0 |
| | | 9.1.3 | 分析与评价 | | | |
| M6 | 内部审核 | 9.2 | 内部审核 | QM/WI68 | 内部审核管理流程 | A/0 |
| M7 | 管理评审 | 9.3 | 管理评审 | QM/WI69 | 管理评审管理流程 | A/0 |
| M8 | 改进 | 10.1 | 总则 | QM/WI70 | 不合格和纠正措施管理流程 | A/0 |
| | | 10.2 | 不合格和纠正措施 | | | |
| | | 10.3 | 持续改进 | QM/WI71 | 持续改进管理流程 | A/0 |
| C1 | 顾客订单 | 8.2 | 产品和服务的要求 | QM/WI32 | 产品和服务的要求管理流程 | A/0 |
| | | | | QM/WI33 | 顾客账款管理规定 | A/0 |
| | | | | QM/WI34 | 顾客投诉处理规定 | A/0 |
| C2 | 设计和开发 | 8.3 | 产品和服务的设计和开发 | QM/WI35 | 产品和服务的设计和开发管理流程 | A/0 |
| | | | | QM/WI36 | 工模夹具设计与制作管理流程 | A/0 |
| | | | | QM/WI37 | FMEA管理规定 | A/0 |
| | | | | QM/WI38 | 工程变更管理规定 | A/0 |
| | | | | QM/WI39 | 技术文件管理规定 | A/0 |
| C3 | 产品制造 | 8.5.1 | 生产和服务提供的控制 | QM/WI41 | 生产和服务提供管理流程 | A/0 |
| | | | | QM/WI42 | 生产计划管理流程 | A/0 |
| | | | | QM/WI43 | 产品包装作业指导书 | A/0 |
| | | | | QM/WI44 | 进货检验指导书 | A/0 |
| | | | | QM/WI45 | 过程检验指导书 | A/0 |
| | | | | QM/WI46 | 成品检验指导书 | A/0 |
| | | | | QM/WI47 | 防错管理规定 | A/0 |
| | | | | QM/WI48 | 作业准备验证管理规定 | A/0 |
| | | | | QM/WI49 | 工艺纪律管理规定 | A/0 |
| | | 8.5.6 | 更改控制 | QM/WI59 | 生产和服务提供的更改管理流程 | A/0 |
| | | | | QM/WI60 | 认证产品变更管理规定 | A/0 |

续表

| 过程编号 | 过程名称 | 标准条款 | 标准条款内容 | 文件编号 | 文件名称 | 版本号 |
|---|---|---|---|---|---|---|
| C4 | 防护和放行 | 8.5.4 | 防护 | QM/WI53 | 防护管理流程 | A/0 |
| | | | | QM/WI54 | 材料仓库管理规定 | A/0 |
| | | | | QM/WI55 | 半成品仓库管理规定 | A/0 |
| | | | | QM/WI56 | 成品仓库管理规定 | A/0 |
| | | 8.6 | 产品和服务的放行 | QM/WI61 | 产品和服务的放行管理流程 | A/0 |
| | | | | QM/WI62 | 批次管理规定 | A/0 |
| C5 | 交付后服务 | 8.5.5 | 交付后活动 | QM/WI57 | 产品交付管理流程 | A/0 |
| | | | | QM/WI58 | 售后服务管理规定 | A/0 |
| | | 9.1.2 | 顾客满意 | QM/WI66 | 顾客满意管理流程 | A/0 |
| S1 | 人力资源 | 7.1.2 | 人员 | QM/WI09 | 人员管理流程 | A/0 |
| | | | | QM/WI10 | 员工招聘管理规定 | A/0 |
| | | | | QM/WI11 | 人员顶岗管理规定 | A/0 |
| | | 7.2 | 能力 | QM/WI23 | 能力管理流程 | A/0 |
| | | 7.3 | 意识 | QM/WI24 | 意识管理流程 | A/0 |
| | | | | QM/WI25 | 提案改善管理规定 | A/0 |
| S2 | 基础设施 | 7.1.3 | 基础设施 | QM/WI12 | 设施管理流程 | A/0 |
| | | | | QM/WI13 | 设备维护保养规定 | A/0 |
| | | | | QM/WI14 | 工装模具管理规定 | A/0 |
| S3 | 过程运行环境 | 7.1.4 | 过程运行环境 | QM/WI15 | 工作环境管理规定 | A/0 |
| | | | | QM/WI16 | 7S管理规定 | A/0 |
| | | | | QM/WI17 | 反对歧视管理规定 | A/0 |
| S4 | 监视和测量资源 | 7.1.5 | 监视和测量资源 | QM/WI18 | 监视和测量资源管理流程 | A/0 |
| | | | | QM/WI19 | 检测设备管理规定 | A/0 |
| | | | | QM/WI20 | 检测设备自校规定 | A/0 |
| | | | | QM/WI21 | 实验室管理规定 | A/0 |
| S5 | 知识 | 7.1.6 | 组织的知识 | QM/WI22 | 知识管理流程 | A/0 |
| S6 | 沟通 | 7.4 | 沟通 | QM/WI26 | 沟通管理流程 | A/0 |
| | | | | QM/WI27 | 会议管理制度 | A/0 |
| S7 | 成文信息 | 7.5 | 成文信息 | QM/WI28 | 成文信息管理流程 | A/0 |
| | | | | QM/WI29 | 企业保密制度 | A/0 |
| | | | | QM/WI30 | 认证标志证书和档案管理规定 | A/0 |
| S8 | 运行策划 | 8.1 | 运行的策划和控制 | QM/WI31 | 运行的策划和控制管理流程 | A/0 |
| S9 | 外供方控制 | 8.4 | 外部提供的过程、产品和服务的控制 | QM/WI40 | 外部提供的过程、产品和服务管理流程 | A/0 |
| S10 | 标识和可追溯性 | 8.5.2 | 标识和可追溯性 | QM/WI50 | 产品标识管理流程 | A/0 |
| | | | | QM/WI51 | 产品追溯管理流程 | A/0 |
| S11 | 顾客或外供方财产 | 8.5.3 | 顾客或外供方的财产 | QM/WI52 | 顾客或外供方的财产管理流程 | A/0 |
| S12 | 不合格控制 | 8.7 | 不合格输出的控制 | QM/WI63 | 不合格输出管理流程 | A/0 |
| | | | | QM/WI64 | 产品召回管理规定 | A/0 |
| | | | | QM/WI65 | 返工返修作业流程 | A/0 |

# 第 5 章　领导作用

## 5.1　领导作用和承诺

### 5.1.1　总则

**用何资源？材料/设备/环境**
1.计算机及网络　2.打印机
3.复印机　4.档案柜
5.会议室　6.公告栏

**由谁来做？知识/能力/意识**
1.过程责任者：总经理
2.过程相关责任：各部门

**输入**
1.公司战略方向
2.公司环境
3.企业的业务过程
4.公司内部、外部宗旨
5.公司现有人力、设备、财力、环境等资源

**5.1.1 总则**
最高管理者应通过以下方面，证实其对质量管理体系的领导作用和承诺：
a) 对质量管理体系的有效性负责；
b) 确保制定质量管理体系的质量方针和质量目标，并与组织环境相适应，与战略方向相一致；
c) 确保质量管理体系要求融入组织的业务过程；
d) 促进使用过程方法和基于风险的思维；
e) 确保质量管理体系所需的资源是可获得的；
f) 沟通有效的质量管理和符合质量管理体系要求的重要性；
g) 确保质量管理体系实现其预期结果；
h) 促使人员积极参与，指导和支持他们为质量管理体系的有效性做出贡献；
i) 推动改进；
j) 支持其他相关管理者在其职责范围内发挥领导作用。
注：本标准使用的"业务"一词可广义地理解为涉及组织存在目的的核心活动，无论是公有、私有、营利或非营利组织。

**输出**
1.质量方针，明显位置公示
2.质量目标
3.风险意识培训
4.对质量管理体系运行提供资源
5.过程分析乌龟图
6.召开会议、培训、公示、宣传等方式传达管理体系要求
7.定期组织管理评审
8.制定质量奖励制度
9.QC小组活动
10.支持管理人员的岗位职责执行

------------------------
非预期输出风险：
1.对质量管理体系不重视
2.质量管理体系运行不能推动改进

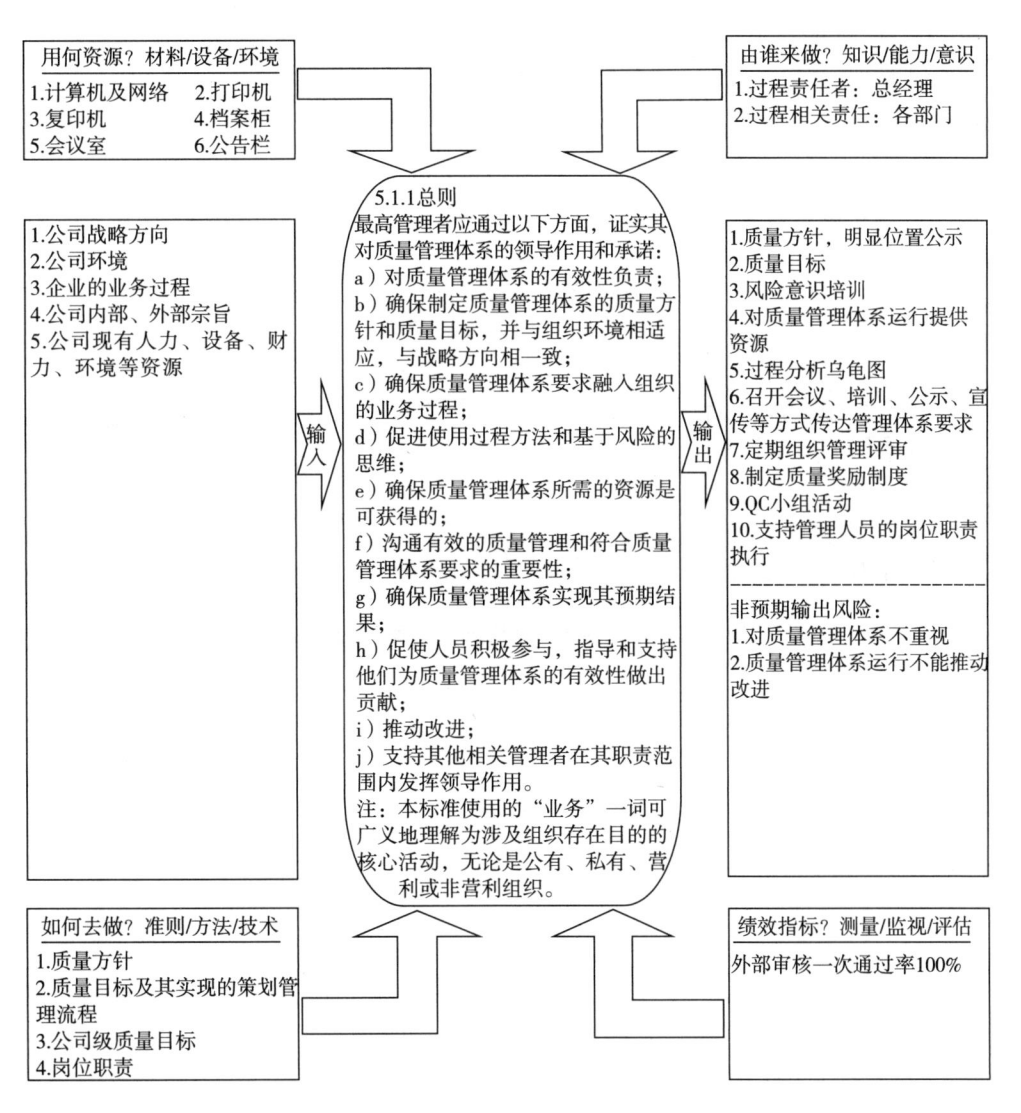

**如何去做？准则/方法/技术**
1.质量方针
2.质量目标及其实现的策划管理流程
3.公司级质量目标
4.岗位职责

**绩效指标？测量/监视/评估**
外部审核一次通过率100%

图 5-1　领导作用和承诺—过程分析乌龟图

57

### 5.1.2 以顾客为关注焦点

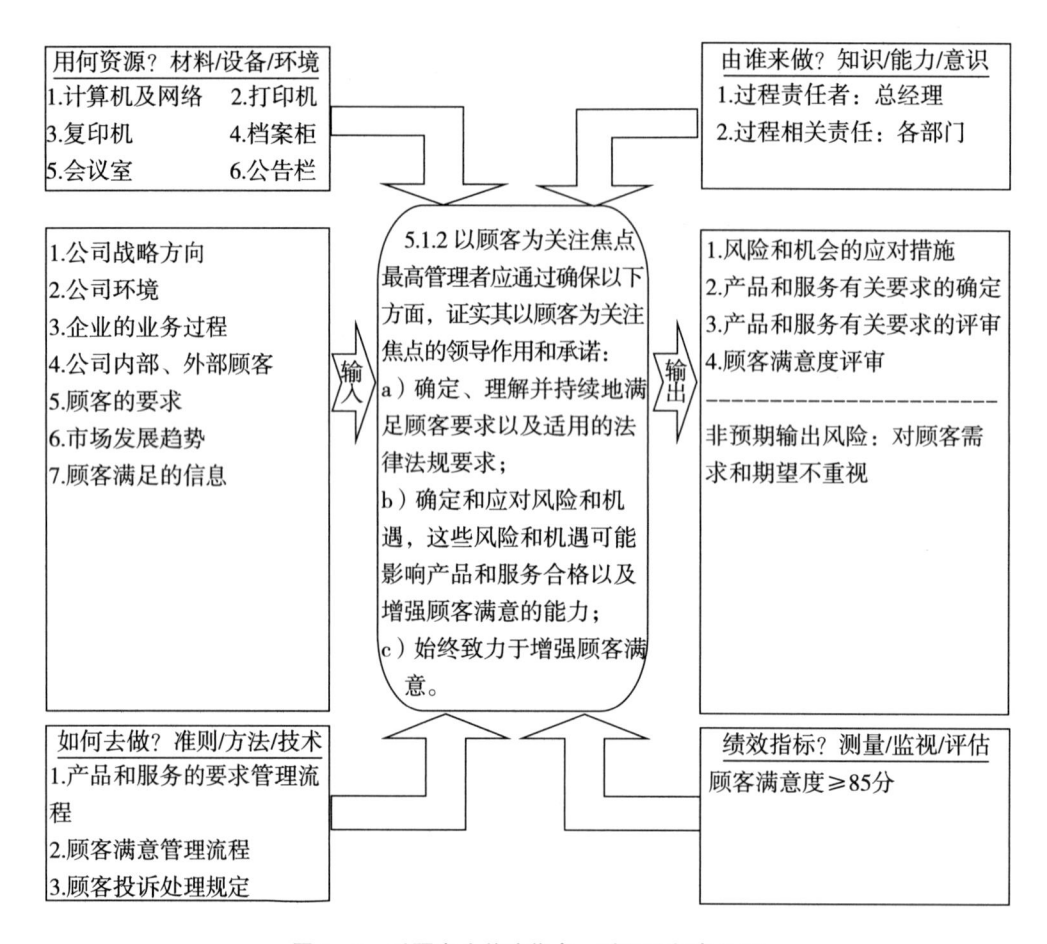

| 用何资源？材料/设备/环境 | | 由谁来做？知识/能力/意识 |
|---|---|---|
| 1.计算机及网络 2.打印机<br>3.复印机 4.档案柜<br>5.会议室 6.公告栏 | | 1.过程责任者：总经理<br>2.过程相关责任：各部门 |

| 输入 | 过程 | 输出 |
|---|---|---|
| 1.公司战略方向<br>2.公司环境<br>3.企业的业务过程<br>4.公司内部、外部顾客<br>5.顾客的要求<br>6.市场发展趋势<br>7.顾客满足的信息 | 5.1.2 以顾客为关注焦点<br>最高管理者应通过确保以下方面，证实其以顾客为关注焦点的领导作用和承诺：<br>a）确定、理解并持续地满足顾客要求以及适用的法律法规要求；<br>b）确定和应对风险和机遇，这些风险和机遇可能影响产品和服务合格以及增强顾客满意的能力；<br>c）始终致力于增强顾客满意。 | 1.风险和机会的应对措施<br>2.产品和服务有关要求的确定<br>3.产品和服务有关要求的评审<br>4.顾客满意度评审<br>————————<br>非预期输出风险：对顾客需求和期望不重视 |

| 如何去做？准则/方法/技术 | | 绩效指标？测量/监视/评估 |
|---|---|---|
| 1.产品和服务的要求管理流程<br>2.顾客满意管理流程<br>3.顾客投诉处理规定 | | 顾客满意度≥85分 |

图 5-2 以顾客为关注焦点—过程分析乌龟图

## 5.2 方针

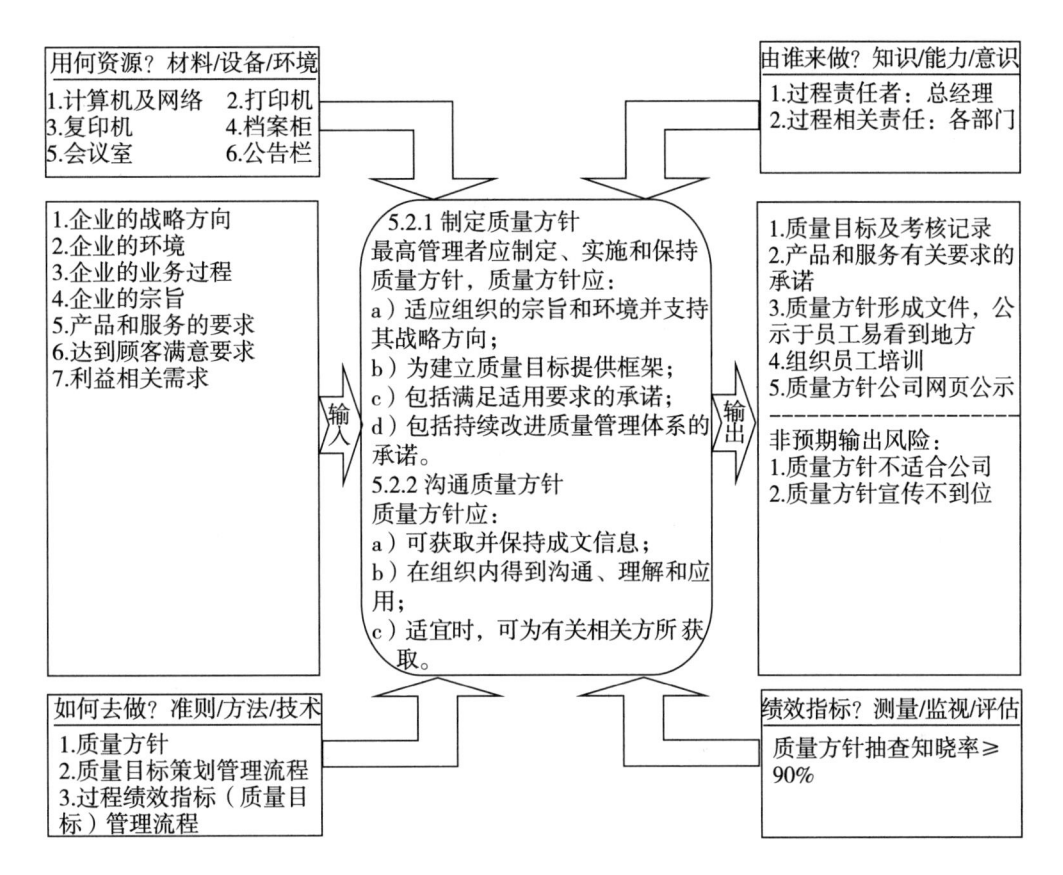

**用何资源？材料/设备/环境**
1. 计算机及网络  2. 打印机
3. 复印机  4. 档案柜
5. 会议室  6. 公告栏

**由谁来做？知识/能力/意识**
1. 过程责任者：总经理
2. 过程相关责任：各部门

**输入：**
1. 企业的战略方向
2. 企业的环境
3. 企业的业务过程
4. 企业的宗旨
5. 产品和服务的要求
6. 达到顾客满意要求
7. 利益相关需求

**5.2.1 制定质量方针**
最高管理者应制定、实施和保持质量方针，质量方针应：
a) 适应组织的宗旨和环境并支持其战略方向；
b) 为建立质量目标提供框架；
c) 包括满足适用要求的承诺；
d) 包括持续改进质量管理体系的承诺。

**5.2.2 沟通质量方针**
质量方针应：
a) 可获取并保持成文信息；
b) 在组织内得到沟通、理解和应用；
c) 适宜时，可为有关相关方所获取。

**输出：**
1. 质量目标及考核记录
2. 产品和服务有关要求的承诺
3. 质量方针形成文件，公示于员工易看到地方
4. 组织员工培训
5. 质量方针公司网页公示
——————————————
非预期输出风险：
1. 质量方针不适合公司
2. 质量方针宣传不到位

**如何去做？准则/方法/技术**
1. 质量方针
2. 质量目标策划管理流程
3. 过程绩效指标（质量目标）管理流程

**绩效指标？测量/监视/评估**
质量方针抽查知晓率≥90%

图 5-3　质量方针—过程分析乌龟图

质量方针：本公司的质量方针以质量管理的基本原则为基础制定，是本公司总的质量宗旨和质量方向。为实现顾客满意的目的，确保顾客的需求和期望得到满足，并转化为本公司的过程、产品和服务要求，特制定本公司的质量方针为：技术先导、追求卓越、创造精品、顾客满意。

质量方针的阐释：

1. 与最高管理者对公司未来的设想和战略相一致；
2. 确保公司内的所有员工对质量方针能够得到理解并贯彻落实；
3. 表明最高管理者对质量以及为实现目标提供足够资源的承诺；
4. 在最高管理者的正确领导下，促进对满足要求和增强顾客满意的承诺；
5. 包括与顾客和其他相关方需求和期望满意程度及相关的持续改进；
6. 以有效的方式表述，以高效的方式沟通，并且公示，可为相关方获取。

## 5.3 组织的岗位、职责和权限

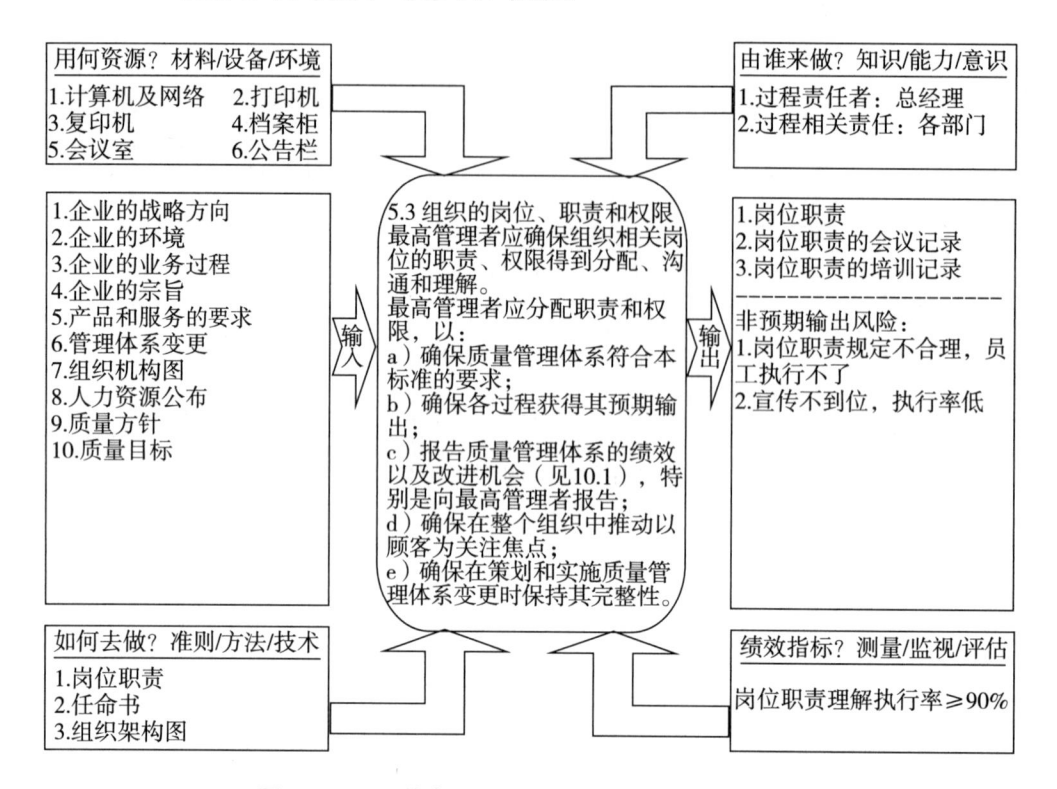

**用何资源？材料/设备/环境**
1. 计算机及网络　2. 打印机
3. 复印机　　　　4. 档案柜
5. 会议室　　　　6. 公告栏

**由谁来做？知识/能力/意识**
1. 过程责任者：总经理
2. 过程相关责任：各部门

**输入**
1. 企业的战略方向
2. 企业的环境
3. 企业的业务过程
4. 企业的宗旨
5. 产品和服务的要求
6. 管理体系变更
7. 组织机构图
8. 人力资源公布
9. 质量方针
10. 质量目标

**5.3 组织的岗位、职责和权限**
最高管理者应确保组织相关岗位的职责、权限得到分配、沟通和理解。
最高管理者应分配职责和权限，以：
a) 确保质量管理体系符合本标准的要求；
b) 确保各过程获得其预期输出；
c) 报告质量管理体系的绩效以及改进机会（见10.1），特别是向最高管理者报告；
d) 确保在整个组织中推动以顾客为关注焦点；
e) 确保在策划和实施质量管理体系变更时保持其完整性。

**输出**
1. 岗位职责
2. 岗位职责的会议记录
3. 岗位职责的培训记录
——————————
非预期输出风险：
1. 岗位职责规定不合理，员工执行不了
2. 宣传不到位，执行率低

**如何去做？准则/方法/技术**
1. 岗位职责
2. 任命书
3. 组织架构图

**绩效指标？测量/监视/评估**
岗位职责理解执行率≥90%

图 5-4　组织的岗位、职责和权限—过程分析乌龟图

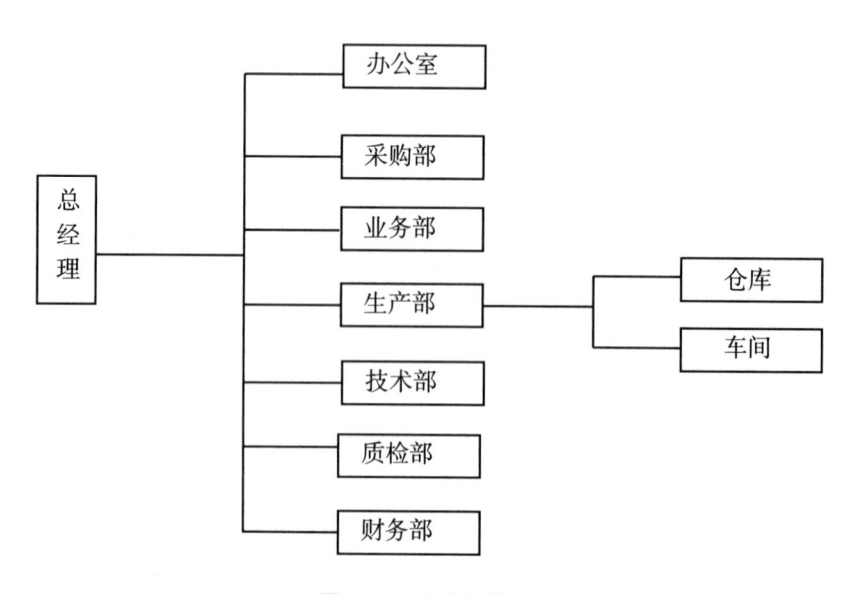

图 5-5　组织架构图

**岗位描述**

文件编号：QM/WI02　版本/改数：A/0　生效日期：20××年××月××日　　第×页/共×页

1. 总经理岗位职责

1.1 负责贯彻执行国家的方针、政策、法律和法规，并组织向全体员工传达满足顾客要求及法律、法规要求的重要性。

1.2 负责建立与本公司相适应的质量管理体系的组织机构，确定相关岗位的职责与权限在公司内沟通和理解。

1.3 对质量管理体系的有效性负责。

1.4 以顾客为关注焦点。

1.5 确保为质量管理体系制定的质量方针和质量目标与组织的环境和战略方向相匹配。

1.6 确保质量管理体系要求与组织的业务过程相符合。

1.7 推动过程方法和风险意识的运用。

1.8 确保质量管理体系所需资源的获得。

1.9 就有效的质量管理以及满足质量管理体系要求的重要性进行沟通。

1.10 确保质量管理体系实现其所预期的结果。

1.11 促使、指导和支持员工为质量管理体系的有效性做出贡献。

1.12 推动质量管理体系不断改进。

1.13 支持其他管理者履行相关领域的岗位职责。

1.14 制订公司发展战略，并组织实现公司战略目标与规划。

1.15 策划并主持公司管理评审。

任职资格：

- 具有大专以上的文化程度；
- 从事过企业相关职位管理工作3年以上，具有独立开展工作的能力；
- 思想解放，观念新潮，有开拓精神，熟悉市场经济规律；
- 注意领导艺术，善于沟通，关心和尊重职工权益；
- 有优秀的组织、指挥、协调、团结的能力和素质；
- 十分注重国内外最新信息、动态，随时掌握主动、果断决策。

2. 生产部岗位职责

2.1 贯彻、执行公司的质量方针和质量目标并作为本部门的质量工作准则。

2.2 对本部门质量分目标的实现负责。

2.3 组织落实各车间的责任制和奖罚制度。

2.4 负责生产计划的安排和实施，具有生产计划调度、生产现场的全面管理的权限，对生产任务完成和产品质量负责。

2.5 及时掌握生产上各环节所需的原料、材料、物料供应情况。

2.6 指导员工依照工艺及有关规定，保质保量按时完成生产任务。

2.7 负责工艺装备的使用和管理。

2.8 负责生产设备的维护保养。

2.9 按照质量管理体系文件规定，实施生产过程控制，保证生产现场安全和清洁符合生产要求。

2.10 做好产品质量自检、互检、专检以及质量预防工作，不接受、不生产、不传递不合格品，使生产现场各过程处于受控状态。

2.11 做好产品标识，严格区分合格品和不合格品，保证产品的可追溯性。积极配合、参与对不合格品的评审、处置、控制工作。

2.12 认真做好关键特殊工序的控制（人、机、料、法、环、测）与管理工作。

2.13 参与顾客要求的评审、顾客财产的控制、制造过程控制、服务等要素活动。

2.14 做好半成品和成品在车间的收发存放、搬运、防护管理。

2.15 及时处理日常生产衔接中出现的问题，不断改进制造过程。

2.16 搞好文明生产，调动全体职工的积极性，提高经济效益。

任职资格：

- 具有高中以上的文化程度；
- 从事生产工作 3 年以上的经历，熟悉服装生产管理；
- 有较好的生产协调和指挥能力；
- 工作认真负责，道德良好，身体健康。

3. 采购部岗位职责

3.1 根据生产部下发的计划和现有库存情况，编制物资采购计划并组织实施，对物资供应的及时性和采购物资的质量负责。

3.2 负责对物资供方（包括外协）进行质量、价格和服务等方面评价，建立完整的合格供方档案，组织对供方评审。重要物资在合格供方范围内实施采购。

3.3 负责办理采购物资报验和紧急放行手续，负责对采购物资中的不合格品进行处置和纠正预防措施的实施。

3.4 负责库房管理，做好物资的入库验收、整理、保管、维护、发放和清仓盘点工作，保持账、卡、物一致。

3.5 对仓库物资标识清楚、摆放整齐，并做必要的保护，防止物资损坏、变质。有保质期的物资按"先进先出"的原则发放。

3.6 负责安全库存的控制，低于安全库存的信息及时反馈到生产部和业务部。

任职资格：

- 学历：具有高中以上的文化程度；
- 较强的公关能力和组织、协调能力；
- 熟悉市场规律，有较广泛的采购渠道；
- 具有经济头脑；有良好的人际活动能力；工作认真负责，品德良好。

4. 财务部岗位职责

4.1 按照国家有关法规健全财务核算体系，为企业经济活动及时提供依据。

4.2 编制年度财务预算计划、成本控制计划，切实做好财务监控管理工作，出现异常及时上报总经理。

4.3 负责实现质量方针、质量目标所需的财务资源，搞好运行成本核算。

4.4 严格执行质量管理有关规定，对未经检验合格的进货物资有权拒绝结款。

4.5 按照财务规定做好企业经济核算工作，促进增收节支降低成本，提高企业的经济效益。

4.6 负责外购、外协等款项的支付和应收款登记等工作。

任职资格：

- 学历：具有中专以上的文化程度；
- 相关工作经验2年以上；
- 有执业资格证书；
- 责任心强，工作认真负责，品德良好。

5. 技术部岗位职责

5.1 负责公司设计与开发活动的质量策划，编制设计开发控制计划和制造质量计划。

5.2 负责对公司产品制造过程进行技术指导和监督实施。

5.3 负责技术、工艺文件资料的制定，对产品颁发的各种设计文件、工艺文件和技术文件标准的正确性、完整性、统一性负责。负责工艺纪律检查。

5.4 对制造可行性进行调查、确认并制定分析报告。

5.5 负责过程、产品、服务运行的策划及更改控制。

5.6 根据市场和顾客的需求，负责公司新产品的设计开发。

5.7 负责编制相应的生产指导图纸、工艺等技术文件，并指导车间实施。

5.8 负责顾客工程/规范及技术图纸文件管理，更改时必须及时与顾客联系，根据协商后顾客认可执行。

任职资格：

- 具有大专以上的文化程度；
- 具有从事童装开发工作 3 年以上的经历，熟悉童装设计、加工技术要求；
- 有较好的协调和指挥能力；
- 工作认真负责，道德良好，身体健康。

6. 业务部岗位职责

6.1 负责与产品有关要求的确定和评审，负责销售合同和加工协议的签订及销售货款回笼。具有销售合同和加工协议的签订和产品销售的权限。

6.2 负责代表公司接待和记录顾客来访、来函、来电，建立用户档案，负责用户服务，组织顾客满意度调查，及时反馈和处理顾客的信息，特别是顾客的抱怨，将其传递到有关职能部门处理并进行纠正和预防措施的跟踪验证。

6.3 组织市场调研，收集市场和顾客信息，并及时传送到本公司领导层和有关部门，研究营销策略，不断提高市场占有率。

6.4 负责成品的交付和物资的运输。负责交付总量的统计。

6.5 负责顾客要求和顾客要求更改与顾客保持联络。

6.6 确保顾客的要求得到体现，包括特殊性的选择、制定质量目标和相关的培训。

6.7 负责编制营销计划并传达到有关部门，监督实施情况。

6.8 负责顾客财产的登记、发放管理，发生丢失、损坏或不适用时与顾客沟通。

6.9 负责新产品市场调研、开发、推广活动。

任职资格：

- 学历：具有高中以上的文化程度；
- 较强的公关能力和组织、协调能力；
- 熟悉市场规律，有较广泛的销售渠道；
- 具有经济头脑；有良好的人际活动能力；工作认真负责，品德良好。

7. 办公室

7.1 主持制定公司的日常管理标准和工作标准，确保这些标准与质量管理体系文件的相容性；归口管理公司各类文件。

7.2 负责公司人力资源管理，对所有从事对质量有影响的工作的人员都进行对口培训，提高员工质量意识和能力。

7.3 负责公司内部相关信息的传递和内部沟通。

7.4 负责组织内部岗位职责与权限的宣贯。

7.5 负责管理评审会议记录以及评审记录的归档管理。

7.6 负责基础设施管理，包括工厂、设施及设备的策划，做好电力、劳动力等应急计划准备。

7.7 负责处理公司有关的法律法规收集、评审、更新、传递、检查、总结汇报。

7.8 公司制定年度工作综合计划，将质量方针、目标按年度分解列入计划并进行监督、检查、考核和奖惩。

7.9 负责对从事特殊工序的人员资格进行考核和确认；负责公司对工序控制中的人员进行鉴定。

7.10 激励员工实现质量目标，提高员工的满意度和相关的福利待遇。

任职资格：
- 学历：具有高中以上的文化程度；
- 对工作认真负责，道德良好；
- 较强的公关能力和组织、协调能力。

8. 质检部岗位职责

8.1 负责检验和不合格品的归口管理，按照标准、产品图纸和工艺，负责对原材料、外购件、半成品到成品整个生产全过程的质量检验工作。对不合格品出公司负责。

8.2 负责对监测设备进行维护保养，并按规定送有资质的部门校验，确保检测设备能够符合国家标准要求，负责测量系统分析。

8.3 负责数据分析的归口管理，不合格优先计划安排。

8.4 负责本公司质量管理体系各过程的监视和测量。

8.5 负责纠正/预防措施和持续改进的归口管理。

8.6 负责内部和外部质量反馈信息的分析、传递、处理。

8.7 负责实验室的管理工作。

8.8 参与对供方的评价，内部质量审核（含体系、产品和制造过程审核）、QC小组等质量活动。

8.9 负责产品可追溯性标识的验证和记录，负责检验和试验状态的标识工作。

8.10 负责组织召开质量例会。

8.11 负责产品质量放行控制，对产品质量问题具有一票否决权（具备停产权）。

任职资格：

- 学历：具有高中以上的文化程度；
- 对工作认真负责，道德良好；
- 有很强的质量意识，为满足顾客要求，敢于坚持原则；
- 具有从事质量管理工作两年以上的经历，熟悉本公司产品质量要求。

9. 检验人员岗位职责

9.1 依据检验规范、图纸，对采购产品、过程产品和最终产品进行检验和试验，并予以正确判断是否合格品。

9.2 对经过检验和试验的产品进行正确的状态标识。

9.3 发现不合格品时应及时评审或报告以便采取有效的管理流程。

9.4 对不合格品有责任拒绝及投入使用。

任职资格：

- 具有初中及以上的文化程度；
- 熟悉产品工艺和质量要求，熟悉产品检验规程；
- 有较强的文字表达能力；
- 有很强的质量意识，为满足顾客要求，敢于坚持原则。

10. 内部质量审核员岗位职责

10.1 进行内审的准备工作，编制审核实施计划和检查表。

10.2 依据 ISO 9001:2015 标准、质量管理体系文件以及其他管理文件，对本公司质量管理体系符合性、实施性和有效性进行检查，并记录客观证据。

10.3 对内审中发现的不合格事实开具不符合项报告。

10.4 对本公司质量管理体系进行评价，形成结论由审核组长编制审核报告。

10.5 对纠正/预防措施计划验证其有效性。

任职资格：

- 具有初中以上的文化程度；
- 熟悉 ISO 9001:2015 标准和内部审核管理流程，进行内审员培训合格上岗；
- 有良好的沟通、协调、组织能力；
- 有良好的文字和语言表达能力。

11. 操作工人岗位职责

11.1 熟悉本职岗位责任，掌握本职岗位技术，熟悉本职岗位的作业指导书。按图纸工艺和有关要求加工产品，对产品质量负责。

11.2 配合检验人员进行检验工作，并进行自检工作。

11.3 配合仓库管理人员做好入库工作。

11.4 对加工设备和测量设备进行维护和保养。

11.5 按文件规定要求对生产过程中的产品予以标识,并能区别各种产品的检验和试验状态。

11.6 参与对不合格品的控制。

11.7 严格按文件规定要求控制好关键过程。

任职资格

- 具有初中以上的文化程度,或有相关工作经验;
- 熟悉从事岗位的加工工艺,具有两年以上工作经验,能熟练操作生产设备;
- 具有较好的质量意识,能认识到自己既是操作者,又是检验员。

12. 仓库管理员岗位职责

12.1 具体负责物资和产品的领、发、存工作,确保库内物品不受损坏、丢失、变质。

12.2 维护贮存设施的完好,定期检查库存物品的状况,保证库内物品账、卡、物一致。

12.3 确保库内物品的标识明确清晰,防止物品的错发、误发,保证先进先出。

任职资格:

- 具有初中以上的文化程度;
- 具有两年以上工作经验;
- 具有很强的工作责任心。

13. 车间机修工岗位职责

13.1 要服从领导指挥。全面掌握好各种机修设备性能,按照设备需求及时保养和维修。保障机修设备性能良好,注意安全用电和生产。

13.2 设备及时保养,勤查勤修以防为主。做到修理及时,随叫随到。对每个操作工一视同仁,毛病大小修理好为止。对工艺要求高、难度大的及时更换配好零件。

13.3 为保持机器性能良好和车间整洁,要监督各位操作工。保持机器整洁,及时加油。特种车保养责任到人,专人专用落实措施。

13.4 购买零件要精打细算,做到勤俭节约,做好工具配件保管等工作。

任职资格:

- 具有初中以上的文化程度;
- 熟悉设备性能,具有两年以上工作经验;
- 具有很强的责任心。

14. 电工岗位职责

14.1 严格遵守公司各项规章制度，服从领导安排，除完成日常维修任务外，有计划地承担其他工作任务。

14.2 努力学习技术，熟练掌握强弱电设备工作原理及设备维修操作要求。

14.3 执行所管辖设备检修计划，按时按量完成，并填好记录表。

14.4 积极配合值班电工工作，出现故障时无条件迅速返回机房配合工作。

14.5 严格执行设备管理制度，做好交接班工作。

14.6 交班时发生故障，上班必须协同下班工作，排除故障后才能离去。

14.7 维修人员外出巡查或维修，必须随身携带对讲机，随时随地与部门人员保持联系。

14.8 在巡查过程中，发现不正常现象，应及时进行处理，处理不了的应做好记录，不得隐瞒故障现象。

14.9 做好值班室清洁工作，填好工作记录表。

14.10 完成领导交办的其他工作。

任职资格：

- 具有初中以上的文化程度；
- 上岗资格证明，具有两年以上工作经验；
- 具有很强的工作责任心。

上述岗位职责规定了各管理层、各部门的职责和权限。各部门之间的质量管理职能的分配见"职能分配与过程矩阵"。

# 第6章 策 划

## 6.1 应对风险和机遇的措施

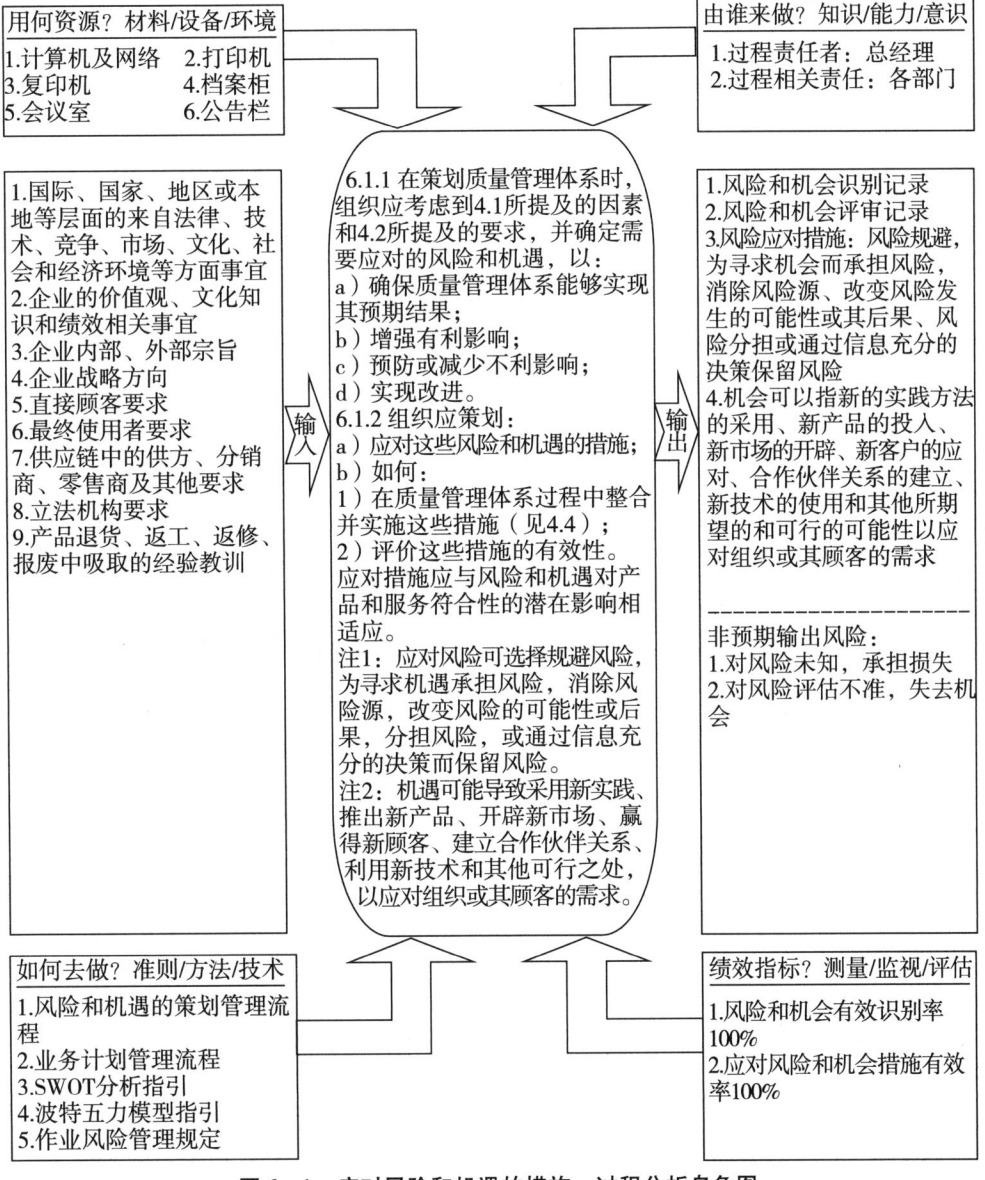

| 用何资源？材料/设备/环境 | | 由谁来做？知识/能力/意识 |
|---|---|---|
| 1.计算机及网络 2.打印机<br>3.复印机 4.档案柜<br>5.会议室 6.公告栏 | | 1.过程责任者：总经理<br>2.过程相关责任：各部门 |

| 输入 | 过程 | 输出 |
|---|---|---|
| 1.国际、国家、地区或本地等层面的来自法律、技术、竞争、市场、文化、社会和经济环境等方面事宜<br>2.企业的价值观、文化知识和绩效相关事宜<br>3.企业内部、外部宗旨<br>4.企业战略方向<br>5.直接顾客要求<br>6.最终使用者要求<br>7.供应链中的供方、分销商、零售商及其他要求<br>8.立法机构要求<br>9.产品退货、返工、返修、报废中吸取的经验教训 | 6.1.1 在策划质量管理体系时，组织应考虑到4.1所提及的因素和4.2所提及的要求，并确定需要应对的风险和机遇，以：<br>a）确保质量管理体系能够实现其预期结果；<br>b）增强有利影响；<br>c）预防或减少不利影响；<br>d）实现改进。<br>6.1.2 组织应策划：<br>a）应对这些风险和机遇的措施；<br>b）如何：<br>1）在质量管理体系过程中整合并实施这些措施（见4.4）；<br>2）评价这些措施的有效性。<br>应对措施应与风险和机遇对产品和服务符合性的潜在影响相适应。<br>注1：应对风险可选择规避风险，为寻求机遇承担风险，消除风险源，改变风险的可能性或后果，分担风险，或通过信息充分的决策而保留风险。<br>注2：机遇可能导致采用新实践、推出新产品、开辟新市场、赢得新顾客、建立合作伙伴关系、利用新技术和其他可行之处，以应对组织或其顾客的需求。 | 1.风险和机会识别记录<br>2.风险和机会评审记录<br>3.风险应对措施：风险规避，为寻求机会而承担风险，消除风险源、改变风险发生的可能性或其后果、风险分担或通过信息充分的决策保留风险<br>4.机会可以指新的实践方法的采用、新产品的投入、新市场的开辟、新客户的应对、合作伙伴关系的建立、新技术的使用和其他所期望的和可行的可能性以应对组织或其顾客的需求<br><br>—————————<br>非预期输出风险<br>1.对风险未知，承担损失<br>2.对风险评估不准，失去机会 |

| 如何去做？准则/方法/技术 | | 绩效指标？测量/监视/评估 |
|---|---|---|
| 1.风险和机遇的策划管理流程<br>2.业务计划管理流程<br>3.SWOT分析指引<br>4.波特五力模型指引<br>5.作业风险管理规定 | | 1.风险和机会有效识别率100%<br>2.应对风险和机会措施有效率100% |

图6-1 应对风险和机遇的措施—过程分析乌龟图

### 表6-1 风险和机遇的策划管理流程

文件编号：QM/WI03    版本/改数：A/0    生效日期：20××年××月××日    第×页/共×页

| 过程流程 | 内容描述 | 采用表单 |
|---|---|---|
| 质检部 \| 技术部 \| 业务部 \| 总经理 \| 生产部 \| 办公室 \| 采购部 \| 财务部<br><br>（总经理）→ 风险机遇策划时机<br><br>↓ 各部门分别识别风险：<br>质量风险、技术风险、市场风险、经营环境风险、制造风险、人力资源风险、供应链风险、财务风险<br><br>↓<br>进行风险和机遇分析<br><br>↓<br>A | 总经理把握应对风险和机遇策划的时机，包括以下方面：<br>1）质量管理体系策划；<br>2）企业宗旨、战略变化；<br>3）组织及其背景、内外部环境变化；<br>4）顾客及相关方的需求和期望变化；<br>5）研发及重大技术的变更；<br>6）法规发生变化；<br>7）发生应急事件。<br><br>在总经理的组织下，各部门分别对与部门有关的风险进行识别，针对不同的风险类型，采取不同的风险分析方法，执行《SWOT分析指引》《波特五力模型指引》或其他分析方法。公司的风险类别包括（但不限于）以下方面：<br>1.质量风险<br>1.1直接质量风险：产品质量问题，导致退货、换货、修理等风险。<br>1.2间接质量风险：产品使用过程，损坏了顾客的其他财产权或人身权，应负民事赔偿责任。<br>1.3标准法规风险：国家标准和法规的变化。<br>1.4产品质量风险：自制件、外购件质量问题对产品的影响，生产作业过程质量管控风险。<br>2.经营环境风险<br>2.1国内外市场环境和发展趋势，产品销售淡季与旺季，影响顾客的采购，也间接影响公司产品的生产与库存。<br>2.2人文环境：主要体现在不同时间、不同地区、不同民族的人群，消费习惯不同。<br>2.3政策环境：国家宏观经济政策、经济环境的变动，以及各地方的相关政策的变动，间接地影响到企业资金融入以及企业运营发展的必要条件。<br>2.4经济环境：利率的变动、汇率的变动、通货膨胀、通货紧缩等。<br>2.5法律纠纷：消费者投诉等潜在的法律纠纷。<br>2.6竞争环境：企业在行业、亚洲、全球的竞争态势，竞争优势与竞争劣势领域等。<br>3.技术风险<br>3.1新技术风险：新产品制造成功率、新产品市场及顾客认同率、市场上产生更新的技术和先进工艺、新技术应用对现产品的影响等。<br>3.2侵权风险：产品涉及专利及知识产权保护，造成侵权。<br>3.3法规风险：与新产品有关的法律法规要求的变化及可能对产品的影响。<br>3.4技术配套风险：与新产品有关的配件领域技术跟不上。<br>4.人力资源风险<br>4.1人员短缺风险：采购人员、服务人员、技术人员、检验人员、管理人员、财务人员，以及其他相关企业员工的离职、请假、休假，造成人力资源短缺等风险。 | 《各部门风险分析报告》 |

续表

| 过程流程 | 内容描述 | 采用表单 |
|---|---|---|
| 质检部　技术部　业务部　总经理　生产部　办公室　采购部　财务部<br><br>（A）↓<br><br>进行风险和机遇分析<br><br>↓<br>总评<br>↓<br>（B） | 4.2员工知识能力风险：由于员工知识能力不足，或上岗前岗位技能评估不当导致工作质量不符合要求的风险，以及员工意识不够，工作没正常发挥导致工作出问题的风险。<br>4.3法规风险：法律法规要求的变化，公司制度、管理规定等成文信息的合规性。<br>5.制造风险<br>5.1设备故障风险：生产设备出现意外的故障，甚至损坏等，影响生产进度。<br>5.2物料质量风险：物料生产过程和产品安装调试过程中存在的问题点。<br>5.3工艺落后风险：老的加工工艺虽然成熟，但同行已对老的工艺方法进行了改进，或产生新的工艺方法。<br>5.4生产过程风险：生产作业过程的突发事件，生产管理软件滞后，应用效果不良，现场管理混乱，生产计划排程不畅，加工进度不能有序进行等风险。<br>6.供应链风险<br>6.1采购成本：主要原材料的价格波动对公司利润的影响。采购过程的欺诈行为，导致同样价格原材料质量不符合要求<br>6.2供货能力：外供方加工能力不足，送货时间不及时，供应商违约，供应渠道不畅通等风险。<br>7.市场风险<br>7.1市场容量：对市场容量的调查所采用的方法不合适，产品的市场总量及占有量不准确，导致产品的产量大于实际需求，而增加公司的投资风险。<br>7.2市场竞争力：对竞争对手的错误分析，可能导致对我们的产品市场的竞争力高估或低估，引发期望值不能实现的风险。<br>7.3价格风险：产品的价格风险受产品的成本、质量和声誉、顾客消费等的影响。<br>7.4促销风险：包括促销活动的成本控制、效果预测失误以及对产品品质的怀疑等风险。<br>8.财务风险<br>8.1融资/筹资过程中的风险：比如风险筹资的费用很高，而且受到政策限制较多，加大了筹资的不确定性。<br>8.2资金偿还过程中的风险：主要受到利率的影响，有极大的不确定性，增加偿还风险。<br>8.3资金使用过程中的风险：主要表现为短期资金风险和长期资金投资风险。<br>8.4资金回收过程中的风险：应收款无法及时到位，增加了坏账的出现率。<br>8.5收益分配过程中的风险：主要表现在确认风险和对投资者进行收益分配不当而产生的风险。 | 《各部门风险分析报告》 |
| | 对风险分析评价后，统一交总经理进行审核，对不切合公司实际、不符合要求的分析报告由制定部门修订，最后汇总形成《企业风险分析报告》，找出重要风险项目，确定需要应对的风险和机遇。 | 《企业风险分析报告》 |

续表

| 过程流程 | | | | | | | | 内容描述 | 采用表单 |
|---|---|---|---|---|---|---|---|---|---|
| 质检部 | 技术部 | 业务部 | 总经理 | 生产部 | 办公室 | 采购部 | 财务部 | | |
| | | | B ↓ 应对风险和机遇的措施 | | | | | 1.总经理组织各部门制定切实可行的《应对风险和机遇的措施单》。<br>2.考虑在质量管理体系过程中整合并实施这些措施。<br>3.应对措施应与风险和机遇对产品和服务符合性的潜在影响相适应。<br>4.风险应对措施包括：<br>1）规避风险：指对超出风险承受度的风险，通过放弃或者停止与该风险相关的业务活动以避免和减轻损失的对策；<br>2）承担风险：指风险承受度之内的风险，在权衡成本效益之后，不准备采取控制措施降低风险或者减轻损失的策略；<br>3）消除风险源：采取替代等方式，消除风险发生的根源；<br>4）减少风险（改变风险的可能性或后果）：指公司在权衡成本效益之后，准备采取适当的控制措施降低风险或者减轻损失，将风险控制在风险承受度之内的对策；<br>5）分担风险：指公司准备借助他人力量，采取业务分包、购买保险、合作、融资等方式和适当的控制措施，将风险控制在风险承受度之内的对策；<br>6）延缓风险：通过对充分数据分析，保留并延缓风险。<br>5.机遇可能导致采用新实践、推出新产品、开辟新市场、赢得新顾客、建立合作伙伴关系、利用新技术和其他可行之处，以应对企业或顾客的需求。 | 《应对风险和机遇的措施单》 |
| | | | ↓ 策划结果 | | | | | 1.总经理负责对风险和机遇评估并对结果进行审批和跟踪验证，直到计划目标达成。<br>2.发现或管理风险的部门通过评审的方式对风险和机遇进行评估。根据重要程度，评审的形式可以是口头的、会议的或现场评价。<br>3.法律法规方面的风险不需要评估，由相关部门按法规要求执行。<br>4.按部门职责划分，相关部门根据评价的结果采取必要的措施，定期检查措施的有效性。<br>5.保留以上相关成文信息，作为分析与评价的输入。 | |

表 6-2　竞争环境风险分析报告（案例）

QR6.1-01　　　　　　　　　　　　　　　　　　　　　　　　　　　　No：

1. 企业目前竞争环境

1.1 企业目前竞争态势。本公司是国内 F 产品行业的领军企业，是国内目前最大的 F 产品生产基地，世界第三大 F 产品生产厂家，产品占国内中高端市场份额 80%，公司主要的竞争对手如下：

| 主要产品 | 主要竞争区域 | 主要竞争对手 | 竞争对手产品和市场特点 |
| --- | --- | --- | --- |
| F 产品 | 美国 | 美国 A 公司 | 技术成熟，拥有很多知识产权，有良好的市场基础 |
| | 欧洲 | 德国 B 公司 | 技术成熟，企业拥有产品实验室，试验设备齐全 |
| | 亚洲 | 日本 C 公司 | 世界公认的顶尖 F 产品设计制造商 |

1.2 企业目前竞争优势。

| 优势领域 | 优势内容 |
| --- | --- |
| 经验丰富的管理团队 | 公司有优秀的管理团队。自 1998 公司成立以来，各项经济技术指标年均递增 60% 以上，走出了企业自己的成功发展之路 |
| 质量、成本、品种 | 公司严格执行 ISO 9001 质量管理体系，坚持标准化管理，产品采用国际标准作为公司内部生产控制标准，品种丰富，性价比高，交货期短，服务优质 |
| 资金实力强 | 公司多年来创造了雄厚的资金实力，以及良好的社会信誉，融资渠道畅通 |
| 客户群体覆盖范围广 | 公司产品在国内覆盖二十多个省市（自治区）；在国际市场上覆盖美国、欧洲、亚洲、非洲等二十多个国家和地区，并与多家国内、国际知名品牌建立了合作关系 |
| 生产制造系统完善 | 公司拥有先进的生产设备，积累了系统的生产制造经验，制造能力强 |

1.3 企业目前竞争劣势。

| 劣势领域 | 劣势内容 |
| --- | --- |
| 业务开发能力 | 业务人员专业素质须不断地提高，责任心须加强，缺乏学习意识和市场开拓意识，对市场的判断缺乏超前意识 |
| 产品营销 | 营销网络不够完善，售后服务延伸不够 |
| 人力资源 | 员工年龄结构、知识结构不尽合理，员工的向心力和凝聚力需要不断地增强，员工的专业素质需进一步强化提高，对后备人才的培养和吸收要加以重视 |

2. 企业目前竞争的 SWOT 分析

通过综合分析得出，公司的机会与优势相对明显，针对主要的劣势应制定相关措施。公司竞争环境确定为增长型战略。

| Strength(优势) | Weakness(弱势) |
|---|---|
| ◆ 在发展过程中积累了丰富的管理经验<br>◆ 性价比高，品种丰富，交货期短<br>◆ 资金实力强，且融资渠道畅通<br>◆ 客户群体覆盖范围广<br>◆ 公司拥有先进的制造能力 | ◆ 中高级人才供给不足<br>◆ 品牌附加值有待提升<br>◆ 营销体系有待进一步完善<br>◆ 对市场的判断缺乏超前意识<br>◆ 基层人员的业务水平亟须提高 |
| Opportunity（机会） | Threat（威胁） |
| ◆ 技术的不断创新<br>◆ 国家产业政策的扶持<br>◆ 国家大型项目投资增多 | ◆ 行业竞争的不断加剧<br>◆ 原材料价格波动大<br>◆ 同行研发投入增加 |

3. 积极应对挑战和抓住机遇

3.1 公司在策划管理体系时，充分考虑并预测国内的形势、宏观经济环境、法律法规、行业的发展趋势等方面给公司带来的长短期挑战，制定相应的应对措施。同时，积极把握行业发展给公司带来的机遇，促进公司的发展。

3.2 长短期挑战的应对。

| | 挑战 | 相应战略目标 | 应对措施 |
|---|---|---|---|
| 短期挑战 | 1. 原材料价格波动大 | 利润指标 | 加强价格分析预测，形成战略采购，做好成本传递分担和技术改造 |
| | 2. 基层人员的业务水平还需提高 | 人力资源 | 制订人力资源计划，加强培训和人才引进 |
| 长期挑战 | 3. 市场竞争不断加剧 | 销售收入指标 | 培育战略客户、巩固重点客户，提高产品性能指标，加强研发技术 |

3.3 环境挑战的应对。

| | 挑战 | 相应战略目标 | 应对措施 |
|---|---|---|---|
| 短期挑战 | 对周边空气造成粉尘影响 | 环境指标 | 达到 GB 3095－1996《环境空气质量标准》二级排放标准，加强粉尘排放措施控制，改善加工工艺，减少粉尘排放 |
| | 对周边水造成污染 | 环境指标 | 设备废旧机油，渗漏液体，进行收集，交由有资质回收企业处理 |

续表

| 挑战 | 相应战略目标 | 应对措施 |
|---|---|---|
| 长期挑战 | 对周边造成噪音影响 | 环境指标 | 场内噪声符合GBZ1-2002《工业企业设计卫生标准》的要求，Leq≤85（dB），加强噪声排放措施控制，改善加工工艺，减少噪声排放 |

3.4 机遇的把握。

| 挑战 | 相应战略目标 | 应对措施 |
|---|---|---|
| 短期机遇 | 1. 技术不断创新 | 行业地位 | 通过技术创新、产品创新，提高市场占有率，不断提升本公司品牌 |
| 长期机遇 | 2. 国家产业政策的扶持，大型项目投资增多 | 利润指标 | 继续扩大规模，完善市场布局，注重质量及品牌建设，在行业中加强地位，确保公司可持续发展 |

3.5 产品、服务、经营等方面的创新机会。

3.5.1 在技术方面创新。通过行业协会、产品展销会、技术交流会、日常沟通等多种方式准确理解客户需求，与上游的战略供应商、下游的战略客户一起推动技术进步。

3.5.2 在管理方面创新。改善目前企业的管理软件系统，通过成本传递机制、客户价值贡献分析、精益生产、个性化激励机制、营销政策引导等多种方式，激发公司各部门及员工的积极性、主动性。

编制/日期：_____    审批/日期：_____

表 6-3  应对风险和机遇措施单

QR6.1-02　　　　　　　　　　　　　　　　　　　　No：_____

| 序号 | 风险类别 | 风险类别细分 | 风险内容 | 风险可能性 | 风险后果 | 风险评价 | 风险对策 | 应对（应急）措施 | 责任部门 |
|---|---|---|---|---|---|---|---|---|---|
| 1 | 质量风险 | 直接质量风险 | 配件发货出错导致客户无法使用 | 1 | 3 | B | 减少风险 | 1. 建立和运行"生产提供管理流程"<br>2. 包装物料定量领用，防止错装 | 生产部 |
| 2 | 质量风险 | 间接质量风险 | 用户使用过程触电，导致人身伤害 | 2 | 3 | A | 减少风险 | 建立和运行《成品检验指导书》，规定安全性能100%检验 | 质检部 |
| 3 | 质量风险 | 产品法规风险 | 新法律法规颁布，已生产的产品不合法 | 1 | 3 | B | 减少风险 | 1. 收集产品的相关法律、法规，定期评价<br>2. 建立和运行"产品召回管理流程"，按法律要求召回产品 | 业务部 |
| 4 | 质量风险 | 零件质量风险 | 不合格零部件的投入，导致产品不合格 | 1 | 3 | B | 减少风险 | 建立和运行《采购管理流程》《过程检验指导书》 | 采购部、质检部 |
| 5 | 技术风险 | 新技术风险 | 新产品上市场，得到顾客认可率 | 3 | 2 | A | 减少风险 | 1. 开发产品前进行充分市场调研<br>2. 新品进行试销，将逐步推广 | 业务部、技术部 |
| 6 | 技术风险 | 专利侵权风险 | 新产品侵犯他人专利，涉嫌侵权 | 1 | 3 | B | 减少风险 | 1. 专利策划前进行大量排查<br>2. 新品开发过程进行评审 | 技术部 |
| 7 | 技术风险 | 产品标准风险 | 产品标准升级，现有产品不能满足要求 | 1 | 3 | B | 减少风险 | 1. 收集相关产品标准，定期评价<br>2. 新品开发，更替老产品 | 技术部 |

续表

| 序号 | 风险类别 | 风险类别细分 | 风险内容 | 风险可能性 | 风险后果 | 风险评价 | 风险对策 | 应对（应急）措施 | 责任部门 |
|---|---|---|---|---|---|---|---|---|---|
| 8 | 技术风险 | 配套技术风险 | 产品开发升级过程，相关的配件技术跟不上 | 1 | 2 | C | 延缓风险 | 1. 支持供方改进技术<br>2. 寻求替换配件 | 技术部 |
| 9 | 财务风险 | 发票风险 | 报销费用没有正规发票，导致补缴税款及罚款 | 3 | 2 | A | 减少风险 | 1. 建立和运行《费用报销管理规定》<br>2. 报销前对发票审核 | 财务部 |
| 10 | 财务风险 | 坏账风险 | 逾期未收款项，形成坏账 | 2 | 2 | B | 减少风险 | 建立和运行"销售货款管理规定"，财务与业务及时核账 | 业务部、财务部 |
| 11 | 财务风险 | 账实不符风险 | 存货账与实物不符，导致对资产误判 | 3 | 2 | A | 减少风险 | 建立和运行《仓库盘点制度》，每月实地盘点，及时调整账上结余数 | 财务部、仓库 |
| 12 | 财务风险 | 资金断裂风险 | 由于客户未按期付款造成资金链衔接不上 | 1 | 3 | B | 减少风险 | 建立和运行《安全资金管理规定》，确保流动资金充分 | 业务部、财务部 |
| 13 | 财务风险 | 营私舞弊风险 | 员工采取非正当的手段获得收益 | 2 | 2 | B | 减少风险 | 完善财务管理制度，与员工签署廉洁协议，进行财务审计和专项稽查 | 办公室、财务部 |
| 14 | 市场风险 | 市场容量缩小 | 潜在竞争产品争抢市场 | 1 | 2 | C | 承担风险 | 销售人员关注新兴行业及市场动态，识别潜在竞争产品，调整销售政策 | 业务部 |
| 15 | 市场风险 | 市场竞争激烈 | 现有竞争者或新进入竞争者争抢市场 | 3 | 2 | A | 减少风险 | 1. 销售人员收集分析竞争者的市场策略和动向，制订应对方案<br>2. 采取产品或服务差异化销售方式 | 业务部 |

续表

| 序号 | 风险类别 | 风险类别细分 | 风险内容 | 风险可能性 | 风险后果 | 风险评价 | 风险对策 | 应对（应急）措施 | 责任部门 |
|---|---|---|---|---|---|---|---|---|---|
| 16 | 市场风险 | 价格偏差风险 | 价格定位与市场需求有出入 | 2 | 3 | A | 减少风险 | 1. 密切关注行业产品供需及价格变化，及时调整价格<br>2. 与顾客充分沟通，制订合理价格方案 | 业务部 |
| 17 | 市场风险 | 市场萎缩风险 | 产品未及时更新换代，导致市场萎缩 | 2 | 2 | B | 减少风险 | 密切关注行业、市场动态，制订公司产品升级换代计划 | 业务部、技术部 |
| 18 | 市场风险 | 客户投诉风险 | 因产品或服务不能满足客户要求导致客户投诉 | 3 | 3 | A | 分担风险 | 1. 建立和运行《售后服务流程》《顾客抱怨处理流程》<br>2. 对售后服务人员服务意识进行培训<br>3. 委托第三方进行售后服务 | 业务部 |
| 19 | 市场风险 | 订单转移风险 | 产能不能满足客户要求导致客户订单转移 | 2 | 2 | B | 减少风险 | 1. 做好产能规划，配备资源或改进工艺，提升产能<br>2. 进行合同评审，满足顾客要求 | 生产部、业务部 |
| 20 | 供应链风险 | 物料不合格风险 | 采购物料质量达不到检验标准要求 | 3 | 2 | A | 减少风险 | 1. 多家供方同时供货，进行技术扶持提高产品质量<br>2. 加强来料质量监控，加严检验 | 采购部、质检部 |
| 21 | 供应链风险 | 采购成本风险 | 原材料价格波动，原材料、零部件采购成本提高 | 3 | 2 | A | 减少风险 | 1. 多家供方同时供货，竞价供货<br>2. 市场价格低时，增加采购量 | 采购部 |
| 22 | 供应链风险 | 物料交付不准时风险 | 供方物料不能准时交货，影响生产进度 | 3 | 2 | A | 减少风险 | 1. 多家供方同时供货<br>2. 生产旺季时增加库存 | 采购部 |

第6章 策　　划

续表

| 序号 | 风险类别 | 风险类别细分 | 风险内容 | 风险可能性 | 风险后果 | 风险评价 | 风险对策 | 应对（应急）措施 | 责任部门 |
|---|---|---|---|---|---|---|---|---|---|
| 23 | 供应链风险 | 改进能力风险 | 供方管理体系的持续改进能力不足 | 2 | 2 | B | 减少风险 | 1. 开发新的供方<br>2. 定期对供方管理体系评审 | 采购部 |
| 24 | 经营环境风险 | 战略缺失风险 | 缺乏公司战略，导致公司目标无法达成 | 3 | 3 | A | 减少风险 | 1. 制订公司发展战略和经营计划<br>2. 对公司战略目标分解，并落实 | 最高管理者 |
| 25 | 经营环境风险 | 战略错误风险 | 盲目多元化扩张，导致经营重心不稳，经营混乱 | 3 | 3 | A | 规避风险 | 建立和运行《管理评审管理流程》，定期检讨战略实施情况，并及时调整战略 | 最高管理者 |
| 26 | 经营环境风险 | 管理体系风险 | 重大质量、环境、安全事故 | 2 | 3 | A | 减少风险 | 1. 建立和运行质量、环境及职业健康安全管理体系<br>2. 制订管理目标，并有效实行 | 最高管理者 |
| 27 | 经营环境风险 | 劳动用工风险 | 用工过程违反劳动法，导致罢工、监管部门处罚 | 2 | 3 | A | 减少风险 | 1. 建立公司劳动用工管理制度<br>2. 提高员工待遇<br>3. 加大自动化，减轻劳动强度 | 办公室 |
| 28 | 经营环境风险 | 不当竞争风险 | 违反《中华人民共和国不正当竞争法》 | 1 | 2 | C | 承担风险 | 充分了解产品相关的国家行业标准及法律法规要求 | 业务部 |
| 29 | 经营环境风险 | 签订合同风险 | 合同内容违反《合同法》等相关法律法规 | 2 | 3 | A | 减少风险 | 1. 建立和运行《合同管理制度》<br>2. 新版本合同由法律顾问审查 | 业务部、办公室 |

79

续表

| 序号 | 风险类别 | 风险类别细分 | 风险内容 | 风险可能性 | 风险后果 | 风险评价 | 风险对策 | 应对（应急）措施 | 责任部门 |
|---|---|---|---|---|---|---|---|---|---|
| 30 | 经营环境风险 | 商标侵权风险 | 商标设计不当，涉嫌侵权 | 1 | 3 | B | 减少风险 | 1. 商标策划前进行大量排查<br>2. 法律顾问审查 | 办公室 |
| 31 | 经营环境风险 | 自然灾害风险 | 火灾、台风、暴雨、地震 | 1 | 3 | B | 减少风险 | 1. 对建筑物、安全设施修缮<br>2. 建立和运行《应急准备和响应管理流程》<br>3. 对员工进行安全知识培训 | 办公室 |
| 32 | 人力资源风险 | 人员短缺风险 | 因用工荒导致员工招聘困难，影响公司人力资源发展 | 2 | 3 | A | 减少风险 | 1. 提高员工工资待遇，改善工作环境<br>2. 宣传、培训企业文化和价值观<br>3. 培训员工一岗多能 | 办公室 |
| 33 | 人力资源风险 | 员工流失风险 | 公司优秀人才被外单位挖走，造成公司损失 | 1 | 2 | C | 延缓风险 | 1. 提高员工工资待遇，改善工作环境<br>2. 统一员工价值观，提高员工的归属感 | 办公室 |
| 34 | 人力资源风险 | 信息安全风险 | 公司技术、商业计划等信息外泄到竞争对手 | 1 | 3 | B | 减少风险 | 与员工签署"保密协议""竞业协议" | 办公室 |
| 35 | 人力资源风险 | 劳动安全风险 | 员工工作过程操作不当，或防护不当产生工伤 | 2 | 3 | A | 减少风险 | 1. 对员工进行安全意识和公共卫生事件防范意识的培训宣贯工作<br>2. 建立和运行《应急准备和响应管理流程》 | 办公室 |
| 36 | 制造风险 | 设备故障风险 | 生产设备故障或检测设备失效导致产品不合格 | 2 | 2 | B | 减少风险 | 1. 建立和运行《监测设备管理流程》《设施管理流程》<br>2. 对设备进行日常保养维护 | 生产部、质检部 |

续表

| 序号 | 风险类别 | 风险类别细分 | 风险内容 | 风险可能性 | 风险后果 | 风险评价 | 风险对策 | 应对（应急）措施 | 责任部门 |
|---|---|---|---|---|---|---|---|---|---|
| 37 | 制造风险 | 加工质量风险 | 作业文件不规范，或未按要求操作，导致产品质量问题 | 2 | 2 | B | 减少风险 | 1. 完善《作业指导书》，进行监督检查<br>2. 定期组织培训，实际操作考核 | 生产部 |
| 38 | 制造风险 | 工艺落后风险 | 老的加工工艺虽然成熟，但没有效率 | 2 | 2 | B | 消除风险 | 1. 建立和运行《工艺管理规定》<br>2. 定期组织对现有工艺评审，淘汰落后工艺 | 生产部、技术部 |
| 39 | 制造风险 | 生产计划风险 | 生产计划排程不合理，加工进度缓慢 | 2 | 2 | B | 减少风险 | 1. 建立和运行《生产计划管理规定》<br>2. 定期组织生产调度会议 | 生产部 |
| 40 | 制造风险 | 操作人员能力风险 | 员工能力不够，导致产品加工不能达到标准要求 | 2 | 2 | B | 减少风险 | 1. 建立和运行《能力管理流程》，确保员工经考核合格上岗<br>2. 设置不合格品展示看板 | 生产部、办公室 |
| 41 | 制造风险 | 错误用料风险 | 备料或用料出错导致产品不合格 | 1 | 3 | B | 减少风险 | 1. 通过 ERP 系统确定 BOM 清单<br>2. 现场物料标识清晰 | 生产部 |

说明：

1）公司风险评价采用定性分析法，分为 A 级风险（高关注风险）≥6 分；B 级风险（一般关注风险）2～6 分；C 级风险（不需关注风险）≤2 分。其对应表如下。

| 风险后果＼风险发生可能性 | 可能性大（3分） | 可能发生（2分） | 极少发生（1分） |
|---|---|---|---|
| 严重（3分） | 9 分（A 级） | 6 分（A 级） | 3 分（B 级） |
| 一般（2分） | 6 分（A 级） | 4 分（B 级） | 2 分（C 级） |
| 轻微（1分） | 3 分（B 级） | 2 分（C 级） | 1 分（C 级） |

2）风险对策有：消除风险、规避风险、减少风险、分担风险、延缓风险、承担风险。

3）应对（应急）措施：应结合公司的实际情况和以往经验教训及获得的知识进行制订，并与该风险对产品和服务符合性的潜在影响相适应。一般可采用制订目标及其管理方案、建立和运行控制文件、进行培训和宣贯、投入资源、监督检查、制订应急预案等措施。

编制：_____ 审核：_____ 批准：_____ 日期：_____

## SWOT 分析指引

文件编号：QM/WI04　　版本/改数：A/0　　生效日期：20××年××月××日　　第×页/共×页

1. 目的

为规范公司风险机遇管理工作，对企业内外部条件各方面内容进行综合考虑，同时对企业的内外部环境进行剖析，进而分析组织的优势和劣势、面临的机遇和威胁。为公司管理策划提供依据。

为了风险规避，包括：为寻求机遇而承担风险、消除风险源、改变风险发生的可能性或其后果、风险分担或通过信息充分的决策保留风险。

为了寻求机遇，包括：新的实践方法的采用、新产品的投入、新市场的开辟、赢得新客户、合作伙伴关系的建立、新技术的使用和其他可行之处，以应对组织或其顾客的需求。

2. 职责

2.1　总经理负责SWOT分析工作总体策划。

2.2　办公室负责具体工作分解，协调相关部门实施。

2.3　相关部门负责本部门工作执行。

3. 名词解释

Strength——优势（S）：公司内部有利于达成公司目标的各方面的技术、能力和资源。

Weakness——劣势（W）：公司内部不利于达成公司目标的限制、弱点或缺失，或处于劣势的条件。

Opportunity——机遇（O）：企业外在环境中任何对公司有利的状况，通常是一种趋势改变，或被忽略的需求，导致产品服务的需求增加而强化公司的定位。

Threat——威胁（T）：企业外在环境中任何不利的限制与状况，以致潜在损害公司及其策略效果。

SWOT分析是将对企业内/外部条件各方面内容进行综合和概括，同时对企业的外部环境进行剖析，进而分析组织的优势和劣势、面临的机会和威胁的一种方法。

4. 工作内容

4.1　SWOT分析注意事项

4.1.1　进行SWOT分析时必须对公司的优势与劣势有客观认识。

4.1.2　进行SWOT分析时必须区分公司的现状与前景。

4.1.3　进行SWOT分析时必须考虑全面。

4.1.4 进行SWOT分析时必须与竞争对手进行比较,比如优于或是劣于竞争对手。

4.1.5 保持SWOT分析法的简洁化,避免复杂化与过度分析。

4.1.6 SWOT分析法因人为主观判断,尽量多收集数据资料支持。

4.2 SWOT分析的步骤:

4.2.1 利用SWOT分析表罗列企业的优势和劣势,可能的机会与威胁。

表6-4 SWOT分析表——案例

| 内部 | | 外部 | |
|---|---|---|---|
| 优势 | 劣势 | 机会 | 威胁 |
| 1. 较强的技术实力 2. 拥有训练的技术员工 …… | 1. 缺乏完善管理 2. 销售渠道不均匀 …… | 1. 该类产品消费增加 2. 一家竞争者市场下降 …… | 1. 可能受到市场法规的限制 2. 另一家竞争者在迅猛发展 …… |

4.2.1.1 优势(S)

企业的优势通常表现在企业超越其竞争对手的能力,或者指公司所特有的能提高公司竞争力的技术、能力和资源。例如,当两个企业处在同一市场或者说它们都有能力向同一顾客群体提供产品和服务时,如果其中一个企业有更高的赢利率或赢利潜力,那么,我们就认为这个企业比另外一个企业更具有竞争优势。竞争优势可以是以下几个方面:

(1)技术技能优势。独特的生产技术,低成本生产方法,领先的革新能力,雄厚的技术实力,完善的质量控制体系,丰富的营销经验,上乘的客户服务,卓越的大规模采购技能。

(2)有形资产优势。先进的生产流水线,现代化车间和设备,拥有丰富的自然资源储存,吸引人的不动产,充足的资金,完备的资料信息。

(3)无形资产优势。优秀的品牌形象,良好的商业信用,积极进取的公司文化。

(4)人力资源优势。关键领域拥有专长的职员,积极上进的职员,很强的组织学习能力,丰富的经验。

(5)组织体系优势。高质量的控制体系,完善的信息管理系统,忠诚的客户群,强大的融资能力。

（6）竞争能力优势。产品开发周期短，强大的经销商网络，与供应商良好的伙伴关系，对市场环境变化的灵敏反应，市场份额的领导地位。

4.2.1.2　竞争劣势（W）

通常表现在公司缺少或做得不好的产品或服务，或企业处于劣势的条件。可能导致内部弱势的因素有：

（1）缺乏具有竞争意义的技能技术。

（2）缺乏有竞争力的有形资产、无形资产、人力资源、组织资产。

（3）关键领域里的竞争能力正在丧失。

4.2.1.3　公司面临的潜在机遇（O）

市场机遇是影响公司战略的重大因素。公司管理者应当确认每一个机遇，评价每一个机遇的成长和利润前景，选取那些可与公司财务和组织资源匹配、使公司获得的竞争优势的潜力最大的最佳机遇。潜在的发展机遇可能是：

（1）客户群的扩大趋势或产品细分市场。

（2）技能技术向新产品新业务转移，为更大客户群服务。

（3）前向或后向整合。

（4）市场进入壁垒降低。

（5）获得购并竞争对手的能力。

（6）市场需求增长强劲，可快速扩张。

（7）出现向其他地理区域扩张，扩大市场份额的机遇。

4.2.1.4　危及公司的外部威胁（T）

在公司的外部环境中，总是存在某些对公司的盈利能力和市场地位构成威胁的因素。公司管理者应当及时确认危及公司未来利益的威胁，做出评价并采取相应的战略行动来抵消或减轻它们所产生的影响。公司的外部威胁可能是：

（1）出现将进入市场的强大的新竞争对手。

（2）替代品抢占公司销售额。

（3）主要产品市场增长率下降。

（4）汇率和外贸政策的不利变动。

（5）人口特征，社会消费方式的不利变动。

（6）客户或供应商的谈判能力提高。

（7）市场需求减少。

（8）容易受到经济萧条和业务周期的冲击。

4.2.2　利用SWOT矩阵分析（见表6-5），对优势、劣势与机遇、威胁相组合，形成SO、ST、WO、WT策略。

表6-5 SWOT矩阵分析——案例

| 内部能力因素＼外部环境因素 | 内部优势（S）<br>1. 较强的技术实力<br>2. 拥有训练的技术员工 | 内部劣势（W）<br>1. 缺乏完善管理<br>2. 销售渠道不均匀 |
|---|---|---|
| 外部机遇（O）<br>1. 该类产品消费增加<br>2. 一家竞争者市场下降 | SO组合<br>2-1 保持技术优势，关注产品的消费动向<br>2-2 雇用竞争者的技术人员 | WO组合<br>2-1 满足目标市场产品消费增长的需求，以保持较强的竞争力 |
| 外部威胁（T）<br>1. 可能受到市场法规的限制<br>2. 另一家竞争者在强大发展 | ST组合<br>1-1 开发新产品，以避免法规的限制<br>2-2 提升员工技能，满足员工需求 | WT组合<br>1-1 完善管理，避免法规限制<br>2-2 减少竞争者市场增长带来的威胁 |

4.2.3 利用战略选择评价矩阵（见表6-6）对SO、ST、WO、WT策略进行甄别和选择，确定企业目前应该采取的具体战略。

表6-6 战略选择评价矩阵——案例

| 内部＼外部 | 内部优势（S） | 内部劣势（W） |
|---|---|---|
| 外部机遇（O） | SO增长型战略：<br>依靠内部优势、利用外部机遇 | WO扭转型战略：<br>利用外部机遇、克服内部劣势 |
| 外部威胁（T） | ST多样化战略：<br>依靠内部优势、回避外部威胁 | WT防御型战略：<br>减少内部劣势、回避外部威胁 |

5. 相关记录

5.1 《企业风险分析报告》

## 波特"五力模型"指引

文件编号：QM/WI05　　版本/改数：A/0　　生效日期：20××年××月××日　　第×页/共×页

1. 目的

通过波特"五力模型"（见图6-2）确定的五种竞争来源，即供方议价能力，买方议价能力，潜在进入者的威胁，替代品的威胁，来自同一行业的公司间的竞争。以此分析一个行业的基本竞争态势。为公司管理策划提供依据。

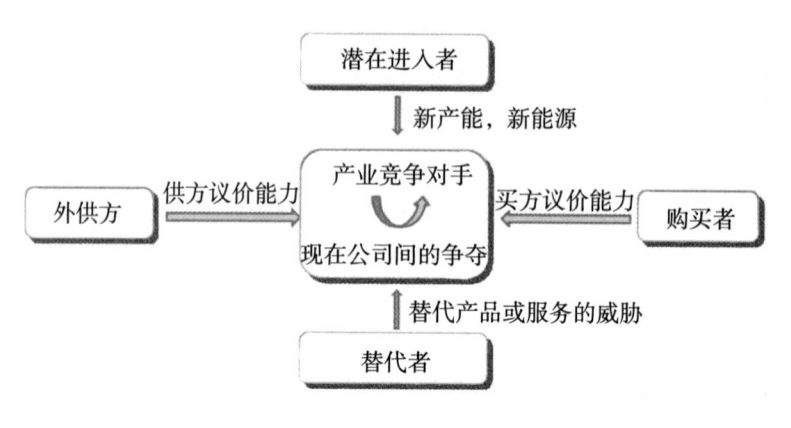

图6-2　波特"五力模型"

2. 职责

2.1　总经理负责波特"五力模型"工作总体策划。

2.2　业务部负责具体工作实施。

3. 工作内容

3.1　外供方的议价能力

外供方主要通过其提高投入要素与降低单位价值的能力，来影响行业中现有企业的盈利能力与产品竞争力。外供方力量的强弱主要取决于他们所提供给买主的是什么投入要素，当外供方所提供的投入要素其价值构成了买主产品总成本的较大比例、对买主产品生产过程非常重要，或者严重影响买主产品的质量时，外供方对于买主的潜在讨价还价力量就大大增强。一般来说，满足如下条件的外供方会具有比较强大的讨价还价力量：

3.1.1　外供方行业为一些具有比较稳固市场地位而不受市场激烈竞争困扰的企业所控制，其产品的买主很多，以致每一单个买主都不可能成为外供方的重要客户。

3.1.2　外供方各企业的产品各具有一定特色，以致买主难以转换或转换成本太高，或者很难找到可与外供方企业产品相竞争的替代品。

3.1.3　外供方能够方便地实行前向联合或一体化，而买主难以进行后向联合或一体化（如：连锁经营）。

3.2 购买者的议价能力

购买者主要通过其压价与要求提供较高的产品或服务质量的能力，来影响行业中现有企业的盈利能力。其购买者议价能力影响主要有以下原因：

3.2.1 购买者的总数较少，而每个购买者的购买量较大，占了卖方销售量的很大比例。

3.2.2 卖方行业由大量相对来说规模较小的企业所组成。

3.2.3 购买者所购买的基本上是一种标准化产品，同时向多个卖主购买产品在经济上也完全可行。

3.2.4 购买者有能力实现后向一体化，而卖主不可能前向一体化（如团购）。

3.3 潜在进入者的威胁

3.3.1 新进入者在给行业带来新生产能力、新资源的同时，将希望在已被现有企业瓜分完毕的市场中赢得一席之地，这就有可能会与现有企业发生原材料与市场份额的竞争，最终导致行业中现有企业盈利水平降低，严重的话还有可能危及这些企业的生存。竞争性进入威胁的严重程度取决于两方面的因素：一方面进入新领域的障碍大小，另一方面现有企业对于进入者的反应情况。

3.3.2 进入障碍主要包括规模经济、产品差异、资本需要、转换成本、销售渠道开拓、政府行为与政策、不受规模支配的成本劣势、自然资源、地理环境等方面，这其中有些障碍是很难借助复制或仿造的方式来突破的。现有企业对进入者的反应，主要表现在采取报复行动，产生的影响，则取决于有关厂商的财力情况、报复历史记录、固定资产规模、行业增长速度等。总之，新企业进入一个行业的可能性大小，取决于进入者主观估计进入所能带来的潜在利益、所需花费的代价与所要承担的风险这三者的相对大小情况。

3.4 替代品的威胁

两个处于同行业或不同行业中的企业，可能会由于所生产的产品是互为替代品，从而在它们之间产生相互竞争行为，这种源自替代品的竞争会以各种形式影响行业中现有企业的竞争战略。

3.4.1 现有企业产品售价以及获利潜力的提高，将由于存在着能被用户方便接受的替代品而受到限制。

3.4.2 由于替代品生产者的侵入，使得现有企业必须提高产品质量，或者通过降低成本来降低售价，或者使其产品具有特色，否则其销量与利润增长的目标就有可能受挫。

3.4.3 源自替代品生产者的竞争强度，受产品买主转换成本高低的影响。

总之，替代品价格越低、质量越好，用户转换成本越低，其所能产生的竞争压力就越强；而这种来自替代品生产者的竞争压力的强度，可以具体通过考察替代品销售增长率、替代品厂家生产能力与盈利扩张情况来分析。

3.5 同业竞争者的竞争程度

3.5.1 大部分行业中的企业，相互之间的利益都是紧密联系在一起的，作为企业整体战略一部分的各企业竞争战略，其目标都在于使得自己的企业获得相对于竞争对手的优势，所以，在实施中就必然会产生冲突与对抗现象，这些冲突与对抗就构成了现有企业之间的竞争。现有企业之间的竞争常常表现在价格、广告、产品介绍、售后服务等方面，其竞争强度与许多因素有关。

3.5.2 一般来说，出现下述情况将意味着行业中现有企业之间竞争的加剧，这就是行业进入障碍较低，势均力敌的竞争对手较多，竞争参与者范围广泛；市场趋于成熟，产品需求增长缓慢；竞争者企图采用降价等手段促销；竞争者提供几乎相同的产品或服务，用户转换成本很低；一个战略行动如果取得成功，其收入相当可观；行业外部实力强大的公司在接收了行业中实力薄弱企业后，发起进攻性行动，结果使得刚被接收的企业成为市场的主要竞争者；退出障碍较高，即退出竞争要比继续参与竞争代价更高。在这里，退出障碍主要受经济、战略、感情以及社会政治关系等方面考虑的影响，具体包括：资产的专用性、退出的固定费用、战略上的相互牵制、情绪上的难以接受、政府和社会的各种限制等。

4. 相关记录

4.1 《行业基本竞争态势报告》

**作业风险管理规定**

<u>文件编号：QM/WI06　版本/改数：A/0　生效日期：20××年××月××日　　第×页/共×页</u>

1. 目的

为规范部门风险管理工作，识别和评价作业过程中的危险有害因素，消除或减少事故危害，降低安全风险。由部门风险评价领导小组负责进行危害因素识别和风险评估工作。

2. 评价范围

评价小组从部门工作的全过程，对所有可能造成危害和影响的活动进行了工作危害分析（JHA）和安全检查表分析（SCL），将部门部分作业过程及设备设施存在的风险逐一排查、识别。

3. 评价组

组 长：××（管理人员）

成员：××（工会代表）、××（专业技术人员）、××（员工代表）、××……

4. 评价方法

部门发动员工参与风险评估，专业技术人员、管理人员与员工一起参与风险评估过程，采用了工作危害分析（JHA）和安全检查分析（SCL）两种基本方法，进行风险评估时的程序如下：

4.1 作业危害分析主要采用工作危害分析（JHA），由各单位的评价小组中岗位操作人员、班长、专业技术人员对本岗位的所有作业活动列出清单，并进行工作危害分析（JHA），完成后先经科室负责人审查修改，修改完成后，上报部门评价组进行会审，对不合格者提出修改意见返回基层单位再进行修改，部门通过后上报公司风险评价组进行会审和确定。

4.2 设备设施的危害分析主要采取安全检查分析（SCL），由各单位的评价小组管理人员、技术人员和岗位操作人员列出设备设施清单，按安全检查表分析（SCL）进行，完成后先经科室负责人审查修改，修改完成后，上报部门评价组进行会审，对不合格者提出修改意见返回基层单位再进行修改，部门通过后上报公司风险评价组进行会审和确定。

5. 评价过程

见部门的《工作危害分析（JHA）》《安全检查分析（SCL）》。

6. 风险信息的更新

6.1 在下列情况下《工作危害分析（JHA）》《安全检查分析（SCL）》记录进行更新：

——工艺指标或操作规程变更时；

——新的或变更的法律、法规或其他要求；

——有新项目；

——有因为事故、事件或其他原因而发生不同的认识；

——其他变更。

6.2 如果没有上述变化时，部门一年进行一次评审或检查风险识别的结果。

7. 评价准则

使用推荐的风险评价方法，部门/科室/班组开展风险评价工作，按照以下方法开展风险等级划分：

风险（R）= 可能性（L）× 后果严重性（S）

7.1 危害发生的可能性 L 判定准则（见表 6-7）。

表 6-7　危害发生可能性 L 判定

| 等级 | 标　准 |
|---|---|
| 5 | 在现场没有采取防范、监测、保护、控制措施，或危害的发生不能被发现（没有监测系统），或在正常情况下经常发生此类事故或事件 |
| 4 | 危害的发生不容易被发现，现场没有检测系统，也未发生过任何监测，或在现场有控制措施但未有效执行，或控制措施不当，或危害常发生或在预期情况下发生 |
| 3 | 没有保护措施（如没有保护装置、没有个人防护用品等），或未严格按操作程序执行，或危害的发生容易被发现（现场有监测系统），或曾经做过监测，或过去曾经发生过类似事故或事件，或在异常情况下发生类似事故或事件 |
| 2 | 危害一旦发生能及时发现，并定期进行监测，或现场有防范控制措施，并能有效执行，或过去偶尔发生事故或事件 |
| 1 | 有充分、有效的防范、控制、监测、保护措施，或员工安全卫生意识相当高，严格执行操作规程。发生事故或事件的可能性极小 |

7.2　危害后果严重性 S 判定准则（见表 6-8）。

表 6-8　危害后果严重性 S 判定

| 等级 | 法律、法规及其他要求 | 人员 | 财产损失/万元 | 停工 | 公司形象 |
|---|---|---|---|---|---|
| 5 | 违反法律、法规和标准 | 死亡 | >50 | 部分装置（>2套）或设备停工 | 重大国际国内影响 |
| 4 | 潜在违反法规和标准 | 丧失劳动能力 | >25 | 2套装置或设备停工 | 行业内、省内影响 |
| 3 | 不符合上级公司或行业的安全方针、制度、规定等 | 截肢、骨折、听力丧失、慢性病 | >10 | 1套装置或设备停工 | 地区影响 |
| 2 | 不符合公司的安全操作程序、规定 | 轻微受伤、间歇不舒服 | <10 | 受影响不大，几乎不停工 | 公司及周边范围 |
| 1 | 完全符合 | 无伤亡 | 无损失 | 没有停工 | 形象没有受损 |

## 7.3 风险等级 R 判定准则及控制措施（见表 6-9）。

表 6-9 风险等级 R 判定准则及控制措施

| 风险度 | 等级 | 应采取的行动/控制措施 | 实施期限 |
| --- | --- | --- | --- |
| 21~25 | 巨大风险 | 在采取措施降低危害前，不能继续作业，对改进措施进行评估 | 立刻 |
| 15~16 | 重大风险 | 采取紧急措施降低风险，建立运行控制程序，定期检查、测量及评估 | 立即或近期整改 |
| 6~12 | 中等 | 可考虑建立目标、建立操作规程，加强培训及沟通 | 2年内治理 |
| 1~5 | 可接受 | 可考虑建立操作规程、作业指导书但需定期检查，或无须采用控制措施但需保存记录 | 有条件、有经费时治理 |

注：$R = L \times S$——危险性或风险度（危险性分值）

L——发生事故的可能性大小（发生事故的频率）

S——一旦发生事故会造成的损失后果。

## 7.4 风险值计算表（见表 6-10）。

表 6-10 风险值计算表

| 严重性 S  可能性 L | 1 | 2 | 3 | 4 | 5 |
| --- | --- | --- | --- | --- | --- |
| 1 | 1 | 2 | 3 | 4 | 5 |
| 2 | 2 | 4 | 6 | 8 | 10 |
| 3 | 3 | 6 | 9 | 12 | 15 |
| 4 | 4 | 8 | 12 | 16 | 20 |
| 5 | 5 | 10 | 15 | 20 | 25 |

8. 评价结果：主要危害因素、风险及控制措施

依据安全检查分析（SCL）（见表 6-11）和工作危害分析（JHA）（见表 6-12）为工具，以两个过程中的危害发生的可能性 L 及危害后果严重性 S 的综合评定结果 R，按风险等级判定准则及控制措施评出生产管理过程中的风险控制清单。

表6-11 安全检查分析（SCL）

QR6.1-06　　　　　　　　　　　　　　　　　　　No：

单位：　　　日期：　　　区域/工艺过程：　　　装置/设备/设施：

| 序号 | 检查项目 | 标准 | 产生偏差的主要后果 | 现有安全控制措施 ||||L|S|R|风险等级|建议改进措施|
|---|---|---|---|---|---|---|---|---|---|---|---|---|
|||||发生频率|管理措施|员工胜任程度|安全设施|||||||
||||||||||||||
||||||||||||||
||||||||||||||
||||||||||||||
||||||||||||||
||||||||||||||
||||||||||||||
||||||||||||||
||||||||||||||
||||||||||||||
||||||||||||||
||||||||||||||
||||||||||||||

注：L：风险度；S：可能性；R：后果严重性。

## 表6-12 工作危害分析（JHA）

QR6.1-07　　　　　　　　　　　　　　　　　　　　　　　　　　　　　No：

单位：　　　　　日期：　　　　　工作岗位：　　　　　工作任务：

| 序号 | 工作步骤 | 危害或潜在事件 | 主要后果 | 以往发生频率及现有安全控制措施 ||||  L | S | R | 风险等级 | 建议改进措施 |
|---|---|---|---|---|---|---|---|---|---|---|---|---|
| | | | | 发生频率 | 管理措施 | 员工胜任程度 | 安全设施 | | | | | |
| | | | | | | | | | | | | |

注：L：风险度；S：可能性；R：后果严重性。

表 6-13 预先危险分析（PHA）

QR6.1-08　　　　　　　　　　　　　　　　　　　　　　　　　　　　No：

单位：　　　　　分析对象：　　　　分析人员及岗位：　　　　日期：

| 序号 | 危害 | 原因 | 主要后果 | 现有控制措施 | L | S | R | 建议改正/控制措施 |
|------|------|------|----------|--------------|---|---|---|-------------------|
|  |  |  |  |  |  |  |  |  |
|  |  |  |  |  |  |  |  |  |
|  |  |  |  |  |  |  |  |  |
|  |  |  |  |  |  |  |  |  |

注：L：风险度；S：可能性；R：后果严重性。

## 表6-14 作业活动清单

QR6.1-09　　　　　　　　　　　　　　　　　　　　　　　　　　　No：

| 序号 | 作业岗位 | 作业活动 |
|---|---|---|
|  |  |  |
|  |  |  |
|  |  |  |
|  |  |  |
|  |  |  |
|  |  |  |
|  |  |  |
|  |  |  |
|  |  |  |
|  |  |  |
|  |  |  |
|  |  |  |
|  |  |  |
|  |  |  |
|  |  |  |
|  |  |  |
|  |  |  |
|  |  |  |
|  |  |  |
|  |  |  |
|  |  |  |
|  |  |  |
|  |  |  |
|  |  |  |
|  |  |  |
|  |  |  |
|  |  |  |
|  |  |  |
|  |  |  |
|  |  |  |
|  |  |  |
|  |  |  |
|  |  |  |
|  |  |  |

编制/日期：　　　　　　　　　　　　　　　审核/日期：

**表 6-15 安全设施清单**

QR6.1-10　　　　　　　　　　　　　　　　　　　　　　　　　　　　　　　No：

| 序号 | 设备设施名称 | 数量（台） | 所在单位 | 备注 |
|---|---|---|---|---|
| | | | | |
| | | | | |
| | | | | |
| | | | | |
| | | | | |
| | | | | |
| | | | | |
| | | | | |
| | | | | |
| | | | | |
| | | | | |
| | | | | |
| | | | | |
| | | | | |
| | | | | |
| | | | | |
| | | | | |
| | | | | |

编制/日期：　　　　　　　　　　　　　　　　　审核/日期：

## 表6–16 风险清单

QR6.1-11　　　　　　　　　　　　　　　　　　　　　　　　　　　　　No：

| 序号 | 风险名称 | 单位 | 作业活动 | 可能导致事故 | 等级 | 控制措施 | 备注 |
|------|----------|------|----------|--------------|------|----------|------|
|      |          |      |          |              |      |          |      |
|      |          |      |          |              |      |          |      |
|      |          |      |          |              |      |          |      |
|      |          |      |          |              |      |          |      |
|      |          |      |          |              |      |          |      |
|      |          |      |          |              |      |          |      |
|      |          |      |          |              |      |          |      |
|      |          |      |          |              |      |          |      |
|      |          |      |          |              |      |          |      |
|      |          |      |          |              |      |          |      |
|      |          |      |          |              |      |          |      |
|      |          |      |          |              |      |          |      |
|      |          |      |          |              |      |          |      |
|      |          |      |          |              |      |          |      |
|      |          |      |          |              |      |          |      |
|      |          |      |          |              |      |          |      |
|      |          |      |          |              |      |          |      |
|      |          |      |          |              |      |          |      |
|      |          |      |          |              |      |          |      |

编制/日期：　　　　　　　　　　　　　　　审核/日期：

表6-17 重大风险控制清单

QR6.1-12　　　　　　　　　　　　　　　　　　　　　　　　　　No：

| 序号 | 部位 | 装置、设施名称 | 危害 | 潜在事件 | 等级 | 控制措施 | 责任人 | 备注 |
|---|---|---|---|---|---|---|---|---|
|  |  |  |  |  |  |  |  |  |
|  |  |  |  |  |  |  |  |  |
|  |  |  |  |  |  |  |  |  |
|  |  |  |  |  |  |  |  |  |
|  |  |  |  |  |  |  |  |  |
|  |  |  |  |  |  |  |  |  |
|  |  |  |  |  |  |  |  |  |
|  |  |  |  |  |  |  |  |  |
|  |  |  |  |  |  |  |  |  |
|  |  |  |  |  |  |  |  |  |
|  |  |  |  |  |  |  |  |  |
|  |  |  |  |  |  |  |  |  |
|  |  |  |  |  |  |  |  |  |
|  |  |  |  |  |  |  |  |  |
|  |  |  |  |  |  |  |  |  |
|  |  |  |  |  |  |  |  |  |

编制/日期：　　　　　　　　　　　　　　审核/日期：

## 6.2 质量目标及其实现的策划

**用何资源？材料/设备/环境**
1. 计算机及网络　2. 打印机
3. 复印机　　　　4. 会议室
5. 扫描仪　　　　6. 电话
7. 网络沟通工具　8. 公告栏

**由谁来做？知识/能力/意识**
1. 过程责任者：总经理
负责制定公司级的质量目标，组织质量目标分解，定期检查绩效目标实现情况，提供资源
2、过程相关责任：各部门制定本部门质量目标，并有效实施

**输入：**
1. 企业的战略方向
2. 企业的环境
3. 企业的业务过程
4. 质量方针
5. 产品和服务的要求
6. 顾客信息，包括不满意、投诉
7. 七项质量管理原则
8. 竞争对手的信息
9. 法律法规要求
10. 外供方的发展预测

6.2.1 组织应针对相关职能、层次和质量管理体系所需的过程建立质量目标。
质量目标应：
a) 与质量方针保持一致；
b) 可测量；
c) 考虑到适用的要求；
d) 与产品和服务合格以及增强顾客满意相关；
e) 予以监视；
f) 予以沟通；
g) 适时更新。
组织应保持有关质量目标的成文信息。
6.2.2 策划如何实现质量目标时，组织应确定：
a) 要做什么；
b) 需要什么资源；
c) 由谁负责；
d) 何时完成；
e) 如何评价结果；

**输出：**
1. 公司级质量目标：
（1）放行产品退货率≤0.5%。三年内每年降低0.1%
（2）顾客满意度≥85分。三年内每年提高1分。
（3）交付及时率≥98%。三年内每年提高0.1%。
2. 过程绩效指标（质量目标）考核表
3. 质量目标统计表
——————————————
非预期输出风险：
1. 质量目标不适合实际，偏高或低
2. 质量目标不可测量

**如何去做？准则/方法/技术**
1. 质量目标策划流程
2. 过程绩效指标（质量目标）管理规定

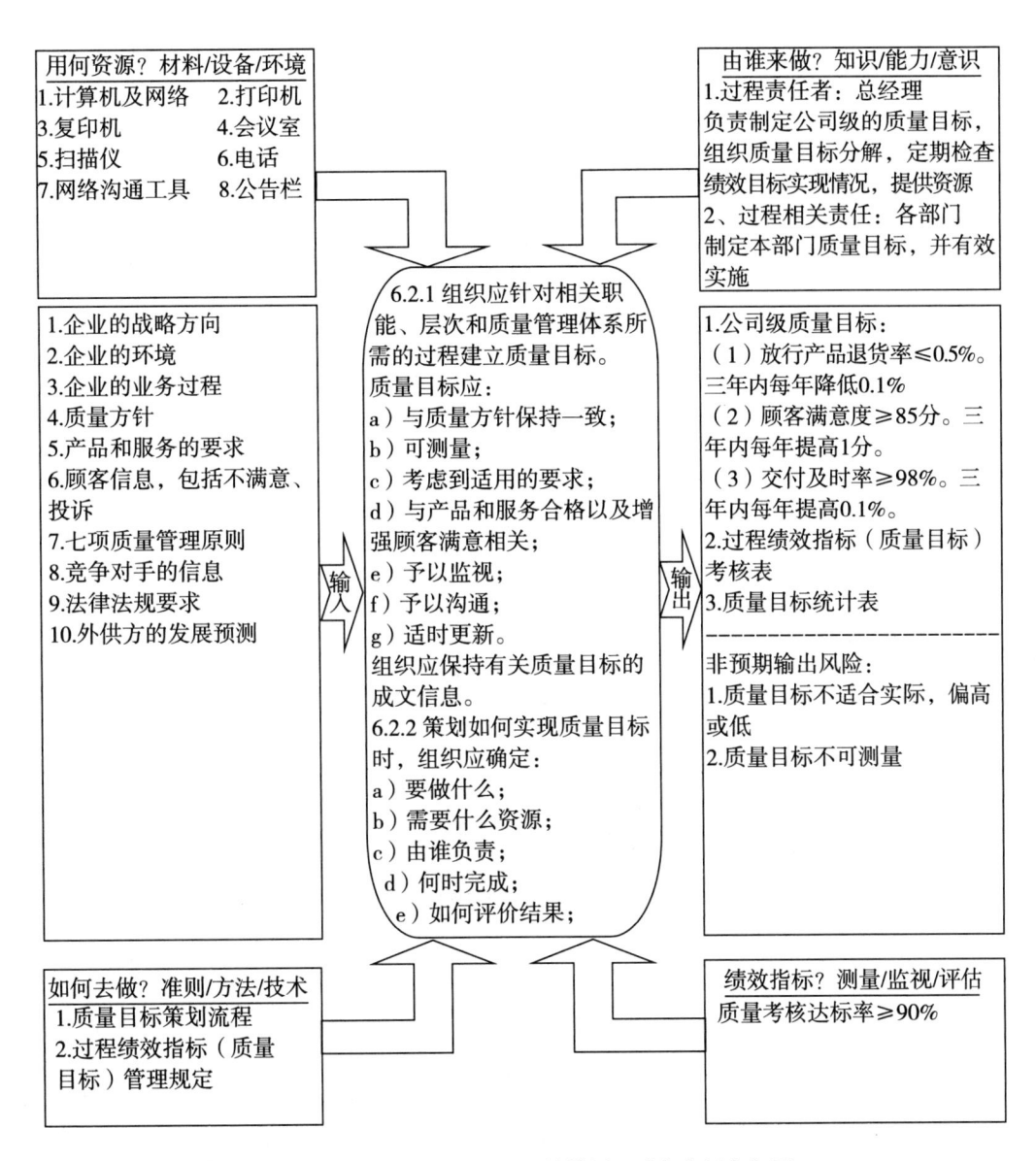

**绩效指标？测量/监视/评估**
质量考核达标率≥90%

图6-3　质量目标及其实现的策划—过程分析乌龟图

### 表 6-18　质量目标的策划管理流程

文件编号：QM/WI07　　版本/改数：A/0　　生效日期：20××年××月××日　　第×页/共×页

| 过程流程 | | | 内容描述 | 采用表单 |
|---|---|---|---|---|
| 其他部门 | 总经理 | 质检部 | | |
| | 质量方针 | | 制定质量方针，应考虑<br>1）公司的战略方向<br>2）公司的宗旨和环境<br>3）公司的业务过程<br>4）市场发展趋势<br>5）产品和服务的要求<br>6）公司内、外部顾客及相关方要求<br>7）持续改进质量管理体系的承诺 | |
| 新或特殊项目 | 公司目标策划 | | 1.公司在策划质量目标时，应充分考虑以下方面<br>1）与公司的战略、方针保持一致<br>2）公司和顾客当前与未来的需求<br>3）现有的产品性能、质量管理过程业绩和管理评审结果；<br>4）相关方的满意程度<br>5）水平对比，竞争对手的分析，改进的机会<br>6）与产品和服务合格相关<br>7）落实到各部门、车间、岗位<br>8）使用定量、定性语言，确定计算公式，以便可测量；<br>9）达到目标所需的资源，鼓励全体员工为实现质量目标做出贡献<br>2.新产品、新项目、特殊项目的质量目标，由项目经理进行策划，目标分解到各部门，以书面形式提出，经总经理审核后发布执行 | |
| | 各部门质量目标策划 | | 策划质量目标的时机，包括以下方面<br>1）质量方针首次制定时<br>2）质量方针修订/更新时<br>3）每次管理评审会议，对质量目标进行评审后<br>4）质量目标实施过程，产品、过程发生重大变化，与规定不符合时<br>5）公司高层管理认为公司业务有发展需要 | |
| | 批准 No/Yes | | 总经理对各部门策划的分质量目标进行审核，考虑其适宜性、有效性，与公司战略、环境、质量方针、目标的相关性。最后汇总形成《过程绩效指标（质量目标）规定》 | 《过程绩效指标（质量目标）规定》 |
| | 质量目标实施 | | 1.各部门应对各个质量目标制订分解执行计划，并按计划实施，保留成文信息，作为计划实施的证据<br>2.各部门主管对质量目标实施过程进行检查，分解执行计划是否按预期方向发展，能否达到目标要求。对偏离现象及时提出，及时纠正 | |
| 纠正措施 No | 考核 Yes | | 1.每月底，各部门对本部门的质量目标实现情况分析统计，填写《月度质量目标统计表》，交质检部进行考核<br>2.质检部负责对质量目标执行情况进行监督检查，按考核办法进行考核，对目标未达到或验证无效的目标应重新立案，按《不合格和纠正措施管理流程》执行，并验证纠正措施的有效性<br>3.涉及修改质量目标时，应组织相关部门进行评审，报总经理批准后实施 | 《月度质量目标统计表》《过程绩效指标（质量目标）考核表》 |
| | 目标评审 | | 1.每年总经理召开管理评审会议时，各部门经理应对各自质量目标的完成情况进行统计及说明，如出现因主观原因而造成的质量目标未完成情况，总经理应令有关部门责任人分析原因、制定相应的改进或纠正措施，并在改进或纠正措施规定的期限内予以验证其完成情况及完成效果，具体按照《不合格和纠正措施流程》执行<br>2.各部门应根据本年度质量目标的实施情况，提出对现有质量目标修改的可能，并策划制定下一年度质量目标 | |
| | 归档 | | 总经理对质量目标策划、检查等相关成文信息收集归档 | |

## 第6章 策 划

**表 6-19　月度质量目标统计表**

QR6.2-01　　　　　　　　　　　　　　　　　　　　　　　　　　　No：

| 部门 | | 岗位 | |
|---|---|---|---|
| 统计人员 | | 统计日期 | |
| 质量目标项目 | | 质量目标标准 | |
| 质量目标计算方式 | | | |
| 信息收集（包括相关记录与数据） | | | |
| 质量目标达标情况 | | | |
| 部门主管审核意见 | | 签名：　　　　日期： | |
| 考核部门意见 | | 签名：　　　　日期： | |
| 未达标填写（达标不用填写） | | | |
| 未达标原因分析 | | 签名：　　　　日期： | |
| 纠正措施 | | 签名：　　　　日期： | |
| 结果验证 | | 签名：　　　　日期： | |

### 表6-20 过程绩效指标（质量目标）考核表

QR6.2-02　　　　　　　　　　　　　　　　　　　　　　　　　　　　　No：

| 序号 | 标准条款 | 部门 | 过程编号 | 质量目标/过程绩效指标 | 报告频率 | ＿＿＿＿年 ||||||||||||
|---|---|---|---|---|---|---|---|---|---|---|---|---|---|---|---|---|---|
| | | | | | | 1 | 2 | 3 | 4 | 5 | 6 | 7 | 8 | 9 | 10 | 11 | 12 |
| 1 | | | | | | | | | | | | | | | | | |
| 2 | | | | | | | | | | | | | | | | | |
| 3 | | | | | | | | | | | | | | | | | |
| 4 | | | | | | | | | | | | | | | | | |
| 5 | | | | | | | | | | | | | | | | | |
| 6 | | | | | | | | | | | | | | | | | |
| 7 | | | | | | | | | | | | | | | | | |
| 8 | | | | | | | | | | | | | | | | | |
| 9 | | | | | | | | | | | | | | | | | |
| 10 | | | | | | | | | | | | | | | | | |
| 11 | | | | | | | | | | | | | | | | | |
| 12 | | | | | | | | | | | | | | | | | |
| 13 | | | | | | | | | | | | | | | | | |
| 14 | | | | | | | | | | | | | | | | | |
| 15 | | | | | | | | | | | | | | | | | |
| 16 | | | | | | | | | | | | | | | | | |
| 17 | | | | | | | | | | | | | | | | | |
| 18 | | | | | | | | | | | | | | | | | |
| 19 | | | | | | | | | | | | | | | | | |
| 20 | | | | | | | | | | | | | | | | | |

制表：　　　　　　　　　审核：

## 第6章 策　划

### 表6-21　过程绩效指标（质量目标）管理规定

文件编号：QM/WI08　　版本/改数：A/0　　生效日期：20××年××月××日　　第×页/共×页

| 序号 | 标准条款 | 过程 | 质量目标/过程绩效指标 | 结果评价方式 | 评价依据 | 监测责任人 | 报告频率 |
|---|---|---|---|---|---|---|---|
| 1 | 4.1 | 理解组织及其环境 | 外部和内部事项评审及时率100% | （及时评审数/外部和内部事项总数）×100% | 外部和内部事项的识别 | 总经理 | 每年 |
| 2 | 4.2 | 理解相关方的需求和期望 | 相关方的要求评审及时率100% | （及时评审数/相关方的要求总数）×100% | 相关方的要求的识别 | 总经理 | 每年 |
| 3 | 4.4 | 质量管理体系及其过程 | 过程正确识别率100% | （过程正确识别数/过程总数）×100% | 过程识别管理信息 | 总经理 | 每年 |
| 4 | 5.1 | 领导作用和承诺 | 外部审核一次通过率100% | （外部审核一次通过数/外部审核总数）×100% | 第二方审核，第三方审核 | 总经理 | 每年 |
| 5 | 5.2 | 质量方针 | 质量方针抽查知晓率≥90% | （质量方针知晓人数/总调查人数）×100% | 质量方针抽查信息 | 总经理 | 每年 |
| 6 | 5.3 | 组织的岗位、职责和权限 | 岗位职责理解执行率≥90% | （岗位职责正确理解人数/总调查人数）×100% | 岗位职责调查信息 | 总经理 | 每年 |
| 7 | 6.1 | 应对风险和机会的措施 | 风险和机会有效识别率100% | （风险和机会有效识别数/风险和机会总数）×100% | 风险和机会管理记录 | 总经理 | 每年 |
| 8 | 6.1 | 应对风险和机会的措施 | 应对风险和机会措施有效率100% | （应对风险和机会措施有效数/应对风险和机会措施总数）×100% | 风险和机会管理记录 | 总经理 | 每年 |
| 9 | 6.2 | 质量目标及其实现的策划 | 质量考核达标率≥90% | （质量目标考核达标数/考核总数）×100% | 质量考核记录 | 总经理 | 每年 |
| 10 | 6.3 | 变更的策划 | 变更输出有效率≥90% | （变更输出有效数/总数）×100% | 变更输出信息 | 总经理 | 每年 |
| 11 | 7.1.2 | 人员 | 人员配置率≥95% | （实际配置的人数/计划配置总数）×100% | 员工岗位信息，人员配置计划 | 办公室 | 每季 |
| 12 | 7.1.3 | 基础设施 | 设备完好率≥85% | （设备完好数/设备完好总数）×100% | 设备检修记录 | 生产部 | 每月 |
| 13 | 7.1.4 | 过程运行环境 | 7S检查平均得分≥80分 | 各部门每次检查的平均得分 | 7S活动检查记录 | 办公室 | 每月 |
| 14 | 7.1.5 | 监视和测量资源 | 在用测量设备受检合格率100% | （在用测量设备受检合格数/在用测量设备总数）×100% | 校准合格证 | 质检部 | 每月 |

续表

| 序号 | 标准条款 | 过程 | 质量目标/过程绩效指标 | 结果评价方式 | 评价依据 | 监测责任人 | 报告频率 |
|---|---|---|---|---|---|---|---|
| 15 | 7.1.6 | 组织的知识 | 知识有效率≥95% | （知识使用有效数/知识总数）×100% | 对使用知识的评价 | 技术部 | 每季 |
| 16 | 7.2 | 能力 | 培训合格率100% | （培训合格数/培训总数）×100% | 培训考核记录 | 办公室 | 每月 |
| 17 | 7.2 | 能力 | 培训计划执行率100% | （培训执行数/计划培训总数）×100% | 培训计划，培训记录 | 办公室 | 每月 |
| 18 | 7.3 | 意识 | 质量意识宣传普及率100% | （质量意识宣传有效数/质量意识宣传总数）×100% | 对员工质量意识考核 | 办公室 | 每月 |
| 19 | 7.4 | 沟通 | 质量信息传递及时率100% | （质量信息传递及时数/质量信息传递总数）×100% | 质量信息传递记录 | 质检部 | 每月 |
| 20 | 7.5 | 成文信息 | 文件有效率100% | （文件传递有效数/文件总数）×100% | 文件发放记录 | 办公室 | 每月 |
| 21 | 7.5 | 成文信息 | 记录填写符合率100% | （质量记录检查有效数/质量记录检查总数）×100% | 填写好的质量记录 | 办公室 | 每月 |
| 22 | 7.5 | 成文信息 | 保密协议签订率100% | （签订协议人数/员工总数）×100% | 保密协议 | 办公室 | 每月 |
| 23 | 8.1 | 运行的策划和控制 | 过程策划输出实施有效率100% | （过程输出实施有效数/过程输出总数）×100% | 过程输出信息 | 技术部 | 每年 |
| 24 | 8.2 | 产品和服务的要求 | 合同评审完成率100% | （合同评审完成数/合同总数）×100% | 合同评审记录 | 业务部 | 每月 |
| 25 | 8.2 | 产品和服务的要求 | 顾客要求识别准确率≥95% | （顾客要求正确识别数/顾客要求总数）×100% | 顾客信息记录表 | 业务部 | 每月 |
| 26 | 8.3 | 产品和服务的设计和开发 | 开发计划节点按时完成率≥95% | （开发计划节点完成数/总数）×100% | 开发计划节点完成信息 | 技术部 | 每月 |
| 27 | 8.3 | 产品和服务的设计和开发 | 开发输出正确率≥99% | （开发输出正确数/输出总数）×100% | 开发输出结果统计 | 技术部 | 每月 |
| 28 | 8.4 | 外部提供过程、产品和服务的控制 | 原材料采购及时率≥95% | （原材料采购及时到货数/原材料采购总数）×100% | 原材料采购单 | 采购部 | 每月 |
| 29 | 8.4 | 外部提供过程、产品和服务的控制 | 原材料批次合格率≥99% | （原材料合格数/原材料采购总数）×100% | 进货检验单 | 采购部 | 每月 |

## 第6章 策 划

续表

| 序号 | 标准条款 | 过程 | 质量目标/过程绩效指标 | 结果评价方式 | 评价依据 | 监测责任人 | 报告频率 |
|---|---|---|---|---|---|---|---|
| 30 | 8.5.1 | 生产和服务提供的控制 | 生产计划完成率≥99% | (按时完成的生产计划数/生产计划总数)×100% | 生产计划单 | 生产部 | 每月 |
| 31 | 8.5.1 | 生产和服务提供的控制 | 产品不良率≤0.3% | (生产的不良品/生产的产品总数)×100% | 生产报表 | 生产部 | 每月 |
| 32 | 8.5.1 | 生产和服务提供的控制 | 报废率≤0.03% | (生产的报废品/生产的产品总数)×100% | 生产报表 | 生产部 | 每月 |
| 33 | 8.5.1 | 生产和服务提供的控制 | 成品批次合格率≥80% | (成品批次检验合格数/检验总批数)×100% | 成品检验报告 | 生产部 | 每月 |
| 34 | 8.5.2 | 标识和可追溯性 | 产品状态标识率≥98% | (检查产品状态标识清楚次数/检查总数)×100% | 现场标识检查记录 | 质检部 | 每月 |
| 35 | 8.6.3 | 顾客或外供方的财产 | 顾客或外供方财产完好率100% | (顾客财产完好数/顾客财产总数)×100% | 顾客财产完好检查记录 | 生产部 | 每月 |
| 36 | 8.5.4 | 防护 | 产品防护完好率≥97% | (产品防护完好数/产品防护检查总数)×100% | 产品防护检查记录 | 生产部 | 每月 |
| 37 | 8.5.5 | 交付后活动 | ★交付及时率≥98% | (产品交付及时数/产品交付总数)×100% | 产品交付记录 | 业务部 | 每月 |
| 38 | 8.6 | 产品和服务的放行 | ★放行产品退货率≤0.5% | (放行产品退货数/放行产品总数)×100% | 产品退货记录 | 质检部 | 每季 |
| 39 | 8.7 | 不合格输出的控制 | 返工产品一次交检合格率100% | (返工产品一次交检合格数/返工产品一次交检总数)×100% | 返工记录 | 质检部 | 每月 |
| 40 | 8.7 | 不合格输出的控制 | 不合格品处理按时完成率100% | (不合格品处理按时完成数/不合格品发生总数)×100% | 不合格品处理记录 | 质检部 | 每月 |
| 41 | 9.1.2 | 顾客满意 | ★顾客满意度≥85分 | 根据顾客满意度调查结果和过程业绩的结果综合计算 | 顾客满意度调查结果 | 业务部 | 每年 |
| 42 | 9.1.2 | 顾客满意 | 顾客投诉及时回复率100% | (顾客投诉及时回复数/顾客投诉总数)×100% | 顾客投诉记录 | 业务部 | 每月 |

续表

| 序号 | 标准条款 | 过程 | 质量目标/过程绩效指标 | 结果评价方式 | 评价依据 | 监测责任人 | 报告频率 |
|---|---|---|---|---|---|---|---|
| 43 | 9.1.3 | 分析与评价 | 数据分析及时完成率100% | (数据分析及时完成数/数据分析总数)×100% | 数据分析记录 | 质检部 | 每月 |
| 44 | 9.2 | 内部审核 | 不符合项有效关闭率100% | (不符合项有效关闭数/不符合项总数)×100% | 不合格与纠正措施报告 | 总经理 | 每年 |
| 45 | 9.3 | 管理评审 | 管理评审改进措施完成率100% | (管理评审改进措施完成数/管理评审改进措施总数)×100% | 不合格与纠正措施报告 | 总经理 | 每年 |
| 46 | 10.2 | 不合格和纠正措施 | 优先减少计划实施有效性≥85% | (优先减少计划实施有效数/优先减少计划实施总数)×100% | 优先减少计划实施记录 | 总经理 | 每季 |
| 47 | 10.2 | 不合格和纠正措施 | 重复质量问题≤1次/月 | 重复质量问题发生数 | 质量问题报告 | 质检部 | 每季 |
| 48 | 10.2 | 不合格和纠正措施 | 不合格与纠正措施关闭率100% | (不合格与纠正措施关闭数/不合格与纠正措施总数)×100% | 不合格与纠正措施报告 | 质检部 | 每季 |
| 49 | 10.3 | 持续改进 | 持续改进项目实施有效率≥90% | (持续改进项目实施有效数/持续改进项目实施总数)×100% | 持续改进项目报告 | 总经理 | 每季 |

注：带"★"为公司级质量目标，其他为各职能部门的过程绩效指标。

## 6.3 变更的策划

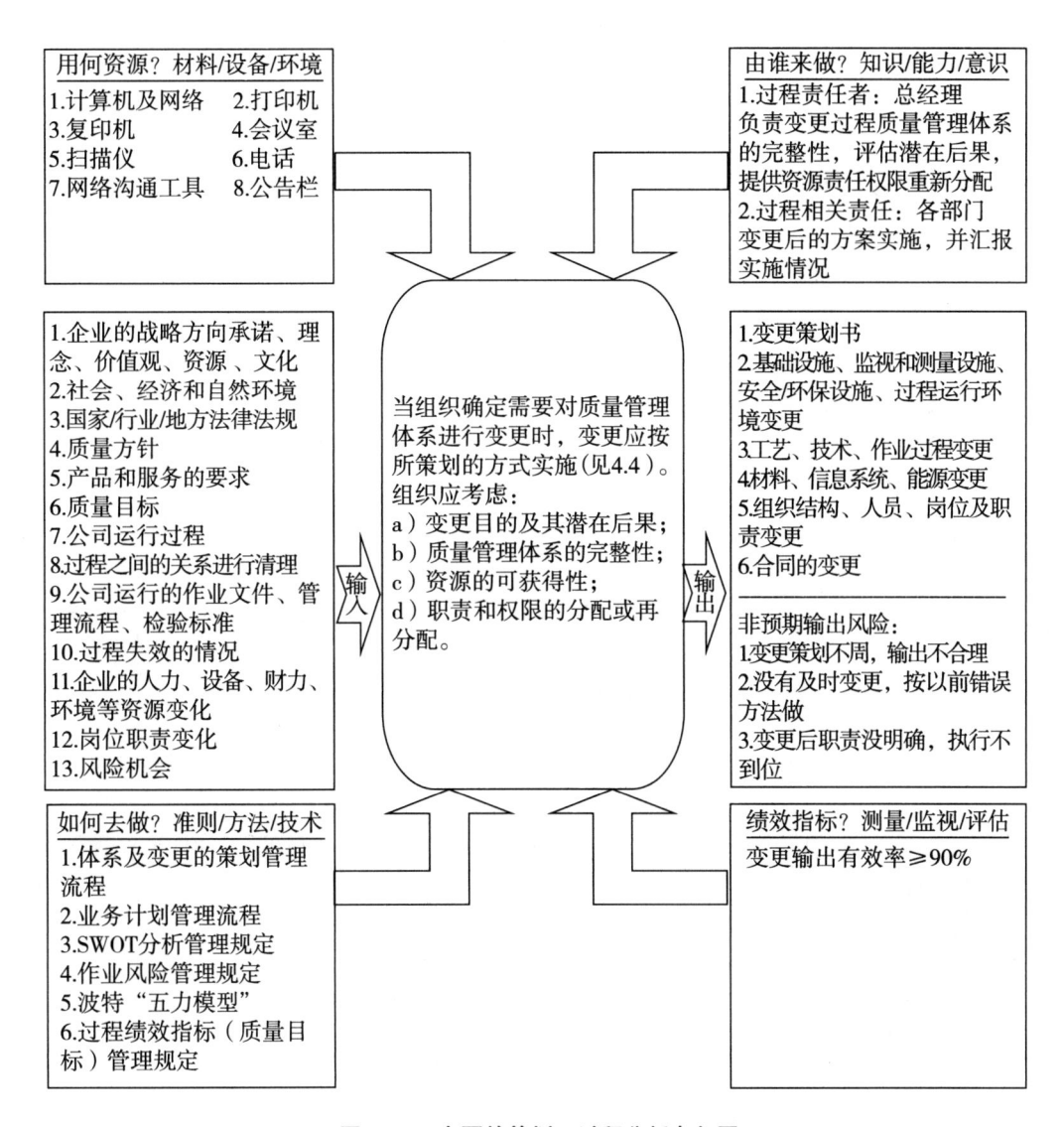

**用何资源？材料/设备/环境**
1. 计算机及网络　2.打印机
3. 复印机　　　　4.会议室
5. 扫描仪　　　　6.电话
7. 网络沟通工具　8.公告栏

**由谁来做？知识/能力/意识**
1. 过程责任者：总经理
负责变更过程质量管理体系的完整性，评估潜在后果，提供资源责任权限重新分配
2. 过程相关责任：各部门变更后的方案实施，并汇报实施情况

**输入：**
1. 企业的战略方向承诺、理念、价值观、资源、文化
2. 社会、经济和自然环境
3. 国家/行业/地方法律法规
4. 质量方针
5. 产品和服务的要求
6. 质量目标
7. 公司运行过程
8. 过程之间的关系进行清理
9. 公司运行的作业文件、管理流程、检验标准
10. 过程失效的情况
11. 企业的人力、设备、财力、环境等资源变化
12. 岗位职责变化
13. 风险机会

当组织确定需要对质量管理体系进行变更时，变更应按所策划的方式实施(见4.4)。
组织应考虑：
a) 变更目的及其潜在后果；
b) 质量管理体系的完整性；
c) 资源的可获得性；
d) 职责和权限的分配或再分配。

**输出：**
1. 变更策划书
2. 基础设施、监视和测量设施、安全/环保设施、过程运行环境变更
3. 工艺、技术、作业过程变更
4. 材料、信息系统、能源变更
5. 组织结构、人员、岗位及职责变更
6. 合同的变更

非预期输出风险：
1. 变更策划不周，输出不合理
2. 没有及时变更，按以前错误方法做
3. 变更后职责没明确，执行不到位

**如何去做？准则/方法/技术**
1. 体系及变更的策划管理流程
2. 业务计划管理流程
3. SWOT分析管理规定
4. 作业风险管理规定
5. 波特"五力模型"
6. 过程绩效指标（质量目标）管理规定

**绩效指标？测量/监视/评估**
变更输出有效率≥90%

图6-4　变更的策划—过程分析乌龟图

# 第7章 支 持

## 7.1 资源

### 7.1.1 总则

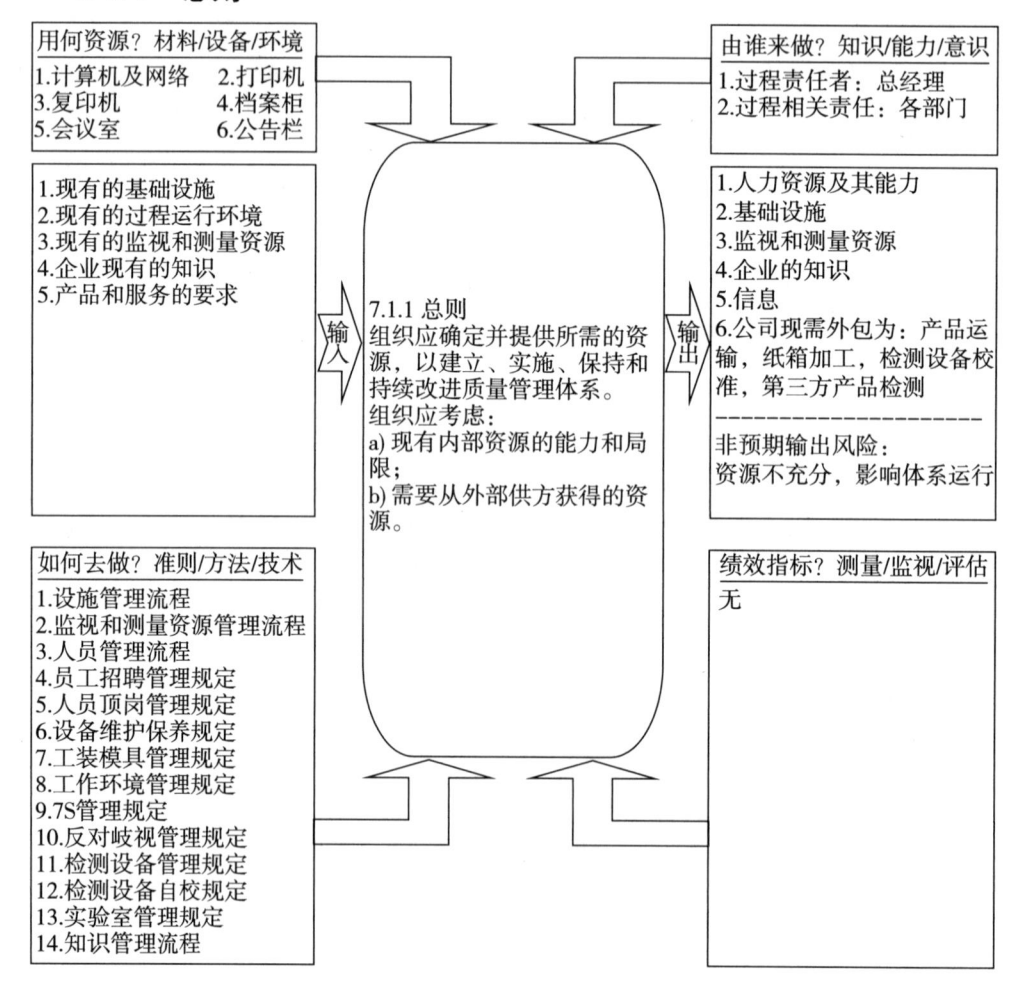

| 用何资源？材料/设备/环境 | | 由谁来做？知识/能力/意识 |
|---|---|---|
| 1.计算机及网络　2.打印机<br>3.复印机　　　　4.档案柜<br>5.会议室　　　　6.公告栏 | | 1.过程责任者：总经理<br>2.过程相关责任：各部门 |

| 输入 | 7.1.1 总则 | 输出 |
|---|---|---|
| 1.现有的基础设施<br>2.现有的过程运行环境<br>3.现有的监视和测量资源<br>4.企业现有的知识<br>5.产品和服务的要求 | 组织应确定并提供所需的资源，以建立、实施、保持和持续改进质量管理体系。<br>组织应考虑：<br>a) 现有内部资源的能力和局限；<br>b) 需要从外部供方获得的资源。 | 1.人力资源及其能力<br>2.基础设施<br>3.监视和测量资源<br>4.企业的知识<br>5.信息<br>6.公司现需外包为：产品运输，纸箱加工，检测设备校准，第三方产品检测<br>————————<br>非预期输出风险：<br>资源不充分，影响体系运行 |

| 如何去做？准则/方法/技术 | | 绩效指标？测量/监视/评估 |
|---|---|---|
| 1.设施管理流程<br>2.监视和测量资源管理流程<br>3.人员管理流程<br>4.员工招聘管理规定<br>5.人员顶岗管理规定<br>6.设备维护保养规定<br>7.工装模具管理规定<br>8.工作环境管理规定<br>9.7S管理规定<br>10.反对岐视管理规定<br>11.检测设备管理规定<br>12.检测设备自校规定<br>13.实验室管理规定<br>14.知识管理流程 | | 无 |

图7-1　资源总则—过程分析乌龟图

108

## 7.1.2 人员

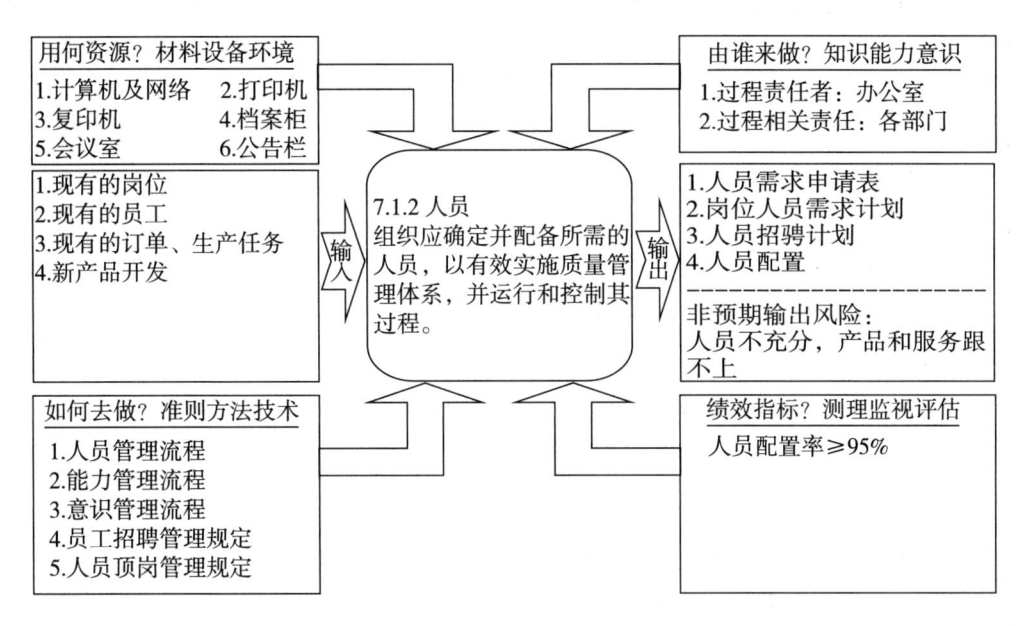

用何资源？材料设备环境
1.计算机及网络  2.打印机
3.复印机  4.档案柜
5.会议室  6.公告栏

1.现有的岗位
2.现有的员工
3.现有的订单、生产任务
4.新产品开发

7.1.2 人员
组织应确定并配备所需的人员，以有效实施质量管理体系，并运行和控制其过程。

由谁来做？知识能力意识
1.过程责任者：办公室
2.过程相关责任：各部门

1.人员需求申请表
2.岗位人员需求计划
3.人员招聘计划
4.人员配置
----------------------
非预期输出风险：
人员不充分，产品和服务跟不上

如何去做？准则方法技术
1.人员管理流程
2.能力管理流程
3.意识管理流程
4.员工招聘管理规定
5.人员顶岗管理规定

绩效指标？测理监视评估
人员配置率≥95%

图 7-2　人员—过程分析乌龟图

表 7-1　人员管理流程

文件编号：QM/WI09　　版本/改数：A/0　　生效日期：20××年××月××日　　第×页/共×页

| 过程流程 | | | 内容描述 | 采用表单 |
|---|---|---|---|---|
| 办公室 | 相关部门 | 总经理 | | |
| 公司人员需求 | | | 办公室每年年底做好下年度的人员需求方案，制定《人员配置矩陈表》 | 《人员配置矩陈表》 |
| | | 审批 | 总经理审批后执行 | |
| | 人员需求申请 | | 各部门根据现有人员情况，对工作进行评估，如需要增加、减少人员，向办公室申请 | 《人员需求申请表》 |
| 制订需求计划 | | | 办公室权衡后，制订《岗位人员需求计划》 | 《岗位人员需求计划》 |
| 人员异动计划 | | 审批 | 办公室权衡后，制订《人员异动计划》，经总经理批准执行 | 《人员异动计划》 |
| 进行招聘 | | | 人事管理人员按《招工用工管理规定》落实 | 《员工登记表》《员工自愿辞职单》 |
| 外包服务 | | | 对外包服务提供人员和外供方，应进行能力评估和风险控制 | 《员工工作调动申请表》《劳动合同》 |

表7-2 人员配置矩阵表

QR/7.1.2-01　　　　　　　　　　　　　　　　　　　　　No：

| 部门 | 岗位 | 人员配置岗位要求 | 现有人数 | 还需人员 | 计划到岗时间 | 实际到岗时间 | 备注 |
|------|------|------------------|----------|----------|--------------|--------------|------|
|      |      |                  |          |          |              |              |      |
|      |      |                  |          |          |              |              |      |
|      |      |                  |          |          |              |              |      |
|      |      |                  |          |          |              |              |      |
|      |      |                  |          |          |              |              |      |
|      |      |                  |          |          |              |              |      |
|      |      |                  |          |          |              |              |      |
|      |      |                  |          |          |              |              |      |
|      |      |                  |          |          |              |              |      |
|      |      |                  |          |          |              |              |      |
|      |      |                  |          |          |              |              |      |
|      |      |                  |          |          |              |              |      |
|      |      |                  |          |          |              |              |      |
|      |      |                  |          |          |              |              |      |
|      |      |                  |          |          |              |              |      |
|      |      |                  |          |          |              |              |      |
|      |      |                  |          |          |              |              |      |
|      |      |                  |          |          |              |              |      |
|      |      |                  |          |          |              |              |      |
|      |      |                  |          |          |              |              |      |

编制/日期：　　　　　　　　　　　审核/日期：

## 表7-3 人员需求申请表

QR/7.1.2-02　　　　　　　　　　　　　　　　　　　No：

| 申请部门 | | | | 申请日期 | | | |
|---|---|---|---|---|---|---|---|
| 拟增加人员 | 岗位 | 工作内容/职责 | 性别 | 任职要求（年龄/学历/技能） | 已有人数/资深（熟练）工 | 申请增加人数 | 备注 |
| | | | | | __人／__人 | | |
| | | | | | __人／__人 | | |
| | | | | | __人／__人 | | |
| | | | | | __人／__人 | | |
| | | | | | __人／__人 | | |
| | | | | | __人／__人 | | |
| 用人部门申请理由 | 　　　　　　　签名：　　　　　　日期： | | | | | | |
| 办公室意见 | 　　　　　　　签名：　　　　　　日期： | | | | | | |
| 批准 | 　　　　　　　签名：　　　　　　日期： | | | | | | |

### 表7-4 人员需求计划表

QR/7.1.2-03　　　　　　　　　　　　　　　　　　　　No：

| 序号 | 岗位 | 工作内容/职责 | 申请人数 | 申请部门 | 申请日期 | 备注 |
|------|------|---------------|----------|----------|----------|------|
|      |      |               |          |          |          |      |
|      |      |               |          |          |          |      |
|      |      |               |          |          |          |      |
|      |      |               |          |          |          |      |
|      |      |               |          |          |          |      |
|      |      |               |          |          |          |      |
|      |      |               |          |          |          |      |
|      |      |               |          |          |          |      |
|      |      |               |          |          |          |      |
|      |      |               |          |          |          |      |

| 办公室意见 | 签名：　　　　　　　　　　日期： |
|------------|-------------------------------|
| 批　准 | 签名：　　　　　　　　　　日期： |

### 表7-5 人员异动计划

QR/7.1.2-04　　　　　　　　　　　　　　　　　　　　　　　　No：

| 序号 | 岗位/工种 | 人数 | 素质要求 | 到岗时间 | 使用方式 | 计划完成记录 |
|---|---|---|---|---|---|---|
| 1 | | | | | | |
| 2 | | | | | | |
| 3 | | | | | | |
| 4 | | | | | | |
| 5 | | | | | | |
| 6 | | | | | | |
| 7 | | | | | | |
| 8 | | | | | | |
| 9 | | | | | | |
| 10 | | | | | | |
| 11 | | | | | | |
| 12 | | | | | | |

编制：　　　　　　　　　　　　审批：

## 员工招聘管理规定

文件编号：QM/WI10　版本/改数：A/0　生效日期：20××年××月××日　　第×页/共×页

1. 目的

保障企业及时吸纳所需人才，建立相对稳定的员工团体。

2. 范围

适用于本公司所有员工的招聘、任用工作。

3. 职责

本规定由办公室负责实施，其他部门协助执行。

4. 要求

4.1 招聘渠道：

4.1.1 学校招聘、媒体招聘、友人介绍、内部招聘、委托劳动部门招聘、厂传宣传公示等。

4.2 应聘条件：

4.2.1 年龄：18周岁以上；文化程度按岗位要求；民族、性别、信仰不限；身体状况：无传染疾病，能正常工作；有效居民身份证。

4.3 招聘原则：

4.3.1 公平原则：凡符合公司所需聘用条件的，均可报名应聘，考试录用一视同仁。

4.3.2 公开原则：各部门需聘用员工的，由办公室统一向社会或公司内部公开招聘。

4.3.3 竞争原则：应聘人员需凭自身的素质、能力，参加面试或技能考试的竞聘。

4.3.4 择优原则：根据面试及技能考试的结果，对照录用标准，择优聘用。

4.3.5 不歧视原则：不因性别、种族、宗教、年龄、残疾、性取向、国籍、政治观点、社会背景、种族背景、婚孕、身体状况等，在雇用、薪水、福利、升迁、惩罚、终止合同、退休或其他方面有任何的歧视。

4.4 录用程序：

4.4.1 初选：办公室根据应聘者提供的资料至少包括《员工登记表》，对每个人的特长和不足进行评价分析，做出初步选择意向后，通知应聘者参加初试。主要考察以下几项：①年龄是否符合要求；②学历是否与招聘要求一致；③健康状况是否适应工作需要；④个人经历；⑤对工作的理解是否与公司经营方针一致；⑥证件是否有效。

4.4.2 面试：面试是在公司内对应聘者的能力、素质、性格等做综合考察。面试主任级（含）以上人员应由总经理、经理、办公室负责人等人员参加；主任级以下职位人员由办公室负责人和用人部门负责人进行面试。

4.4.3 技能测试：当技术员工向办公室报名后，由办公室根据其工种通知生产部安排车间对其进行技术考核。车间主管根据技术考核的结果鉴定职工的定级工资等级，报送办公室。

4.4.4 资料查验：应聘者办理手续时应提供合法有效的身份证明原件、近期免冠1寸彩色照片3张，查验资料合法、齐全后即办理登记录用手续（包括签订劳动合同）。为保证应聘者提供资料的真实性，对应聘者的受教育经历、工作经历及身份证件等进行复查验证。若遇身份证件照片与本人不符合，可适当参考其他有效证件（如学历证明、户口簿等）作为辅证，并复印存档，如身份证件照片难以辨别是持有人本人，须致电应聘人员所属公安机关查证，并请其配合出具证明。资料查验时必须采取有效方法查验身份证件，鉴别员工的真实年龄，确保员工入职时至少达到18周岁，防止因提供虚假年龄证件而误招童工。对于安全保卫、仓库、包装等涉及公司财产、人员安全的关键岗位工作人员必须做详尽的背景调查。为避免在逃犯等不符合要求的人员混入应聘，因此资料查验时必须到身份证查核网站去查核。如发现应聘人员是在逃犯，须立即报警。应聘人员的身份证原件经查验后退还本人（在逃犯例外），身份证复印件由办公室存档。不能提供有效身份证件者一律不予录用，若查出身份证非其本人的，坚决不予录用。

4.4.5 录用通知：对合格者发出录用通知，应聘者应在三日内决定是否接受，三日内未答复者视为不接受录用取消其应聘资格。

4.4.6 员工报到：被录用人应持本人有效身份证件，在规定的时间内到公司办公室报到，办理进厂手续，同时签订劳动合同。

4.4.7 生产一线员工选拔录用：①资料查验；②技能测试；③员工报到。

4.4.8 非生产一线员工选拔录用：①初选；②面试；③资料查验；④录用通知；⑤员工报到。

4.4.9 对于公司常年招聘的职位，应聘者可随时投递资料，对合适的应聘候选人，办公室将及时安排面试；如暂时无人员需求，应聘者的资料将进入公司人才储备库，在下次有招聘需求时给予考虑。

4.5 试用期：

4.5.1 员工的试用期以劳动合同签订的试用期为准。

4.5.2 全体员工均要签订劳动合同。

4.5.3 试用期间将接受必要的入职培训。

4.6 正式录用：

4.6.1 生产一线员工：只要试用期内其所在部门主管未向办公室提出不予正式录用的书面函件或办公室未做出不予录用的决定，视为自动正式录用，不需再办理其他任何手续或通知。

4.6.2 非生产一线员工：试用期结束，经办公室、员工所属部门主管评审，报总经理、经理批准予以正式录用，若办公室未下达不予录用的书面通知，视为自动正式录用，不需再办理其他任何手续或通知。

4.7 用工：

4.7.1 社会保险：按照当地劳动部门的要求办理社会保险。

4.7.2 公司严禁任何部门、车间对员工进行以经济处罚手段代替对员工的纪律处分。

4.7.3 员工调职与升职。

4.7.4 公司可根据工作需要，调整员工工作岗位，员工必须服从公司的安排。

4.7.5 员工申请调岗时须填写《员工工作调动申请表》，经批准后，交办公室备案，同时副本一份交财务部作为调薪凭证。

4.7.6 被调动的员工应在原签订的合同书上签名以示同意。

4.8 培训：

4.8.1 员工有接受公司统一安排的业务学习、法律法规学习和岗位培训的权利和义务；对新进员工实行三级安全教育。

4.8.2 公司视需要与可能，为员工进修学习提供有利条件。

4.9 离职：

4.9.1 员工辞职：员工辞职应提前30天向其所属主管提出辞职申请，经所属主管同意后到办公室领取填报《员工自愿辞职单》，经该部门主管审核，由经理批准；管理人员向其所属部门主管或总经理提出辞职申请，经批准并办理离职手续后方可离开公司。

4.9.2 自动离职：自动离职包括连续旷工4天以上的，全年累计旷工10天以上的，辞职未批准缺勤超过4天的，擅自离职的，书面或口头通知自动离职的。

4.9.3 公司辞退：员工若触犯政府法律法规、偷盗财物或严重违反规章制度者，公司有权予以辞退，情节严重者交行政执法机关处理，辞退员工办公室必须保留其书面警告记录。

4.9.4 员工在离厂前，必须将经管的物品、工作工具，经手之事务清楚地移交给公司指定人员。对在公司工作期间掌握的公司专有技术、内部资料、商业秘密等在离职后给公司造成损失者，公司有权利依法追究相关责任。

4.10 人事档案管理：

4.10.1 办公室应保存以下人事档案：

4.10.2 人事档案（含员工编号、姓名、部门、身份证件复印件、照片、员工签名）。

4.10.3 劳动合同。

4.10.4 花名册（含员工编号、姓名、入厂日期、部门、身份证件号、离职日期等）。

4.10.5 员工自愿辞职单（含姓名、离职原因、离职日期、移交情况记录等）。

4.10.6 未成年工用工申请、未成年工体检表、特殊工种体检表。

4.10.7 员工花名册必须每月定期更新。

4.10.8 员工离职资料保存期限不低于两年。

4.10.9 应确保所有在册员工身份证件是有效的。

4.10.10 员工考勤明细保存期不低于两年。

5. 相关文件与记录

5.1 《员工登记表》。

5.2 《员工自愿辞职单》。

5.3 《员工工作调动申请表》。

## 表7-6 员工登记表

QR/7.1.2-05　　　　　　　　　　　　　　　　　　　　　　　No：

填写日期：_____ 年 _____ 月 _____ 日

| 姓名 | | 性别 | | 民族 | | （粘贴相片处） |
|---|---|---|---|---|---|---|
| 本人电话 | | 出生日期 | | 婚否 | | |
| 紧急联系人 | | 紧急联系人电话 | | | | |
| 身份证号码 | | | | | | |
| 户口所在地 | | | | | | |
| 现居住地址 | | | | | | |

| 教育程度 | 就读时间 | 学校 | 专业 | 学历 | 家庭主要成员 | 姓名 | 关系 |
|---|---|---|---|---|---|---|---|
| | | | | | | | |
| | | | | | | | |
| | | | | | | | |

| 工作经历 | 起止时间 | 工作单位 | 部门 | 职位 | 工作范围 |
|---|---|---|---|---|---|
| | | | | | |
| | | | | | |
| | | | | | |

| 受聘员工申明 | 身份证粘贴处 |
|---|---|
| 1）本人是自愿受雇<br>2）提供信息资料真实有效<br><br><br>签名：_____<br>日期：_____ | （正面）<br><br><br>………………………<br><br>（反面） |

| 入厂记录 |||
|---|---|---|
| 上班时间 | 部门 | 岗位 |
| | | |

| 离厂记录 |||
|---|---|---|
| 离厂日期 | 原因 | 主管签名 |
| | | |

## 表 7-7 员工自愿辞职单

QR/7.1.2-06　　　　　　　　　　　　　　　　　　　　　　　No：

| 申请人姓名 | | 日　期 | |
|---|---|---|---|
| 自愿离职原因 | | | |

| 部门意见：<br><br>签名：　　　　年　　月　　日 | 办公室意见：<br><br>签名：　　　　年　　月　　日 |
|---|---|
| 业务工作移交：<br><br>工作接收人：<br>部门负责人： | 工量具收回（办公用品）：<br><br><br>仓库保管员： |
| 交回有关技术资料、图书等：<br><br><br>接收人： | 收回欠款：<br><br><br>往来账会计： |
| 考勤员提供当月考勤情况：<br><br>考勤员： | 收回员工卡：<br><br>接收人： |
| 有无集体户口、人事档案挂靠<br><br><br>人事部门： | 电脑交接：<br><br><br>接收人： |
| 财务结算：<br><br>　　　　　　　　　　　签名：　　　　日期： ||
| 经理批准（含工资结算意见）：<br><br> ||
| 本人自愿申请离职签名：<br><br>　　　　　　　　　　　签名：　　　　日期： ||

**表 7-8　员工工作调动申请表**

QR/7.1.2-07　　　　　　　　　　　　　　　　　　　　　　　　　　　　No：

| 申请人姓名 | | 日　期 | |
|---|---|---|---|
| 工作调动原因 | | | |

调出部门意见：


　　　　　　　　　　　　　　　　　　　　　签名：　　　　年　　月　　日

接纳部门意见：


　　　　　　　　　　　　　　　　　　　　　签名：　　　　年　　月　　日

办公室意见：


　　　　　　　　　　　　　　　　　　　　　签名：　　　　年　　月　　日

经理意见：


　　　　　　　　　　　　　　　　　　　　　签名：　　　　年　　月　　日

## 人员顶岗管理规定

文件编号：QM/WI11　版本/改数：A/0　生效日期：20××年××月××日　　第×页/共×页

1. 目的

因企业生产过程是连续的活动，但无法避免员工流失、更替以及因事出差或请假等现象，为保证企业生产正常进行，维护正常的工作秩序，保障产品、服务工作质量，特拟定本规定。

2. 适用范围

适用于公司生产部的各车间及班组。

3. 职责部门

3.1 生产部负责本规定的拟定、修改工作。

3.2 办公室负责本规定的审核工作。

3.3 总经理负责本规定的批准工作。

3.4 各生产车间负责本规定的具体实施工作。

4. 适用范围

本规定仅限于生产部生产车间，与相关作业要求同步进行。

5. 顶岗人员需满足以下要求

5.1 有岗位意识：该员工对本岗位及其他操作岗位具有一定的质量意识；

5.2 对生产线生产流程熟悉：对产品生产的整个环节均已掌握，能够明确表达出产品生产所要经过的各个环节，并已熟练掌握本工序操作要领；

5.3 能够独立作业：在不需要监督与指导的情况下能够完成本工序及其他部分工序的产品生产工作；

5.4 能独立实施工序调整说明：该员工在本工序或上下工序发生微小变化时能够发现与辨别，并能进行小范围调整，以满足作业要领与技术要求；

5.5 能解决一般工序异常说明：该员工对产品生产的各个工序发生变化，与技术文件发生偏差时能够及时予以排除，已具备产品生产的各个环节综合技能要求。

6. 顶岗具体规定

6.1 当员工因故要离开岗位时，正常情况下需至少提前一天跟相关负责人联系，以便及时安排顶岗人员。

6.2 如遇紧急情况无法到岗，员工应及时通知相关班组长或车间负责人。

6.3 各车间主任应根据实际操作情况，结合相关人员的技能信息，评估筛选，提前制定《顶岗人员名单》，并做好相关培训。

6.4 在重点工序因故需要进行顶岗作业时，各线班组长须将相关情况及时汇报至车间主任，并及时锁定具备该工序技能的人员。

6.5 特殊工序在生产过程中需要人员进行顶岗作业时，相关班组长要对生产过程的质量、安全、注意事项等予以明确。

6.6 因无故离岗及无人顶岗造成的损失，将由相关车间负责人承担责任。

表 7-9 顶岗人员名单

QR7.1.2-08　　　　　　　　　　　　　　　　　　　　　　　　　　No：

| 序号 | 岗位名称 | 主要设备 | 顶岗要求 | 在职岗位人员 | 顶岗人员 |
|------|----------|----------|----------|--------------|----------|
|      |          |          |          |              |          |
|      |          |          |          |              |          |
|      |          |          |          |              |          |
|      |          |          |          |              |          |
|      |          |          |          |              |          |
|      |          |          |          |              |          |
|      |          |          |          |              |          |
|      |          |          |          |              |          |
|      |          |          |          |              |          |
|      |          |          |          |              |          |
|      |          |          |          |              |          |
|      |          |          |          |              |          |
|      |          |          |          |              |          |
|      |          |          |          |              |          |
|      |          |          |          |              |          |
|      |          |          |          |              |          |
|      |          |          |          |              |          |
|      |          |          |          |              |          |

制表/日期：　　　　　　　审核/日期：

### 7.1.3 基础设施

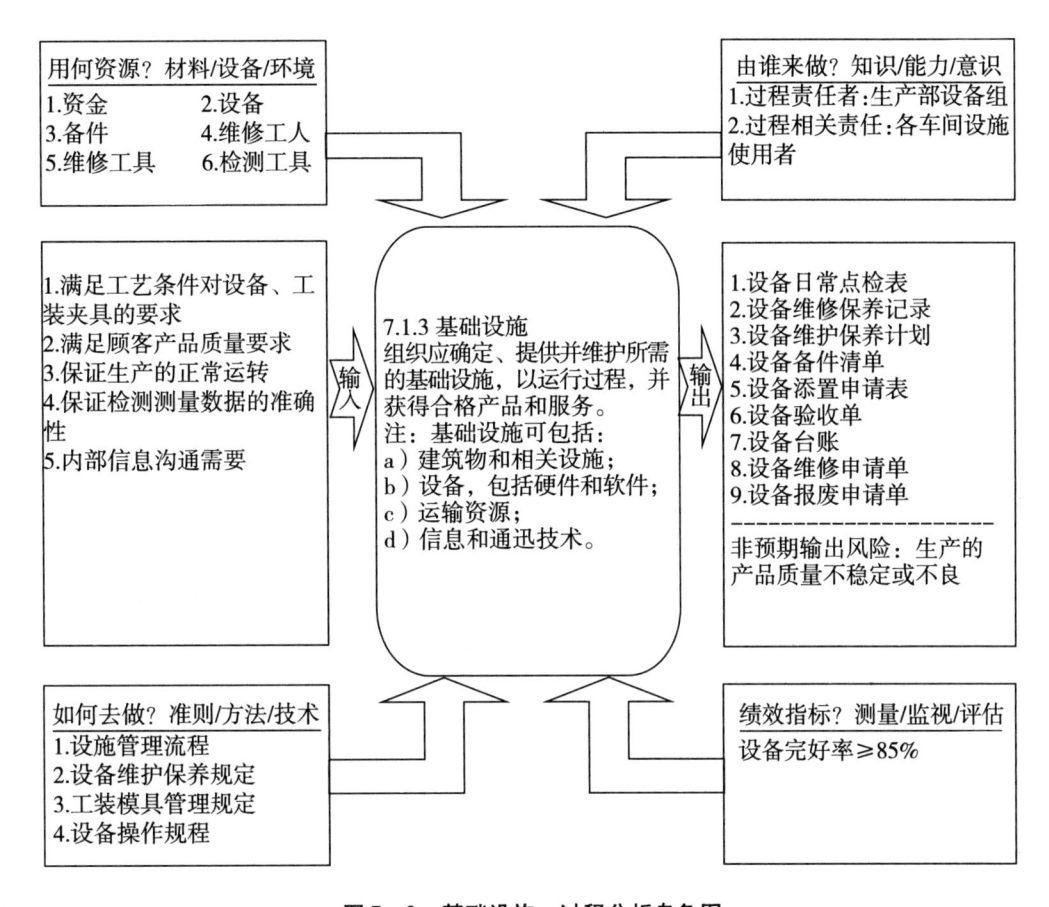

| 用何资源？材料/设备/环境 | | 由谁来做？知识/能力/意识 |
|---|---|---|
| 1.资金　　2.设备<br>3.备件　　4.维修工人<br>5.维修工具　6.检测工具 | | 1.过程责任者：生产部设备组<br>2.过程相关责任：各车间设施使用者 |

**输入：**
1. 满足工艺条件对设备、工装夹具的要求
2. 满足顾客产品质量要求
3. 保证生产的正常运转
4. 保证检测测量数据的准确性
5. 内部信息沟通需要

**7.1.3 基础设施**
组织应确定、提供并维护所需的基础设施，以运行过程，并获得合格产品和服务。
注：基础设施可包括：
a）建筑物和相关设施；
b）设备，包括硬件和软件；
c）运输资源；
d）信息和通讯技术。

**输出：**
1. 设备日常点检表
2. 设备维修保养记录
3. 设备维护保养计划
4. 设备备件清单
5. 设备添置申请表
6. 设备验收单
7. 设备台账
8. 设备维修申请单
9. 设备报废申请单

---
非预期输出风险：生产的产品质量不稳定或不良

**如何去做？准则/方法/技术**
1. 设施管理流程
2. 设备维护保养规定
3. 工装模具管理规定
4. 设备操作规程

**绩效指标？测量/监视/评估**
设备完好率≥85%

图7-3　基础设施—过程分析乌龟图

### 表 7-10  设施管理流程

文件编号：QM/WI12　　版本/改数：A/0　　生效日期：20××年××月××日　　第×页/共×页

| 过程流程 | | | | 内容描述 | 采用表单 |
|---|---|---|---|---|---|
| 生产部 | 采购部 | 总经理 | 技术部 | | |
| 新设备需求 | | | 新产品设备需求<br>产能扩充 | 生产部根据公司生产情况及产品精度要求提出设备购买申请<br>技术部依据新产品开发及新工艺或产能扩充的需要，提出购买申请 | 《设备添置申请表》 |
| | | 审批 | | 公司所有设备购置申请，经由总经理审批后组织实施 | |
| | 供方选择 | | | 采购部依据经批准的设备购置申请组织实施供方选择，必要时组织技术部、生产部参加 | |
| | 询价、议价、评估 | | | 采购员按采购流程进行询价、议价作业处理，并会同设备管理、技术部对设备和设备供方进行评估。评估内容应包含：设备价格、使用成本、设备精度以及供方售后服务保障能力等 | |
| | 采购签约 | | | 采购员负责依据评估结果与设备供方签订合同 | 《合同》 |
| | | | 设备验收 | 设备采购到位，由多功能小组组织验收，该小组包含：设备、技术、采购及使用单位等。设备验收由设备管理员填写《设备验收单》，并会签相关单位责任人。设备验收内容应包含调试、安装及相关的技术文件、易损配件等清点、核对 | 《设备验收单》 |
| | | | 编号、归档 | 经验收合格的设备，由设备管理员编号，建立设备档案，并载入设备台账，并根据生产工序的重要程度确定关键设备并标识，根据设备易损部件的具体情况列出《设备易损件清单》 | 《设备台账》<br>《设备备件清单》 |
| 编制设备操作、维护技术文件 | | | | 设备管理员负责组织编制《设备操作规程》《设备维护保养规定》 | |
| 审批 | | | | 设备操作、维护技术文件由生产主管审批后生效 | |
| 设备使用 | | | | 生产部各车间操作工负责设备日常保养，以《设备日常点检表》的形式实施检查、监督。设备管理员编制设备保养维护计划，并按照计划实施设备保养并记录 | 《设备日常点检表》<br>《设备维护保养计划表》<br>《设备维修保养记录表》 |
| 设备维护 | | | | | |
| 维修申请 | | | | 设备维修申请由使用单位向设备管理部门提出 | |
| 维修验收 | | | | 维修完工的设备，使用单位组织验收并在维修申请单上签字确认 | 《设备维修申报单》 |
| 继续使用　设备报废申请 | | | | 设备的报废由设备管理员以报废申请单的形式提出申报 | 《设备报废申请单》 |
| | | 批准 | | 设备报废的申请经总经理审批生效 | |
| 报废设备隔离、标识 | | | | 设备管理员负责对经批准的报废设备进行标识、隔离，并在设备台账上详细记录 | |

表7-11 设备添置申请表

QR/7.1.3-01  No：

| 申请部门 | | 申请人/日期 | |
|---|---|---|---|

购置理由：

| 名 称 | 型号规格 | 数量 | 配置方式 | 估价 | 时间要求 | 制造厂 |
|---|---|---|---|---|---|---|
| | | | | | | |
| | | | | | | |
| | | | | | | |
| | | | | | | |
| | | | | | | |
| | | | | | | |

| 审批意见 | 相关部门意见：<br><br>签字/日期： | 总经理意见：<br><br>签字/日期： |
|---|---|---|

表 7-12 设备验收单

QR/7.1.3-02　　　　　　　　　　　　　　　　　　　　　　　　　　　　No：

| 设备名称 | 设备型号 | 设备编号 | 设备使用部门 | 设备生产厂商 | 设备进厂日期 | 设备使用日期 | 单台功率 | 台数 | 验收日期 |
|---|---|---|---|---|---|---|---|---|---|
|  |  |  |  |  |  |  |  |  |  |

| 序号 | 验收部位 | 验收部位状况 | 设备使用及运行状况 | 设备附件及零配件 | 设备技术资料 | 备注 |
|---|---|---|---|---|---|---|
| 1 |  |  |  |  |  |  |
| 2 |  |  |  |  |  |  |
| 3 |  |  |  |  |  |  |
| 4 |  |  |  |  |  |  |
| 5 |  |  |  |  |  |  |
| 6 |  |  |  |  |  |  |
| 7 |  |  |  |  |  |  |
| 8 |  |  |  |  |  |  |

| 使用部门 | 设备科 | 技术部门 | 质量部门 | 办公室 |
|---|---|---|---|---|
|  |  |  |  |  |

表 7-13 设备台账

QR/7.1.3-03　　　　　　　　　　　　　　　　No：

| 序号 | 设备名称 | 规格型号 | 设备编号 | 制造单位 | 验收日期 | 始用日期 | 使用部门 | 备注 |
|---|---|---|---|---|---|---|---|---|
|  |  |  |  |  |  |  |  |  |
|  |  |  |  |  |  |  |  |  |
|  |  |  |  |  |  |  |  |  |
|  |  |  |  |  |  |  |  |  |
|  |  |  |  |  |  |  |  |  |
|  |  |  |  |  |  |  |  |  |
|  |  |  |  |  |  |  |  |  |
|  |  |  |  |  |  |  |  |  |
|  |  |  |  |  |  |  |  |  |
|  |  |  |  |  |  |  |  |  |
|  |  |  |  |  |  |  |  |  |
|  |  |  |  |  |  |  |  |  |
|  |  |  |  |  |  |  |  |  |

制表/日期：

表 7-14  设备备件清单

QR/7.1.3-04　　　　　　　　　　　　　　　　　　　　　　No：

编制/日期：　　　　　　　　　　　　　　审批/日期：

| 序号 | 配件名称 | 型号规格 | 类别 | 单位 | 最高/最低库存 | 应用设备名称 | 备注 |
|---|---|---|---|---|---|---|---|
|  |  |  |  |  |  |  |  |
|  |  |  |  |  |  |  |  |
|  |  |  |  |  |  |  |  |
|  |  |  |  |  |  |  |  |
|  |  |  |  |  |  |  |  |
|  |  |  |  |  |  |  |  |
|  |  |  |  |  |  |  |  |
|  |  |  |  |  |  |  |  |
|  |  |  |  |  |  |  |  |
|  |  |  |  |  |  |  |  |
|  |  |  |  |  |  |  |  |

## 表7-15 设备日常点检表

QR/7.1.3-05　　　　　　　　　　　　　　　　　　　　　No：

部门/车间：_____　设备编号：_____　设备名称：_____　年份：_____

| 月份 | 保养内容 | 1 | 2 | 3 | 4 | 5 | 6 | 7 | 8 | 9 | 10 | 11 | 12 | 13 | 14 | 15 | 16 | 17 | 18 | 19 | 20 | 21 | 22 | 23 | 24 | 25 | 26 | 27 | 28 | 29 | 30 | 31 |
|---|---|---|---|---|---|---|---|---|---|---|---|---|---|---|---|---|---|---|---|---|---|---|---|---|---|---|---|---|---|---|---|---|
| 1 | ①②③④⑤⑥ | | | | | | | | | | | | | | | | | | | | | | | | | | | | | | | |
| 2 | ①②③④⑤⑥ | | | | | | | | | | | | | | | | | | | | | | | | | | | | | | | |
| 3 | ①②③④⑤⑥ | | | | | | | | | | | | | | | | | | | | | | | | | | | | | | | |
| 4 | ①②③④⑤⑥ | | | | | | | | | | | | | | | | | | | | | | | | | | | | | | | |
| 5 | ①②③④⑤⑥ | | | | | | | | | | | | | | | | | | | | | | | | | | | | | | | |
| 6 | ①②③④⑤⑥ | | | | | | | | | | | | | | | | | | | | | | | | | | | | | | | |
| 7 | ①②③④⑤⑥ | | | | | | | | | | | | | | | | | | | | | | | | | | | | | | | |
| 8 | ①②③④⑤⑥ | | | | | | | | | | | | | | | | | | | | | | | | | | | | | | | |
| 9 | ①②③④⑤⑥ | | | | | | | | | | | | | | | | | | | | | | | | | | | | | | | |
| 10 | ①②③④⑤⑥ | | | | | | | | | | | | | | | | | | | | | | | | | | | | | | | |
| 11 | ①②③④⑤⑥ | | | | | | | | | | | | | | | | | | | | | | | | | | | | | | | |
| 12 | ①②③④⑤⑥ | | | | | | | | | | | | | | | | | | | | | | | | | | | | | | | |
| 13 保养人 | | | | | | | | | | | | | | | | | | | | | | | | | | | | | | | | |

一、备注：设备正常保养打"√"，停机以"※"表示，设备维修打"△"并记录维修情况。
二、保养项目：① _____；② _____；③ _____；④ _____；⑤ _____；⑥ _____。
三、维修情况：

审核：

表 7-16 设备维护保养计划表

QR/7.1.3-06　　　　　　　　　　　　　　　　　　　　　　No:

编制:　　　　　　　　　　　　　日期:

| 序号 | 设备编号 | 设备名称 | 计划/追踪 ||||||||||||  备注 |
|---|---|---|---|---|---|---|---|---|---|---|---|---|---|---|---|
| | | | 1月 | 2月 | 3月 | 4月 | 5月 | 6月 | 7月 | 8月 | 9月 | 10月 | 11月 | 12月 | |
| | | | | | | | | | | | | | | | |
| | | | | | | | | | | | | | | | |
| | | | | | | | | | | | | | | | |
| | | | | | | | | | | | | | | | |
| | | | | | | | | | | | | | | | |
| | | | | | | | | | | | | | | | |
| | | | | | | | | | | | | | | | |
| | | | | | | | | | | | | | | | |
| | | | | | | | | | | | | | | | |
| | | | | | | | | | | | | | | | |
| | | | | | | | | | | | | | | | |

## 表 7–17 设备保养/维修记录表

QR/7.1.3-07　　　　　　　　　　　　　　　　　　　　　　　　　　　No：

| 设备名称 | | 设备编号 | |
|---|---|---|---|
| 设备型号 | | 使用部门 | |

设备保养/维修原因：

　　　　　　　　记录人：　　　　　日期：　　年　　月　　日

保养/维修记录：

　　　　　　　保养/维修人员：　　　日期：　　年　　月　　日

验收记录：

　　　　　　　　验收人：　　　　　日期：　　年　　月　　日

备注：

表 7-18  设备维修申报单

QR/7.1.3-08　　　　　　　　　　　　　　　　　　　　　　No：

| 申报单位：＿＿＿＿＿＿车间/部门　　　　　　　＿＿年＿＿月＿＿日 ||||
|---|---|---|---|
| 设备名称 |  | 设备型号 |  |
| 设备编号 |  | 报修人 |  | 报修时间 | ＿＿时＿＿分 |
| 接单人 |  | 接单时间 | ＿＿月＿＿日＿＿时＿＿分 |

| 事故原因及维修情况 |||
|---|---|---|
| 设备故障描述 | 故 障 原 因 | 设备维修后结果 |
|  |  | 更换部件名称及规格：<br><br>维修结果：<br><br>维修用时：<br><br>维修人员：＿＿＿＿＿ |
| 班组长：＿＿＿＿＿ |  | 班组长：＿＿＿＿＿ |
| 车间主任：＿＿＿＿＿ | 维修人员：＿＿＿＿＿ | 车间主任：＿＿＿＿＿ |

表 7-19 设备报废申请单

QR/7.1.3-09　　　　　　　　　　　　　　　　　　No：

| 设备名称 | | 设备编号 | |
|---|---|---|---|
| 设备型号 | | 申请人 | |
| 设备现状 | |||
| 报废原因 | |||
| 申请部门意见 | 签名/日期： |||
| 设备部门意见 | 签名/日期： |||
| 生产部门意见 | 签名/日期： |||
| 办公室意见 | 签名/日期： |||

## 设备维护保养规定

文件编号：QM/WI13　　版本/改数：A/0　　生效日期：20××年××月××日　　第×页/共×页

1. 设备维护

正确使用与维护设备是设备管理工作的重要环节，是由操作工人和专业人员根据设备的技术资料及参数要求和保养细则来对设备进行一系列的维护工作，也是设备自身运动的客观要求。

设备维护保养工作包括：日常维护保养（一保）、设备的润滑和定期加油换油、预防性试验、定期调整精度以及设备的二、三级保养。维护保养得好会直接影响到设备的运作情况、产品的质量及企业的生产效率。

1.1 设备的检查

设备检查是及时掌握设备技术状况、实行设备状态监测维修的有效手段，是维修的基础工作，通过检查及时发现和消除设备隐患，防止突发故障和事故，是保证设备正常运转的一项重要工作。

1.1.1 日常检查（日常点检）：

日常检查是操作工人按规定标准，以五官感觉为主，以设备各部位进行技术状况检查，以便及时发现隐患，采取对策，尽量减少故障停机损失。对重点设备，每班或一定时间由操作者按设备点检卡逐项进行检查记录。维修人员在巡检时，根据点检卡记录的异常进行及时有效地排除，保证设备处于完好工作状态。

1.1.2 定期检查：

按规定的检查周期，由维修工对设备性能和业余度进行全面检查和测量，发现问题除当时能调解决之外，将检查结果认真做好记录，作为日后决策该设备维修方案的依据。

1.1.3 精度检查：

这是对设备的几何精度、加工精度及安装水平的测定、分析、调整。此项工作由专职检查员按计划进行，其目的是为确定设备的实际精度，为设备调整、修理、验收和报废提供参考依据。

对设备进行各项检查，准确地记录设备的状态信息，能为日后维修提供可靠的依据及维修成本。

1.2 日常保养

设备的日常保养可归纳为八个字：整齐、清洁、润滑、安全。

1.2.1 整齐：工具、工件、附件放置整齐；安全防护用品齐全；线路管道安全完整。

1.2.2 清洁：设备内外清洁干净；各滑动面、丝杆、齿条、齿轮、手柄手轮等无油垢、无损伤；各部位不漏油、漏水，铁屑垃圾清扫干净。

1.2.3 润滑：定时定量加油换油，油质符合要求，油壶、油枪、油杯齐全；油标、油线、油刮保持清洁，油路畅通。

1.2.4 安全：实行定人、定机、凭证操作和交接班制度；熟悉设备结构，遵守操作规程，合理使用，精心保养。

1.3 二级保养：

该级保养以操作工作为主，维修工作配合。保养周期可根据设备的工作环境和工作条件而定，如金属切割机械可定为 400~600 运转小时，停歇时间和保养工时可按设备复杂系数 0.5 小时计算。

1.3.1 二级保养内容

1.3.1.1 根据设备使用情况，进行部分零件的拆卸、清洗、调整，更换个别易损件。

1.3.1.2 彻底清扫设备内外部，去"黄袍"及污垢。

1.3.1.3 检查、清理润滑油路，清洗油刮、油线、滤油器，适当添加润滑油，并检查滑动面的上油情况。

1.3.1.4 对设备的各运动面配合间隙进行适当的调整。

1.3.1.5 清扫电气箱（电工配合）及电气装置，做到线路固定整齐、安全防护牢靠。

1.3.1.6 清洗设备附件及冷却系统。

1.3.2 保养标准：

二级保养后达到设备内外清洁，呈现本色；油路畅通，油标明亮，油位清晰可见；操作灵活，运转正常。保养完毕后由专人负责验收，认真填写保养完工记录单。

2. 设备修理

设备在使用过程中，由于某些零部件的磨损、腐蚀、烧损、变形等情况，影响到设备的精度、性能和生产效率，正确操作和精心维护虽然可以减少损伤，延长设备使用寿命，但设备运行毕竟会磨损和损坏，这是客观规律。所以，除了正确使用和保养外，还必须对已磨损的零部件进更换、修理或改进，安排必要的检修计划，以恢复设备的精度及性能，保证加工产品质量和发挥设备应有的效能。

2.1 设备维修方式：

2.1.1 预防维修：为防止设备性能劣化或降低设备故障的概率，按事先规定的计划和技术条件所进行的维修活动。就是从预防的立场出发，根据设备经常的检查记录或运转情况对产品质量、生产效能存在不正常的征兆，在设备发生故障前就去进行预防性的修理改进。预防维修通常根据设备实际运作情况来编排计划。

2.1.2 故障维修：设备发生故障或性能降低时采取的非计划性维修，亦称事后维修。

2.1.3 生产维修：从经济效益出发提高设备生产效率的维修方法，它根据设备对生产的影响程度区别对待。不重要的设备采用事后维修，重点关键设备则进行预防维修。

2.1.4 预知维修：根据状态监测和诊断技术所提供的信息，在故障发生前进行必要的维修，也称状态监测维修。

2.1.5 除以上几种维修方式外，还有改善维修、定期维修及无维修设计等方式。

2.2 预防维修的意义：

对设备进行的有计划的预防维修，防患于未然，通过掌握设备的磨损规律，有计划地进行周期性的维护检修，是维持设备正常运转、最大限度发挥其功能的重要保证。

有计划的预防维修是设备管理工作的重要环节，也是企业生产、技术、财务计划的一个组成部分，正确和切合实际的预修计划，可以统一安排人力、物力及早做好修前准备工作，缩短设备停机时间，减少修理费用，既能按时检修设备，又能有计划、有节奏地安排生产，做到生产、维修两不误。

2.3 修理的主要类别：

2.3.1 三级保养（亦称小修）。

小修是以维修工人为主操作工人参加的定期检修工作。对设备进行部分解体、清洗、检查，更换或修复严重磨损件，恢复设备的部分精度，使之达到工艺要求。

金属切削设备的保养间隔一般为2500～3000运转小时，主要内容是：

2.3.1.1 检查设备中磨损快、腐蚀快、烧损快的零部件，视磨损情况进行更换。

2.3.1.2 清洗部分设备零部件，清除可以调整的被扩大了的问题。紧固机件里的卡楔和螺丝。

2.3.1.3 按照规定使用周期，更换润滑脂。

2.3.1.4 电气线路进行检修，坚固螺丝，更换破损部分。

2.3.2 针对性修理（亦称项修）。

针对设备的结构和使用特点及存在问题，在满足工艺要求的前提下，对设备的一个或几个项目进行的部分修理。其工作量相当于设备大修的20%～70%。

2.3.3 整机大修。

这是工作量最大的一种修理方式。全部修理基准件、更换或修复所有损坏零配件,全面消除缺陷,恢复原有精度、性能、效率,达到出厂标准或满足工艺要求的标准。

在设备进行大修时,应尽量结合技术改造进行,提高原设备的精度和性能。

除以上几种维修类别外,还有定期的清洗换油、修前预检以及对动力运行设备的预防性试验、季节性的技术维护等维修方式,以确保不同类型设备的正常运行。

2.3.4 验收标准。

可将大修的验收标准分为验收精度、相关精度、无关精度三类。其中验收精度即维修中所恢复部位精度,必须达到出厂标准;相关精度则要求不低于修前精度即可;无关精度可不做检查。

**工装模具管理规定**

文件编号:QM/WI14  版本/改数:A/0  生效日期:20××年××月××日  第×页/共×页

1. 目的

为有效管理本公司生产所需的工装、模具、夹具制作、移交使用及保养维护,使生产能顺利运行,并延长使用寿命,保持工装、模具、夹具处于适宜状态。

2. 范围

公司所有的工装、模具、夹具(以下简称工模)。

3. 定义

3.1 模具:使产品能顺利产出的器具,如浇铸模、压铸模、注塑模、挤出模。

3.2 工装、夹具:可以帮助生产顺畅提升质量效益的器具。

4. 职责

4.1 模具车间负责工模产品的设计,提供产品技术图纸文件,并跟踪完成情况。

4.2 品质部负责工模验收检验。

4.3 模具车间负责工模使用中的登记发放、维修保养、报废申请等。

5. 内容

5.1 工模的设计:模具车间负责工模产品的设计,提供产品技术图纸文件,以供加工单位使用。

5.1.1 工模的制作及跟踪:产品的工模委托外协单位制作,制作过程进度由模具车间负责。

5.1.2 跟踪办法:

5.1.2.1 模具车间提供产品图纸由工模加工单位进行工模设计,经模具车间审核认可后方可实施制作。

5.1.2.2 由模具车间负责跟踪考核工模加工单位工模制作的内容及制程是否依照图示所列的材质、加工方法要求特性等制作。

5.1.2.3 进度的跟踪由技术开发人员负责人跟踪客户要求与工模加工单位协商完工交货的日期，并要求工模加工单位提供一份"工模完成计划"作为跟踪的依据。

5.2 工模的验收：

5.2.1 新制工模制作完成后，品质部为验收主导部门，以试制方式检验，并由品质部做产品首检，包括产品外观、尺寸、性能检验，生产部负责工艺调试和工艺要求的确认，并在《工模验收单》上签字。

5.2.2 所有工模依工模编号分客户、车型管理。

5.3 工模的记录：

新工模验收合格后，由模具工记入《工模清单》及《客户别工模清单》内，并建立《工模履历卡》和《工模修理记录》。

5.4 工模的设定条件：

工模的工艺参数由模具工按加工工艺参数为设定标准，以延长工模寿命，降低维修率。

5.5 定期清点与检验、保养：

5.5.1 所列管的工模每六个月清点一次。

5.5.2 无生产订单的工模由生产部负责存储在规定的区域内。

5.5.3 为了防止工模在使用中产生磨损或其他因素的变异而影响产品质量，由模具车间拟定年度计划，每年至少进行一次验证，验证后填写《工模验收单》的"历次周期验证记录"栏。

5.5.4 工模的保养：

5.5.4.1 模具车间的模具工负责工模的维护保养工作，建立工装，模具台账。

5.5.4.2 每月进行一次工模全面保养，并在规定的时间内完成。

5.5.4.3 保养后由工模维修人员在《工模履历卡》中留下记录。

5.6 送修：

5.6.1 工模在试制过程中发现工模尺寸有问题时，由生产部负责与工模加工单位协商解决。

5.6.2 量产中发现工模损坏通知生产部，由生产部填写《工模修理通知单》交给模具工，由其送工模加工单位维修，送交记录由模具工登入《工模修理记录》及《工模履历卡》。

5.6.3 工模取回后，由生产部做出样件交品质部检验，检验合格后在《工模修理通知单》上签章，提交生产部投入生产。

5.7 工模变更：

5.7.1 工模变更时机：

5.7.1.1 为改善工模功能而做变更。

5.7.1.2 客户要求变更规格、尺寸时做工模变更。

5.7.2 工模变更执行办法：

5.7.2.1 由模具工根据具体变更要求提出工模变更办法，主管核准，有必要时请模具车间人员签字认可。

5.7.2.2 工模变更办法核准后，由生产部负责。

5.7.2.3 若属客户要求对工模的变更，应书面通知客户核准后方可执行量产。

5.7.2.4 工模变更后，应对所有相应技术文件做出适时的修改。

5.8 报废：

5.8.1 工模经使用发现损坏或磨损，无法修复时由生产部填写《工模报废申请单》，经权责主管核准后才可报废，并由生产部申请制作新的补充。

5.8.2 报废的工模，模具工应在《工模清单》上销账；

5.9 工模消耗性备件的更换计划。

5.9.1 更换计划的目的：

5.9.1.1 提高工模的使用寿命，降低维修率。

5.9.1.2 及时地供应备件以配合生产。

5.9.1.3 减小库存，加快物料的流动。

5.9.2 根据实际使用状况、制造周期和库存量，由模具工负责制订《工模消耗性备件一览表》。

5.9.3 替代品的使用需经工模主管的指定和批准。

5.10 定期检讨分析及改进：

模具工须于每年元月前召集各相关部门的人员，针对前一年有关工模日常保养及维修等相关记录，进行全盘检讨分析及拟定整体改善对策，本项检讨分析及改善的内容，必要时可包含下列项目：

5.10.1 工模的日常保养；

5.10.2 定期精密测量频率的调整；

5.10.3 工模的设定条件的检讨；

5.10.4 工模设定人员与操作人员工作方法检讨；

5.10.5 消耗性备件定期更换时间的检讨；

5.10.6 消耗性备件项目及最低库存的检讨；

5.10.7 替代厂商替代品可用性的检讨。

5.11 培训：

5.11.1 工模技术人员培训由生产部执行。

5.11.2 培训内容及结果由模具工记录、办公室存档。

6. 相关附件

6.1《客户别工模清单》。

6.2《工模清单》。

6.3《工模修理记录》。

6.4《工模履历卡》。

6.5《工模修理通知单》。

6.6《工模消耗性备件一览表》。

6.7《工模维护保养记录》。

6.8《工模验收单》。

6.9《工模报废申请单》。

## 表7-20 工模验收单

QR/7.1.3-10　　　　　　　　　　　　　　　　　　　　　　　　No：

| 工装名称 | | 工装型号 | |
|---|---|---|---|
| 工装编号 | | 设计图号 | |
| 制造单位 | | 制造日期 | |
| 设计人员 | | | |
| 制造人员 | | | |

<table>
<tr><td colspan="3" align="center">模具验收栏</td></tr>
<tr><td align="center">验收要求</td><td align="center">验收结果</td><td align="center">判定</td></tr>
<tr><td></td><td></td><td></td></tr>
</table>

验收结论：

　　　　　　　　　　　　　　　　　　　验收人签字：　　　　日期：

| 历次周期验证记录 ||||
|---|---|---|---|
| 日　期 | 周期验证记录 | 判　定 | 验证人签字 |
| | | | |
| | | | |
| | | | |
| | | | |
| | | | |
| | | | |
| | | | |
| | | | |
| | | | |
| | | | |
| | | | |
| | | | |

表 7-21 工模清单

QR/7.1.3-11　　　　　　　　　　　　　　　　　　　　No：

| 序号 | 工模编号 | 工模名称 | 验收日期 | 始用日期 | 适用机型 | 使用部门 |
|---|---|---|---|---|---|---|
|  |  |  |  |  |  |  |
|  |  |  |  |  |  |  |
|  |  |  |  |  |  |  |
|  |  |  |  |  |  |  |
|  |  |  |  |  |  |  |
|  |  |  |  |  |  |  |
|  |  |  |  |  |  |  |
|  |  |  |  |  |  |  |
|  |  |  |  |  |  |  |
|  |  |  |  |  |  |  |
|  |  |  |  |  |  |  |
|  |  |  |  |  |  |  |
|  |  |  |  |  |  |  |
|  |  |  |  |  |  |  |
|  |  |  |  |  |  |  |
|  |  |  |  |  |  |  |
|  |  |  |  |  |  |  |
|  |  |  |  |  |  |  |
|  |  |  |  |  |  |  |
|  |  |  |  |  |  |  |
|  |  |  |  |  |  |  |
|  |  |  |  |  |  |  |
|  |  |  |  |  |  |  |
|  |  |  |  |  |  |  |
|  |  |  |  |  |  |  |

填制：　　　　　　　　　　日期：

表 7-22 客户别工模清单

QR/7.1.3-12　　　　　　　　　　　　　　　　　　No：

| 客户名称 | | | 适用车型 | | |
|---|---|---|---|---|---|
| 模具编号 | 模具名称 | 模具材料 | 验收日期 | 投产日期 | 备注 |
| | | | | | |
| | | | | | |
| | | | | | |
| | | | | | |
| | | | | | |
| | | | | | |
| | | | | | |
| | | | | | |
| | | | | | |
| | | | | | |
| | | | | | |
| | | | | | |
| | | | | | |
| | | | | | |
| | | | | | |
| | | | | | |
| | | | | | |
| | | | | | |

填制/日期：

表 7-23 工模履历卡

QR/7.1.3-13　　　　　　　　　　　　　　　　　　　　　　　No:

| 工模编号 | | 工模名称 | |
|---|---|---|---|
| 验收日期 | | 投产日期 | |
| 工模材料 | | 型腔数量 | |
| 产品材料 | | 适用机型 | |

| 序号 | 维修或保养日期 | 维修或保养内容 | 零件更换记录 | 维修保养人 | 备注 |
|---|---|---|---|---|---|
| | | | | | |
| | | | | | |
| | | | | | |
| | | | | | |
| | | | | | |
| | | | | | |
| | | | | | |
| | | | | | |
| | | | | | |
| | | | | | |
| | | | | | |
| | | | | | |
| | | | | | |
| | | | | | |
| | | | | | |
| | | | | | |
| | | | | | |
| | | | | | |
| | | | | | |
| | | | | | |
| | | | | | |
| | | | | | |
| | | | | | |
| | | | | | |

编制/日期：

## 表7-24 工模修理记录

QR/7.1.3-14　　　　　　　　　　　　　　　　　　　　　　　No:

| 工模名称 | | 工模编号 | |
|---|---|---|---|
| 使用部门 | | 使用人员 | |

| 故障发生时间和现象: |
|---|
| |
| 使用人员: |

| 修理记录: |
|---|
| |
| 检修人:　　　　　　日期: |

| 验收记录: |
|---|
| |
| 生产部:　　　　　　日期: |

| 备注: |
|---|
| |

表 7-25　工模修理通知单

QR/7.1.3-15　　　　　　　　　　　　　　　　　　　　　　　　No：_____

部门/单位：_____

　　现有_____ 工模由于_____ 原因，需要进行修理，期望在 _____ 年 _____ 月 _____ 日前修理到位，请及时安排修理，并确保修理质量，谢谢支持！

　　　　　　　　　　　　　　　　　　　申请人：_____

　　　　　　　　　　　　　　　　　　　_____年_____月_____日

表 7-26　工模消耗性备件一览表

QR/7.1.3-16　　　　　　　　　　　　　　　　　　No：

| 日期 | 备件名称 | 入库数量 | 出库数量 | 结存数量 | 备注 |
|---|---|---|---|---|---|
|  |  |  |  |  |  |
|  |  |  |  |  |  |
|  |  |  |  |  |  |
|  |  |  |  |  |  |
|  |  |  |  |  |  |
|  |  |  |  |  |  |
|  |  |  |  |  |  |
|  |  |  |  |  |  |
|  |  |  |  |  |  |
|  |  |  |  |  |  |
|  |  |  |  |  |  |

制表：

表 7-27 工模报废申请单

QR/7.1.3-17　　　　　　　　　　　　　　　　　　　　　　　　No：

| 模具名称 | | 模具编号 | |
|---|---|---|---|
| 模具型号 | | 申请人 | |
| 模具现状 | | | |
| 报废原因 | | | |
| 模具车间意见 | 签名/日期： | | |
| 生产部意见 | 签名/日期： | | |
| 质检部意见 | 签名/日期： | | |
| 批准意见 | 签名/日期： | | |

### 7.1.4 过程运行环境

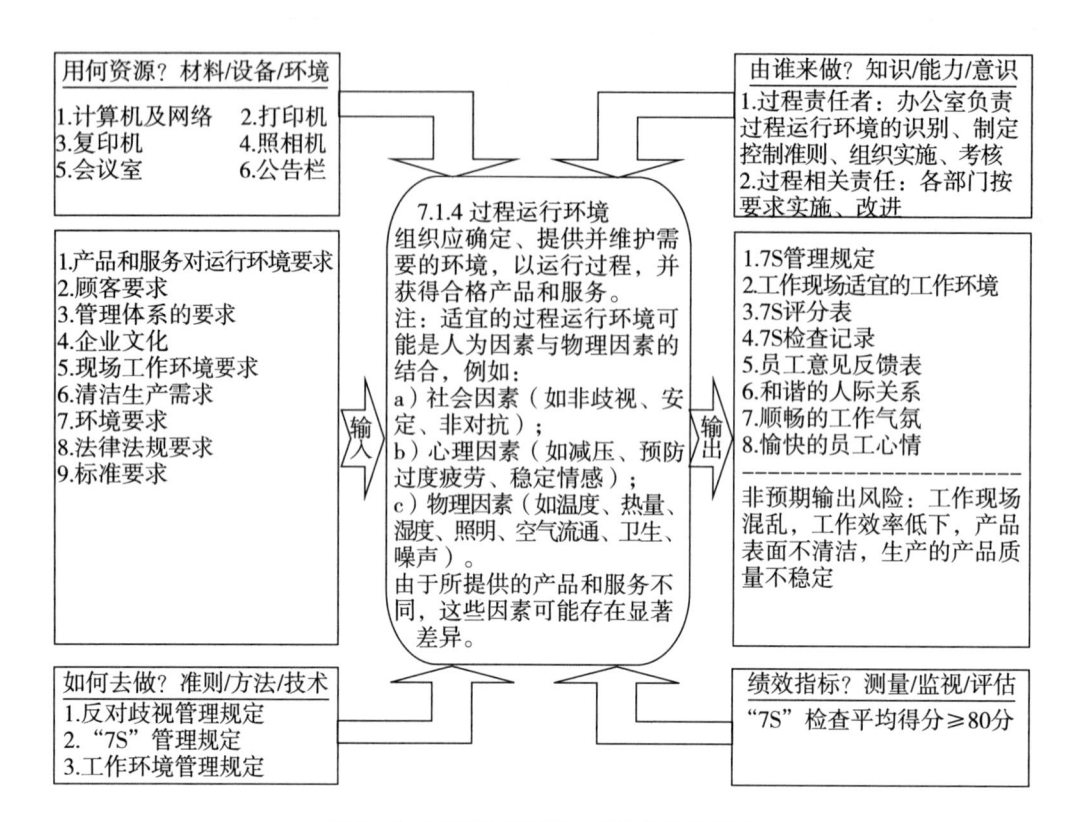

**用何资源？材料/设备/环境**
1. 计算机及网络　2. 打印机
3. 复印机　　　　4. 照相机
5. 会议室　　　　6. 公告栏

**由谁来做？知识/能力/意识**
1. 过程责任者：办公室负责过程运行环境的识别、制定控制准则、组织实施、考核
2. 过程相关责任：各部门按要求实施、改进

**输入**
1. 产品和服务对运行环境要求
2. 顾客要求
3. 管理体系的要求
4. 企业文化
5. 现场工作环境要求
6. 清洁生产需求
7. 环境要求
8. 法律法规要求
9. 标准要求

**7.1.4 过程运行环境**
组织应确定、提供并维护需要的环境，以运行过程，并获得合格产品和服务。
注：适宜的过程运行环境可能是人为因素与物理因素的结合，例如：
a) 社会因素（如非歧视、安定、非对抗）；
b) 心理因素（如减压、预防过度疲劳、稳定情感）；
c) 物理因素（如温度、热量、湿度、照明、空气流通、卫生、噪声）。
由于所提供的产品和服务不同，这些因素可能存在显著差异。

**输出**
1. 7S管理规定
2. 工作现场适宜的工作环境
3. 7S评分表
4. 7S检查记录
5. 员工意见反馈表
6. 和谐的人际关系
7. 顺畅的工作气氛
8. 愉快的员工心情
------------------------
非预期输出风险：工作现场混乱，工作效率低下，产品表面不清洁，生产的产品质量不稳定

**如何去做？准则/方法/技术**
1. 反对歧视管理规定
2. "7S"管理规定
3. 工作环境管理规定

**绩效指标？测量/监视/评估**
"7S"检查平均得分≥80分

图7-4　过程运行环境—过程分析乌龟图

**工作环境管理规定**

文件编号：QM/WI15　版本/改数：A/0　生效日期：20××年××月××日　第×页/共×页

1. 目的

对生产产品的工作现场进行整理、整顿，保持生产设施处于清洁、整齐、有序的状态，并持续不断地改善工作环境的条件，以提高员工的工作积极性和工作效率，为确保产品质量创造条件。

2. 范围

凡与本公司产品质量有关的办公场所、生产现场、车间、仓储和厂房区域等均适用。

3. 定义

3.1 指对制造和产品质量有影响的过程周围的条件，这种条件可以是人为因素（如心理的、社会的）、物理因素（如温度、湿度、洁净度、粉尘、噪声、空气流

通、卫生等），物理因素一般包括：厂房维护、灯光照明、噪声、取暖、通风、空调、电器装置的控制，以及与厂房维护有关的安全隐患。

4. 职责

4.1 各部门负责本部门生产现场、车间区域、厂房区域的工作环境执行、维持和管理。

4.2 办公室负责生产现场、车间区域、厂房区域的工作环境检查和监督。

5. 作业内容

5.1 工作环境区域划分。

办公室组织相关部门，根据各部门实际的工作区域使用情况划分各部门的工作环境责任区域，明确各部门工作环境责任区域的负责人员，并赋予其职责和权限。

5.2 组建"工作环境检查小组"和工作环境卫生定期检查。

办公室组织工作环境责任区域的各部门负责人组成"工作环境检查小组"，选出小组组长，并对公司内所有的生产现场、车间、厂房（包括办公室）等工作环境区域每月进行一次工作环境检查，将检查的结果记录于《工作环境检查表》中，对检查发现的不符合事项的责任单位，进行原因分析和提出纠正措施（可采用图片的形式对不符合事项和整改后结果进行确认），于下次进行工作环境检查时对其执行的纠正措施的效果进行确认、验证，直至其符合规定要求。

5.3 工作区域的环境要求。

5.3.1 地面上的环境要求。

5.3.1.1 地面上应做到没有"死角"或凌乱不堪的地方。

5.3.1.2 没有闲置或不能使用的输送带、推车、台车、叉车、设备、工装、模具、夹具、物品等。

5.3.1.3 没有闲置于各生产车间的清扫用具、垃圾桶、材料箱、纸箱、容器、油桶、漆罐、油污等。

5.3.1.4 工作场所没有不该有的东西，如衣服、拖鞋、雨伞、皮包、空盒子、花盆、烟灰缸、纸屑、杂物等。

5.3.2 工作场所的环境要求：

5.3.2.1 使用抹布、拖把、扫把定时清扫工作场所/车间/厂房的地面、塑料板、工作台、机器设备、测量设备等。

5.3.2.2 工作场所内不可放置2日内不使用的物料。

5.3.2.3 零件、外购/外协件、在制品（半成品）、成品或材料应将其置于周转车上、塑料筐或其他容器内，不可直接将其置于地面上，并且对其标识。

5.3.2.4 经常清理地面，使其清洁、干净，不可有油渍（油污）或水渍。

5.3.2.5 消防栓与公告栏前均不可有障碍物。

5.3.2.6 工作场所内不可有"没有必要"的架子或障屏，以免影响现场的视野。

5.3.2.7 车间现场车行道、人行道及安全通道要畅通，地面应平整无破损。

5.3.2.8 地面、墙壁、工具箱内外，工作台上下均须保持整洁，无散落零件，机床周围不准放置与本机台无关的物品。

5.3.2.9 检测仪器、器具、标准件应放置有序，位置适当，便于使用和操作，防止变形和工具磕碰伤。

5.3.2.10 工位器具（工具箱、工作台、踏脚板、在制品塑料/筐板等）均须按规定位置摆放，不能超出规定的标准线。

5.3.2.11 工序间产品要摆放整齐，在加工摆放过程中要轻拿轻放，防止磕碰受损，并及时交检，做好防护。

5.3.2.12 工作间内严禁吃零食、吃饭、看书刊杂志，不准将雨具带入工作间。

5.3.2.13 厂区内严禁吸烟，不准随地吐痰，乱扔垃圾。

5.3.2.14 生产现场不准穿便鞋，不准穿高跟鞋，穿好工作服，佩戴工作证上岗，戴好工作帽，换好鞋后，不可放置私人物品（可在某区域集中放置）。

5.3.2.15 对暂时不用的物品，全部清理出生产现场。

5.3.3 工作区域的标示要求。

5.3.3.1 区域线的颜色规定。

（1）合格区：绿色油漆或绿色胶带。

（2）不合格区、可疑品区或安全警戒线：红色油漆或红色胶带。

（3）待检验区域、定位线或通道线等：黄色油漆或黄色胶带。

（4）办公区、工作区、作业区域、待作业品区域等：白色油漆或白色胶带。

5.3.3.2 区域定义：

（1）合格区：指专门用来存放本 QC 判定为符合检验标准及规定要求的物品的区域，其区域大小可视场需要而定。

（2）不合格区：指专门用来存放本 QC 判定为不符合检验标准及规定要求的物品存放的区域，其区域大小可视场需要而定。

（3）可疑品区：指专门用来存放因无标识或标识不完整而无法辨别产品名称、种类或无法明确产品状态（合格或不合格）的产品的区域，其区域大小可视场需要而定。

（4）待检验区：指专用来存放等待本 QC 检验的物品的区域，其区域大小可视场需要而定。

（5）暂时存放区：指因需流入下一流程或等待出货等物品暂时存放的区域，暂放时间限为3天，其区域大小可视场地需要而定。

（6）作业区：指某一流程正在或即将作业的区域，如进货检验区等，其区域大小可视场地需要而定。

（7）物品放置区：指用来定位某些非质量体系类物品的区域，为了现场的整体美观，其区域大小可视场地需要而定，如清洁用具放置区、文件柜放置区、报废产品放置区等。

5.3.4 在制品的整理、整顿和环境要求：

5.3.4.1 严格规定在制品的存放数量和存放位置。确定工序交接点、生产线和生产线之间的中断点所能允许的在制品标准存放量和极限存放量，指定这些标准存放量的放置边界、限高、占据的台车数、面积等，并有清晰的标示以便众所周知。

5.3.4.2 在制品堆放整齐，先进先出。在生产现场堆放的在制品，包括各类载具、搬运车、栈板等，要求始终保持叠放、摆放整齐，边线相互平行或垂直于主通道，既能使现场整齐美观，又便于随时清点，确保在制品"先进先出"。

5.3.4.3 合理的搬运。放置垫板或容器时，应考虑到搬运的方便，有可能时，应利用叉车来搬动。

5.3.4.4 在制品存放和移动中，要慎防碰坏和剐痕，应有缓冲材料将在制品间隔以防碰撞，堆放时间稍长的要加盖防尘盖，不可将在制品直接放在地板上。

5.3.4.5 不良品放置场地应用红色标签予以标示。如果将不良品随意堆放，容易发生误用，所以一旦将产品判定为不良品，应立即将其放置于指定的场所。

5.3.5 机器设备（包括测量设备）的整理、整顿和环境要求：

5.3.5.1 建立设备维护保养制度，并定期检查设备润滑系统、油压系统、空压系统、电气系统等。每一台设备都要有保养记录，设备使用者及管理者均须做明确标示。

（1）检查注油口、油槽、水槽、配管、接口及各给油部位。

（2）检查电器控制开头紧固螺丝，检查指示灯、转轴等部位是否完好。

（3）对松动的螺栓要马上加以紧固，补上不见的螺丝、螺母等配件。

（4）对需要防锈保护或需要润滑的部位，要按照规定及时加油保养。

（5）更换老化或破损的水管、气管、油管。

（6）清理堵塞管道。

（7）调查跑、滴、冒、漏的原因，并及时加以处理。

（8）更换或维修难以读数的仪表装置。

（9）添置必要的安全防护装置（如防压鞋、绝缘手套等）。

（10）要及时更换绝缘层已老化或被老鼠咬坏的导线。

5.3.5.2 建立设备的操作指导书，明确设备的清扫工具、清扫位置、加油润滑基本要求、螺钉卸除紧固方法及具体顺序步骤等，要求所有人员按规定对设备进行操作，并扫除一切异常现象。

5.3.5.3 生产现场、各车间的设备摆放须整齐、干净。

5.3.5.4 不可有短期内（两周内）不使用的设备存放于生产现场、各车间的现象，如有则须以"待修理"或"计划停机"等标牌进行标识。

5.3.6 材料、物品及料架的整理、整顿和环境要求。

5.3.6.1 材料、物品摆放须整齐，并以标示牌做明确标识。

5.3.6.2 材料、物品须有专门的存放区、放置区。

5.3.6.3 料架须摆放整齐，并且牢固。

5.3.6.4 常用的料架上不准放置有好几年或很久没有用过的原材料、辅助材料、零件、配件等。

5.3.6.5 料架上不准存放呆料、废料或其他非材料的物品。

5.3.6.6 料架上不准有好几种材料、零件、配件等混淆放在一起。

5.3.6.7 已生锈或变质的材料或零件、配件不准放置于料架上。

5.3.6.8 不用或不能用的模具架、料架等不准随意放置在非放置区。

5.3.6.9 不用的物品不准随意放置在料架上或与料架上的物品掺杂放在一起。

5.3.6.10 料架使用的空间尽量规划妥当，以免造成料架的空间浪费。

5.3.7 仓库、储存室的环境要求。

5.3.7.1 仓库、储存室须有管理责任者的标示，仓库、储存室管理员对所保管的物品应按"先进先出"原则进行领发作业，并确保其"账、物、卡一致"。

5.3.7.2 光线的照明亮度应适宜，且仓库、储存的区域应通风、不积水、不潮湿、干净、整齐。

5.3.7.3 必要时，仓库、储存室须有贮存平面布置图标示，其内储存、存放的物料、材料等应以标签、标识牌等作为明确的标识。

5.3.7.4 仓库、储存室存放的物品、材料如以纸箱储存，须有叠放高度的限制。

5.3.7.5 对仓库、储存室所存放的易燃易爆物品、有毒物品、危险物品、化学药品等储存须以明显的标识牌进行标示，并对其予以隔离、防潮及采取消防措施。

5.3.7.6 仓储/贮存区域的空间规划应合理，以避免造成贮存空间的浪费。

5.3.7.7 贮存区料架上不准存放呆料、废料或其他非材料的物品。

5.3.7.8 贮存区或其料架上有好几种材料、零件、配件等混淆放在一起。

5.3.7.9 已生锈或变质的材料、零件或配件不准放置于贮存区内或其料架上。

5.3.7.10 不用的物品不得随意放置在仓储区域或与料架上的物品掺杂放在一起。

5.3.8 工装、模具、夹具、治具、刀具、工具、检具/量具、零件、劳保用品的环境要求。

5.3.8.1 工装、模具、夹具、治具、刀具、工具、检具/量具、零件、劳保用品等须定位放置予以储存、保管，并以标签或标识牌予以明确标识，工具箱须时常进行整理。

5.3.8.2 工装、模具、夹具、治具、刀具、工具、仪器、零件、劳保用品等须采用目视管理，并以标签、标识牌进行明确标识，以便瞬间即可找到。

5.3.8.3 零件、备用品及劳保用品须有进出账目管理。

5.3.8.4 工装、模具、夹具、治具、刀具、工具等常用的物品应放置于与作业场所最接近的地方，避免使用和归还时过多的步骤和弯腰。

5.3.8.5 频繁使用的，应由个人保存。不常用的，则尽量减少数量，以通用化为佳。先确定必须用的最少数量，将多余的收起来集中管理。特殊用途的刃具更应标准化以减少数量。

5.3.8.6 容易碰伤的工具，存放时要方向一致，以前后方向直放为宜，最好能采用分格保管或波浪板保管，且避免堆压。

5.3.8.7 应注意做好工装、模具、夹具、治具、刀具、检具/量具等物品的防锈工作，对存放在抽屉或容器底层上的工装、模具、夹具、治具、刀具、检具/量具等应在其上面铺上浸润油类的绒布。

5.3.9 图纸、作业指导书、作业标准书等成文信息管理的环境要求。

5.3.9.1 图纸、作业指导书、作业标准书等成文信息，应进行编号、目录编写、存放处定位。标示管理责任者，设置专用的文件柜。

5.3.9.2 文件档案实行目视管理，让人能随时使用。

5.3.9.3 图纸、作业指导书、作业标准书等成文信息，保管须有目录、有次序且整齐，让人能很快使用。

5.3.9.4 个人资料（卷宗）不可放在共用文件柜内（上）。

5.3.10 作业桌面、办公桌及抽屉的环境要求。

5.3.10.1 办公桌：桌面除文件、电脑、口杯、电话、文具外，不允许放其他物品；文具必须竖放。办公用品一般的常用品：笔、订书机、涂改液、即时帖、便条纸、橡皮、计算器，可以集中放在办公桌的一定区域内，电脑线、网线、电话线有序放置；人离开 4 小时以上应将桌面收拾干净。

5.3.10.2 抽屉：抽屉里尽量不放日常用的办公用品。放置不常用的、重要的文件资料，私人用品、生活用品等。

5.3.10.3 座椅：靠背、座椅一律不能放任何物品，人离开时椅子调正，离开2个小时以上，椅子应放回桌底下。

5.3.10.4 电脑：电脑显示器统一置写字台左前角或右前角。

5.3.10.5 卡座屏风：内外侧不允许有任何张贴；通知等文件必须贴在公告栏。

5.3.10.6 垃圾篓：罩塑料袋，置写字台下右前角。

5.3.10.7 桌洞下和电脑主机上不得堆积杂物。

5.3.11 礼仪。

5.3.11.1 基本问候用语规定。

（1）早上与领导、同事或属下初次见面时应说/问"您好！""早上好！""下午好！""大家好！""早！"您早！"。

（2）其他相关礼貌用语：如"请！""劳驾！""拜托！""谢谢！""多谢！""让您费心了！""太麻烦您了！""对不起！""很抱歉！""请原谅！""打扰了！""请多包涵！""我不是故意的！""再见！于主任、陆老、小王、张总、王董"等。

5.3.11.2 行为动作基本礼仪。

（1）不可随地吐痰，乱扔乱吐，不可随地乱扔垃圾、纸屑、果皮等。

（2）与领导、同事或属下说话、沟通、商讨时不可指着对方说话。

（3）不可说脏话或以不礼貌、不文明的语言骂人。

（4）在指定的地点进行用餐，并注意：

①中饭和晚饭吃完后，收拾好桌面上剩余的饭菜。

②离开饭桌时，将所坐的凳子、椅子摆放整齐并归回原位。

（5）在规定的场所内抽烟。

①禁烟的场合禁止吸烟；

②客人没吸烟，其他人员不可吸烟；

③有女士、长者、儿童、领导在的场合，要吸烟时须征得他们的同意。

（6）介绍客人的方法。

①先向客人介绍，再向本公司人员介绍；

②介绍时，职位从高到低依次进行介绍；

③同级的干部/人员从年长的先介绍；

④如女士和男士在一起时，先介绍女士。

（7）谦让语。

①"谢谢，您过奖了！"

②"您太客气了！"

③打断别人的话是很不礼貌的，如要打断别人的话时应先说："对不起，请允许我插一句。"

5.3.11.3 衣着仪容基本礼仪。

（1）厂服第二粒扣（含）以下的纽扣须扣上并扣好。

（2）工作证、厂牌、上岗证、识别卡须佩挂在规定位置。

（3）不可穿脏、破、有危害身体健康的衣服。

（4）上班时间必须穿公司的工作服或厂服，不可穿高跟鞋、拖鞋（规定的工作区域除外）、打赤膊或奇装异服。

（5）正常工作的出勤时间一定要穿公司规定的工作服或厂服。

（6）男性的头发、胡须不可留得过长，现场工作女性的长发要扎起。

5.3.11.4 打或接电话的基本礼仪。

（1）接电话：

①电话铃声响三声以内应接电话，电话铃响不能超过三声（不含）以上。

②接外线电话的第一句话应为"您好！XX 公司""您好！我是某某"或"您好！我就是，请问您是哪一位？"。

③如受话人是旁边的同事时应说："请稍等，我马上去叫他"；受话人不在时说："对不起！他走开了，请问您有什么话我可以转告他吗？"或"对不起！她不在，请问我可以帮您什么吗？"，如果要找的人同意转告，则用笔记录其需转告的事情和电话内容，事后转交给对方要找的人。

④当别人叫你接电话时，您接过话筒应该说："您好！我是 XX（自己的姓名）"。

⑤如对方打错电话时应说："对不起！您打错电话了"。

⑥接听电话的声音要微笑、温和亲切、平易近人、和蔼可亲，不要显得不耐烦。

⑦待对方挂电话后，才能将电话轻轻放下。

⑧内线电话的接法：同样，必须在铃声响三声内接起电话，并说："您好，XX（分机号码或部门名称），其他说法同以上。

（2）打电话：

①打电话的第一句应为"您好！我是 XX 公司的某某，请麻烦您帮我找一下 XX 先生/小姐，好吗？"，也可称呼职位，但不可直呼其名；

②如打错电话时说"对不起，我打错了！"，不要一声不吭挂上电话；

③打完电话后用"拜托！""谢谢！""拜托你了！""再见！"等寒暄语结束，然后再轻轻地挂上电话。

5.3.12 消防设备的控制和管理及环境要求。

5.3.12.1 消防栓应经常擦洗，且其前 1 米处不可堆有障碍物，须用红色油漆或红色胶带予以标识。

5.3.12.2 灭火器须定期点检，气压不足时，应立即更新或重新充气。

5.3.12.3 如有消防水池须定期检查，保持水位足够（以水量充足为原则），出水阀门应能随时打开。

5.3.12.4 严禁使用汽车或其他低燃火点的石油分馏物洗涤设备及其零件。

5.3.12.5 任何时刻不得在严禁烟火区域内吸烟或携带火种。

5.3.12.6 搬取或携带汽油、煤油及各种易燃易爆物品限用安全油罐或其他有加盖的金属容器。

5.3.12.7 一切消防设备，不得用于非消防目的的工作上。

5.3.12.8 设备、材料和物品的堆放，不得妨碍消防设备的取用。

5.3.12.9 电气设备着火时，若非确信电源已切断及附近无其他电器设备，不得使用水来进行扑灭和抢救，应用灭火器或沙子来进行扑灭和抢救。

5.3.12.10 在不通风之处使用四氯化碳进行救火时，易发生中毒意外，使用人于数分钟内应迅速奔往通风处；火灾扑灭后，须先加以通风，方可容许其他人员进入。

5.3.13 对物的安全因素的控制和管理要求。

5.3.13.1 对有机溶剂、剧烈物品、有毒物品、易燃易爆物品的控制和管理。

（1）保管地点是否标明了保管物品的内容及责任者，是否按类别进行整理、隔离和保管；

（2）容器是否有加防护盖，以防止其蒸发，是否有溢流、泄漏等不良现象；

（3）油废棉纱头是否保存在带加防护盖的不燃容器内；

（4）贮存仓库是否定期进行点检，是否备有消火栓或灭火器；

（5）使用场所的通气、换气或局部排气装置是否运转正常；

（6）操作强酸、强碱、纯碱等有毒物质的工作人员，须接受严格的工作教导培训，并使用适当的保护和防护设备；

（7）有毒溶液的气体仍然有毒，操作人员应按公司规定设法避免呼吸此类气体；

（8）取用酸、碱等化学物品的工作人员必须按公司规定使用防护用品（如：戴橡皮手套、安全眼镜，使用面罩、橡皮裙或胶鞋等）；

（9）有机溶剂、剧烈物品、有毒物品等应贮藏在阴冷、通风之处，且容器内不可混入易燃性物质；

（10）轻拿轻放，避免震动；

（11）充装溶液不宜装满，应留有溶液自由收缩余地；

（12）若遇有泄漏，应及时对其进行处理；

（13）使用盛装过的有机溶剂、剧烈物品、有毒物品等空桶时，应使用相关清洗剂将其清洗干净后再使用。

5.3.13.2 对油类物品的安全控制和管理。

（1）油废棉纱头是否存放在带有加防护盖的不燃容器内；

（2）如果有油类洒落在地面上，是否立即擦掉或对其进行处理；

（3）油类贮存的周围是否有烟火现象发生；

（4）不能在油类贮存的周围进行带火作业（如焊接等）。

5.3.13.3 对机器、电气设备的安全操作和管理。

（1）非指定的工作人员不得开动马达及其他电动机械、设备，如遇有故障或不正常的情况，应立即通知有关部门进行处理；

（2）保险丝熔断时，应通知设备管理人员进行修换，但遇紧急情况且在220伏特以下（包括220伏特）时，由主管指定的人员进行修换（此项人员须熟悉电气相关知识及其操作者）；

（3）所有电动机器及电动工具的外壳必须接地，且对其接地线路应定期进行检查，以确保其接触良好；

（4）不要擅自修理电气线路及设备，见有故障，如过热、火花或马达冒烟时，应立即切断电源，并将其报告主管后通知有关人员进行修理；

（5）临时电源使用前必须加以检视，有无绝缘不良、破皮等，避免将其绕于手臂或携带于身体任何部位进行作业；

（6）应将所有固定电源视作电的活线，不可把身体与搬运物与其进行接触。不可太相信电线外面有包皮可以保险而不会触电；发现由电线杆上落下的线，应立即通知电气管理人员进行处理，切忌不可用手去拿和接触；

（7）再度发生保险丝熔断或控制器跳开必有原因，应立即先报告部门主管，然后通知电气管理人员处理；

（8）电气机器加油量应求适量，过多过少都易造成异常现象发生；

（9）若站于潮湿的场所或金属物上，切记不可用潮湿的手去接触电气设备及其带电部分；

（10）应禁止外来人员进入变电室及设有围栅的变压器室；

（11）凡有电线通过的工作场所的地面，如有人来往时必须加安全防护盖进行掩盖；

（12）不得用铜线等金属丝代替保险线；

（13）设备的安全罩、联锁、区域传感等措施有不完善的地方时，应报告部门主管，然后通知电气管理人员处理；

（14）设备的安全装置措施是否完善，尤其是干燥机的温度是否过高，机械手、自动运转设备的防灾措施是否完善。

5.3.13.4 对修理设备及工程设施的安全控制和管理。

（1）非自身操作的设备或未经主管授权操作的设备一律不得擅自进行操作；

（2）不对转动中的设备做较大的修理作业，若须在转动的设备的近旁处进行作业，则操作人员与设备间须设有适当的隔离防护设施；

（3）除经常操作上必须做调整外，一切调整或加油等工作，均应等设备完全停下之后进行；

（4）不用手去触摸设备的转动部分；

（5）禁止使用不适当的代替品，如：以汽油桶充当支架或工作台，以扳手当榔头，以木箱当阶梯等，以避免发生安全事故；

（6）工作人员不许搭乘吊车或起动车辆悬吊或搬移物品的电梯；

（7）铁链不可用打结或加螺丝的办法以缩短或接长；

（8）各种起重吊车及启重机械的操作人员，应注意他人的安全，使用适当的信号或音信，以引起他人的注意，并设法保持钢索在卷筒上排列整齐；

（9）非事先征得经营主管同意，任何人均不得在酸碱、有毒及易燃气体、易爆物品、高压设备上从事任何修理或调整等作业。

5.3.14 对人的安全因素之教育和预防。

5.3.14.1 对主管的安全责任要求。

（1）主管人员应承担防止意外事故的责任；

（2）主管应以身作则遵守安全卫生须知；

（3）主管应教导及监督部属和员工遵守安全卫生须知；

（4）发生意外事故时，主管应立即联络厂务人员及公司高层管理者共同谋求改善；

（5）各主管对属下应施以正确的安全工作方法教导和培训；

（6）应使属下确能熟练而安全地完成指定任务；

（7）对于新进人员或由其他部门调用的人员，应注意其精神体力是否适合其工作；

（8）对新进人员应详细解释与其有关的安全工作法和注意事项。

5.3.14.2 对员工/干部个人安全行为责任的要求。

（1）切实遵守公司所规定的安全卫生须知；

（2）依照规定的标准/方法进行工作，或按上级指示的方法进行工作，不得擅自改变工作方法；

（3）非个人所负责操作的机械、设备，不得擅自操作他人的设备；

（4）任何时刻不得无故逗留或徘徊于他人的工作区域；

（5）放置工作上所需的物料于货架上、高塔上或其他高处时，应确保不绊倒他人或跌落以避免击伤他人；

（6）若需从高处抛下物体，应禁止地面上有人通行和在此作业；

（7）移动一个设备或货架时，须先将放置其上的未固定物体取下；

（8）不得于厂内/工作场所到处奔跑、嬉戏、搞恶作剧或有其他妨碍秩序的行为；

（9）不可使用压缩空气设备中产生的空气用来清除身上的灰尘或将压缩空气管指向他人；

（10）行走时，不可为谋取捷径而穿越生产操作区域或与安全有关的工作场所；

（11）不在工作区域中的高架吊车下或悬空重物下走动或进行作业；

（12）若发现漏油、漏气之处不健全及已损坏的梯子、平台、栏杆及其他不安全的环境时，应随时报告部门主管或厂务人员；

（13）不使用不健全的工具、机械或设备；

（14）推门出入时，不得用力猛推，以免撞及从对面而来的人；

（15）安全通道、安全门出入口前后必须保持畅通，不得以任何理由进行物品堆置而妨碍通行；

（16）应尽量避免从正在施工中的搭架或其他高架下走过、通行；

（17）上下阶梯或行走于容易滑跌之处须特别小心，以免摔倒；

（18）搬运物体的伤害最多，在搬运物品时应特别小心；

（19）搬运货物专用的电梯或吊车，应禁止任何人员以任何理由进行搭乘；

（20）每一员工都须为防止意外事故尽其应尽的一份责任，并劝勉他人并要求其遵守安全须知；

（21）熟记工作场所的出入口、安全门位置，紧急情况发生时，必须遵守秩序，听从指挥。

5.3.14.3 对工作/作业服装的安全管理。

（1）在指定的工作场所佩戴使用安全帽；

（2）在工作时，身上不得带有锐利或尖锐的物品。

（3）在操作、搬运发热的油类或其他物体以及进行救火时，必须穿着足以遮蔽全身的衣服，戴适当的安全工作帽，不得将袖子、裤管卷起；若须穿着其他特殊的服装进行作业时，须由公司统一购置和使用；

（4）操作或修理一部转动机器或在近旁工作者，不应打领带、悬垂袖口或穿过宽的工作衣服，使用砂轮或其他无覆盖的高速度转动设备时，勿戴手套进行作业；

（5）不穿鞋跟高于 10 厘米的鞋子；不穿过于宽大、有悬垂装饰的衣裙或奇装异服。

5.3.14.4 对安全保护用品（安全帽、眼镜、口罩、耳塞）的管理。

（1）正确佩戴工作场所规定的安全帽、眼镜、耳塞、口罩等；

（2）按公司规定及时更换工作场所所使用的过滤用品；

（3）随时备有安全保护备用品；

（4）对安全保护用品是否有指定固定的保管地点，并对其进行正确的保管。

5.3.15 对工作环境因素的安全控制。

5.3.15.1 对公司安全维护及其标志的管理。

（1）为搬运、修理设备等工作的便利须暂时拆除地板、地面的盖孔或栏杆时，应设法加以适当的随时围护栏，待工作完毕后立即复原；

（2）一切设备及围护栏杆，不得用作支架或棍棒，当作起重绳索；

（3）在人行道、通道或可能有人通过的工作场所进行工作，或不论其工作是在楼梯上、平台上或管架上，一律应设"有人在上面工作"的警告牌于作业场所内；

（4）存放或使用强酸、强碱、汽油及其他危险物品的场所及设备均应设立危险标志。

5.3.16 对工作管理上的因素控制。

5.3.16.1 对工作现场的安全伤患救护之管理。

（1）火中救人，营救者须先将自己的衣裤浸湿，并以湿巾缠裹头部，如营救者衣服着火，可倒地滚熄，切勿慌张奔跑；如伤者衣服着火而不能打滚时，应立即取被毯之类覆盖其身上使火熄灭。

（2）救护中毒者，如需进入有毒气体充塞的场所，应佩戴防毒面罩并使用安全绳索，一端绕在营救者后臂，另一端由室外救护人员拉住。

（3）救护触电伤者时，如电气开关近身，应立即切断其电源，否则使用长而干的木/塑料手杖、干木棍、干绳索、干布或其他良好的绝缘物体，使伤者与电源断开。

（4）救护卷入转动设备的伤者时，应先切断电源，使设备停止运转，而后尽快将伤者移出事故发生的地点。

5.3.17 不可控因素的控制，如自然灾害、地震、台风、风暴、水灾、火灾等在即将发生前应采取紧急措施，以使公司财产损失减到最低。

5.3.18 厂房设施卫生区域的环境要求。

5.3.18.1 厂房设施卫生区域须安排人员定期清扫与整理。

5.3.18.2 厂房设施卫生区域须定期使用《工作环境检查表》进行点检。

5.4 工作环境实施。

5.4.1 每班上班生产前及下班生产结束后，须对其工作区域地面、工作桌内外、机器设备（包括测量设备）、内外/原物料存放区、废料箱及周边环境进行清扫工作，并与生产过程中随时保持其工作区域环境整洁有序，下班时须做好交接班记录。

5.4.2 必要时，须设专人每天对各生产现场、车间及厂房的工作区域的环境进行清扫。

5.4.3 各生产过程中，不合格品及其他生产废料必须放置于废料箱中或指定的地点，其具体作业由相关部门按《不合格品输出管理流程》进行作业。

5.4.4 外购/外协件、在制品（半成品）、成品、包装材料必须整齐放置于指定区域，并对其以标签或标识牌予以明确标识，严禁将其零乱堆放。

5.4.5 除当班生产所需的推车外，其他工序的推车、出货台车必须分类停放于推车存放区内，不得随意乱停、乱放。

5.5 与工作环境管理有关的质量记录的保存与列管，由相关部门依《成文信息管理流程》进行。

6. 相关记录

6.1 《工作环境检查表》

表 7-28  工作环境检查表

QR7.1.4-01　　　　　　　　　　　　　　　　　　　　　　　　　　　　　No：

被检查部门：＿＿＿＿＿＿　　　检查区域：＿＿＿＿＿＿　　　责任人员：＿＿＿＿＿＿

| 检查区域 | 标准分／责任人 | 检查项目 ||||||||| 检查得分 | 不符合记录 |
|---|---|---|---|---|---|---|---|---|---|---|---|---|
| ||地面通道|门窗墙面|办公桌椅|书柜货架|机器设备|工装量具|加工物料|生产产品|通风照明|文件资料|||
| ||10|10|10|10|10|10|10|10|10|10|||
| |||||||||||||||
| |||||||||||||||
| |||||||||||||||
| |||||||||||||||
| |||||||||||||||
| |||||||||||||||
| |||||||||||||||
| |||||||||||||||
| |||||||||||||||
| |||||||||||||||
| |||||||||||||||
| |||||||||||||||
| |||||||||||||||
| |||||||||||||||
| 说明 | 由办公室组织"工作环境检查小组"每周检查一次。||||||||||||

检查人员：＿＿＿＿＿＿　　　检查日期：＿＿＿＿＿＿

## 第7章 支　持

### "7S"管理规定

文件编号：QM/WI16　版本/改数：A/0　生效日期：20××年××月××日　　第×页/共×页

1. 目的

为改善企业工作现场，给员工提供一个文明、整洁、有序、高效、盈利、安全、舒适的工作环境。强化基础管理，提升全员的素质，提升企业形象，加强企业竞争力。

2. 适用范围

办公场所、生产现场、库房、仓储、厂房区域、生活区等，凡与本公司有关的区域。

3. 定义

3.1 整理（SEIRI）

3.1.1 定义：将工作场所的任何物品都分为要用与不要用的，除了有必要留下来的物品以外，其他物品都清除或放置在规定地方。

3.1.2 目的：腾出有效使用空间，改善和增加作业面积，消除混放、混料等差错事故，提高工作效率。

3.1.3 实施步骤：

3.1.3.1 全面检查自己工作场所及范围，明确所有物品。

3.1.3.2 制定分类标准，对物品分类。

3.1.3.3 将所有物品分为如下几类：

（1）不再使用的。

（2）使用频率很低的。

（3）使用频率较低的。

（4）经常使用的。

将 a 类物品处理掉，b、c 类物品放置储藏处，d 类物品留置工作场所。

3.1.3.4 依据必要品和不必要品判定标准，果断清除、抛弃不要品、无用品、废品。将其他物品按照"最经常使用的物品放置于最容易取得的地方原则"分类放置于指定位置。

3.1.4 注意要领：检查要仔细、全面，包括所有可移动物品；物品的价值是指其"现有的使用价值"，而不是其"原有的购买价值"；清除要坚决、及时，不要因为它们可能以后有用或觉得丢掉可惜，而占用你大量的空间。

3.1.5 补注：空间是可以整理出来的。在"7S"推行中，有人或许会强调："我的空间就这么一点大，物料太多，哪有条件整齐摆放？"其实，这种观点是种误解，空间有限的原因正是缺乏整理、整顿，急需做"7S"，怎么整理、整顿，怎么克服空间有限的实际困难才是要面对的问题。

3.2 整顿（SEITON）

3.2.1 定义：合理放置必要物品。把留下来的必要物品加以分类，定点、定位、定量放置，并放置整齐，明确标示。

3.2.2 目的：工作场所清楚明了、一目了然，创造出整整齐齐的工作环境，减少找寻物品的时间，也是提高效率的基础。

3.2.3 实施步骤：

3.2.3.1 空间、货架清理后，需要做一次整体分配和规划。对可供放置物品的场所进行规划，划分成若干区域，必要时应准备最低空间备用。

3.2.3.2 将必需品在上述区域摆放整齐，分区、分类、定名、定位、定量存。

3.2.3.3 绘制定置图，绘制的原则有：

（1）现场中的所有物均应绘制在图上。

（2）定置图绘制以简明、扼要、完整为原则，相对位置要准确，区域划分清晰鲜明。

（3）生产、办公现场暂时没有，但已定置并已决定制作的物品，均须在图上加以说明并标示出来，准备清理的无用之物不得在图上出现。

（4）定置物可用标准信息符号或自定义信息符号进行标注，并在图上加以说明，但应根据定置关系的变化随时进行修改。

3.2.3.4 必要时还应将区域及其物品类别进行标识。

3.2.3.5 多用容器纸箱存放，摆放立体直角。在保证安全的基础上，空间利用以立体为主。

3.2.4 注意要领：首先考虑通道的畅通及合理；尽可能将物品集中放置，减少物品的放置区域；采用各种隔离方式隔离放置区域，合理利用空间；尽可能将物品隐蔽式放置；大量使用"目视管理"，标识要清楚明了，方便让任何人都能简单查找。

3.2.5 补注：目视管理即通过视觉导致人的意识变化的一种管理方法，强调使用颜色或标识，以达到让使用者"一目了然"的目的。

3.3 清扫（SEISO）

3.3.1 定义：将工作场所及工作用的设施清扫干净，保持工作场所干净、亮丽。彻底清洁工作场所内物品，防止污染源（污迹、废物、噪声）的产生。

3.3.2 目的：保持干净、明亮的工作环境，保持良好的工作情绪；稳定品质；并杜绝污染源的产生，以保证员工产生愉快的心情。

3.3.3 实施步骤：

3.3.3.1 划分员工清洁责任区域；各部门、各区域将工作环境用平面图划分到各班组。自己使用的物品，如设备、工具等，要自己清扫，不要依赖他人，不增加专门的清扫工。

3.3.3.2 清扫地面、墙板、天花板等所有物品。

3.3.3.3 对机器工具彻底清理、润滑，对设备清扫应结合设备的日常点检和保养。

3.3.3.4 杜绝污染源，禁止跑、冒、滴、漏。异常状况发生时，必须查明原因，并采取措施加以改进，不能听之任之。

3.3.3.5 对破损的物品进行修理。

3.3.3.6 明确污染源，采取措施杜绝或隔离。

3.3.4 注意要领：责任区域的划分应包括室内室外，员工负责区域中及区域间无死角；清洁应由上而下，按步骤进行；清洁工具应常备、齐全；清洁工作应日常化、制度化。通过清洁过程，使员工更熟悉物品的放置位置。

3.4 清洁（SETKETSU）

3.4.1 定义：将上述"3S"实施步骤制度化、规范化，并辅以必要的监督、检查、奖励措施。

3.4.2 目的：通过制度化来维持成果，培养员工正确的工作习惯，长期维持并保留以上"3S"成果。

3.4.3 实施步骤：

3.4.3.1 将以上"3S"步骤制定成标准工作文件；"7S"推行小组同各部门抽出人员管理参与清扫和巡查，各部门推出"问题看板"。

3.4.3.2 设立要求标准，制定奖罚办法，订立例行扫除制度。

3.4.3.3 定期检查；进行寻找、控制污染源活动；针对清扫中积尘较多、污染严重的部位，研究对策和防范措施。

3.4.3.4 严格执行奖罚制度；阶段性清扫检查评分；执行例行清洁，达到"四无标准"（无废物、无污迹、无尘灰、无死角）。

3.4.4 注意要领：将上班"7S"五分钟、下班"7S"五分钟列入制度中；标准的制定应明确，使新进员工能够很快理解并执行；由部门组长带头坚持执行标准，定期检查，以带动全员重视；实际奖励与实际惩罚并重，并严格推行，及时发挥"7S"管理的正面效果。

3.4.5 补注：坚持"3不要"的原则，即不要放置不用的东西，不要弄乱，不要弄脏；不仅物品需要清洁，现场工人同样需要清洁；工人不仅要做到形体上的清洁，而且要做到精神上的"清洁"。

### 3.5 素养（SHTSUKE）

3.5.1 定义：采取各种方式，使每位员工从心态上养成好习惯，并严格遵守企业规则，培养员工主动、积极、向上的工作态度和状态。

3.5.2 目的：培养出具有良好职业习惯、遵守规则的企业员工；营造企业氛围，培养员工团队精神。改变"人质"，养成工作讲究认真的习惯。

3.5.3 实施步骤：

3.5.3.1 召开员工会议，由员工讨论议题，提出操作制度及标准。

3.5.3.2 制定礼仪用语，要求员工应遵守出勤、作息时间；注意自己的仪表、言谈和工作态度，养成礼貌接听电话的习惯。工作应保持良好的状态（如不可以随意谈天说笑、离开工作岗位、看小说、打瞌睡，坐在产品部件或其他地方听音乐、吃零食等）。

3.5.3.3 服装整齐，有良好的精神状态。

3.5.3.4 待人接物诚恳有礼貌。

3.5.3.5 爱护公物，用完归位。

3.5.3.6 保持清洁。

3.5.3.7 乐于助人。

3.5.3.8 举行强化周、强化月活动。推行《岗位承诺书》，责任到人。增进全员工作责任感。"7S"推行小组人员由各部门推荐。各部门主管每天对本部门进行"7S"自查。"7S"推行小组制定巡查记录表。巡查结果记录于《"7S"验收检查问题汇总表》上，每月"7S"推行小组将定期或不定期对各部门进行检查，对有问题的部门及人员，将检查结果在公告栏上曝光，注明责任部门或责任人，制定整改期限。

3.5.4 注意要领：对各项活动的实施要激发员工的参与热情；采取的措施包括制定服装、仪容、上岗证标准；制定共同遵守的有关规定、规则；制定公司员工礼仪手册；新员工培训；举办各种精神提升活动（早会、礼貌运动等）；组织集体活动。

3.5.5 补注：员工良好的职业素质包括尊重他人、爱护公司财物、遵守企业制度、有强烈的时间观念、待人大方得体、保持长期良好的学习态度、真诚等。

### 3.6 安全（SAFETY）

3.6.1 定义：指企业在产品的生产过程中，能够在工作状态、行为、设备及管理等一系列活动中给员工带来既安全又舒适的工作环境。

3.6.2 目的：保证企业确保人身、设备、设施、信息安全，确保无事故发生，预知危险，防患未然。

3.6.3 实施步骤：

3.6.3.1 加强作业人员安全意识教育，签订安全责任书。

3.6.3.2 安全技能培训。

3.6.3.3 执行安全操作规程，宣传防护措施。

3.6.3.4 生产车间要坚持每周一次的安全日活动。

3.6.3.5 建立安全巡逻制度。

3.6.3.6 对不合安全规定的因素及时举报消除。

3.7 节约（SAVE）

3.7.1 定义：减少企业的人力、成本、空间、时间、库存、物料消耗等因素。

3.7.2 目的：提高生产效益，缩短加工周期，降低制造成本。

3.7.3 实施步骤：

3.7.3.1 能用的东西尽可能利用；

3.7.3.2 以"自己就是主人"的心态对待企业的资源；

3.7.3.3 切勿随意丢弃，丢弃前要思考其剩余价值再次使用的可能性。

3.7.4 注意要领：对时间、空间、能源等方面合理利用，以发挥它们的最大效能，从而创造一个高效率的、物尽其用的工作场所。

3.7.5 补注：从管理人员到普通员工，都要养成降低成本的习惯，从产品设计到售后维护要考虑降低成本，从材料采购到产品生产要考虑降低成本，从安排生产计划到生产完工也要考虑降低成本。

4. 职责

4.1 "7S"推行小组（由"7S"专员及各部门主管组成）及职责

4.1.1 审查各生产现场区域并要求纠正，按《"7S"检查表》进行奖罚，有权对纠正问题进行复审，并对区域责任人进行考评。

4.1.2 遵照评审程序对生产现场区域进行审核，做出相应结论，对所发现的问题点监督，帮助现场区域责任人进行纠正整改，并制订优化整改措施，落实到位，复审结果。

4.2 "7S"专员职责

4.2.1 确认"7S"活动是公司管理的基础；

4.2.2 参加"7S"活动有关教育训练与观摩；

4.2.3 以身作则，展示企业推动"7S"的决心；

4.2.4 担任公司"7S"推行组织的领导者；

4.2.5 督查有关"7S"活动检讨问题点；

4.2.6 掌握"7S"活动的各项进度与实施成效；

4.2.7 定期实施"7S"活动的上级诊断或评价工作；

4.2.8 主持各项奖惩活动,并向全员发表精神讲话。

4.3 各部门主管"7S"职责

4.3.1 结合公司的行动目标,学习"7S"知识、技巧;

4.3.2 负责本部门"7S"活动的宣传、教育工作;

4.3.3 划分部门内部"7S"责任区域;

4.3.4 依公司"7S"活动计划表,制订本部门活动计划;

4.3.5 督促部属的清扫点检及进行安全巡查;

4.3.6 分析和改善"7S"活动中的问题点;

4.3.7 检查员工服装仪容、行为规范。

4.4 员工"7S"职责

4.4.1 及时处理不要的物品并集中于规定的场所,不可使其占用作业区域;

4.4.2 在规定的地方放置工具、物品,保持通道畅通、整洁;

4.4.3 灭火器、配电盘、开关箱、电动机、空调机的周围要时刻保持清洁;

4.4.4 物品、设备要仔细、正确、安全地放置,较大较重的堆在下层;

4.4.5 不断清扫自己的责任区域,保持清洁;

4.4.6 积极配合主管的工作。

4.4.7 做好水、电、气等资源节约工作,节约物料、产品、工时等。

5. 实施步骤

5.1 实施前预备工作

5.1.1 公司进行全员培训、讲解、贯彻、宣导。

5.1.2 区域尽可能详细划分,根据部门特性与班组分布情况,将车间现场划分成小区域,责任到各生产班组,各班组根据具体区域情况再进行细分,责任落实到具体个人。制作各责任区域平面图、指定责任人。

5.1.3 制作看板,宣传、张贴7S的标语。

5.2 实施计划

5.2.1 按部门依次推行并实施。

5.2.2 第一阶段的活动分三个时期:导入期、成长期以及稳定期。到期前重新检讨修订第二阶段的计划,持续挑战。

5.2.3 推行小组不定时组织"7S"现场检查。

5.2.4 评比整顿每月评比一次,每年3月定期举行整顿月活动,各部门要集中改善一些以往由于各种原因不方便改善的地方。每半年至少开展一次,针对整理、整顿、清扫、清洁、素养、安全、节约进行实施评价活动。

5.2.5 开展多样化的"7S"活动宣传、培训活动，新员工入厂，均要接受1小时以上的"7S"培训；推进小组定期召开7S讨论会，并利用宣传栏积极开展"7S"宣传。

5.3 日常工作要求：

5.3.1 作业现场须悬挂"7S"定置规划图，所有物品按图的要求摆放，用完随时归位，并进行整理、整顿，保证现场没有无用或长久不用的物品。

5.3.2 设备按规定要求定期进行检查，并认真填写记录。下班前，将设备清洁干净，设备周边地面不得有垃圾、油迹等其他杂物。

5.4 检查细则

5.4.1 工作区域的环境（整理、整顿、清扫、清洁）要求。

5.4.1.1 工作台面除了工作必需的产品、设备、工具外，不得有其他杂物，要随时进行清理（如加工产生的废弃物）。

5.4.1.2 没有"死角"或凌乱不堪的地方。

5.4.1.3 没有闲置或不能使用的输送带、推车、台车、叉车、机器、设备、工装、模具、夹具、物品等。

5.4.1.4 没有闲置于各区域的清扫用具、垃圾桶、材料箱、纸箱、容器、油桶、漆罐、油污等。

5.4.1.5 工具、量具与设备每日使用后必须进行清洁与保养，擦除附在上面的油污与灰尘，以提高工具及设备的使用精度与寿命。

5.4.1.6 设备状况显示清楚，暂时停机要挂"暂停使用"卡，故障损坏要挂"待维修"卡。

5.4.1.7 档案柜应注明档案、物品种类。

5.4.1.8 物品料架名称、规格标示清楚，保持料（物）架物品整洁。

5.4.1.9 不合格品要标示、隔离，并做不合格内容标识说明。

5.4.1.10 生产计划看板、员工状态看板、活动宣传看板、质量看板做到书写规范、整洁，过期内容随时移除。

5.4.1.11 使用抹布、拖把、扫把定时清扫工作场所/车间/厂房的地面、塑料板、工作台、机器设备、测量设备等。

5.4.1.12 生产场所内不可置放两日内不使用的物料。

5.4.1.13 零件、外购/外协件、在制品（半成品）、成品或材料应将其置于周转车上、塑料筐或其他容器内，不可直接将其置于地面上，并且对其标识。

5.4.1.14 备件等物品不可掉于地上。

5.4.1.15 经常清理地面，使其清洁、干净、不可有油渍（油污）或水渍。

5.4.1.16 消防栓与公告栏前均不可有障碍物。

5.4.1.17 生产场所内不可有"没有必要"的架子或屏障影响现场的视野。

5.4.1.18 工位器具（工具箱、工作台、踏脚板、在制品塑料/筐板等）均须按规定位置摆放，不能超出规定的标准线。

5.4.1.19 各班组、办公室使用的记录表、记号笔、包装袋、涂改液、资料文件、水杯等必须及时整理并定点存放。

5.4.1.20 车间现场车行道、人行道及安全通道要畅通，地面应平整无破损。

5.4.1.21 地面、墙壁、工具箱内外、工作台上下均须保持整洁，工作场所不准放置与工作无关的物品。

5.4.1.22 工具用完须及时放入指定位置，不得直接放在工具车或桌子上，工具箱中工具必须整齐摆放。

5.4.1.23 检测仪器、器具、备件应放置有序，位置适当，便于使用和操作，防止磕碰伤。

5.4.1.24 物品在摆放时做到"一次摆放到位"，合理利用柜、架等载体工具，减少重复劳动和时间浪费。

5.4.2 通道的特殊要求。

5.4.2.1 尽量避免弯角，搬运物品采取最短距离。

5.4.2.2 通道的交叉处应尽量使其呈直角。

5.4.2.3 左右视线不佳的道路交叉处尽量予以避免。

5.4.2.4 在通道上不可停留和存放任何物品。

5.4.2.5 要时常保持通道地面干净、平整无破损，有油污时应立即清除。

5.4.2.6 安全出口必须畅通，不可堵塞，并且要有"安全出口"标示。

5.4.3 工作区域的素养要求。

5.4.3.1 现场使用的文件现行有效，文件、记录保管整洁完好，填写的记录完整、清楚。

5.4.3.2 生产员工进厂区须仪容整洁，精神状态佳，充满活力，男同志不得留长发、胡须。

5.4.3.3 生产员工进入生产现场必须穿工作服、工作鞋，佩戴工作证上岗，戴工作帽，严禁穿背心、裙子、拖鞋、高跟鞋上岗操作。

5.4.3.4 各种规则或约定目视化，让规则和约定一看就懂。

5.4.3.5 厂区内严禁吸烟，不准随地吐痰，乱扔垃圾。

5.4.3.6 生产员工有时间观念，当班时间抓紧，交给的任务及时完成，不拖拉。上班不迟到，上班不做下班准备，开会不迟到。

5.4.3.7 生产员工有团队精神和集体荣誉感，积极开展质量技术攻关和合理化建议活动。

5.4.4 工作区域的安全要求。

5.4.4.1 需要佩戴防护器具上岗的工人，必须使用防护器具才可上岗操作。

5.4.4.2 定期检讨，检查安全隐患，及时发现，及时解决。

5.4.5 工作区域的节约要求。

5.4.5.1 加工多余的边角料要在控制范围，不能随意产生；

5.4.5.2 在规定作业时间内完成工作后，积极准备下步工作，或向上级汇报，申请新的工作，利用好时间；

5.4.5.3 产品加工完成，设备及时关停，防止设备及能源损耗。

5.4.5.4 节约用水、用电、用油，长时间离开要关闭灯、空调、风扇等电器。取完油料后要及时关闭阀门并检查是否泄漏。

6. 考核

6.1 要求

6.1.1 "7S"推行小组每次检查后填写《"7S"整改通知书》，各职能部门每天按《"7S"管理评分表》自查。

6.1.2 "7S"推行小组定期和不定期对各职能部门作业现场的人员、产品、设备、物料、通道等"7S"执行情况（是否有记录、记录是否真实等）进行检查，并填写《"7S"管理评分表》，作为评比依据。

6.2 奖罚

每月由"7S"推行小组根据检查《"7S"检查表》的内容进行打分，评出"7S"先进部门，给予奖励，最差部门接受处罚。

6.2.1 评审总分 80 分及以上的部门每人奖励 100 元，主管奖励 150 元；

6.2.2 评审总分 61~79 分以上的部门发给限期整改通知书；

6.2.3 评审总分 60 分及以下的部门发给限期整改通知书，每人罚款 50 元，主管处罚 100 元。

7. 记录

《"7S"检查表》

《"7S"整改通知书》

表7-29 "7S"检查表

QR7.1.4-02　　　　　　　　　　　　　　　　　　　　　　　　　　No：

被检查部门：＿＿＿＿＿＿＿　　检查区域：＿＿＿＿＿＿＿　　责任人员：＿＿＿＿＿＿＿

| "7S"名称 | 具体项目 | 规范要求 | 标准分数 | 检查得分 | 不符合记录 |
| --- | --- | --- | --- | --- | --- |
|  |  |  |  |  |  |
|  |  |  |  |  |  |
|  |  |  |  |  |  |
|  |  |  |  |  |  |
|  |  |  |  |  |  |
|  |  |  |  |  |  |
|  |  |  |  |  |  |
|  |  |  |  |  |  |
|  |  |  |  |  |  |
|  |  |  |  |  |  |
|  |  |  |  |  |  |
|  |  |  |  |  |  |
|  |  |  |  |  |  |
|  |  |  |  |  |  |
|  |  |  |  |  |  |
|  |  |  |  |  |  |
|  |  |  |  |  |  |

检查人员：＿＿＿＿＿＿＿　　检查日期：＿＿＿＿＿＿＿

## 表 7−30 "7S" 整改通知书

QR7.1.4−03　　　　　　　　　　　　　　　　　　　　　　　　　　　　No：

| "7S"小组发出人 | | 通知时间 | | 通知部门 | | 通知人员 | |
|---|---|---|---|---|---|---|---|
| 存在不符合描述（或图片）：<br><br><br><br><br> ||||||||
| 整改要求：<br><br><br><br><br><br>　　　　　要求完成期限：　　　　　　　　　责任部门负责人：　　　　　日期： ||||||||
| 完成情况：<br><br><br><br><br><br><br>　　　　　　　　　　　　　　　　　　　　　责任部门负责人：　　　　　日期： ||||||||
| 验证结果：<br><br><br><br><br><br>　　　　　　　　　　　　　　　　　　　　　　　"7S"小组组长：　　　　　　日期： ||||||||
| 是否有因此而引发创建或更新成文信息：<br><br><br><br><br><br>　　　　　　　　　　　　　　　　　　　　　　　"7S"小组组长：　　　　　　日期： ||||||||

## 反对歧视管理规定

文件编号：QM/WI17　　版本/改数：A/0　　生效日期：20××年××月××日　　第×页/共×页

1. 目的

制定制度，确保公司的所有员工在聘雇阶段中不受各级组织歧视，加强社会责任。

2. 范围

公司全体员工。

3. 程序

3.1 不论在招聘工作或生产劳动过程中，任何部门的管理人员对所有员工必须一视同仁，不得有针对性歧视行为。

3.2 男女同工同酬，凡由于生产或工作需要符合招工条件的妇女，享有男女平等的就业权利，在录用员工时，除国家规定的不适合妇女的工种或者岗位外，不能以性别为由拒绝录用妇女或者提高对妇女的录用标准。

3.2.1 严格贯彻执行《中华人民共和国妇女权益保障法》。

3.2.2 由于生产经营工作的变更，需经济性裁员时，按《劳动法》第二十七条和劳动部《企业经济性裁减人员规定》的程序进行。向员工提供经营状况资料→提出裁减方案→征求员工意见→听取劳动部门意见→对被裁减人员支付经济补偿金。

3.3 员工在聘用、补偿、受训、晋升等不因其民族、种族、性别、年龄、宗教、信仰、残疾等而受到歧视。

3.4 本公司在对劳动行政管理部门行使监督检查时，应积极支持配合完成监督检查工作。

3.5 本公司不允许管理人员在任何情况下侵犯员工的基本人权和尊严，不允许强迫性、威胁性、凌辱性或剥削性的性侵犯行为（比如性骚扰），包括姿势、语言和实际的接触。

3.6 员工可以书面或口头形式向公司投诉其遭受的歧视，书面投诉可放入公司门卫处的意见箱内，投诉情况将由公司管理层代表委派人员调查并在15天内对投诉者做出口头或书面答复。

3.7 公司绝不干涉所有员工，遵奉涉及种族、社会阶层、国籍、宗教、残疾、性别取向、工会会员资格和工会的信条规范或要求等的权利，同时绝不会因此受到歧视。

3.8 招聘时禁止强制性验孕。

3.9 公司办公室主管责令通报、执行及确保非歧视政策。

4. 参考文件

4.1 《劳动法》

4.2 《企业经济性裁减人员规定》

4.3 《中华人民共和国妇女权益保障法》

5. 记录

5.1 《员工意见反馈表》

表 7-31 员工意见反馈表

QR7.1.4-04　　　　　　　　　　　　　　　　　　　　　　No：

姓名：_____ 年_____ 月_____ 日_____

| 一、反馈问题： |
|---|
| 二、本人对反馈问题看法： |
| 三、管理部门事实调查：<br><br>签名/日期： |
| 四、处理意见：<br><br>签名/日期： |
| 五、处理结果验证：<br><br>签名/日期： |

## 7.1.5 监视和测量资源

**用何资源？材料/设备/环境**
1. 计算机及网络　2.打印机
3. 监视、测量设备
4. 检测室
5. 适宜的使用和贮存环境

**由谁来做？知识/能力/意识**
1. 过程责任者：质量部
2. 过程相关责任：各部门、车间使用者

**输入：**
1. 监视和测量资源需求计划、一览表、校准计划
2. 计量法规、检定规程
3. 监视和测量资源使用说明书和操作规程
4. 经认可的外部实验室清单
5. 控制计划
6. MSA计划
7. 顾客要求
8. 监视和测量资源失准、维修信息
9. 测量系统变更信息

**7.1.5.1 总则**
当利用监视或测量来验证产品和服务符合要求时，组织应确定并提供所需的资源，以确保结果有效和可靠。
组织应确保所提供的资源：
a）适合所开展的监视和测量活动的特定类型；
b）得到维护，以确保持续适合其用途。
组织应保留适当的成文信息，作为监视和测量资源适合其用途的证据。

**7.1.5.2 测量溯源**
当要求测量溯源时，或组织认为测量溯源是信任测量结果有效的基础时，则测量设备应：
a）对照能溯源到国际或国家标准的测量标准，按照规定的时间间隔或在使用前进行校准和（或）检定，当不存在上述标准时，应保留作为校准或验证依据的成文信息；
b）予以标识，以确定其状态；
c）予以保护，防止由于调整、损坏或衰减所导致的校准状态和随后的测量结果的失效。
当发现测量设备不符合预期用途时，组织应确定以往测量结果的有效性是否受到不利影响，必要时应采取适当的措施。

**输出：**
1. 合格的监视和测量资源
2. 监视和测量资源合格状态标识
3. 校准记录
4. 偏离校准状态处置记录
5. MSA分析报告
6. 测量系统更新措施
————————————————
非预期输出风险
检测数据不准确
产品质量检验结果失效

**如何去做？准则/方法/技术**
1. 监视和测量资源管理流程
2. 检测设备操作规程
3. 检测设备自校规定
4. 监测设备管理规定
5. 实验室管理规定

**绩效指标？测量/监视/评估**
在用测量设备受检合格率100%

图7-5　监视和测量资源—过程分析乌龟图

## 表7-32 监视和测量资源管理流程

文件编号：QM/WI18　版本/改数：A/0　生效日期：20××年××月××日　　第×页/共×页

| 过程流程 | 内容描述 | 采用表单 |
|---|---|---|
| 相关使用部门：新增监视测量设备 → 质检部：审核 | 产品测量设备的选用由使用部门根据需要提出申购，填写"监测设备需求申请单"。质检部对监测设备的选型、技术先进性、适用性、可靠性做出评价并审核 | 《监测设备需求申请单》 |
| 总经理：批准 | 申请部门将评估过的检验设备需求申请单报总经理批准 | 《监测设备需求申请单》 |
| 采购部：监视测量设备采购 | 购买测量设备时由质检部选择合适的供应商采购 | |
| 质检部：验收 | 1.外购测量设备到厂后，由采购部办理入库手续等技术资料文件，由质检部保存<br>2.一般的测量设备由质检部验收并在"监测设备验收单"上签名<br>3.专用检具由技术部验收并在"监测设备验收单"上签名 | 《监测设备验收单》 |
| 质检部：校准 OK/NG | 1.新购买的检验设备内部检验合格后需要经过检定或鉴定，检定合格的测量设备贴上合格标签后才能使用<br>2.公司能自校的按《检测设备自校规定》作业，不能自校的送外校准 | 《校验报告》 |
| 编制操作指导文件 / 批准报废 | 不合格设备报总经理批准报废处理 | 《监测设备报废单》 |
| 使用管理 ← 标识发放 | 1.对检验设备进行标识，包括编号及有效期等，纳入检验设备台账并整理校准报告，发放到相关使用部门、使用者<br>2.在使用过程中，当发现设备存在缺陷时，使用部门应确定是否对以前测量结果的有效性产生负面影响，进行重新检测已出厂的产品 | 《监测设备台账》《监测设备管理卡》 |
| 校准计划 | 编制"监测设备周期检定计划"，并按检定计划委外检定，并记录于相应的检定记录表上 | 《监测设备周期检定计划》 |
| 送校 | 质检部按照监测设备校验周期表确定监测设备检定日期，并负责委外鉴定或检定 | |
| 校准 OK/NG | 检定合格后重新编制"监测设备周期检定计划"，确定下次检定或鉴定时间 | 《监测设备周期检定计划》 |
| 标识发放 / 批准报废 | 1.不合格设备报总经理批准报废处理<br>2.对监测设备进行标识，包括编号及有效期等，纳入监测设备台账并整理校准报告，发放到相关使用部门、使用者 | |
| 定期检查 | 质检部的监测设备管理员，每月对所有监测设备进行一次检查，发现问题及时采取措施 | 《监测设备定期检查记录》 |
| 记录归档 | 记录由质检部负责归档 | |

表 7-33 监测设备需求申请单

QR7.1.5-01　　　　　　　　　　　　　　　　　　　　　　　　　No：

请购单位：_____　年_____　月_____　日_____

| 编号 | 品名/规格 | 单位 | 数量 | 需求日期 | 请购原因简述 |
|---|---|---|---|---|---|
|  |  |  |  |  |  |
|  |  |  |  |  |  |
|  |  |  |  |  |  |
|  |  |  |  |  |  |
|  |  |  |  |  |  |
|  |  |  |  |  |  |
|  |  |  |  |  |  |
|  |  |  |  |  |  |
|  |  |  |  |  |  |
|  |  |  |  |  |  |
|  |  |  |  |  |  |
|  |  |  |  |  |  |
|  |  |  |  |  |  |
|  |  |  |  |  |  |
|  |  |  |  |  |  |
|  |  |  |  |  |  |
|  |  |  |  |  |  |

| 会审意见 | 办公室 | 生产部 | 销售部 | 质量部 | 技术部 | 总经理 | 董事长 |
|---|---|---|---|---|---|---|---|
|  |  |  |  |  |  |  |  |

| 备注 |
|---|
|  |

核准：　　　　　　　　　　　采购主管：　　　　　　　　　　　请购人：

### 表 7-34 测量设备验收单

QR7.1.5-02　　　　　　　　　　　　　　　　　　　　　　No：

| 设备名称 |  | 规格/型号 |  | 制造厂商 |  |
|---|---|---|---|---|---|
| 出厂日期 |  | 出厂编号 |  | 到厂日期 |  |

1.0 文件资料点收
　　□ 操作说明书 □ 附图 □ 合格证书 □ 质保书
　　□ 其他＿＿＿＿＿＿＿＿＿＿＿＿＿＿＿＿＿保修期限：＿＿＿＿＿年

2.0 附件点收

| 附件名称 | 规格/型号 | 数量 | 备注 |
|---|---|---|---|
|  |  |  |  |
|  |  |  |  |
|  |  |  |  |
|  |  |  |  |
|  |  |  |  |
|  |  |  |  |
|  |  |  |  |
|  |  |  |  |
|  |  |  |  |
|  |  |  |  |
|  |  |  |  |

主管/日期：＿＿＿＿＿＿＿＿＿＿　　　点收者/日期：＿＿＿＿＿＿＿＿＿＿

3.0 实际操作验收

3.1 试机日期：＿＿＿年＿＿＿月＿＿＿日至＿＿＿年＿＿＿月＿＿＿日

3.2 电气/油路/气路/水路/传动：□ 正常 □ 不正常

3.3 试运行：□ 正常 □ 不正常

3.4 铭牌及各种指示仪、信号：□ 正常 □ 不正常

3.5 操作难易程度：□ 简便 □ 较难

3.6 外观：□ 无损坏 □ 有破损

3.7 其他：＿＿＿＿＿＿＿＿＿＿

主管：　　　　　　参与验收人员：

**表 7-35　监测设备报废单**

QR7.1.5-03　　　　　　　　　　　　　　　　　　　　　　　　　　　　　　No：

| 设备名称 | | 设备编号 | | 起用时间 | |
|---|---|---|---|---|---|
| 型号规格 | | 原价格 | | 报废申请人 | |
| 报废原因： ||||||
| 审批意见：<br><br>批准人：　　　　　　　　　　　　　　　日期： ||||||
| 备注： ||||||

## 第7章 支 持

**表7-36 监测设备管理卡**

QR7.1.5-04　　　　　　　　　　　　　　　　　　　　　　　　　　　　No：

| 设备名称 | | 规格型号 | | 编号 | |
|---|---|---|---|---|---|
| 校准日期 | 精确度 | 等级 | 检定单位 | | |
| | | | | | |
| | | | | | |
| | | | | | |
| | | | | | |
| | | | | | |
| | | | | | |
| | | | | | |
| | | | | | |
| | | | | | |
| | | | | | |
| 修理及报废情况记录 | | | | | |
| 备注 | 对于最新采购的计量器具，必须在起用前填写此记录 | | | | |

**表 7-37 监测设备台账**

QR7.1.5-05　　　　　　　　　　　　　　　　　　　　　　　　　　　　　　　No：

| 管理编号 | 设备名称 | 规格型号 | 制造单位 | 管理者（或使用者） | 结论 | 定周期（月） | 启用日期 | 有效期 |
|---------|---------|---------|---------|------------------|------|------------|---------|-------|
|         |         |         |         |                  |      |            |         |       |
|         |         |         |         |                  |      |            |         |       |
|         |         |         |         |                  |      |            |         |       |
|         |         |         |         |                  |      |            |         |       |
|         |         |         |         |                  |      |            |         |       |
|         |         |         |         |                  |      |            |         |       |
|         |         |         |         |                  |      |            |         |       |
|         |         |         |         |                  |      |            |         |       |
|         |         |         |         |                  |      |            |         |       |
|         |         |         |         |                  |      |            |         |       |
|         |         |         |         |                  |      |            |         |       |
|         |         |         |         |                  |      |            |         |       |
|         |         |         |         |                  |      |            |         |       |
|         |         |         |         |                  |      |            |         |       |
|         |         |         |         |                  |      |            |         |       |

编制：　　　　　　　　　　　　　　　　　　日期：

## 表 7-38 监测设备周期检定计划

QR7.1.5-06　　　　　　　　　　　　　　　　　　　　　　　　　　　　No：

| 序号 | 计量检测设备名称 | 型号规格 | 编号 | 上期检定时间 | 年周期检定计划（月） ||||||||||||
|---|---|---|---|---|---|---|---|---|---|---|---|---|---|---|---|
| | | | | | 1 | 2 | 3 | 4 | 5 | 6 | 7 | 8 | 9 | 10 | 11 | 12 |
| | | | | | | | | | | | | | | | | |
| | | | | | | | | | | | | | | | | |
| | | | | | | | | | | | | | | | | |
| | | | | | | | | | | | | | | | | |
| | | | | | | | | | | | | | | | | |
| | | | | | | | | | | | | | | | | |
| | | | | | | | | | | | | | | | | |
| | | | | | | | | | | | | | | | | |
| | | | | | | | | | | | | | | | | |
| | | | | | | | | | | | | | | | | |
| | | | | | | | | | | | | | | | | |
| | | | | | | | | | | | | | | | | |
| | | | | | | | | | | | | | | | | |
| | | | | | | | | | | | | | | | | |

编制/日期：　　　　　　　　　　　　批准/日期：

### 表7-39 监测设备定期检查记录

QR7.1.5-07　　　　　　　　　　　　　　　　　　　　　　　　　　　No：

| 序号 | 设备名称 | 编号 | 没有损坏 | 在有效期内 | 检查日期 | 检查人员 |
|------|---------|------|---------|-----------|---------|---------|
|      |         |      |         |           |         |         |
|      |         |      |         |           |         |         |
|      |         |      |         |           |         |         |
|      |         |      |         |           |         |         |
|      |         |      |         |           |         |         |
|      |         |      |         |           |         |         |
|      |         |      |         |           |         |         |
|      |         |      |         |           |         |         |
|      |         |      |         |           |         |         |
|      |         |      |         |           |         |         |
|      |         |      |         |           |         |         |
|      |         |      |         |           |         |         |
|      |         |      |         |           |         |         |
|      |         |      |         |           |         |         |
|      |         |      |         |           |         |         |
|      |         |      |         |           |         |         |
|      |         |      |         |           |         |         |
|      |         |      |         |           |         |         |
|      |         |      |         |           |         |         |
|      |         |      |         |           |         |         |
|      |         |      |         |           |         |         |
|      |         |      |         |           |         |         |
|      |         |      |         |           |         |         |
|      |         |      |         |           |         |         |

备注："没有损坏、在有效期内"打上"√"；"损坏、不在有效期内"打上"×"

## 监测设备管理规定

文件编号：QM/WI19　版本/改数：A/0　生效日期：20××年××月××日　　第×页/共×页

1. 目的

对测量和监控资源的控制，使其测量能力与要求保持一致，以确保产品和过程测量的正确性。

2. 范围

适用于对产品或过程监视和测量资源的全面控制。

3. 职责

3.1 由质检部负责对监视和测量资源的全面管理控制。

3.2 质检部负责运行检查，确保检验人员能够正确使用监视和测量资源。

4. 要求和方法

4.1 监视和测量设备的识别、采购及验收

4.1.1 根据生产活动的需要配备生产过程所应具备的监视和测量设备。

4.1.2 根据稳定、优质生产的要求，确定监视和测量设备的测量任务及所要求的准确度，选择合适的监视和测量设备。

4.1.3 当使用部门需配置新的监测设备，应根据测量任务所要求的准确度和精密度选择适用的监测设备，并填写《监测设备需求申请单》，报质量负责人审核，总经理批准。

4.1.4 质检部负责将新配置的计量器具的相关资料填入《监测设备台账》，作为验收的过程。

4.1.5 用于监视和测量的计算机软件，应用前及必要时应进行确认与再确认。

4.2 监视和测量设备的初次校准

4.2.1 经验收合格的监视和测量设备，由质检部负责送检由国家法定计量检定部门，经检验合格的监视和测量设备方能发放至使用单位。一般情况下，发放时应贴上由计量检定部门发的"合格"标签，使其校准状态得以识别。

4.2.2 质检部建立《监测设备管理卡》，记录设备的编号、名称、规格型号、精度等级、生产厂家、校准日期、使用地点等。

4.2.3 质检部负责监视和测量设备的发放。

4.3 监视和测量设备的周期校准

4.3.1 为确保计量器具校准状态的有效性，质检部编制《监测设备周期检定计划表》，根据计划执行周期校准。质检部负责联系国家法定计量检定部门进行送校，

校准结果登记在《监测设备管理卡》。校准报告（检定证书）由质检部统一保管。

4.3.2 校准合格的设备，由校准人员贴"合格"标签。校准不合格的，贴"不合格"标签。修理后需重新校准。

4.4 监视和测量设备的使用、搬运、维护和贮存控制

4.4.1 使用者应严格按照使用说明书使用设备，确保设备的完好，防止误操作或设备失效。

4.4.2 使用者在监视和测量设备的搬运、维护和贮存过程中，要遵守使用说明书的要求，做到防止其损坏或失效。

4.4.3 监视和测量设备的校准、修理、报废等应记录在《监测设备管理卡》内。

4.5 监视和测量设备偏离校准状态的控制

4.5.1 发现检测设备偏离校准状态时，应停止检测工作，并及时追查使用该设备检测的产品流向，再评价以往检测结果的有效性，确定需重新检测的范围并重新检测，组织对设备故障进行分析、维修并重新校准，采取相应的纠正措施。

4.5.2 对无法修复或无使用价值的计量器具，由质检部填写《监测设备报废单》，经总经理批准后报废。

4.6 监视和测量设备的环境要求

为确保监视和测量设备的准确性，监视和测量设备的使用部门应负责监视和测量设备的使用环境、条件符合监视和测量设备的使用条件。

4.7 对检测人员的要求

质检部确保监视和测量设备的使用人员有相应的能力、资格，对其进行上岗培训、考核，确保检验员能够正确使用监视和测量设备，能够对其进行必要的日常维护保养。

## 检测设备自校规定

文件编号：QM/WI20　版本/改数：A/0　生效日期：20××年××月××日　　第×页/共×页

1. 目的

为规范自制检测设备的管理，确保产品检验正确，特制定本规程。

2. 适用范围

适用于公司自制检测设备的校准。对于没有国家标准计量的检测设备，也应按本文件要求进行。

3. 职责

3.1 品质部指定计量员负责自制检测设备的校准管理。

4. 相关文件

4.1 监控和测量资源管理流程

4.2 监测设备管理规定

5. 内容

5.1 硬度计的内校规定

5.1.1 结构说明：常用硬度计分为①章氏其计算符号为HV。②布氏其计算符号为HB。③洛氏其计算机符号为HR。三者之结构大致相同。

5.1.2 校验基准：使用外校合格的硬度计进行对比校准。

5.1.3 校准环境及周期：常温、常压，静置2小时以上，校准周期12个月。

5.1.4 校准步骤：

表7-40　硬度计的内校规定校准步骤

| 项目 | 步骤 |
| --- | --- |
| 校准前 | 1. 检查有否影响测量精度的外观缺陷　2. 检查指示表指针是否归零 |
| 校准中 | 1. 将待校与合格硬度计，分别对三种不同硬度的材料进行对比校准，两者间的表示值差，就是误差<br>2. 校准中受力方向要与被测面垂直，且用力均匀<br>3. 硬度计取用小心轻放，不可掉落地上 |
| 校准后 | 1. 硬度计出现异常时，须经品管部判定是否暂停使用/重校/报废的处理<br>2. 硬度计不可测量金属或其他硬物品，用后放回原保管盒中 |

5.1.5 判定标准：表示值误差不超过±0.02，即为合格。

5.1.6 记录保存：

5.1.6.1 校准合格后，贴校准标签。

5.1.6.2 校准不合格时：依实际情况，判定为：暂停使用，降级使用，维修，报废处理。

5.1.6.3 填写《校准记录表》，将校准结果登录在《监测设备管理卡》内。

5.2 深度尺内校规定：

5.2.1 结构概述：深度尺是用来测量盲孔，梯形孔及凹槽等深度尺寸的量具。

5.2.2 校准基准：标准量块（外校合格的标准块）。

5.2.3 校准环境及周期：常温，常压，静置2小时以上，校准周期12个月。

5.2.4 校准步骤：

表7-41 深度尺内校规定校准步骤

| 项目 | 步骤 |
| --- | --- |
| 校准前 | 1. 检查深度尺是否有碰伤，锈蚀，带磁或其他缺陷<br>2. 检查深度尺的刻度线及数值是否清晰可见<br>3. 检查是否有影响到测量精度的外观缺陷<br>4. 尺框在尺身上移动应平稳，无卡住现象<br>5. 锁紧装置的作用是否有 |
| 校准中 | 1. 选择标准量块（外校合格的标准量块对深度尺进行校准）<br>2. 量程为200mm的分别取51.1mm，121.5mm，191.8mm；量程为300mm的分别取51.1mm，101.2mm，51.3mm，201.5mm，250.0mm，每点校准两次，取平均值<br>3. 采用标准量块时，须戴好手套，并小心不可掉落地面上<br>4. 将量测数值减去标准量块值，即为误差值 |
| 校准后 | 1. 深度尺遇有外观不良或须调整时，由品管部判定是否暂停使用，送外校准<br>2. 标准量块使用完后，须擦拭干净，喷上防锈油，放回固定位置保存 |

5.2.5 判定标准：表示值误差不超过±0.04mm即判为合格。

5.2.6 记录保存：

5.2.6.1 校准合格后，贴校准标签。

5.2.6.2 校准不合格时：依实际情况，判定为：暂停使用，降级使用，维修，报废处理。

5.2.6.3 填写《校准记录表》，将校准结果登录在《监测设备管理卡》内。

5.3 高度尺内校规定：

5.3.1 结构概述：高度尺是用来测量工件的中央相互位置和精密画线的量具，其主要由以下结构组成。

5.3.2 校准基准：选用外校合格的量块和平台进行比对校准。

5.3.3 校准环境及周期：常温，常压，静置2小时以上，校准周期为12个月。

5.3.4 校准步骤：

表7-42 高度尺内校规定校准步骤

| 项 目 | 步 骤 |
|---|---|
| 校准前 | 1. 检查高度尺是否有碰撞、锈蚀、带磁，或其他缺陷<br>2. 检查高度尺的刻度线及数值是否清晰可见<br>3. 检查是否有影响测量精度的外观缺陷<br>4. 尺框在尺身上移动应平稳，无卡住现象<br>5. 锁紧装置的作用是否有效 |
| 校准中 | 1. 先检查游标划线量爪下平面，与底座平面是否在同一水平面；再检查游标零刻度线，与尺身零度刻线是否对齐？不对齐，则先调整<br>2. 选择适当，且不同长度的量块，分别用高度尺，对每个量块量测2次，其平均值与量块实际值做比对<br>3. 将内校量测值减去外校合格量块数值，即为误差值 |
| 校准后 | 高度尺遇有外观不良或须调整时，由品管部判定暂停使用，并安排外校 |

5.3.5 判定标准：表示值误差不超过±0.04mm即为合格。

5.3.6 记录保存：

5.3.6.1 校准合格后，贴校准标签。

5.3.6.2 校准不合格时：依实际情况，判定为：暂停使用，降级使用，维修，报废处理。

5.3.6.3 填写《校准记录表》，将校准结果登录在《监测设备管理卡》内。

5.4 外径千分尺内校规定：

5.4.1 外径千分尺又叫螺旋测微器，外径千分尺是由尺架，测砧，测微螺杆，微调装置，锁紧装置，固定套筒，微分筒等组成。

5.4.2 使用基准：外校合格的标准量块：

5.4.3 校准环境及周期。常温，常压，静置2小时以上，校准周期为12个月。

5.4.4 校准步骤：

表 7-43 外径千分尺内校规定校准步骤

| 项目 | 步 骤 |
|---|---|
| 校准前 | 1. 检查外径千分尺是否有碰伤，锈蚀，带磁或其他缺陷检查千分尺的刻度线及数值是否清晰可见<br>2. 检查是否有影响测量精度的外观缺陷<br>3. 微分筒转动和测微螺杆的移动平稳无卡住现象<br>4. 锁紧装置的作用是否有效<br>5. 测砧与测微螺杆端面是否有严重磨损 |
| 校准中 | 1. 选择适当的标准量块，对外径千分尺进行校准<br>2. 各校件作五点不同尺寸校准，每点校准两次取平均值<br><br>| 测量范围（mm） | 受校点尺寸（mm） | | | |<br>|---|---|---|---|---|<br>| 0~25 | 5.12 | 10.24 | 15.36 | 21.50 |<br>| 25~50 | 32.12 | 35.24 | 40.36 | 46.50 |<br>| 50~75 | 55.12 | 60.24 | 65.36 | 71.50 |<br>| 75~100 | 80.12 | 85.24 | 90.36 | 96.50 |<br><br>3. 取用标准量块时，需戴手套，并小心不可掉落地上<br>4. 将测量数值减去标准量块数值，即为误差值 |
| 校准后 | 1. 外径千分尺遇有外观不良或需调整，由品管部判定是否暂停使用，送外校准<br>2. 标准量块使用后，须擦拭干净，喷上防锈油，放回固定位置保存 |

5.4.5 判定基准：表示值误差不超过 ±0.02mm 即为合格。

5.4.6 记录保存：

5.4.6.1 校准合格后，贴上校准标签。

5.4.6.2 校准不符合时，依实际情况判定为暂停使用，降级使用，报废处理。

5.4.6.3 填写《校准记录表》，将校验结果登录在《监测设备管理卡》内。

5.5 卡尺内校规定：

5.5.1 结构概述：卡尺分为游标卡尺，带表卡尺，带电子显示器卡尺寸三种。

5.5.1.1 游标卡尺：游标卡尺主要用于测量物件的外尺寸，游标卡尺主要由以下部位组成，尺身，刀口内量爪、外量爪、游标，尺框，紧固螺丝，深度尺等。

5.5.1.2 带表卡尺：带表卡尺主要由以下部分组成：尺身，刀口内量爪，外量爪，尺框，紧固螺丝，深度尺，指示表等。

5.5.1.3 带电子显示器卡中尺：其结构主要由以下部分组成：尺身，刀口内量爪，外量爪，尺框，紧固螺丝，深度尺，电子显示表组成。

5.5.2 校准基准：

标准量块（外校合格的标准件）。选用外校合格的平台。选取用外校合格 20mm 深的标准量块。

5.5.3 校准环境及周期：常温，常压，静置 2 小时以上，校准周期为 12 个月。

5.5.4 校准步骤：

表 7-44 卡尺内校规定校准步骤

| 项目 | 步骤 |
| --- | --- |
| 校准前 | 1. 目测卡尺外部是否有弯曲变形<br>2. 检验游尺与本尺全程滑动时是否顺畅<br>3. 归零后，目测内外径测量面是否完全密合<br>4. 检查深度尺的磨损状况<br>5. 检查是否有影响测量内外径的测量面是否完全密合<br>6. 坚固螺丝的作用是否有效<br>7. 检查带表卡尺指针运行是否平稳，灵活<br>8. 检查带电子显示器卡尺的显示器是否清晰可见，是否需更换电池 |
| 校准中 | 1. 将外校合格的量块放在平台上对卡尺进行校验，比较，长度为 200—500mm 的卡尺，分别取卡尺量程的 20%、50%、90% 作为检点<br>2. 选择 20mm 深外校合格标准量块，对卡尺深度尺进行校准<br>3. 将量测读数减去标准量块值，即为误差值<br>4. 取用标准量块时，须戴好手套，并小心不可掉落在地上 |
| 校准后 | 1. 如测量误差过大，不能维修或调整时，应暂停使用，严重者报废处理<br>2. 标准量块用完后，须擦拭干净，喷上防锈油，放回固定位置保存 |

5.5.5 判定标准：表示值误差不超过下表所列的标准即为合格：

表 7-45 卡尺内校规定判定标准

| 卡尺类型 | 允许误差 | | | |
| --- | --- | --- | --- | --- |
| 游标卡尺 | 外径及内径 | ±0.04mm | 粗坯/毛坯<br>±0.04mm | 20mm 深度<br>±0.02mm |
| 带表卡尺 | | ±0.02mm | | |
| 带电子显示器卡尺 | | ±0.02mm | | |

5.5.6 记录保存：

5.5.6.1 校准合格后，贴上校准标签。

5.5.6.2 校准不符合时，依实际情况判定为暂停使用，降级使用，报废处理。

5.5.6.3 填写《校准记录表》，将校验结果登记在《监测设备管理卡》内。

5.6 硬度计内校规定：

5.6.1 结构概述：①维氏计算符号 HV。②布氏计算符号为 HB。③洛氏计算符号为 HR，三者之结构大致相同由测贴，指示表、按键、测杆、支架等组成。

5.6.2 校准基准：选择外校合格的标准量块。

5.6.3 校准环境及周期：常温，常压，静置 2 小时以上，校准周期为 12 个月。

5.6.4 校准步骤：

表 7-46 硬度计内校规定校准步骤

| 项目 | 步骤 |
| --- | --- |
| 校准前 | 1. 检查硬度计是否有损坏，变形<br>2. 测贴，量测端面有否明显磨损或损坏，表面是否有其他杂物<br>3. 按键下压是否顺畅，指针运转是否平稳，灵活<br>4. 指示表旋转不可太松，也不可太紧 |
| 校准中 | 1. 选择适当的标准量块（外校合格的标准件）来进行校准<br>2. 各校准件须做五点不同的尺寸校准，分别取 1.25mm，2.5mm，5.5mm，7.5mm，10.0mm，每次校准两次取平均值<br>3. 取用标准量块时，须戴好手套，并小心不可掉地上<br>4. 将量块读数值减去标准量块值，即为误差值 |
| 校准后 | 1. 硬度计若有外观不良或需调整时，由品管部判定是否暂停使用，外校或安排送修<br>2. 量脚磨耗过甚时，应暂停使用，送修或报废<br>3. 标准量块用完后，须擦拭干净，喷上防锈油，放回固定位置保存 |

5.6.5 判定标准：表示值误差不超过 ±0.02mm，即为合格。

5.6.6 记录保存：

5.6.6.1 校准合格后，贴上校准标签。

5.6.6.2 校准不符合时，依实际情况判定为暂停使用，降级使用，报废处理。

5.6.6.3 填写《校准记录表》，将校验结果登记在《监测设备管理卡》内。

5.7 电子秤内校规定：

5.7.1 结构概述：电子秤主要由：承重和传力机构，秤重传感器，电源，电子显示器等部分组成。

5.7.2 校准基准：选用外校合格的砝码。

5.7.3 校准环境及周期：常温、常压，静置 2 小时，校准周期为 12 个月

5.7.4 校准步骤：

表 7-47　电子秤内校规定校准步骤

| 项目 | 步骤 |
|---|---|
| 校准前 | 1. 电子秤，不得有影响计量精度的外观缺陷<br>2. 检查电子显示数字是否清晰可见<br>3. 电源线变压器，表面有否损坏 |
| 校准中 | 1. 将电子秤置于平台上，将其调整到水平<br>2. 用外校合格的标准砝码对电子秤进行校验，比较，分别取电子称量秤的 20%、50%、90% 为校准点<br>3. 取用砝码时要用镊子或戴手套拿取，轻拿轻放，防止掉落地上 |
| 校准后 | 1. 电子秤若有数字显示不良或其他异常时，由品管部判定是否暂停使用，维修或外校<br>2. 标准砝码取用后放回原处保管 |

5.7.5 判定标准：显示值与砝码实际重量误差不超过下表所列数据时，判为合格。

表 7-48　电子秤内校规定判定标准

| 量程 | 量程≤300g | 量程≤5kg | 量程 50kg |
|---|---|---|---|
| 允许误差 | ±0.02g | ±2g | ±40g |

5.7.6 记录保存：

5.7.6.1 校准合格后，贴上校准标签。

5.7.6.2 校准不符合时，依实际情况判定为暂停使用，降级使用，报废处理。

5.7.6.3 填写《校准记录表》，将校验结果登录在《监测设备管理卡》内。

5.8 钢卷尺内校规定。

5.8.1 结构概述：其结构主要有尺壳，尺身，锁紧装置等组成。

5.8.2 校准基准：选用外校合格的量块。

5.8.3 校正环境及周期：常温，常压，静置 2 小时，校准周期为 12 个月。

5.8.4 校准步骤：

表7-49 钢卷尺内校规定校准步骤

| 项目 | 步骤 |
|---|---|
| 校准前 | 1. 尺身不得有残缺<br>2. 检查尺身表面刻度线及数字是否清晰<br>3. 尺身应平直无严重皱折痕迹 |
| 校准中 | 1. 用外校合格的量块进行校准，按50cm为一测量级，分别进行校准<br>2. 钢卷尺实际数值减去量块长度的实际数值，即为误差值，将各段误差累计即为全长误差值 |
| 校准后 | 1. 如钢卷尺有外观或其他影响测量精度的不良情况时，马上送品管判定是否报废或其他处理 |

5.8.5 判定标准：如果钢卷尺的每段误差超过±1mm但全长累计误差未超过±3mm即为合格。

5.8.6 记录保存：

5.8.6.1 校准合格后，贴上校准标签。

5.8.6.2 校准不符合时，依实际情况判定为暂停使用，降级使用，报废处理。

5.8.6.3 填写《校准记录表》，将校验结果登录在《监测设备管理卡》内。

## 表7-50 校准记录表

QR7.1.5-08　　　　　　　　　　　　　　　　　　　　　　　　　　　　No：

| 设备名称 | | 型号规格 | | 测量范围 | |
|---|---|---|---|---|---|
| 设备编号 | | 使用部门 | | 精度要求 | |
| 校准依据 | | | | | |

校准所用设备、精度等级及编号：

校准环境条件（温、湿度）：

校准记录：

校准结论及有效期：

备注：

校准人：　　　　　日期：　　　　　核验：　　　　　日期：

## 实验室管理规定

文件编号：QM/WI21　　版本/改数：A/0　　生效日期：20××年××月××日　　第×页/共×页

1. 目的

建立实验室的管理体系，使其规范化，确保试验和校准符合规定要求。

2. 范围

本程序规定了实验室的管理要求。

本程序适用于本公司实验室的管理。

3. 术语

（略）

4. 职责

4.1 实验室由质检部归口管理；

4.2.1 质检部主管职责：

4.2.1.1 负责本实验室的统筹管理；

4.2.1.2 负责实验室所需设备/仪器采购的审核或审批；

4.2.1.3 负责组织实验室人员的相关培训；

4.2.1.4 负责组织对实验室的认可。

4.2.2 检测员

4.2.2.1 严格执行试验文件规定的试验规范和方法；按时完成试验任务，对试验数据负责；

4.2.2.2 负责试验标准、试验规范等相关文件的管理；

4.2.2.3 确保实验室设施和环境不会使实验结果无效或对所要求的实验质量产生不良影响；

4.2.2.4 对实验样品进行标识、搬运和处置；

4.2.2.5 按要求维护保养和正确使用试验设备。

4.2.2.6 负责检测仪器设备的维护和质量控制工作。

4.2.2.7 实施检测仪器设备的计量验收、定期计量校准（内校、外检）工作。

4.2.2.8 负责编写试验设备操作规程。

5. 人员资格

5.1 实验室管理部门应确保所有设备操作、从事检测（或）校准以及评价结果和签署检测报告和校准证书的人员的能力。

5.2 实验室管理部门应制定实验室人员的教育、培训和技能目标。培训计划应与实验室当前和预期的任务相适应,依据《能力管理流程》进行。

5.3 实验室应保留室内所有试验人员(包括签约人员)的相关授权、能力、教育和专业资格培训、技能和经验的记录,并包含授权和能力确认的日期。这些信息应易于取得。

6. 实验依据与作业标准

6.1 产品标准;

6.2 试验规程;

6.3 顾客要求执行的标准;

6.4 实验室应具有所有相关设备的使用和操作说明书以及处置、准备检测和(或)校准物品的指导书(试验规程),或者二者兼有。所有与试验室工作有关的指导书(试验规程)、标准、手册和参考资料应保持现行有效并易于取阅。

实验室应采用满足顾客需要并适用于所进行的检测和(或)校准的方法,包括抽样的方法;

6.5 应优先使用以国际、区域或国家标准发布的方法。

7. 实验室设备管理

7.1 由检验员负责按《监视和测量资源管理流程》规定进行保养维护及损坏时的维修;

7.2 实验设备的标识、校准由计量管理人员按《监视和测量资源管理流程》规定执行。

8. 实验室环境的管理

8.1 实验室环境应符合相关的试验标准中规定的环境要求;

8.2 试验中要保证水、电、气等能源的正常供应;

8.3 实验室中应保持清洁,防止样件和试验设备的污染和试验的失真。

9. 实验室试验过程控制管理

9.1 准备阶段

9.1.1 实验室人员分工明确并有明确的岗位责任制;

9.1.2 各种类型的试验产品必须符合规定的状态要求,并有填写完整的合格证;

9.1.3 试验设备必须符合试验规定的技术状态,试验设备、专用仪器仪表应在检定合格的有效期内,并有合格标志。

9.2 实施阶段

9.2.1 原材料由仓库保管员填写《送检通知单》,检测员按公司抽样方案进行抽样。

9.2.2 检测员依据试验标准、检验规程要求按试验程序及设备操作规程进行操作，对试验产品进行检测、准确采集试验数据；

9.2.3 检测员应及时、准确、清晰、完整地记录检测结果，并做好原始记录，原始记录应保存到最终试验完成。

9.2.4 当被试产品在试验中发生不合格时，应对被试产品进行标识和隔离并做好记录，及时反馈到质检部和送验部门；

9.2.5 试验中不得随意更改试验使用技术条件，如需更改，应按审核程序办理，重新审批手续后方可执行更改；

9.2.6 本公司无法试验的项目，委托具有认可资格的实验室进行试验。

10. 实验室总结阶段

10.1 实验结束后，试件放置在"已验区"。检测员要及时整理试验数据并根据委托试验的内容填写相关的实验报告单，报告内容应准确、可靠、结论明确。试验报告应包括：

10.1.1 实验项目；

10.1.2 被试产品或材料的名称、型号；

10.1.3 被试产品或零件的生产厂家；

10.1.4 被试产品或材料的送验人/日期/部门；

10.1.5 检测记录；

10.1.6 实验依据；

10.1.7 实验结论；

10.1.8 编制、审核、批准人员签字。

10.2 产品试验发生不符合要求时，应及时将信息反馈给送检人并出具相应的实验报告单。

10.3 实验报告一式两份，实验室一份，送检单位一份。同《送检通知单》一并归档、保管。

11. 实验样件的管理

测试试件在测试完毕后可由实验室根据试验项目的不同选择保存或报废。需保存的在一个年度后作报废处理。

12. 记录管理

12.1 及时、完整填写原始记录要求的相关内容；

12.2 试验进行中收集获取的数据，不能编辑或人为加工，以保证原始数据的真实性；

12.3 试验后的实验报告内容应如实反映试验结果，且其数据与原始数据具有可追溯性；

12.4 记录的管理按《成文信息管理流程》执行。

13. 支持性文件

13.1 《能力管理流程》

13.2 《监视和测量资源管理流程》

13.3 《成文信息管理流程》

14. 质量记录

14.1 产品实验测试记录

14.2 产品实验检验报告

14.3 送检通知单

## 7.1.6 组织的知识

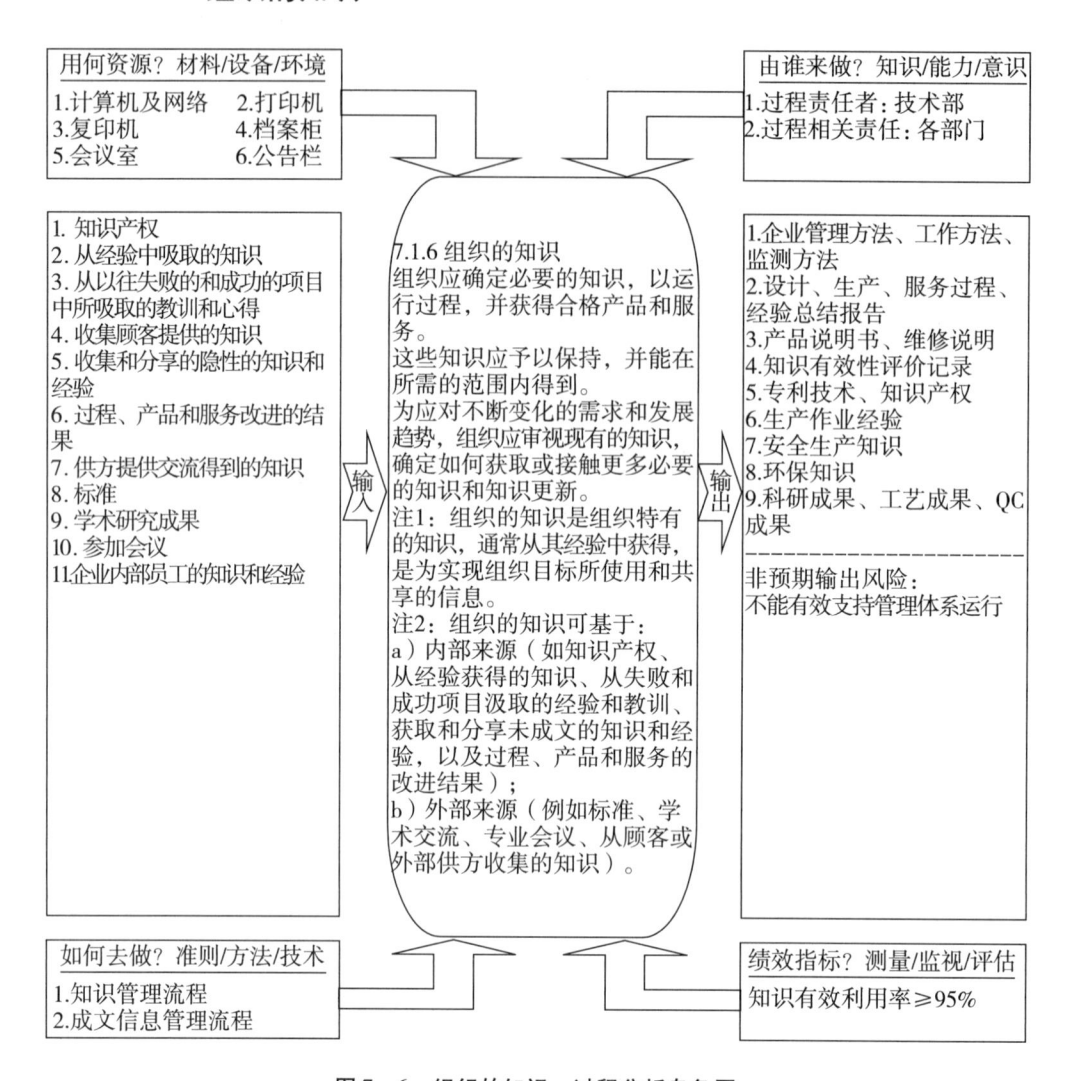

| 用何资源？材料/设备/环境 | | 由谁来做？知识/能力/意识 |
|---|---|---|
| 1.计算机及网络 2.打印机<br>3.复印机 4.档案柜<br>5.会议室 6.公告栏 | | 1.过程责任者：技术部<br>2.过程相关责任：各部门 |

| 输入 | 7.1.6 组织的知识 | 输出 |
|---|---|---|
| 1. 知识产权<br>2. 从经验中吸取的知识<br>3. 从以往失败的和成功的项目中所吸取的教训和心得<br>4. 收集顾客提供的知识<br>5. 收集和分享的隐性的知识和经验<br>6. 过程、产品和服务改进的结果<br>7. 供方提供交流得到的知识<br>8. 标准<br>9. 学术研究成果<br>10. 参加会议<br>11.企业内部员工的知识和经验 | 组织应确定必要的知识，以运行过程，并获得合格产品和服务。<br>这些知识应予以保持，并能在所需的范围内得到。<br>为应对不断变化的需求和发展趋势，组织应审视现有的知识，确定如何获取或接触更多必要的知识和知识更新。<br>注1：组织的知识是组织特有的知识，通常从其经验中获得，是为实现组织目标所使用和共享的信息。<br>注2：组织的知识可基于：<br>a）内部来源（如知识产权、从经验获得的知识、从失败和成功项目汲取的经验和教训、获取和分享未成文的知识和经验，以及过程、产品和服务的改进结果）；<br>b）外部来源（例如标准、学术交流、专业会议、从顾客或外部供方收集的知识）。 | 1.企业管理方法、工作方法、监测方法<br>2.设计、生产、服务过程、经验总结报告<br>3.产品说明书、维修说明<br>4.知识有效性评价记录<br>5.专利技术、知识产权<br>6.生产作业经验<br>7.安全生产知识<br>8.环保知识<br>9.科研成果、工艺成果、QC成果<br>------<br>非预期输出风险：<br>不能有效支持管理体系运行 |

| 如何去做？准则/方法/技术 | | 绩效指标？测量/监视/评估 |
|---|---|---|
| 1.知识管理流程<br>2.成文信息管理流程 | | 知识有效利用率≥95% |

图7-6 组织的知识—过程分析乌龟图

## 表7-51 知识管理流程

<u>文件编号</u>：QM/WI22　<u>版本/改数</u>：A/0　<u>生效日期</u>：20××年××月××日　　第×页/共×页

| 过程流程 ||| 内容描述 | 采用表单 |
|---|---|---|---|---|
| 技术部 | 相关部门 | 总经理 | | |
| 企业所需知识范围 ||| 1.设计与开发标准、原则、工作规范，工艺标准、方法、参数、过程控制、工艺规范、工艺纪律和要求，产品标准等，由技术部负责<br>2.知识产权（含专利）、科研成果、工艺成果、企业标准等，由技术部负责<br>3.产品性能说明书、产品使用说明书、产品故障分析、产品维护指南等，由技术部负责<br>4.制造过程管理规范，制造实践，制造过程文件信息，制造过程（典型、批量、惯性）问题的发生情况的处置方法、结果记录分析和结论意见等，由生产部负责<br>5.先进的管理理念、管理方法、工作方法、技能技艺等，由办公室负责<br>6.统计手法、检测方法、QC成果、质量汇总分析、不合格输出控制、纠正措施等，由质检部负责<br>7.产品设计、工艺、制造过程、检验过程、试验过程中获取的经验教训。失效分析等（包括各类突发事件、特殊质量问题的应对措施等），由相关发生部门负责 | |
| 知识获取 ||| 1.公司各部门应确定专人负责知识管理内容的获取<br>2.各部门应识别并确定本部门知识管理内容，建立《知识信息管理台账》及相应知识管理信息库，由专人实施动态管理<br>3.公司各部门应对所管理的知识信息，通过个人总结、项目总结、案例分析、专题研讨、会议评审、方法比对等方式和活动，将各类最佳做法（知识、经验等）进行识别，形成文件信息，作为知识管理的内容，并定期和不定期的收集、汇总、分析、提炼、完善 | 《知识信息管理台账》 |
| 知识发布 ||| 1.各部门应对本部门的知识信息内容，包括现有、新增、废止等状态进行定期清理，经本部门主管审核确认后，报技术部汇总<br>2.技术部负责汇总各部门提交的知识管理信息内容，报总经理批准后，由技术部通过企业内部网站、发文件、公告栏、广播等方式，每月统一发布一次<br>3.各部门应对所归口管理的知识信息内容进行最新状态的识别、更新，确保信息的时效性和实用性，并在《知识信息管理台账》注明知识信息状态<br>4.各部门对经识别确认已经过时或失去保存价值的知识信息，采取适当的方式进行销毁或有效隔离 | 《知识信息管理台账》 |
| 知识应用 ||| 1.各部门开展知识信息的推广和应用，最大限度地发挥知识信息的作用，改进过程，提升产品质量，改善成本和交期及绩效<br>2.各部门应定期或不定期的通过各种形式（传阅、会议、讨论会、座谈会、专题演讲等）对与本部门相关的知识信息进行推广和交流，并建立应用推广记录<br>3.涉及需要多个部门共同推广应用的知识信息，应由技术部组织相关的信息的交流推广，并建立应用推广记录<br>4.各部门应每年组织对知识信息的应用和发挥作用，进行分析、总结、评价知识信息的价值，提出改进意见，持续提升知识管理水平，并将总结报告送技术部<br>5.技术部每年将各部门总结报告进行汇总整理，形成公司年度知识管理总结，并报总经理批准 | |
| 知识考核 ||| 1.每年年底由技术部组织各部门主管，成立专门知识考核小组<br>2.考核小组分别对各部门进行知识管理工作的检查、评价和考核，结果报总经理批准，并将结果予以公布 | |
| 资料存档 ||| 所有知识资料，最后由办公室负责存档管理，保存至少5年以上 | |

表 7-52　知识信息管理台账

QR8.1.6-01　　　　　　　　　　　　　　　　　　　　　　　No：

单位：_____　部门：_____　专门负责人：_____

| 序号 | 编号 | 名称 | 发布日期 | 信息分类 | 审核 | 存放方式 | 状态确认 | 备注 |
|------|------|------|----------|----------|------|----------|----------|------|
|      |      |      |          |          |      |          |          |      |
|      |      |      |          |          |      |          |          |      |
|      |      |      |          |          |      |          |          |      |
|      |      |      |          |          |      |          |          |      |
|      |      |      |          |          |      |          |          |      |
|      |      |      |          |          |      |          |          |      |
|      |      |      |          |          |      |          |          |      |
|      |      |      |          |          |      |          |          |      |
|      |      |      |          |          |      |          |          |      |
|      |      |      |          |          |      |          |          |      |
|      |      |      |          |          |      |          |          |      |
|      |      |      |          |          |      |          |          |      |
|      |      |      |          |          |      |          |          |      |
|      |      |      |          |          |      |          |          |      |
|      |      |      |          |          |      |          |          |      |
|      |      |      |          |          |      |          |          |      |
|      |      |      |          |          |      |          |          |      |
|      |      |      |          |          |      |          |          |      |

## 7.2 能力

| 用何资源？材料/设备/环境 | | 由谁来做？知识/能力/意识 |
|---|---|---|
| 1.计算机及网络　2.打印机<br>3.复印机　　　　4.会议室<br>5.招聘广告及人才交流会<br>6.培训场地和培训教材 | | 1.过程责任者：办公室<br>2.过程相关责任：各部门 |

| 输入 | 7.2 能力<br>组织应：<br>a）确定其控制下工作的人员所需具备的能力，这些人员从事的工作影响质量管理体系绩效和有效性；<br>b）基于适当的教育、培训或经历，确保这些人员是胜任的；<br>c）适用时，采取措施以获得所需的能力，并评价措施的有效性；<br>d）保留适当的成文信息，作为人员能力的证据。<br>注：适用措施可包括对在职人员进行培训、辅导或重新分配工作，或者聘用、外包胜任的人员。 | 输出 |
|---|---|---|
| 1.各部门年度培训需求<br>2.新员工入职、新员工上岗、在职员工技能提升<br>3.特殊工种上岗前、调岗与转岗人员上岗前<br>4.客户特殊要求<br>5.外训申请、培训申请表、法律法规要求<br>6.企业的各部门、设置的岗位、职责和上岗要求 | | 1.培训申请表<br>2.岗位能力需求矩阵<br>3.培训计划<br>4.培训记录<br>5.培训效果评估表<br>6.员工技能评定表<br>7.员工满意度调查<br>8.提案改善表<br>9.上岗证<br>10.分配员工满足岗位任职要求<br>11.外包劳务<br>12.招聘<br>————————<br>非预期输出风险：<br>1.能力差的员工制造出不合格产品<br>2.生产效率低 |

| 如何去做？准则/方法/技术 | | 绩效指标？测量/监视/评估 |
|---|---|---|
| 1.能力管理流程<br>2.岗位职责<br>3.员工招聘管理规定<br>4.人员顶岗管理规定 | | 1.培训合格率100%<br>2.培训计划执行率100% |

图 7-7　能力—过程分析乌龟图

### 表 7-53　能力管理流程

文件编号：QM/WI23　　版本/改数：A/0　　生效日期：20××年××月××日　　第×页/共×页

| 过程流程 | | | 内容描述 | 采用表单 |
|---|---|---|---|---|
| 各部门 | 办公室 | 总经理 | | |
| 培训需求 | | | 1.依据各部门工作需要，各部门可自行填写《培训申请表》交办公室<br>2.办公室每年进行一次岗位能力需求、培训需求调查，填写《岗位能力需求矩阵》 | 《培训申请表》<br>《岗位能力需求矩阵》 |
| | 培训计划→批准 | | 1.办公室结合相关《培训申请表》《培训需求调查表》等需要，编制《培训计划》；呈报总经理批准组织实施<br>2.培训计划应包括以下内容：培训对象、内容、要求、时间、地点、教材和教师、考核办法、经费预计等 | 《培训计划》 |
| | 培训准备 | | 办公室做好相关培训资料、人员等准备 | |
| | 邀请讲师 | | 办公室根据培训需要，邀请合适培训讲师，可分为公司内部邀请和外部邀请 | |
| | 培训实施 | | 培训实施，维持纪律，做好培训签到和培训记录，协调好老师和其他有关事项，保证培训的正常进行 | 《培训记录》 |
| | 有效性评价 | | 有效性评价内容依据情况不同可采用笔试和操作测试两种，特定课程进行现场考试，报考勤签到情况、试卷及成绩、培训总结、培训记录、培训效果评价等，由办公室统一保存 | 《培训效果评估表》 |
| | 员工资格认定 | | 1.办公室在员工任职前必须进行资格认定<br>2.特种作业人员（电工作业、金属切割、金属焊接、起重机司机、货梯司机、叉车司机、2米以上登高架设、大型空压机操作等）必须持有市级主管部门统一颁发的资格证书<br>3.关键、重要岗位、办公室每年进行一次技能综合评定<br>4.资格认定后对不符合要求需采取措施<br>5.措施可以是再培训、辅导、重新分配任务、招聘信任的员工、分包给胜任的人员 | 《员工技能评定表》 |
| | 员工满意与提案建议 | | 1.每年定期对员工进行满意度调查，以提升企业员工积极性<br>2.员工有意见、建议可按《提案改善管理规定》执行 | 《员工满意度调查表》<br>《提案改善表》 |

### 表 7-54　岗位能力需求矩阵

QR7.2-01　　　　　　　　　　　　　　　　　　　　　　　No：

| 序号 | 岗位 | 学历和资格要求 | 岗位能力要求 | 培训要求 |
|---|---|---|---|---|
| 1 | 董事长 | 大专以上，有10年以上的相关工作经验；或相当于大专以上学历，15年以上工作经验 | 具有很强的组织领导能力，良好的市场决策能力、分析能力，熟知本公司生产的各种产品，掌握 ISO 9001、理论知识，财务知识和相关的法律法规要求 | ISO 9001 标准 |
| 2 | 总经理 | 大专以上，有5年以上的相关工作经验；或相当于大专以上学历，10年以上工作经验 | 精通管理知识、具有很强的人际关系沟通协调能力以及良好的领导能力 | ISO 9001 标准 |

续表

| 序号 | 岗位 | 学历和资格要求 | 岗位能力要求 | 培训要求 |
|---|---|---|---|---|
| 3 | 管理者代表 | 大专以上，有5年以上工作经验；或中专以上，10年以上工作经验 | 熟知ISO 9001、理论，相关法律法规，并有监督执行能力和较强的组织能力和对外的协调能力 | ISO 9001标准相关法规、内部审核员培训 |
| 4 | 办公室主任 | 大专以上，有3年以上相关工作经验；或中专以上，有5年以上相关工作经验 | 了解企业管理体系，具有较强的文字功底，一定的组织能力和对外协调能力，熟练应用计算机进行文字处理、编排 | ISO 9001标准相关法规 |
| 5 | 财务部部长 | 中专以上，有8年以上的工作经验或相当于中专以上，10年以上的工作经验 | 具备较强的经济分析能力，了解国家的有关法律法规常识，能够运用财务分析对企业产品制造成本进行控制，按规定履行财务监督职责 | ISO 9001标准相关法规 会计专业 |
| 6 | 业务部部长 | 中专以上，有5年以上的工作经验或相当于中专以上，8年以上的工作经验 | 具备较强的市场决策和分析能力，熟悉产品的生产周期及工艺特点，熟知市场营销的理论知识和具备沟通能力，掌握一定的财务知识以及常用的法律法规常识等 | ISO 9001标准相关法规 合同法 |
| 7 | 技术部部长 | 大专以上，有8年以上相关工作经验；或中专以上，有15年以上相关工作经验 | 具有较强的新产品开发能力，熟悉产品的结构、主要技术参数和工艺流程，有一定的组织管理能力和质量分析能力，了解相关的法律法规常识 | ISO 9001标准相关法规 技术专业知识 |
| 8 | 采购部部长 | 高中或中专以上学历，8年以上工作经验 | 了解采购材料的质量要求，具有一定的财务知识以及常用的法律法规常识等。掌握危险化学品的特性 | ISO 9001标准相关法规 合同法 |

续表

| 序号 | 岗位 | 学历和资格要求 | 岗位能力要求 | 培训要求 |
|---|---|---|---|---|
| 9 | 生产部部长 | 中专以上学历，10年以上工作经验 | 具有很强的组织生产能力，熟悉产品生产过程和工艺流程，能组织分析和提高产品质量，了解、执行相关的环境法律法规，掌握重要环境因素并控制 | ISO 9001标准相关法规 |
| 10 | 设备部部长 | 高中或中专以上学历，8年以上工作经验 | 了解主要生产设备的性能及维护保养周期等能及时排除设备故障 | ISO 9001标准相关法规 |
| 11 | 质检部部长 | 大专以上，有5年以上的相关工作经验；或中专以上，有8年以上相关工作经验 | 较强的质量分析能力，了解企业产品的特性，熟知产品的生产工艺流程，检测试验的依据和方法及检测装置的管理。掌握ISO 9001理论知识并能应用 | ISO 9001标准相关法规 产品质量法 专业知识 |
| 12 | 业务员 | 中专以上，有1年以上的相关工作经验 | 能熟练运用销售技巧，完成销售任务 | 公司相关管理制度、工作要求、合同法 |
| 13 | 车间主任 | 高中以上有5年以上的工作经验或相当于高中以上，有8年以上的工作经验 | 熟悉本企业的产品结构，有一定的生产组织能力和管理能力，熟知本车间的生产流程和工艺，具备较强的实际操作能力，了解产品的主要技术参数和质量控制要素 | ISO 9001标准相关法规 |
| 14 | 车间副主任 | 高中以上有2年以上的工作经验或相当于高中以上，有5年以上的工作经验 | 熟悉本企业的产品结构，有一定的生产组织能力和管理能力，熟知本车间的生产流程和工艺，具备较强的实际操作能力，了解产品的主要技术参数和质量控制要素 | ISO 9001标准相关法规 |
| 15 | 生产计划助理 | 大学专科以上学历，具有生产运作管理、计划管理、统计学和运筹学等相关知识，一年以上相关工作经验 | 具有产品成本控制经验和良好的突发事件管理能力。熟悉生产流程，品质，产量和交货期的控制 | 公司相关管理制度、工作要求等 |

续表

| 序号 | 岗位 | 学历和资格要求 | 岗位能力要求 | 培训要求 |
|---|---|---|---|---|
| 16 | 班组长 | 初中或以上学历，从事相关产品生产5年以上 | 熟悉产品加工流程和质量特性，办事果断严谨，勤奋敬业，任劳任怨 | 公司相关管理制度、工作要求、产品质量要求、5S相关培训 |
| 17 | 文员 | 高中或以上学历，从事相关产品生产3年以上 | 熟练应用Office办公软件，熟练Word等相关软件，有良好的条理性、较强的记忆力 | 公司相关管理制度、工作要求等 |
| 18 | 绘图员 | 中专或以上学历，磨料模具专业，两年以上相关绘图经验 | 熟练使用AUTOCAD绘图并熟练操作计算机办公软件，熟悉产品加工流程和质量特性 | 公司相关管理制度、工作要求等 |
| 19 | 技术人员 | 大专以上，有2年以上的工作经验；或相当于大专以上，有5年以上工作经验 | 具有一定的新产品开发能力，熟悉产品的结构和各自的工艺流程，有CAD图纸设计能力和编排工艺的能力，能够运用专业设计 | 公司相关管理制度、工作要求等技术专业知识 |
| 20 | 采购员 | 高中以上，有5年以上的相关工作经验 | 熟悉本企业产品所需原辅件和质量要求，熟知合同法，具有洞察供方质量动态的能力 | 公司相关管理制度、工作要求、相关法规知识、产品特性 |
| 21 | 质检员 | 高中以上，有5年以上工作经验，受过相关职业培训 | 熟悉产品的工艺流程，了解检测和试验的依据，掌握产品的试验和检测方法，具有很好的检测、试验实际操作能力，有一定的质量分析能力 | ISO 9001标准检验规范 |
| 22 | 仓库管理员 | 高中以上，3年以上工作相关经验 | 熟悉本企业零部件的品名和规格，以及仓库管理制度，具有细心认真负责的工作态度　　掌握危险化学品的安全特性 | 相关法规、产品质量要求、管理制度等 |

续表

| 序号 | 岗位 | 学历和资格要求 | 岗位能力要求 | 培训要求 |
|---|---|---|---|---|
| 23 | 统计员 | 高中以上，有3年左右的工作经验 | 熟悉统计知识，了解统计方法，具有各项综合统计工作的能力，具有一定的分析能力 | 公司相关管理制度、工作要求、产品特性等 |
| 24 | 内审员 | 高中以上学历，有5年以上的工作经验 | 熟悉企业状况和产品的性能结构及生产流程，具有较强的文字功底，有一定的组织和分析能力，能洞察和处理企业质量环境管理方面的问题。对质量/环境管理标准的理解有一定的深度并熟悉企业管理体系文件的要求 | ISO 9001标准相关法规 内审员专业知识 |
| 25 | 机床操作工 | 中技及以上学历，机械类相关专业，2年以上相关工作经验，持有相关机床上岗证或技能鉴定证书 | 能够熟练操作机床，会简单的编程，熟悉机床加工工艺和刀具的选择，能看懂图纸 | 产品质量要求、相关操作要求、技能、专业知识等 |
| 26 | 电工 | 初中以上学历，有1年以上电工相关经历，有相关证书 | 能吃苦耐劳，协调配合及服务意识强。有工厂设备电气维修工作经验，会磨刀具，懂弱电，有电工钢操作证 | 产品质量要求、相关操作要求、技能、上岗证 |
| 27 | 机修工 | 机修工相关资格标准，从事设备维修工作二年以上 | 能承担机械设备的检修、安装能掌握机修钳工常用工具安全使用知识；能够阅读一般设备说明书及施工图样；能够更换设备中的易损件、密封件和清洗润滑系统；能够配合生产工人进行设备日常保养；能根据设备状况及时诊断出设备故障并排除 | 产品质量要求、相关操作要求、技能、专业知识等 |
| 28 | 电焊工 | 初中以上学历，一年以上相关电焊、铆焊经验，持焊工操作证 | 会亚弧焊，能焊接不锈钢、铝等材料。按照公司要求安装、维修公司设备 | 产品质量要求、相关操作要求、技能、电焊工证等专业知识 |

表 7-55 培训申请单

QR7.2-02　　　　　　　　　　　　　　　　　　　　　　　　　　No：

| 培训项目 | 培训对象 | 人数 | 课时 | 希望安排日期 | 备注 |
|---|---|---|---|---|---|
|  |  |  |  |  |  |
|  |  |  |  |  |  |
|  |  |  |  |  |  |
|  |  |  |  |  |  |
|  |  |  |  |  |  |
|  |  |  |  |  |  |
|  |  |  |  |  |  |
|  |  |  |  |  |  |
|  |  |  |  |  |  |
|  |  |  |  |  |  |
|  |  |  |  |  |  |
|  |  |  |  |  |  |
|  |  |  |  |  |  |
|  |  |  |  |  |  |
|  |  |  |  |  |  |
|  |  |  |  |  |  |
|  |  |  |  |  |  |
|  |  |  |  |  |  |
|  |  |  |  |  |  |
|  |  |  |  |  |  |
|  |  |  |  |  |  |
|  |  |  |  |  |  |
|  |  |  |  |  |  |
|  |  |  |  |  |  |
|  |  |  |  |  |  |
|  |  |  |  |  |  |

申请部门/人：　　　　　　　　　　　　　　日期：

表 7-56　培训计划

QR7.2-03　　　　　　　　　　　　　　　　　　　　　　　　　　No:

| 序号 | 培训项目 | 讲师 | 培训方式 | 受培人员 | 计划时间 | 课时 | 考核方式 |
|---|---|---|---|---|---|---|---|
| 1 | | | | | | | |
| 2 | | | | | | | |
| 3 | | | | | | | |
| 4 | | | | | | | |
| 5 | | | | | | | |
| 6 | | | | | | | |
| 7 | | | | | | | |
| 8 | | | | | | | |
| 9 | | | | | | | |
| 10 | | | | | | | |
| 11 | | | | | | | |
| 12 | | | | | | | |
| 13 | | | | | | | |
| 14 | | | | | | | |
| 15 | | | | | | | |
| 16 | | | | | | | |
| 17 | | | | | | | |
| 18 | | | | | | | |
| 19 | | | | | | | |
| | | | | | | | |

制表/日期：　　　　　审批/日期：

**表 7-57 培训记录**

QR7.2-04　　　　　　　　　　　　　　　　　　　　　　　　　　　No：

| 项目名称 | |
|---|---|

主要内容：

| 日 期 | | 地 点 | |
|---|---|---|---|
| 总时间 | | 主讲人 | |

签 到

| 序 号 | 部 门 | 应出席人员 | 培训人员签名 | 迟到人员签名 |
|---|---|---|---|---|
| | | | | |
| | | | | |
| | | | | |
| | | | | |
| | | | | |
| | | | | |
| | | | | |
| | | | | |
| | | | | |
| | | | | |
| | | | | |
| | | | | |
| | | | | |
| | | | | |
| | | | | |
| | | | | |
| | | | | |
| | | | | |
| | | | | |
| | | | | |

**表 7-58 培训效果评估表**

QR7.2-05　　　　　　　　　　　　　　　　　　　　　　　　　　　No：

| 受培训部门 | | 培训组织部门 | |
|---|---|---|---|
| 培训记录： | | | |

| 培训结果 ||||
|---|---|---|---|
| 参加人数 | | 考核合格数 | | 合 格 率 | |

考核方式：

　　　　　　　　　　　　　　　　　　　　签名：　　　　日期：

培训部门主管评语：

　　　　　　　　　　　　　　　　　　　　签名：　　　　日期：

## 表7-59 员工技能评定表

QR7.2-06　　　　　　　　　　　　　　　　　　　　　　　　　No：

| 姓名 | | 评定阶段 | □试用期　□周期评定 | | | |
|---|---|---|---|---|---|---|
| 岗位 | | 岗位年限 | | 评定时间 | | |

| 序号 | 评价项目 | 评价（分） | | | | |
|---|---|---|---|---|---|---|
| | | 5 | 4 | 3 | 2 | 1 |
| 1 | | | | | | |
| 2 | | | | | | |
| 3 | | | | | | |
| 4 | | | | | | |
| 5 | | | | | | |
| 6 | | | | | | |
| 7 | | | | | | |
| 8 | | | | | | |
| 9 | | | | | | |
| 10 | | | | | | |
| 11 | | | | | | |
| 12 | | | | | | |
| 13 | | | | | | |
| 14 | | | | | | |
| 15 | | | | | | |
| 16 | | | | | | |
| 17 | | | | | | |
| 18 | | | | | | |
| 19 | | | | | | |
| 20 | | | | | | |
| | 总得分 | | | | | |

| 评价 | 优势： |
|---|---|
| | 建议： |

评价人/日期：

表 7-60 员工满意度调查表

QR7.2-07　　　　　　　　　　　　　　　　　　　　　　　No：

尊敬的员工：

　　员工满意是本公司经营管理的宗旨。我们竭诚欢迎您的批评、指导和建议，请您填写此份调查表并及时回复公司总经办，我们将全力改善我们的各项工作和员工福利待遇。谨对您的配合和支持，表示衷心的感谢！

　　一、依据您对公司产品质量、交付或服务的理解和对公司的规章制度、福利待遇实际状况，请在合适的方格内打"√"：

| 序号 | 评价的内容/项目 | 评价等级 ||||| 备注/说明 |
|---|---|---|---|---|---|---|---|
| | | 非常满意 | 满 意 | 尚 可 | 差 | 极 差 | |
| 1 | 对公司质量方针和质量目标的理解 | □10 □9 | □8 □7 | □6 □5 | □4 □3 | □2 □1 | |
| 2 | 对公司年度质量目标和本部门年度质量目标的实施状况 | □10 □9 | □8 □7 | □6 □5 | □4 □3 | □2 □1 | |
| 3 | 工作方面要求的知识 | □10 □9 | □8 □7 | □6 □5 | □4 □3 | □2 □1 | |
| 4 | 参与质量活动的情况 | □10 □9 | □8 □7 | □6 □5 | □4 □3 | □2 □1 | |
| 5 | 你自己所处的工作岗位 | □10 □9 | □8 □7 | □6 □5 | □4 □3 | □2 □1 | |
| 6 | 健康和安全的预防措施方面 | □10 □9 | □8 □7 | □6 □5 | □4 □3 | □2 □1 | |
| 7 | 假期方面 | □10 □9 | □8 □7 | □6 □5 | □4 □3 | □2 □1 | |
| 8 | 培训方面（指员工对工作方面要求的知识、技能培训） | □10 □9 | □8 □7 | □6 □5 | □4 □3 | □2 □1 | |
| 9 | 主管方面（包括主管的领导方式和管理风格） | □10 □9 | □8 □7 | □6 □5 | □4 □3 | □2 □1 | |
| 10 | 其他方面 | □10 □9 | □8 □7 | □6 □5 | □4 □3 | □2 □1 | |

备注：1. 员工每人一份问卷调查；
2. 员工以记名方式在10个"调查项目"的"员工满意程度"栏的相应处打√，且每项只能打一个√；
3. 全部问卷最后由部门汇总后交企划部。

　　二、请提出您的意见和建议：_____

　　部门/车间：_____　姓名：_____　日期：_____

## 7.3 意识

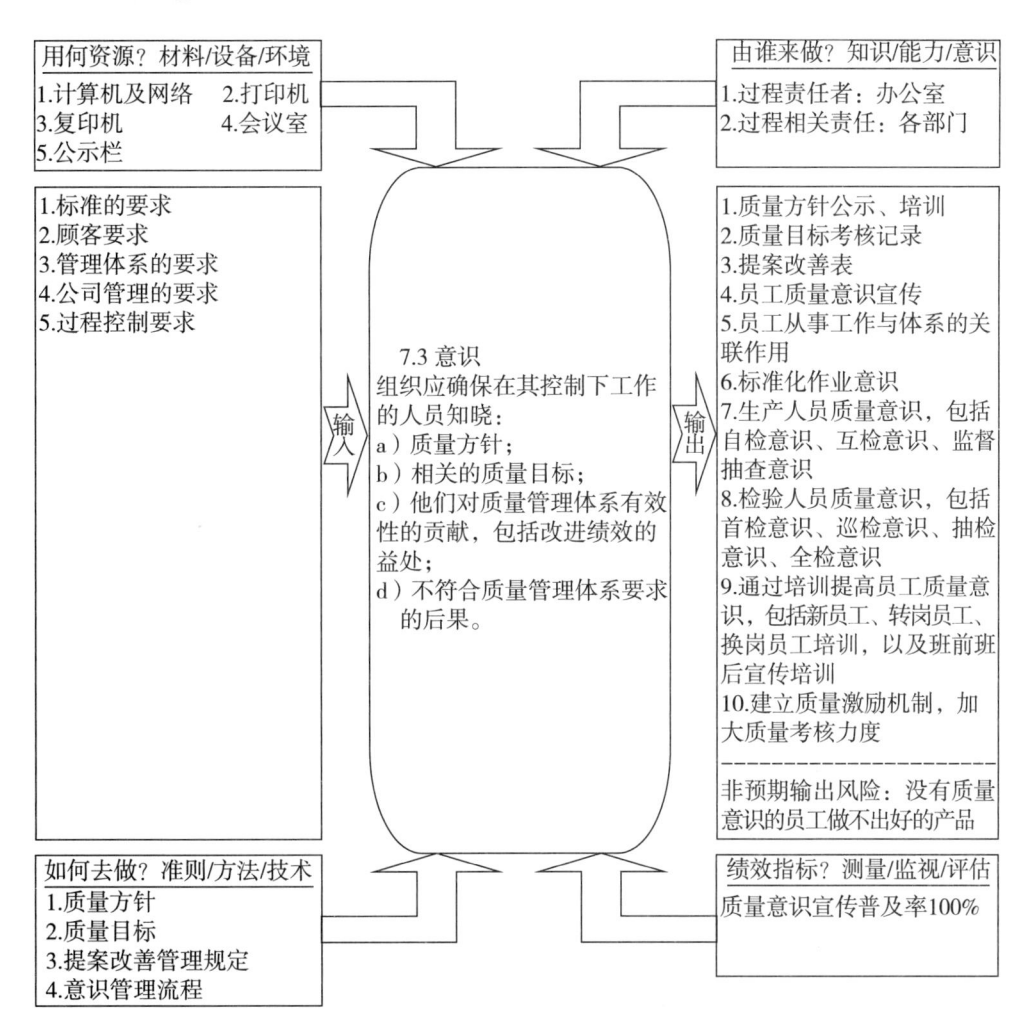

| 用何资源？材料/设备/环境 | | 由谁来做？知识/能力/意识 |
|---|---|---|
| 1.计算机及网络　2.打印机<br>3.复印机　　　　4.会议室<br>5.公示栏 | | 1.过程责任者：办公室<br>2.过程相关责任：各部门 |

**输入：**
1. 标准的要求
2. 顾客要求
3. 管理体系的要求
4. 公司管理的要求
5. 过程控制要求

**7.3 意识**
组织应确保在其控制下工作的人员知晓：
a）质量方针；
b）相关的质量目标；
c）他们对质量管理体系有效性的贡献，包括改进绩效的益处；
d）不符合质量管理体系要求的后果。

**输出：**
1. 质量方针公示、培训
2. 质量目标考核记录
3. 提案改善表
4. 员工质量意识宣传
5. 员工从事工作与体系的关联作用
6. 标准化作业意识
7. 生产人员质量意识，包括自检意识、互检意识、监督抽查意识
8. 检验人员质量意识，包括首检意识、巡检意识、抽检意识、全检意识
9. 通过培训提高员工质量意识，包括新员工、转岗员工、换岗员工培训，以及班前班后宣传培训
10. 建立质量激励机制，加大质量考核力度
--------------------
非预期输出风险：没有质量意识的员工做不出好的产品

**如何去做？准则/方法/技术**
1. 质量方针
2. 质量目标
3. 提案改善管理规定
4. 意识管理流程

**绩效指标？测量/监视/评估**
质量意识宣传普及率100%

图7-8　意识—过程分析乌龟图

### 表 7-61  意识管理流程

文件编号：QM/WI24　　版本/改数：A/0　　生效日期：20××年××月××日　　第×页/共×页

| 过程流程 ||| 内容描述 | 采用表单 |
|---|---|---|---|---|
| 总经理 | 质检部 | 其他部门 |||
| 方针 | | | 总经理应根据公司的宗旨、经营环境、企业战略制定公司的质量方针，形成书面文件，通过下面的方式进行沟通宣传：<br>1.下发《质量方针》文件，组织全体员工培训<br>2.在公司网站上公示，为相关方所获取<br>3.把质量方针做成宣传文字，贴在公司大门口正对面的办公大楼墙体上<br>4.在公司宣传栏中进行公示宣传<br>5.列入每年年度的培训计划，由办公室定时组织培训<br>6.每年管理评审时进行评审 | 《质量计划》 |
| 公司目标 | | | 总经理应根据公司的质量方针，制定公司的总体质量目标。考虑质量目标能量化可测量、与产品和服务合格以及增强顾客满意度相关，形成《公司质量目标》文件信息，下发相关部门，指导各部门分质量目标的制定。每年管理评审时进行评审，适时更新 | 《公司质量目标》 |
| | | 制定各部门分目标 | 各部门及车间、班组、工段应根据《公司质量目标》及本工作实际情况制定《部门质量目标》，制定时结合公司管理过程、质量目标、结果评价方式、评价依据、责任人、方便统计、考核周期等，具体执行《过程绩效指标（质量目标）规定》 | 《部门质量目标》 |
| 审批 | | | 总经理对各部门制定的《部门质量目标规定》进行审批，考虑各部门目标的适宜性、合理性，并下发执行 | 《部门质量目标》 |
| | 质量意识控制实现质量目标 | | 1.树立标准化作业意识<br>1.1公司全体员工树立标准化作业意识，公司建立的质量及其他管理体系，员工工作严格按管理手册、管理流程、管理程序、管理规范、管理制度等执行，对基层管理建立相关作业标准的文件化信息，如作业指导书、工艺卡、操作规程、检验指导书、图纸、作业记录等。防止员工擅作主张、随意更改作业和工作方法，导致产品质量不一致以及工作效果不理想。<br>2.生产人员质量意识<br>2.1自检意识，产品质量是制造出来的，而非检验出来的。产品制造过程中，每一位员工必须树立上工序要为下工序服务的质量意识，从而为下工序提供优质的半成品。要求员工对自己岗位加工的零件进行自检，确认合格后才可以流入下工序，发现不合格零件时，要做好标示并单独存放。通过自检可以及时发现本工序存在的质量问题，并及时采取相应的纠正措施，减少不合格的数量，杜绝不合格的半成品流入下工序。<br>2.2互检意识，对于上工序流过来的半成品，员工加工前要进行检验或在加工过程中边做边检，认为合格才可以进行本工位加工等。如果查到上工序流下来的零件存在质量问题，应及时反馈上工序或QC，以便及时采取措施处理，坚决做到不制造不合格产品、不接收不合格产品、不传递不合格产品，防止盲目地加工不合格品，产生大量废品，浪费人力和物力。<br>2.3监督抽检意识，车间班组长、主任、主管对加工过程的产品，在线随时抽取样品，进行监督检验，了解产品质量实时信息，掌握生产过程质量状态，确保产品加工顺畅，以利于控制好生产节奏。<br>3.检验人员质量意识<br>3.1首检意识，QC在产品正式批量加工前，应对开始加工的前几件产品进行首件确认检验，合格后方可批量加工，不合格要查找原因，及时采取措施纠正，并更新首检，直到合格才可批量生产。防止该工序大批量加工不合格品，造成重大损失。 | |
| A | | | | |

| 过程流程 | | | 内容描述 | 采用表单 |
|---|---|---|---|---|
| 总经理 | 质检部 | 其他部门 | | |
| | A ↓ 质量意识控制 实现质量目标 | | 3.2巡检意识，QC应按检验指导书要求，按规定时间，对加工的产品抽取规定数量进行检验，及时发现问题、及时处理。<br>3.3抽检意识，产品加工完成，在转序或入库前，操作人员应及时通知QC进行检验，QC应按检验指导书要求，抽取规定数量的产品进行检验。减少不合格半成品流入下工序，造成产品的报废及返工处理，产生重复检验和二次加工的时间。<br>3.4全检意识，对国家标准要求、法规要求、顾客有要求、新产品质量不稳定、产品加工工艺不成熟等特殊情况，质量部应安排QC对产品进行倒数100%，确保出厂产品100%合格。<br>4.通过培训提高员工质量意识<br>4.1做好新员工培训，在新员工上岗之前进行质量意识和岗位技能知识的培训。新员工没有从事过相关工作，对产品加工的认知度较低，上岗前对新员工进行相关岗位知识的培训，如作业指导书、工艺卡、操作规程、安全操作、操作技巧、产品质量合格标准、不合格品的区别、分类，产品的相关标准、相关法律法规等。由班组长负责进行培训，也可采取传统的"师傅带徒弟"模式，师傅应选用岗位上操作技能最强、操作最规范的员工来担任，让新员工从开始就养成良好的习惯，然后再慢慢地影响其他新员工。<br>4.2转岗、换岗员工也应按"新员工"方式进行培训。<br>4.3在岗位员工应按《能力管理流程》安排好培训计划，定时组织进行培训，并对培训效果进行评估、确认，防止学习流于形式。<br>4.4利用开早会或班前班后时间进行质量意识宣传培训，班组长作为生产基层管理人员，大部分时间在生产第一线，容易发现质量问题、不规范行为，应在班前或班后进行通报，让员工及时了解，防止类似行为再犯。<br>5.建立质量激励机制，加大质量考核力度<br>5.1公司制定并实施《质量考核办法》，直接与每月工资挂钩，实施责任连锁机制，下级的处罚上级承担相应责任。鼓励员工为质量管理体系有效性做出贡献，包括改进绩效的益处，对员工所做工作不符合质量管理体系要求的后果进行惩罚。充分调动员工的积极性，真正做到全员参与质量管理，从而进一步提高员工质量意识。 | 《质量考核办法》 |
| | ↓<br>考核 No→ 纠正措施<br>Yes↓ | | 质检部负责日常质量意识管理工作，通过日常质量意识控制，实现质量目标。每月组织对质量目标进行统计考核，包括公司质量目标与各部门的质量目标，填写《过程绩效指标（质量目标）考核表》，对未达到要求的质量目标责任部门，发出《不合格和纠正措施单》，跟踪整改进程，对最终纠正效果验证 | 《过程绩效指标（质量目标）考核表》 |
| 管理评审 | | | 质检部制定的《过程绩效指标（质量目标）考核表》报总经理审批，并对每月考核表进行汇总，作为管理评审输入 | 《过程绩效指标（质量目标）考核表》 |

## 提案改善管理规定

文件编号：QM/WI25　　版本/改数：A/0　　生效日期：20××年××月××日　　第×页/共×页

1. 目的

为改进企业管理体系，改善系统内部的不良因素，激励本企业全体从业人员踊跃提出有益于提高公司经营绩效的改善提案，使改善提案、改善成果评定及改善奖金核发有所遵循，使企业在资金、人力、材料、技术、机器、厂房等各方面在达到最佳组合，达到效率高、品质稳、成本低的目的，制定本规定。

2. 范围

凡有关下列各项改善提案均适用的。

2.1 提高生产效率改善。

2.2 提高产品品质改善。

2.3 提高产品价值改善。

2.4 提高公司绩效改善。

2.5 用料改善。

2.6 节约能源改善。

2.7 人员合理化改善。

2.8 工作方法改善。

2.9 确保人员、财物安全改善。

2.10 工业污染防治改善。

2.11 管理制度及使用表单改善。

3. 适用对象

公司所有的人员。

4. 权责

4.1 办公室主要负责提案策划、初（复）审参与、改善督导、绩效稽核、标准化的管理。

4.2 提案改善委员会由（副）经理以上人员组成，主要负责提案改善的复审、实施成果评定绩效等级。

4.3 总经理或董事长主要负责提案改善奖励的批准。

4.4 各单位或责任人主要负责改善提案的实施。

5. 定义

IE：英文全拼为 Industrial Engineering，中文译成"工业工程"，它在现代化科学管理技术中融合传统的工业工程技术，是一门借着设计、改善或设定人、料、机的工作系统，以求得更高生产力的专门技术的应用科学。

TPM：英文全拼为 Total productive maintenance，中文译成"全面生产性维护"。

6. 作业步骤

6.1 提案改善提案流程图（附件1）。

6.2 提案改善提案作业步骤：

6.2.1 对现场中的所有人、事、物进行观察，运用零工程模式（附件2）和"5W2H"方法（附件3）去发现是否有不合理、不均匀、浪费等现象存在。

6.2.2 有问题点存在，则对现场中形成问题的现象进行分析，掌握问题点，并把它登记在改善提案改善表上。

6.2.3 提案时，由提案人填写《提案改善表》一式二联，将提案人姓名、所属部门、职务、被提案单位、改善项目、现状说明、预期效益分析等资料填写清楚后，呈送部门经理审核。

6.2.4 提案部门经理接到《提案改善表》时，应先了解改善提案内容，对提案内容不明确、改善方案不够具体的提案，应请提案人做详细说明并予以指导后，由提案人重新修正或补充，栏位不足时可以附表补充说明，部门经理须在两天内核签完成，送办公室备案。

6.2.5 办公室接到《提案改善表》后，根据提案单位进行分类、编号、登记，初步确定改善项目的先后顺序，并在两天内送往被提案单位初审。

6.2.6 被提案单位接到《提案改善表》后，先了解提案内容，对提案内容不明确、改善方案不够具体的改善提案，应请提案人做详细说明，并召集相关人员进行初审，提案经初审评定要分为采用、不采用、保留三种方式，初审后填写初审意见，其结果应在两天内完成。

6.2.7 办公室收到初审的《提案改善表》后，为了避免误判，不管初审结果如何都要经提案改善委员会相关人员进行复审，当复审意见与初审结论不一致时，应对其原因做详细的分析说明。

6.2.8 复审应在两天内完成，经采用的改善提案办公室列入改善执行进度追踪验证，并把结果记录于提案改善表中。

6.2.8.1 经评定为采用的提案，依其性质分开发性提案、一般性提案、技术性提案与问题点提案。

◆开发性提案内容主要为产品的新开发与新设计（本职的新设计不列入提案）。

◆一般性提案内容主要为配制流程的改善，一般工作方法及机器小零件的增设，一般的物料器材等价值分析与事务改善。

◆技术性提案内容主要为凡经特别研究设计而产生的改善提案与需经多次试验才可成功的改善提案。

◆问题点提案内容主要为问题的提出及对策措施。

6.2.8.2 提案内容属下列情况概不采用：

◆无具体改善的内容或单纯的希望者。

◆公知的事及正在改善者。

◆已被采用过及前有的提案。

◆业务上被指令改善或已由上级指示开始进行而提出者。

◆非建设性的批评。

◆对于个人及私生活的攻击。

6.2.8.3 提案的问题点具有改善的潜力，但仍具争议性或限于目前条件未能进行改善者，提案给予保留存档处理。

6.2.9 提案经复审评定后，依评定结果不同，其相对应的处理方式如下：

6.2.9.1 采用的提案：

提案的问题点能立即实施改善作业时，被提案单位（人）应立即实施改善作业。

若问题点限于目前条件未能立即进行改善，则：

◆改善实施人员运用 IE 手法或 QC 手法对问题点现况进行研究，分析问题点存在现象的原因。

◆运用"重点管理"的技巧，对现场中的问题点进行整合，找出形成问题点的现象真正原因。

◆抓住问题点的实质，在问题点改善范围中选择改善主体。

◆对选择改善的主体进行初期情报调查、检讨，内容包括改善主体的决定范围，解决问题的必要条件，改善的评估条件。

◆若确定对提案问题点的改善范围、解决问题的条件等作业内容无需作修订或补充，则对提案给予制订代替案。

◆对代替案做改善效果预测，以利问题改善过程的绩效参照与效果追踪。

◆对代替案做确实的整体评估选择，制定改善实施方案。

◆经办公室确认代替案合理性与适宜性，并知会问题点的被提案单位（人）实施改善作业。

6.2.9.2 对复审认定为不采用的提案，由办公室对提案另行处理，并将处理情况知会提案者。

6.2.9.3 对复审认定为保留的提案，由办公室对提案立档保存待用，并将情况知会提案者。

6.2.10 被提案单位（人）进行改善实施后，则将改善实施结果的确实情况填入《提案改善表》。

6.2.11 改善委员会应对改善实施成果评定绩效等级。

经复审评定为采用的提案，则进行如下方式作业：

◆未实施改善或改善未能达到预期效果的采用评定案，则由办公室将现状的问题重新纳入改善提案，并责成相关责任单位（人）限期改善。

◆若采用评定改善效果达到预期的绩效，则由办公室纳入相关标准化管理。

6.3 提案改善、提案评级与奖励：

6.3.1 办公室对改善绩效进行初评，改善委员会评审判定等级的结果。

6.3.2 对改善效益无法以金额计算的提案，可依评定的等级进行颁发奖金。其等级评定可依提案的创造性、应用范围、完整程度、品质贡献等方面进行评级。

6.3.2.1 具体参考标准见《评分表》。

6.3.2.2 奖金依据《得分与奖金表》。

6.3.3 对于能够直接核算成本的改善案，依节省金额颁发奖金。其节省金额汇总于财务部核算，奖金可参照《节省金额与奖励金额表》。

6.3.4 对未实施改善或改善不力者，由办公室做确实调查，追究原因，并处理。

6.3.5 同一内容的提案改善以先提为准（该项次），视其解决者的范围，以一案为奖，若多人参与实施，奖励视其贡献度差异论功行赏。

6.3.6 经评定为不采用或保留的提案，对提案人发给日用品或文具用品以资奖励，若提案人申诉理由，发现有价值时，提案者以提案单再评述理由，确实认可则按6.3.2或6.3.3的规定奖励。

6.4 对于已选中的提案，公司将在公告栏内公布，予以宣传与鼓励。

7. 附则

7.1 特别规定。

7.1.1 改善提案由两人以上人员提出，经采用所得奖金由提案人平均分配。

7.1.2 若提案内容涉及国家专利或著作权者，其权益概属本公司。

7.1.3 提案改善的奖金由办公室颁发，以表扬提案人及执行者。

7.1.4 改善提案经实施完成，如其制程条件、配方、工作指导书、工时、工价、文件制度等需修订时，由改善部门以联络单通知有关部门修订，并于一周内提报修订完成的资料。

7.1.5 本办法所有金额币为人民币，单位为元。

7.2 改善实施过程或标准实行过程中，提案改善委员会与办公室人员应加强督导控制职能，以利改善实施标准化进程的进行。

7.3 本规定所列表单记录保存期限一年，逾期销毁。

7.4 本规定经总经理批准后实施，其修订亦同。

8. 相关资料

8.1 5W2H 方法。

8.2 零工程模式。

9. 使用表单

9.1 《提案改善表》。

9.2 《质量信息反馈单》。

表 7-62 评分表

| 项目 | 评审基准 | 得分/分 |
| --- | --- | --- |
| 一、创造性（40 分） | 1. 纯属模仿现有设备、配方或作业方法 | 5 |
| | 2. 将现有设备、作业方法加以修改应用 | 10 |
| | 3. 属于创造性，尚须加以补充应用 | 25 |
| | 4. 属于创造性，且确定能加以应用 | 40 |
| 二、应用范围（20 分） | 1. 仅可应用于一项设备、产品或部门 | 10 |
| | 2. 可应用于两项以上设备、产品或部门 | 20 |
| 三、完整程度（20 分） | 1. 需修改方可实施 | 5 |
| | 2. 稍作补充可实施 | 10 |
| | 3. 内容完整正确，无须补充修改即可实施 | 20 |
| 四、品质贡献（20 分） | 1. 不影响产品品质、作业时间及负荷 | 10 |
| | 2. 使产品品质提高、减少作业时间及负荷 | 20 |
| 备注 | 总分 = 创造性得分 + 应用范围得分 + 完整程度得分 + 品质贡献得分 | |

表 7-63 得分与奖金表

| 等 级 | 得 分 | 奖 金 |
|---|---|---|
| 一级 | 91~100 分 | 500 元 |
| 二级 | 81~90 分 | 400 元 |
| 三级 | 71~80 分 | 300 元 |
| 四级 | 61~70 分 | 200 元 |
| 五级 | 51~60 分 | 100 元 |
| 六级 | 31~50 分 | 50 元 |
| 七级 | 30 以下 | 20 元 |

表 7-64 节省金额与奖励金额表

| 采用后年节省金额 | 奖励金额 |
|---|---|
| 1200（含）以上 | 按年节省金额的 10% 核发奖金，最高奖金不超过 5000 元 |
| 1000（含）~1200 元 | 100 元 |
| 800（含）~1000 元 | 80 元 |
| 600（含）~800 元 | 60 元 |
| 400（含）~600 元 | 40 元 |
| 200（含）~400 元 | 20 元 |
| 200 以下 | 10 元 |

## 附件1：提案改善提案流程图

| 权责单位 | 流程图 | 说　　明 | 相关文件 | 使用表单 |
|---|---|---|---|---|
| 提案单位 | 发现问题 | 对人、事、物进行全面观察，运用零工程模式及5W2H方法发现是否有不合理、不均匀、浪费的现象存在 | 零工程模式 5W2H方法 | |
| 提案单位 | 提案 | 分析现象，透过现象抓住问题的本质以寻求改善的方法并提案 | | 提案改善表 |
| 提案单位 | 提案送交 | 办公室接到提案改善表进行分类登记后送往被提案单位初审 | | 提案改善表 |
| 被提案单位 | 初审 | 被提案单位对提案进行初审 | | 提案改善表 |
| 提案改善委员会 | 复审 | 提案改善委员会对初审后的提案进行复审 | | 提案改善表 |
| 改善实施单位 | 不采用／保留／采用 | 经复审不采用或保留的提案知会提案者后存档处理 采用的提案，若能立即实施改善作业的，则由被改善单位（人）直接实施改善 若限于目前条件无法立即实施改善进行现况分析，掌握真正问题点、选择改善主体，对改善主体进行初期情报调查，以利制定代替方案，并对代替方案做改善效果预测，而后会同办公室等相关人员对代替方案进行评估选择以利编制实施方案 | | 联络单 提案改善表 |
| 改善实施单位 | 现况分析 | | | |
| 改善实施单位 | 掌握真正问题点 | | | |
| 改善实施单位 | 选择改善主体 | | | |
| 改善实施单位 | 初期情报调查 检讨 | | | |
| 改善实施单位 | 制订代替方案 | | | |
| 改善实施单位 | 效果预测 | | | |
| 改善实施单位 | 评估选择 | | | |
| 改善实施单位 | 制订实施方案 | | | |
| 办公室 | 知会提案者／方案实施 | 由办公室知会被提案单位（人）实施改善作业 | | 联络单 |
| 提案改善委员会 | 效果评定 NO/YES | 提案改善委员会应对改善实施成果评定绩效等级 | | 提案改善表 |
| 办公室 | 存档／标准化管理／奖金颁发 | 由办公室进行标准化管理，办公室颁发奖金 | | 提案改善表 |

## 附件2：零工程模式

| 对象名称 \ 名称 | 人 | 物料零件 | 机械设备 | 方法 | 效率 | 品质 | 安全 | 士气 | 事务管理 | 整理整顿 |
|---|---|---|---|---|---|---|---|---|---|---|
| 工程名称 | 零观望 零走动 零费力 零懒散 零无整洁 | 零呆滞 零堆积 零杂乱 零混料 零尘埃 | 零停机 零噪声 零泄漏 零松动 零脏物 | 零瓶颈 零无标 零程序更换 | 零等待 零障碍 零赶货 | 零返工 零废品 零无标准 | 零压伤 零烧伤 零触电 零碰撞 零跌倒 | 零抱怨 零处分 零无协助 零无关怀 | 零混乱 零推责 零滥权 零无计划 零无沟通 | 零无标示 零无画线 零无教导 零无查核 零无标准 |

## 附件3：5W2H方法

| 5W2H | | 问题 |
|---|---|---|
| What | 为了什么（目的） | ☆ 那是什么？<br>☆ 目的是什么？<br>☆ 除去该项作业后会怎样？<br>☆ 该做的事没有了吗？ |
| Why | 为什么（必然性） | ☆ 为什么做这件事？<br>☆ 为什么必须这样？<br>☆ 为什么变成这样？ |
| Where | 在哪里（场所） | ☆ 场所在哪里？<br>☆ 为什么要在那里？<br>☆ 把场所定在一个地方又怎样？<br>☆ 更换场所又如何？ |
| When | 什么时间（顺序） | ☆ 那是什么时候的事？<br>☆ 为什么那时候做？<br>☆ 什么时候做才合理？<br>☆ 其他时间不行吗？ |
| Who | 谁（作业对象） | ☆ 那是谁？<br>☆ 为何由他来做？<br>☆ 男性或女性谁较合适？<br>☆ 作业者集合起来又如何？<br>☆ 不能换别人吗？ |
| How | 如何（手段） | ☆ 为什么那样做？<br>☆ 那种方法最恰当吗？<br>☆ 没有其他方法了吗？ |
| How much | 花多少钱（成本） | ☆ 这样做的成本如何？<br>☆ 变更后的成本又如何？ |

## 表 7-65 提案改善表

QR7.3-01

□质量类　　□生产类　　□项目类　　□市场类　　□管理类　　□其他类　　提案日期：___年___月___日

| 改善项目 | | 附图表_____张 |
| --- | --- | --- |
| | | 附说明_____页 |

| 目前做法及问题： |
| --- |

| 改善提议： |
| --- |

| 改善利益： |
| --- |

| 审核结果： |
| --- |

有无申请专利需要：□ 有　　□ 无

申请项目：_____

| 实施结果 | 实施部门 | | 实施日期 | |
| --- | --- | --- | --- | --- |
| | 成果 | | | |
| | | 核发奖金 | | |

备注：

提案人：　　　　　　　　所属部门：

## 7.4 沟通

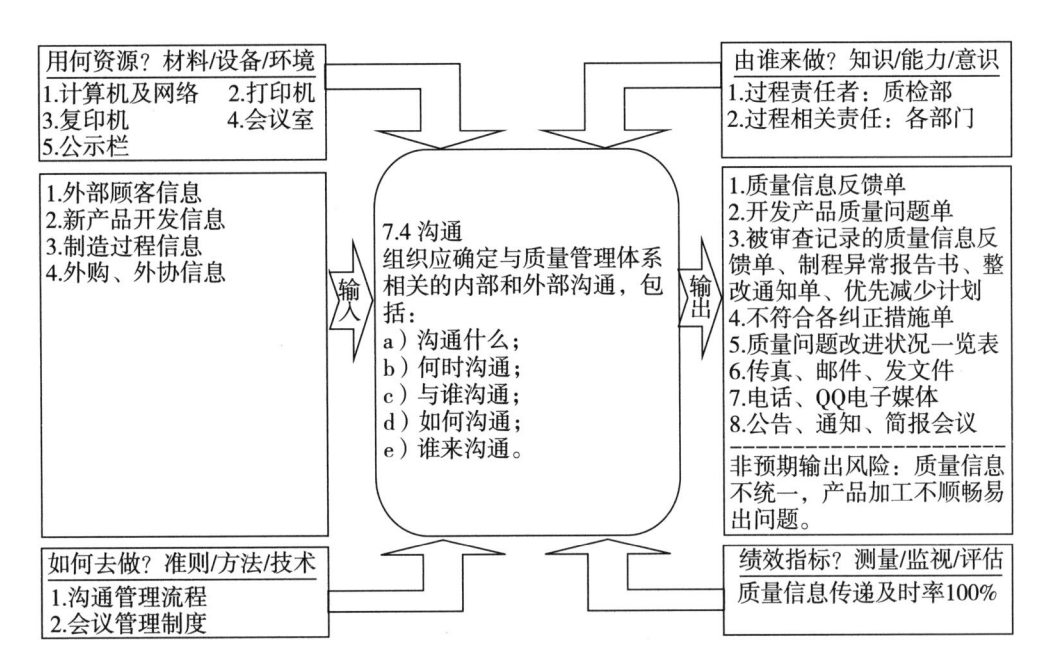

**用何资源？材料/设备/环境**
1.计算机及网络  2.打印机
3.复印机  4.会议室
5.公示栏

**由谁来做？知识/能力/意识**
1.过程责任者：质检部
2.过程相关责任：各部门

输入：
1.外部顾客信息
2.新产品开发信息
3.制造过程信息
4.外购、外协信息

**7.4 沟通**
组织应确定与质量管理体系相关的内部和外部沟通，包括：
a）沟通什么；
b）何时沟通；
c）与谁沟通；
d）如何沟通；
e）谁来沟通。

输出：
1.质量信息反馈单
2.开发产品质量问题单
3.被审查记录的质量信息反馈单、制程异常报告书、整改通知单、优先减少计划
4.不符合各纠正措施单
5.质量问题改进状况一览表
6.传真、邮件、发文件
7.电话、QQ电子媒体
8.公告、通知、简报会议
----------------------
非预期输出风险：质量信息不统一，产品加工不顺畅易出问题。

**如何去做？准则/方法/技术**
1.沟通管理流程
2.会议管理制度

**绩效指标？测量/监视/评估**
质量信息传递及时率100%

**图 7-9  沟通—过程分析乌龟图**

**表 7-66  沟通管理流程**

文件编号：QM/WI26    版本/改数：A/0    生效日期：20××年××月××日        第×页/共×页

| 过程流程 ||||| 内容描述 | 采用表单 |
|---|---|---|---|---|---|---|
| 采购部 | 技术部 | 质检部 | 业务部 | 生产部 |||
|  |  | 质量信息分类 Ⓐ |  |  | 1.按信息来源方式：<br>1)内部质量信息是指由公司内部各部门产生的质量信息<br>2)外部质量信息是指供方、顾客、消费者等处与产品质量相关的信息<br>2.按信息作用：<br>1)动态质量信息，是指日常公司生产经营中反映产品质量状态及其变化的各种信息<br>2)质量指令信息，是指来自国家上级机关、监督机构等的指示和规定，以及公司各高中管理层的决策指标和目标要求<br>3)质量反馈信息，是指有关部门在执行质量决策过程中所反映决策目标的正确性或偏离程度，以及顾客对产品质量的反映<br>3.按信息影响后果：<br>1)正常质量信息，是指反映产品实现过程中满足规定要求的质量信息<br>2)严重异常质量信息，是指反映产品实现过程中严重影响完成规定的任务、导致或可能导致人或物重大损失的质量信息<br>3)一般异常质量信息，是指反映产品实现过程中不满足要求，但不致严重影响完成规定的任务和不导致人或物造成重大损失的质量信息 |  |

续表

| 过程流程 | | | | | 内容描述 | 采用表单 |
|---|---|---|---|---|---|---|
| 采购部 | 技术部 | 质检部 | 业务部 | 生产部 | | |
| | | Ⓐ↓<br>收集质量信息要求 | | | 收集质量信息的要求：<br>1.及时性，是指由质量信息的时效性决定，影响安全和可能造成重大后果的严重异常质量信息，一经发现要立即提供<br>2.准确性，是指如实反映客观事实的特征及其变化情况，收集过程中采取核对、筛选和审查等防错措施<br>3.完整性，是指能全面、真实反映客观事实的全貌，对质量信息的内容要全，不能缺项和数量要完整<br>4.连续性，是指在产品实现过程中，连续不断地产生反映产品质量状态及其变化的信息 | |
| | | 收集产品质量信息 | | | 1.营销人员每天要定期到顾客装配生产现场进行调查、询问，了解所发生质量问题或改进的建议<br>2.各销售员要调查、收集已售出的产品在消费者处发生的质量问题、存在的隐患或改进的建议 | 《质量信息反馈单》 |
| | 产品开发 | 外部顾客<br>制造过程<br>外协/外购 | | | 1.营销人员要跟踪新产品装车的过程，便于及时了解装车的效果或存在问题点<br>2.在顾客特殊要求的情况下，项目经理也要参与新产品装车的过程，便于解决产生的质量问题并与顾客进行沟通<br>3.项目经理组织新产品试制和试生产，并现场指导、协调和跟踪全过程 | 《开发产品质量问题单》 |
| | | | | | 1.产品不符合或偏离过程检验指导书上规定的质量特性<br>2.与对件装配不符合规定要求，现场性能检测或试验不满足规定的要求<br>3.在同样的条件（公差范围）下，与样件对比存在较大差异 | 《不合格品评审表》 |
| | | 审查/筛选 | | | 1.审查质量信息的完整性和准确性，对不符合要求的质量信息要重新提供或加以剔除<br>2.项目经理根据开发产品存在的质量问题，召集项目小组进行讨论、分析，并根据产品问题的紧急程度和公司本身要求进行时间、资源上的排序<br>3.质量改进员根据质量问题的紧急程度、改进的重要性进行分类排序，在特殊情况下，可召集相关部门人员进行讨论、分析 | 《制程异常报告》<br>《优先减少计划》 |
| | | 质量改进 | | | 相关部门人员按照质量信息问题点改进的时间进度要求实施改进、验证，具体操作按《不合格与纠正措施管理流程》执行 | 《不合格与纠正措施单》 |
| | | 贮存信息 | | | 1.各部门文件将各类质量信息进行分类，外部顾客可按不同顾客或地点进行，内部顾客可按不同部门或车间进行<br>2.对质量信息贮存管理要遵循实用有效性、系统性、经济可行性和循序渐进性等原则<br>3.安全、可靠和完整地保管好质量信息有关的记录，便于查询和检索，按分级职能型或集中管理型原则进行管理，具体操作按《形成文件的信息管理流程》执行 | |
| | | 信息汇总 | | | 1.每月28日之前对本月所有的质量信息进行分类汇总，观察公司本月产品质量变化的趋势<br>2.汇总过程中对已严重超过质量目标或增加较大成本的项目列出初步的原因分析和改进措施 | 《质量信息汇总表》 |
| | | 召开月度质量会议 | | | 每月5号组织质检部、采购部、生产部相关人员召开质量月度会议，讨论上月公司产品质量变化趋势并制定改进措施 | 《会议记录》 |
| | | (信息归档) | | | 每月28号之前对所有的质量信息进行定点存放 | 《归档记录清单》 |

## 表7-67 质量信息反馈单

QR7.4-01　　　　　　　　　　　　　　　　　　　　　　No：

发出单位名称：_____　发出日期：_____

发生问题过程：□进货　□库存　□生产　□检验　□顾客　□其他：_____

| 质量信息描述：<br><br><br><br><br><br>签名/日期： |
|---|
| 本公司的直接损失：　　　　间接损失：　　　　累计损失： |
| 处理建议：<br><br><br>签名/日期： |
| 原因分析：<br><br><br><br><br>签名/日期： |
| 短期措施：<br><br>签名/日期： |
| 长期措施：<br><br>签名/日期： |
| 验证：<br><br><br>签名/日期： |

表 7-68  开发产品质量问题单

QR7.4-02                                        No：

发出单位名称：_____  发出日期：_____

质量问题严重程度：□ 轻微    □ 一般    □ 严重

| 质量问题描述： |
| --- |
| 签字/日期： |
| 改善要求： |
| 签字/日期： |
| 原因分析： |
| 签字/日期： |
| 短期措施： |
| 签字/日期： |
| 长期措施： |
| 签字/日期： |
| 验证： |
| 签字/日期： |

## 表 7-69 制程异常报告

QR7.4-03　　　　　　　　　　　　　　　　　　　　　　　　　　　　　　No：

车间：＿＿＿＿＿＿＿＿

| 产品名称 | | 工序名称 | | 产品批次号 | |
|---|---|---|---|---|---|
| 计划交付日期 | | 计划生产数量 | | 已完成数量 | |
| 异常原因类别 | □人　□设备　□模具　□夹具/检具　<br>□工具　□材料　□工艺　□环境　　□其他 ||||| 
| 异常现象描述：<br><br><br>报告人/日期： ||| 车间领导意见：<br><br><br>签名/日期： |||
| 异常原因分析：<br><br><br><br>参与分析人/日期： ||||||
| 序号 | 纠正和预防措施 | 责任部门 | 责任人 | 完成时间 | 备注 |
|  |  |  |  |  |  |
|  |  |  |  |  |  |
|  |  |  |  |  |  |
|  |  |  |  |  |  |
| 效果验证记录 | 验证人/日期： | 判定：<br>□已解决<br>□未解决，已另行/第＿＿次填写制程异常报告书 ||||
| 说明：本表适用于各种原因引起的生产换线、停产和影响产品交付等。 ||||||

### 表 7-70 优先减少计划

QR7.4-04　　　　　　　　　　　　　　　　　　　　　　　　　　　　　　No：

| 提出部门 | 质量信息描述 | 原因分析 | 优先减少程度 | 改善计划 | 改善结果 |
|---------|------------|---------|------------|---------|---------|
|  |  |  |  |  |  |
|  |  |  |  |  |  |
|  |  |  |  |  |  |
|  |  |  |  |  |  |
|  |  |  |  |  |  |
|  |  |  |  |  |  |
|  |  |  |  |  |  |
|  |  |  |  |  |  |

制表：　　　　日期：　　　　审批：　　　　日期：

## 表7-71 质量信息汇总表

QR7.4-05　　　　　　　　　　　　　　　　　　　　　　　No：

| 不合格与纠正处理单序号 | 内容摘要 | 责任部门 | 发出日期 | 完成日期 | 验证人 | 验证结果 | 备注 |
|---|---|---|---|---|---|---|---|
|  |  |  |  |  |  |  |  |
|  |  |  |  |  |  |  |  |
|  |  |  |  |  |  |  |  |
|  |  |  |  |  |  |  |  |
|  |  |  |  |  |  |  |  |
|  |  |  |  |  |  |  |  |
|  |  |  |  |  |  |  |  |
|  |  |  |  |  |  |  |  |
|  |  |  |  |  |  |  |  |
|  |  |  |  |  |  |  |  |
|  |  |  |  |  |  |  |  |
|  |  |  |  |  |  |  |  |
|  |  |  |  |  |  |  |  |
|  |  |  |  |  |  |  |  |

制表：

## 会议管理制度

文件编号：QM/WI27　　版本/改数：A/0　　生效日期：20××年××月××日　　第×页/共×页

1. 范围

本制度规定了会议的组织原则、分类方式、管理要求及组织会议的相关人员的职责、权限等内容。

本制度适用于公司会议管理。董事会、股东会、党委会等按有关章程规定执行，不受本制度约束。

2. 引用文件

2.1《形成文件的信息管理流程》。

3. 职责分配

3.1 会议主持者的职责。

3.1.1 根据会议的规模、性质和内容，做好会前准备，指定专人进行会议记录。

3.1.2 会前宣布会议纪律，会中维持会议秩序、把握会议主题、控制会议时间、得出会议结论，会后监督、检查会议决议、决定的落实情况。

3.1.3 坚持民主集中制原则，营造民主气氛，引导与会人员围绕主题积极发言。

3.2 会议召集者（或部门）的职责。

3.2.1 组织确定会议时间、地点及参加人员、会议议题、安排会议议程，下发会议通知（例行会议可免发通知）；

3.2.2 准备会议所需材料和文件；

3.2.3 布置会场及安排其他会务工作，协助主持者维持会议秩序，检查考核会议纪律及决议执行情况；

3.2.4 配合主持者开展与会议有关的其他相关工作。

3.3 参会者的职责。

3.3.1 根据会议议题做必要的调查研究，准备发言材料。

3.3.2 在规定的时间内充分发表自己的观点和意见。

3.3.3 遵守会议纪律，倾听别人的发言，协助主持者完成会议议题并形成决议。

3.3.4 按要求及时传达和执行会议精神，并及时向会议主持者和召集者（或部门）汇报决议执行情况。

3.4 记录者的职责。

3.4.1 熟知会议记录的基本格式和要求，了解会议议程。

3.4.2 认真做好会议记录。"会议清单"见：附录1。

3.4.3 整理下发会议纪要。

4. 会议的组织原则

4.1 优化原则。会议的内容、规模、时间、参加人数必须是能够达到预期目的的最佳选择。

4.2 紧迫性原则。会议应突出其时效性，选择最佳时期召开，并在预定时间内结束。

4.3 效率原则。会议必须以最小的人力、物力和时间投入获取最好的效果，会议组织者必须高度重视单位时间内的效率和会议决策的正确性。与会人员的发言出现超时、偏题等现象时主持人必须立即给予制止。

4.4 信任原则。与会人员必须在相互尊重、相互信任的前提下商讨问题。

4.5 约束性原则。会议一旦形成决议，未经同级或更高级别的会议做出修正或更改，任何人不能改变会议决议。

5. 会议的分类及组织方式

5.1 按业务类别不同会议分为四类。即行政会议、政工会议、工会会议、质量会议。

5.1.1 行政会议。如总经理办公会、管理评审会、综合经营调度会、生产调度会、经营调度会、专业技术会等。

5.1.2 政工会议。如党支部书记会议、党员大会等。

5.1.3 工会会议。如工会主席会、职工代表小组长会等。

5.1.4 质量会议。

5.2 按会议召开方式的不同可将会议分为两类。即定期会议和不定期会议。

5.2.1 定期会议。

5.2.1.1 定期会议简称"例会"，指按一定规律和方式，周期性组织召开的会议。为确保例会的适宜、有效。例会的确定应本着精简高效的思想，尽量少开。例会数量的增减或会议召开的周期需变更时，会议召集部门必须提前（至少5个工作日）报公司级主管领导批准。

5.2.1.2 新增的例会，在第一次会议召开前应明确召开时间、地点、主持人、召集人、参加单位或人员、议题、发言顺序、总时间控制等事项，并报办公室备案。

本企业现已批准召开的例会，见附录1"公司级例会内容及相关规定"。

5.2.2 不定期会议

5.2.2.1 不定期会议是指有突发问题需要协调处理或出现特殊事项需要组织研究、协调、探讨、决策时临时组织召开的会议。

5.2.2.2 为保证各级人员工作时间分配合理，原则上大范围的不定期会议尽可能不开，小范围的专题会等可根据实际需要适当召开，但应严格按照会议的组织原则办理。

6. 会议安排

6.1 公司级会议由主要领导确定办公室统一安排召开。例会按已经确定的时间、地点组织召开；不定期会议由召集部门提前向办公室申请，以便办公室根据公司当前的工作安排情况编排会议计划和协调会议室，不需使用会议室的除外。

6.2 安排会议坚持小会服从大会，局部服从整体的原则。各部门组织的不定期会议应服从统一安排，会议的时间、地点和主要参会人员等不应与公司确定的例会冲突，在会议召开前，会议召集部门应及时向办公室申报，经确认无冲突后及时做好会前准备，确保会议顺利召开并取得良好效果。

6.3 对于准备不充分、重复或作用不大的会议，办公室有权提出意见，必要时可拒绝安排会议室。

6.4 上级或友联单位在我公司召开的会议（如现场会、报告会、办公会等）或厂际业务会（如联营洽谈会、用户座谈会等）由办公室视情况安排，有关业务归各部门协助。

6.5 需要投入一定经费的会议（包括在公司内、外召开的会议），召集部门应填写《会议事项申请表》，经办公室审核，分管公司领导审批后方可筹备布置。会务费用超过2万元的须报总经理审批。

6.6 会议区域或座次由召集部门负责安排，会场布置和座次应充分考虑会议效果。

7. 会议室的管理

7.1 会议室是公司举行会议、接待来宾（含客户）的重要场所。为便于区分和管理，对公司会议室编号为：第一会议室、第二会议室、第三会议室、第四会议室、第五会议室、第六会议室、中型会议室、公司生活区会议室（原健身房会议室）。

7.2 公司会议室原则上只限于公司内部各部门使用，子公司及外单位借用会议室时，须经公司领导批准，并到办公室办理借用手续。

7.3 公司内各部门需要使用会议室时，应严格按照办公室的统一调配使用，任何部门未经允许不得擅自使用会议室。

7.4 会议室的使用者应爱护会议室的设施，保持会议室清洁；用后应及时锁好门窗，任何人不得将会议室的桌椅、茶具、烟灰缸等设施带出会议室。

7.5 会议室的清扫、维护。

7.5.1 办公室负责第一会议室、第二会议室及第四会议室的日常清扫、及设施维护，提供会议用茶、水等。

7.5.2 物业公司负责中型会议室的日常清扫、维护工作，负责会议室内配置的空调机、音响设备、桌椅、茶杯等设施及其他物品的完好及安全。

7.5.3 财务处、营销处、党委工作部分别负责第三、五、六会议室的日常清扫、维护工作，在不与办公室的安排相冲突的情况下，有权调配使用相应的会议室。

7.6 各部门使用中型会议室前应提前1~2天到办公室领取会议室使用申请单，经填写后交办公室审核。

7.7 除公司有重大事务另行安排外，任何部门使用中型会议室，须自行负责会议用茶、水、烟及会务工作。

8. 检查、考核

8.1 未按规定报批，擅自增减例会或会议（含临时）未严格按组织原则进行控制而导致相关人员抱怨的，每项次扣召集部门主管领导及主持人各50元。

8.2 会议召开后未形成明确的决议，致使参会人员不满而投诉或所议事项无法落实时，每项次扣会议主持人10~50元。

8.3 会议的主持、召集、记录和参会人员等应按职责分配分别做好会前准备，并按时出席会议。未经会议主持人同意不得缺席、迟到、早退。否则，每迟到、早退1次扣10元；缺席1次扣20元（迟到、早退超过30分钟者视为缺席），属总经理主持的会议加倍考核，此项为当场执行。

8.4 因故不能出席会议者，必须提前向会议主持人请假，未经批准不得擅自不参加或委托他人代参加，否则视为缺席。

8.5 准备不充分，未按会议要求发言者，每次扣5元。

8.6 在会议召开过程中，精力不集中（或精神萎靡不振）者扣5元，经主持人提醒后仍不改正者每次扣20元；打瞌睡者，每次扣20元，经主持人提醒后仍不改正者每次扣50元。

8.7 会议期间，任何人手机一律调到振动位置，否则，每影响他人1次扣5元，例会期间原则上不得接听电话，确有特殊情况时必须在会前报经主持人同意，否则每接听1次扣1元。

8.8 任何会议均必须首先明确发言顺序和时间。与会人员严格按规定顺序和时间发言，若该会议有人员或部门未参加，则发言按顺序前移，若无需协调的问题，应说明"无问题"，出现未按顺序发言，每次扣1元；发言时间每超过1分钟，扣1元；主持人或召集人不及时提醒或制止各扣5元。此项在会议结束时必须兑现。

8.9 会议一旦形成决议，执行人必须保质保量、按时完成工作。对未按时完成工作任务者，视工作的重要程度每项次扣 10～50 元，未按要求完成且不及时向会议召集部门或主持者汇报的加倍考核。

8.10 例会召开后 3 个工作日内（含召开当日）应形成并下发会议纪要，临时会议根据必要性原则形成会议纪要或相关文件，以便记录和公布决定事项。为保证决议事项能够及时得到落实，每拖延 1 天下发纪要或文件时扣 5 元；文件内容一旦出现错项、漏项扣 10 元。

8.11 未经允许擅自使用会议室的部门，办公室负责按每次扣 10 元考核责任部门的主管领导；损坏会议室内物品及设施者，除照价赔偿外，每次扣 2～50 元。

8.12 会议纪律的考核由会议的召集部门执行，对未严格按本规定执行考核的，其上级监督部门有权报办公室按对应处罚力度考核召集部门主要负责人。

**公司级例会内容及相关规定**

表 7-72 公司级例会内容及相关规定

| 序号 | 会议名称 | 召集部门 | 主持人 | 召开时间 | 召开地点 | 会议主题 | 参加人员 |
|---|---|---|---|---|---|---|---|
| 1 | 总经理办公会 | 办公室 | 总经理 | 1 次/季度（半天～1 天） | 第二会议室 | 上季度的经营总结、分析及下季度的工作部署 | 公司级领导，必要时相关部门领导列席会议 |
| 2 | 综合经营调度会 | 办公室 | 总经理 | 1 次/月（8～15 日） | 第二会议室 | 审核、确定生产经营计划及其对应的资源分配问题，安排下月生产经营的重点任务 | 公司行政领导，生产、经营系统、办公室、技术部门等。其余部门根据需要参加 |
| 3 | 办公室 | 办公室 | 总经理 | 1 次/月，（8～15 日） | 第四会议室 | 检查、总结上月工作计划完成情况，安排下月工作；研究综合管理方面存在的问题 | 总经理、办公室、人事处、合同处、信息中心、财务处、总工室、技术中心 |

续表

| 序号 | 会议名称 | 召集部门 | 主持人 | 召开时间 | 召开地点 | 会议主题 | 参加人员 |
|---|---|---|---|---|---|---|---|
| 4 | 生产调度会 | 生调处 | 生产系统主管领导 | 1次/周，周一下午13：00～16：00 | 第二会议室 | 检查、落实上周工作计划完成情况；协调、安排当周工作 | 公司级领导，生产系统各部门采购、销售、办公室、财务、部门正职领导，其余部门根据需要参加 |
| 5 | 经营调度会 | 营销处 | 经营系统主管领导 | 每周三下午13：00～15：00 | 第二会议室 | 检查、落实上周工作计划完成情况；协调、安排本周生产中存在的问题；交流市场信息，传达相关通知精神 | 公司领导、经营系统各部门、企管处、合同处、财务处、生调处、质检部，其他部门按需要选择参加 |
| 6 | 生产碰头会 | 生调处 | 生产调度处处长 | 周三、五上午8：30～9：30 | 第二会议室 | 协调、安排当前生产中存在的问题 | 生调处、设备处、安环处、质检部、计控中心、采购部、储运处、各生产厂主管 |
| 7 | 生产技术专题会 | 总工室 | 总工程师 | 1次/月，（每月中旬）13：00～15：00 | 第二会议室 | 研究解决生产过程中存在的工艺、设备、电仪等各方面的技术问题，寻找改进机会，审定改进措施 | 工艺、设备副总工、生调处、设备处、质检部、计控中心、各生产厂技术主管，必要时相关技术人员参加。 |
| 8 | 设备例会 | 设动处 | 设备处处长 | 1次/月（每月末周三）13：00～15：00 | 第四会议室 | 协调设备的维护、检修工作；研究能源、压力容器、关键设施、设备等方面的管理 | 设备副总工、设备处人员、各生产厂设备副厂长，必要时扩大到设备技术员 |
| 9 | 工艺例会 | 生调处 | 生调处处长 | 1次/月（每月末周二）13：00～15：00 | 第二会议室 | 研究解决生产过程中存在的工艺技术问题，并安排相应工作 | 工艺副总工、生调处、安环处、质检部、各生产厂主管生产副厂长，必要时特邀工艺、电气、仪表、设备技术员参加 |

续表

| 序号 | 会议名称 | 召集部门 | 主持人 | 召开时间 | 召开地点 | 会议主题 | 参加人员 |
|---|---|---|---|---|---|---|---|
| 10 | 安全例会 | 安环处 | 安环处处长 | 1次/月，（每月末周周四）13:00~14:30 | 第二会议室 | 检查上月安全工作及隐患整改落实情况；研究安全管理过程中存在问题的解决办法 | 党委副书记（主管安全）、安环处、各生产厂分管安全的主要领导 |
| 11 | 采供例会 | 财务处 | 经营系统分管领导 | 每周五，上午10:00~11:30 | 第三会议室 | 协调解决大宗原燃材料、备品配件采购与采购资金支付过程中存在的问题 | 经营副总经理、财务处、营销处、采购部、经营部，其他部门按需要选择参加 |
| 12 | 业绩考核评审会 | 企管处 | 企管处处长 | 1次/月，每月5~9日上午（时间：1小时） | 第四会议室 | 评审当月业绩考核适宜性、有效性；相关部门反馈意见及特殊事项的处置 | 财务处、人事处、党委工作部、营销处、生调处，必要时邀请公司主管领导参加 |
| 13 | 中层干部会 | 党委工作部 | 党委工作部部长 | 1次/季度 | 中型会议室 | 传达上级文件、会议精神；分析总结上季度经济活动分析情况；传播新理念、交流好经验 | 公司中层以上管理人员 |
| 14 | 党支部书记会议 | 党委工作部 | 党委工作部部长 | 1次/月，每月第一周周二上午8:30~10:30 | 第六会议室 | 传达学习上级有关文件、会议精神、季度支部工作考核 | 公司党委领导、工会主席、公司所属各党支部书记（含正、副书记）、党委工作部 |

续表

| 序号 | 会议名称 | 召集部门 | 主持人 | 召开时间 | 召开地点 | 会议主题 | 参加人员 |
|---|---|---|---|---|---|---|---|
| 15 | 文明工作考核会 | 党委工作部 | 党委工作部部长 | 1次/季度,季初月15日前 | 第六会议室 | 检查、总结、分析精神文明建设工作开展情况;评审文明职工考核结果 | 公司党委领导、党委工作部、工会、保卫处、人事处、安环处、办公室 |
| 16 | 党群干部工作联系情况汇报会 | 党委工作部 | 党委书记 | 每月10日 | 党委书记办公室 | 分析干部员工思想、工作情况。安排、部署存在问题的解决措施 | 党群系统中层以上干部 |
| 17 | 党支部工作考核会议 | 党委工作部 | 党委工作部部长 | 1次/季度,季初月15日前 | 第六会议室 | 检查、总结、分析支部工作开展情况;评出季度名次进行通报 | 公司党委领导、总经理、工会主席、纪委、安环处、办公室、保卫处、党委工作部 |
| 18 | 质量例会 | 质检部 | 质检部部长 | 每月一次 | 第六会议室 | 总结质量工作完成情况及安排工作计划 | 生产、采购、销售、技术、部门、各生产厂 |
| 19 | 工会主席例会 | 工会 | 工会主席 | 每月一次 | 第六会议室 | 总结工作完成情况及安排工作计划 | 公司工会、组织干事、劳动保护干事、各基层工会主席 |

注:以上会议涉及的发言顺序、发言时间等其他相关事项由召集部门在各类会议召开前两天落实并通知到位。

**表 7-73　会议事项申请表**

QR7.4-06　　　　　　　　　　　　　　　　　　　　　　　　　　　　　　　　No：

| 主持人 | | 召集部门 | |
|---|---|---|---|
| 开会日期 | | 地点 | |
| 会议内容： | | | |
| 参加会议人员 | | | |
| 预计开支费用 | | | |
| 其他联络事项 | | | |
| 备注 | | | |

填报：　　　　审核：　　　　审批：　　　　日期：

## 表7-74 会议决议事项检查表

QR7.4-07　　　　　　　　　　　　　　　　　　　　　　　　　　　　　　　No：

| 会议名称 | | 召开时间 | | 主持人 | |
|---|---|---|---|---|---|
| 记录人员 | | 督办人员 | | | |
| 决议事项 | 承办人 | 要求完成时间 | 实际完成时间 | 验证结果 ||
| | | | | ||
| | | | | ||
| | | | | ||
| | | | | ||
| | | | | ||
| | | | | ||
| | | | | ||
| | | | | ||
| | | | | ||
| | | | | ||
| | | | | ||
| | | | | ||
| | | | | ||
| | | | | ||
| | | | | ||

注：公司级例会的决议检查必须填此表，临时会议视必要性填写。

## 7.5 成文信息

**用何资源？材料/设备/环境**
1. 计算机及网络　2. 打印机
3. 复印机　　　　4. 会议室
5. 公示栏

**由谁来做？知识/能力/意识**
1. 过程责任者：办公室
2. 过程相关责任：各部门

**输入**
1. 质量体系标准要求的成文信息
2. 质量管理体系运行所需要的成文信息
3. 文件编制和更新文件时的要求
4. 顾客要求（图纸、技术协议、检验标准、工程规范、工程变更、特殊特性）
5. 公司提出的工程变更（包括供方要求）
6. 外来文件
7. 法律法规要求
8. 文件编制/更改需求
9. 质量表单的标识、填写要求
10. 文件分发、访问、回收、使用
11. 文件存放、保护，包括保持清晰
12. 文件保留、处置

**7.5 成文信息**
**7.5.1 总则**
组织的质量管理体系应包括：
a) 本标准要求的成文信息；
b) 组织所确定的、为确保质量管理体系有效性所需的成文信息。
注：对于不同组织，质量管理体系成文信息的多少与详略程度可以不同，取决于：
——组织的规模，以及活动、过程、产品和服务的类型；
——过程及其相互作用的复杂程度；
——人员的能力。

**7.5.2 创建和更新**
在创建和更新成文信息时，组织应确保适当的：
a）标识和说明（如标题、日期、作者、索引编号）；
b）形式（如语言、软件版本、图表）和载体（如纸质的、电子的）；
c）评审和批准，以保持适宜性和充分性。

**7.5.3 成文信息的控制**
7.5.3.1 应控制质量管理体系和本标准所要求的成文信息，以确保：
a）在需要的场合和时机，均可获得并适用；
b）予以妥善保护（如防止泄密、不当使用或缺失）。
7.5.3.2 为控制成文信息，适用时，组织应进行下列活动：
a）分发、访问、检索和使用；
b）存储和防护，包括保持可读性；
c）更改控制（如版本控制）；
d）保留和处置。
对于组织确定的策划和运行质量管理体系所必需的来自外部的成文信息，组织应进行适当识别，并予以控制。
对所保留的、作为符合性证据的成文信息应予以保护，防止非预期的更改。
注：对成文信息的"访问"可能意味着仅允许查阅，或者意味着允许查阅并授权修改。

**输出**
1. 经审批、标识、发放并妥善保存的文件
2. 文件发放、更改、领用、销毁记录
3. 部门受控文件清单
4. 有效文件清单
5. 顾客工程规范评审记录
6. 质量记录的标识、贮存、保护、检索、保存期限和处置等得到有效控制
7. 保密协议
——————————
非预期输出风险：质量管理体系没有章程，企业管理绩效无据可查

**如何去做？准则/方法/技术**
1. 形成文件的信息管理流程
2. 企业保密制度

**绩效指标？测量/监视/评估**
1. 文件有效率100%
2. 记录填写符合率100%
3. 保密协议签订率100%

图7-10　成文信息—过程分析乌龟图

## 第7章 支 持

**表7-75 成文信息管理流程**

文件编号：QM/WI28　　版本/改数：A/0　　生效日期：20××年××月××日　　第×页/共×页

| 过程流程 | | | | 内容描述 | 采用表单 |
|---|---|---|---|---|---|
| 各部门 | 办公室 | 质检部 | 总经理 | | |
| 成文信息编写 | | | | 1.质量管理体系由质检部负责编写<br>2.其他成文信息由使用、需求部门负责编写 | |
| 审核 | | | 批准 | 各部门经理审核，总经理批准 | |
| | 文件发行归档 | | | 1. 有效文件须具备如下可辨识性标识：<br>1.1文件编号（例如CJ/QM-01）；<br>1.2文件版号（例如版次A，修改码1）；<br>1.3发文序号（例如分发号：01）；<br>1.4时效标识或特殊用途标识（例如实施日期2015年1月5日）。<br>2. 文件编号<br>2.1【质量管理体系】的编号：XX /QM-01企业汉语拼音声母组合/文件类别号(QM表示质量管理体系文件)- 该文件流水号如01；<br>2.2【作业文件】编号：QM/WI-□□质量管理体系字母缩写/文件类别号（WI表示管理性文件、GY表示工艺文件，JY表示检验文件，QR表示记录表格）-该文件流水号如01；<br>2.3编制人员应确保文件编号和发放号，是唯一性的。<br>3.文件经批准后由办公室发文并存档案，填写《受控文件清单》，发放时填写《文件收发记录》，并在文件上填写发文序号，发放人在发放文件上加盖红色"受控"印章，以便追溯。<br>4.技术文件由编写部门负责发放，发放时由发放人在发放文件上加盖红色"受控"印章，以便追溯。<br>5.外来文件的接收需登记《外来文件清单》，经总经理评审后，办公室确定发放部门，进行发放。 | 《受控文件清单》<br><br>《文件收发记录》<br><br>《外来文件清单》 |
| 有效性评价 | | | | 成文信息有效性评价：<br>办公室组织文件编制单位相关人员参与文件意见的评审，包括文件实施过程出现问题时，管理评审时 | |
| 成文信息更改 | | | | 各部门文件需要修改时应先填写《文件更改申请表》，由各部门经理审核，总经理批准 | 《文件更改申请表》 |
| 发行 | | | | 更改后的文件由文控中心负责发放，修改《受控文件清单》；文件的发放部门为原发放部门 | |
| 更改签收确认/并回收旧文件 | | | | 各相关部门收到更改后的文件时，需签收确认；办公室需收回更改前的文件，并加盖"作废"章后集中销毁。文件借阅填写《成文信息借阅申请表》并批准才执行 | 《成文信息借阅申请表》 |
| 归档 | | | | 办公室需将更改后下发的文件存档，同时将更改前作废的文件进行登记，并加盖"作废"章，填写《文件作废归档登记表》 | 《文件作废归档登记表》 |

表 7-76 受控文件清单

QR7.5-01 　　　　　　　　　　　　　　　　　　　　　　　　　　　　　　No：

| 序号 | 文件名称 | 文件编号 | 版本/改次 | 分发部门 ||||||| 合计 |
|---|---|---|---|---|---|---|---|---|---|---|
| | | | | 总经理 | 办公室 | 质检部 | 生产部 | 采购部 | 业务部 | 财务部 | |
| | | | | | | | | | | | |

编制：　　　　　日期：　　　　　审批：　　　　　日期：

表 7-77 外来文件清单

QR7.5-02　　　　　　　　　　　　　　　　　　　　　　　　　　　No：

| 序号 | 文件名称 | 文件编号 | 文件提供单位 | 收文部门 | 收到日期 | 保存部门 | 有效识别 |
|------|----------|----------|--------------|----------|----------|----------|----------|
|      |          |          |              |          |          |          |          |
|      |          |          |              |          |          |          |          |
|      |          |          |              |          |          |          |          |
|      |          |          |              |          |          |          |          |
|      |          |          |              |          |          |          |          |
|      |          |          |              |          |          |          |          |
|      |          |          |              |          |          |          |          |
|      |          |          |              |          |          |          |          |
|      |          |          |              |          |          |          |          |
|      |          |          |              |          |          |          |          |
|      |          |          |              |          |          |          |          |
|      |          |          |              |          |          |          |          |
|      |          |          |              |          |          |          |          |
|      |          |          |              |          |          |          |          |
|      |          |          |              |          |          |          |          |
|      |          |          |              |          |          |          |          |

编制：　　　　　日期：　　　　　审批：　　　　　日期：

表 7-78  文件收发记录

QR7.5-03　　　　　　　　　　　　　　　　　　　　　　　　　　　　　No：

| 序号 | 文件编号 | 文件名称 | 版本/改次 | 发放序号 | 收文部门 | 发放签收 | 日期 | 收回签收 | 日期 |
|---|---|---|---|---|---|---|---|---|---|
|  |  |  |  |  |  |  |  |  |  |
|  |  |  |  |  |  |  |  |  |  |
|  |  |  |  |  |  |  |  |  |  |
|  |  |  |  |  |  |  |  |  |  |
|  |  |  |  |  |  |  |  |  |  |
|  |  |  |  |  |  |  |  |  |  |
|  |  |  |  |  |  |  |  |  |  |
|  |  |  |  |  |  |  |  |  |  |
|  |  |  |  |  |  |  |  |  |  |
|  |  |  |  |  |  |  |  |  |  |
|  |  |  |  |  |  |  |  |  |  |
|  |  |  |  |  |  |  |  |  |  |
|  |  |  |  |  |  |  |  |  |  |

编制：　　　　　日期：　　　　　审批：　　　　　日期：

## 表7-79 文件更改申请表

QR7.5-04　　　　　　　　　　　　　　　　　　　　　　　　　　　　No：

| 文件名称 | | 版本 | |
|---|---|---|---|
| 文件编号 | | 申请部门 | |
| 更改位置 | | | |
| 更改原因 | | | |
| 更改内容 | | | |
| | 更改人 | | 日期 | |
| 审核意见 | | | |
| | 审核人 | | 日期 | |
| 批准意见 | | | |
| | 批准人 | | 日期 | |

表 7-80　成文信息借阅申请表

QR7.5-05　　　　　　　　　　　　　　　　　　　　　　　　　　　　No：

| 持有文件部门 | | | | | |
|---|---|---|---|---|---|
| 借阅部门/人 | 借阅文件名 | 借阅原因 | 归还时间 | 验收人/日期 |
| | | | | |
| | | | | |
| | | | | |
| | | | | |
| | | | | |
| | | | | |
| | | | | |
| | | | | |
| | | | | |
| | | | | |
| | | | | |
| | | | | |

## 表7-81 文件作废归档登记表

QR7.5-06　　　　　　　　　　　　　　　　　　　　　　　　　　No：

| 序号 | 文件名称 | 文件编号 | 作废原因 | 作废日期 | 批准人 |
|---|---|---|---|---|---|
| 1 | | | | | |
| 2 | | | | | |
| 3 | | | | | |
| 4 | | | | | |
| 5 | | | | | |
| 6 | | | | | |
| 7 | | | | | |
| 8 | | | | | |
| 9 | | | | | |
| 10 | | | | | |
| 11 | | | | | |
| 12 | | | | | |
| 13 | | | | | |
| 14 | | | | | |
| 15 | | | | | |
| 16 | | | | | |
| 17 | | | | | |
| 18 | | | | | |
| 19 | | | | | |
| 20 | | | | | |
| 21 | | | | | |
| 22 | | | | | |

制表：　　　　　　　　日期：

## 企业保密制度

文件编号：QM/WI29　　版本/改数：A/0　　生效日期：20××年××月××日　　第×页/共×页

1. 总则

为保守企业机密，维护企业利益，特制定本保密制度。

2. 适用范围

2.2 本企业所有员工均须严格遵守本制度。

3. 保密范围

3.1 根据本企业实际情况，纳入保密的范围包括：

3.1.1 企业股东、董事会会议纪要及重要会议决议。

3.1.2 企业印章、法人代表印章、财务印章、商务合同、技术协议。

3.1.3 企业经营计划、年度总结报告、财务预算决算、财务账目报表、部门工作计划、税款缴纳资料、营销计划报表及各种综合性统计报表。

3.1.4 市场调研报告、客户档案资料、销售业务资料及供应商档案资料。

3.1.5 与同行业竞争对手的竞争策略、计划。

3.1.6 科技情报、设计资料、技术文件、产品图样、质量资料和生产统计资料。

3.1.7 中层以上员工的人事考核、涉嫌违法违纪事件的调查、未公布的人事任免、奖惩决定。

3.1.8 员工违法违纪的检举、投诉、调查材料，案件、事故的调查登记资料。

3.1.9 员工薪酬政策、薪资水平、福利待遇资料。

4. 保密工作要求

4.1 管理人员、技术人员、行政职员要带头遵守保密制度。

4.2 各部门要加强员工的思想教育，增强保密观念。

4.3 严格执行文件、资料的收发登记、借阅登记及归档制度。

4.4 做好传真、信函、邮件的传递、签收工作。

4.5 凡属重要机密的文件、资料，必须在左上角盖注印章。

4.6 凡涉及企业秘密的文件资料的作废处理，必须使用碎纸机或焚毁处理，不准未经处理而对外清理。

4.7 员工工作中所持有的各种文件、资料、电脑软件，在离开办公室外出时，须存放入文件柜或抽屉，不准随意乱放；严禁未经批准，携带外出。

4.8 全体员工须自觉遵守保密准则，做到：不该问的机密，绝对不问；不该说的机密，绝对不说；不该看的机密，绝对不看。

5. 奖励与处罚

5.1 对发现他人泄密,能立即采取补救措施,避免或减轻损害后果的员工,以及对泄密或非法获取企业机密的行为及时检举、投诉的员工,可酌情给予表彰。

5.2 对不遵守本制度,造成泄密事件的员工,根据情节轻重给予相应处分,对情节特别严重者,将追究其法律责任。

5.3 重要岗位员工违反劳动合同,脱离岗位,造成企业受损时,企业有权追究其法律责任。

6. 附则

6.1 本制度由办公室组织实施并负责解释。

6.2 其他部门/人员如有意见,可提出修订建议。

## 保密协议

QR7.5－07　　　　　　　　　　　　　　　　　　　　No：_____

甲方：_____　　　　　乙方：_____

　　乙方因在甲方单位履行职务（责），已经（或将要）知悉甲方的商业秘密。为了明确乙方的保密义务，甲、乙双方本着平等、自愿、公平和诚实信用的原则，订立本保密协议。

　　一、乙方应本着谨慎、诚实的态度，采取任何必要、合理的措施，维护其于任职期间知悉或者持有的任何属于甲方或者属于第三方但甲方承诺或负有保密义务的技术秘密或其他商业秘密信息，以保持其机密性。具体范围包括但不限于以下内容：

　　1. 技术信息：技术方案、工程设计、电路设计、制造方法、配方、工艺流程、技术指标、计算机软件、数据库、试验结果、图纸、样品、样机、模型、模具、操作手册、技术文档、涉及商业秘密的业务函电等。

　　2. 经营信息：客户名单、营销计划、采购资料、定价政策、财务资料（包括但不限于：原始凭证、财务政策、财务状况、资产总额、财务报表、对外投资情况、成本与利润信息、负债情况等）、进货渠道、产销策略、招投标信息等。

　　3. 公司依照法律规定或者有关协议的约定，对外承担保密义务的事项：如在缔约过程中知悉的对方当事人的秘密和按有关协议的约定（如技术合同等）对外承担保密义务的事项等。

　　二、除了履行职务需要之外，乙方承诺，不得刺探与本职工作或本身业务无关的商业秘密，除甲方书面同意外，不得以泄露、发布、出版、传授、转让或者其他任何方式使任何第三方（包括按照保密制度的规定不得知悉该项秘密的甲方的其他职员）知悉属于甲方或者虽属于他人但甲方承诺或负有保密义务的秘密信息，也不得在履行职务之外使用这些秘密信息，不得协助任何第三人使用秘密信息。如发现商业秘密被泄露，应当采取有效措施防止泄密进一步扩大，并及时向甲方报告。

　　三、双方同意，乙方离职之后仍对其在甲方任职期间接触、知悉的属于甲方或者虽属于第三方但甲方承诺或负有保密义务的秘密信息，承担如同任职期间一样的保密义务和不擅自使用的义务，直至该商业秘密成为公开信息，而无论乙方因何种原因离职。

　　四、乙方承诺，在甲方任职期间直至从甲方离职满三年之日止，不实施与甲方的同业竞争行为，不在与甲方生产、经营同类产品或提供同类服务的其他企业、事业单位、社会团体内担任任何职务，包括但不限于股东、合伙人、董事、监事、经理、代理人、顾问等；不得自行创设与甲方业务存在直接或间接竞争关系的公司、工厂或其他实体；不得采取任何手段抢夺甲方的客户或诋毁甲方商业信誉。

五、乙方因职务上的需要所持有或保管的一切记录着甲方秘密信息的文件、资料、图表、笔记、报告、信件、传真、磁带、磁盘、仪器以及其他任何形式的载体，均归甲方所有，而无论这些秘密信息有无商业上的价值。

六、乙方应当于离职时，或者于甲方提出请求时，返还全部属于甲方的财物，包括记载着甲方秘密信息的一切载体。若记录着秘密信息的载体是由乙方自备的，则视为乙方已同意将这些载体物的所有权转让给甲方，甲方应当在乙方返还这些载体时，给予乙方相当于载体本身价值的经济补偿；但秘密信息可以从载体上消除或复制出来时，可以由甲方将秘密信息复制到甲方享有所有权的其他载体上，并把原载体上的秘密信息删除，此种情况下乙方无须将载体返还，甲方也无须给予乙方经济补偿。

七、双方确认，乙方在甲方任职期间，因履行职务或主要是利用甲方的物质技术条件、业务信息等产生的发明创造、技术秘密或者其他商业秘密（如：业务渠道、商业信誉等），有关的知识产权或无形财产权均属甲方享有。乙方应当依甲方要求，提供一切必要的信息和采取一切必要的行动，包括申请、注册、登记等，协助甲方取得和行使有关的知识产权。

八、乙方在甲方任职期间完成的、与甲方业务相关的发明创造、技术秘密或其他商业秘密，乙方主张由其本人享有知识产权的，应当及时向甲方书面声明。经甲方核实，认为确属于非职务成果的，由乙方享有知识产权。乙方没有声明的，推定其属于职务成果，甲方可以使用这些成果进行生产、经营或向第三方转让。即使日后证明实际上是非职务成果的，乙方亦不得要求甲方承担任何经济责任。

九、双方确认，乙方的保密义务自乙方知道商业秘密起，到该商业秘密被甲方对社会不特定的公众公开时止。乙方是否在职，不影响保密义务的承担。

十、乙方认可甲方在支付乙方报酬时已充分考虑了乙方需承担的保密义务，故甲方无须在乙方离职时再另外支付保密费。

十一、双方约定：

（1）乙方如违反本合同任一条款，应当一次性向甲方支付相当于其离职前一年年收入10倍的违约金；无论违约金给付与否，甲方均有权不经预告立即解除与乙方的聘用关系。

（2）如果因为乙方前款所称的违约行为给甲方造成的损失超过违约金数额的，以损失额为准。

（3）前款所述损失额按照如下方式计算：

①损失额的赔偿为甲方因乙方的违约行为所受到的经济损失，计算方法是：因乙方的违约行为导致甲方的产品销售数量下降，其销售数量减少的总数乘以每件产品利润所得之积；

②损失额的赔偿为乙方因违约行为所获得的全部利润，计算方法是：乙方从每件与违约行为直接关联的产品获得的利润乘以在市场上销售的总数所得之积；

③以不低于甲方商业秘密许可使用费的合理数额作为损失赔偿额。

上述按①、②、③所计算出的数额中最高的作为甲方的损失额。

甲方因调查乙方的违约行为而支付的合理费用，应当包含在损失额的赔偿之内；

（4）因乙方的违约行为侵犯了甲方的商业秘密权利的，甲方可以选择根据本协议要求乙方承担违约责任，或者根据国家有关法律、法规要求乙方承担侵权责任。

十二、因执行本协议而发生纠纷，可以由双方协商解决或者共同委托双方信任的第三方调解。协商、调解不成或者一方不愿意协商、调解的，任何一方都有权在人民法院或对应的级别管辖法院提起诉讼。

十三、双方本着平等协商的精神，在签署本协议前已详细审阅过协议的内容，并完全了解协议各条款的法律含义。乙方事先也已经全面了解了甲方的保密制度，甲方的保密制度为本协议的组成部分。

十四、本合同如与双方以前的口头或书面协议有抵触，以本合同为准。本合同的修改必须采用双方同意的书面形式。本合同独立于双方签订的劳动合同，未尽事宜，依《中华人民共和国合同法》处理。

十五、本协议自双方签字后生效。

甲方：（签章）＿＿＿＿＿＿＿＿＿＿＿＿＿＿　乙方：（签名）＿＿＿＿＿＿＿＿＿＿

甲方代表：（签字）＿＿＿＿＿＿＿＿＿＿＿　身份证号码：＿＿＿＿＿＿＿＿＿＿＿＿＿

＿＿＿＿年　＿＿月　＿＿日　　　　＿＿＿＿年　＿＿月　＿＿日

## 第7章 支　持

### 认证标志证书和档案管理规定

文件编号：QM/WI30　版本/改数：A/0　生效日期：20××年××月××日　页码：第×页/共×页

1. 目的

为加强对产品的认证标志、证书和档案进行管理，规范认证标志、证书和档案的使用，维护企业和顾客的合法权益，促进认证活动健康有序地发展，加强对国家强制性产品认证标志、证书和档案的统一监督管理，确保标志和证书的正确使用符合认证实施规则的规定要求，不合格品和获证产品变更后未经认证机构确认，不加贴认证标志。

2. 适用范围

适用于认证标志、证书和档案管理和使用。

3. 权责

3.1 质量负责人实施认证标志、证书和档案使用的管理。负责向相关国家机构或部门提交申请。

3.2 技术部负责认证标志制作规格的设计及型号选用、合理使用工作。

3.3 采购部主管负责认证标志的外购及印刷、模压等外协工作。

3.4 仓库负责认证标志的储存、保管和发放。

3.5 生产部负责认证标志按规定要求使用。

3.6 质检部负责监督认证标志正确使用、检查等。

4. 定义

4.1 认证证书：指产品、管理体系通过认证所获得的证明性文件。认证证书包括产品认证证书和管理体系认证证书。

4.2 认证标志：指证明产品、管理体系通过认证的专有符号、图案或者符号、图案及文字的组合。认证标志包括产品认证标志和管理体系认证标志。

4.3 认证档案：指在产品、管理体系认证过程中形成的证据材料。

5. 认证证书的使用和管理

5.1 禁止伪造、冒用、转让和非法买卖认证证书，如对认证证书进行涂改、利用工厂名称变更和地址变更等手段转让或买卖认证证书等。

5.2 相关部门应避免管理体系的认证宣传误导消费者，使其误认为通过体系认证的产品符合标准要求。

5.3 证书信息发生变化时，应及时向认证机构申请变更，在变更信息未得到认证机构确认前，不得使用证书，地址搬迁后，认证机构换发新地址证书前，不得声称其认证证书有效。

5.4 不得在证书无效期间使用认证证书，如在证书暂停期间，不得生产、销售该证书所包括的认证产品。同时停止在文件、网站、广告和宣传资料中展示认证证书，并停止将有关认证信息用于广告宣传等商业活动。

5.5 公司产品、质量管理体系认证证书正本由办公室保存。办公室按《成文信息管理流程》妥善保管好证书，以免丢失、损坏，对认证证书的使用情况如实记录。如发生证书丢失、损坏的，应及时汇报给公司质量负责人，由质量负责人及时向认证机构申请补发。

5.6 认证证书副本或复印件可以展示在文件、网站、通过认证的工作场所、销售场所、广告和宣传资料中或广告宣传等商业活动。在顾客提出要求时，相关部门可以经过申请提供给顾客认证证书的完整复印件，或者出示证书原件，顾客检查后应及时将证书原件归还保管部门。

6. 认证资料的使用和管理

6.1 获证产品档案包括：

6.1.1 认证证书、型式试验报告、初始/年度监督工厂检查报告、产品变更/扩展批准资料、年度监督检查抽样检测报告、关键件变更批准的相关记录等。

6.1.2 工厂应保留获证产品的经销商、销售网点或销售信息，并按认证机构的要求及时提供。

6.1.3 认证产品的出入库单、台账。

6.2 获证产品档案的标识：依据证书编号、报告号等来区分。

6.3 获证产品档案的收集：质量负责人应对获证产品档案进行及时收集；获证产品档案均为受控文件，因其特殊性，不在档案上加盖受控章，分类填写在文件清单上，按《成文信息管理流程》进行管理；认证产品的出入库单、台账按财务要求保存。

6.4 归档后的获证产品档案的贮存，应保持清洁、干燥、防虫蛀。

6.5 获证产品档案的保存期限为长期。如这些资料和记录在证书到期后，仍需保存12个月以上。

6.6 获证产品档案的清理与销毁：对应注销的证书，经质量负责人审阅，报总经理批准，方准销毁。

6.7 获证产品档案利用与借用：获证产品档案的借用，尤其是外借应填写文件借阅审批单，经质量负责人批准后方可借阅。

7. 认证标志的使用和管理

7.1 获取认证标志的方式：本公司根据需要，使用单独标志和印刷在标识上两种方式。

7.1.1 单独的标准标志：直接向标志管理中心申请购买，企业不得印刷单独标志；

7.1.2 标志印刷在标识上：由质量负责人负责设计符合要求的标志式样，报标志管理中心审批，交纳相应的费用后使用。

7.2 标志施加方式

7.2.1 向标志管理中心购买单独的标准标志直接施加在产品的正面。

7.2.2 印刷在标识上的标志，连同标识一起贴在产品上。

7.3 标志的式样：可在中国质量认证中心网站将开设的 CCC 标志专栏下载 CCC 标志矢量图（CCC 标志椭圆形长短轴外直径比例为 8∶6.3）。使用的认证标志的规格必须与标准规格的尺寸成线性比例，不允许加施任何形式的变形认证标志。

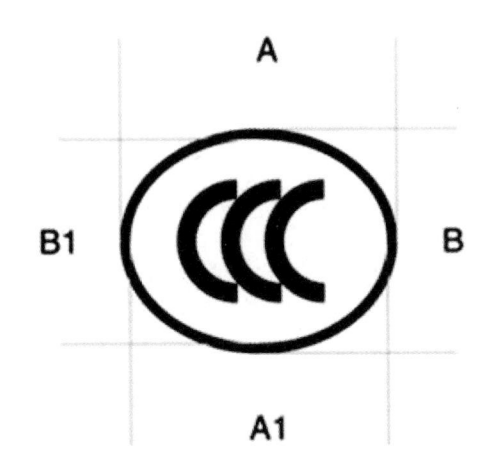

外形比例尺：A = 8；A1 = 7.5；B = 6.3；B1 = 5.8

图 7 - 11　认证图案比例图

7.4 标志的管理

7.4.1 禁止伪造、冒用、转让和非法买卖认证标志；标志使用未备案或备案失效期间不能以印刷、模压等方式在认证产品上使用认证标志。

7.4.2 不得利用认证标志误导消费者认为其服务、管理体系通过认证。

7.4.3 合格的认证产品出厂时必须加贴认证标志；在产品未获证和证书无效期间（如在认证产品申请期间，在证书暂停期间、证书注销撤销后）均不得在相应认证产品上使用认证标志。

7.4.4 采取印刷、模压等方式使用认证标志，提前向标志发放管理中心申请备案，备案获批后，应按备案书的要求使用认证标志；备案书到期后，没有申请延期并获得批准,也不得使用认证标志;认证标志的使用包括其使用位置,如使用位置发生变化或增加,应另行申请备案。

7.4.5 所有购买的单独认证标志,必须统一登记、统一发放;经质量负责人审批后,标志才能使用在经检验合格的认证产品上;并在《标志发放登记表》记录使用数量、产品型号、发放人、领用人、出入数量、结余数等。

7.4.6 质量负责人应妥善保管认证标志购买凭证(明细表等)或印刷批准书,不同申请人应单独购买标志或分别申请印刷,并分别登记。

8. 相关文件

8.1 《成文信息管理流程》

8.2 国家认监委 2001 年 1 号公告《强制性产品认证标志管理办法》

8.3 国家市场监督管理总局令第 63 号《认证证书和认证标志管理办法》

8.4 国家认监委公告号 2018 年 10 号《国家认监委关于强制性产品认证标志改革事项的公告》

9. 相关记录

9.1 标志发放登记表

# 第8章 运 行

## 8.1 运行的策划和控制

| 用何资源？材料/设备/环境 | | 由谁来做？知识/能力/意识 |
|---|---|---|
| 1.计算机及网络 2.打印机<br>3.复印机 4.会议室<br>5.公示栏 | | 1.过程责任者：技术部<br>2.过程相关责任：各部门 |

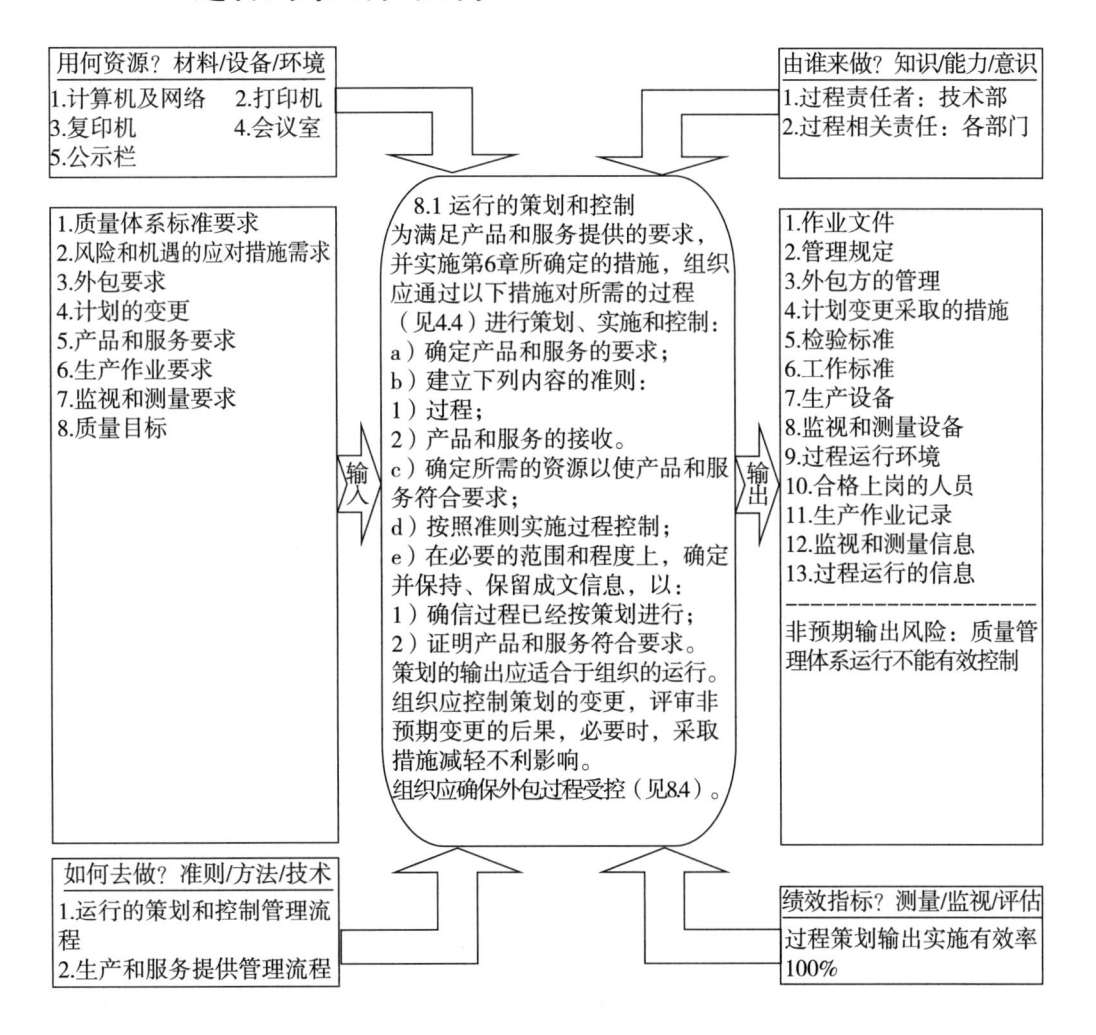

| 输入 | 8.1 运行的策划和控制 | 输出 |
|---|---|---|
| 1.质量体系标准要求<br>2.风险和机遇的应对措施需求<br>3.外包要求<br>4.计划的变更<br>5.产品和服务要求<br>6.生产作业要求<br>7.监视和测量要求<br>8.质量目标 | 为满足产品和服务提供的要求，并实施第6章所确定的措施，组织应通过以下措施对所需的过程（见4.4）进行策划、实施和控制：<br>a）确定产品和服务的要求；<br>b）建立下列内容的准则：<br>1）过程；<br>2）产品和服务的接收。<br>c）确定所需的资源以使产品和服务符合要求；<br>d）按照准则实施过程控制；<br>e）在必要的范围和程度上，确定并保持、保留成文信息，以：<br>1）确信过程已经按策划进行；<br>2）证明产品和服务符合要求。<br>策划的输出应适合于组织的运行。组织应控制策划的变更，评审非预期变更的后果，必要时，采取措施减轻不利影响。<br>组织应确保外包过程受控（见8.4）。 | 1.作业文件<br>2.管理规定<br>3.外包方的管理<br>4.计划变更采取的措施<br>5.检验标准<br>6.工作标准<br>7.生产设备<br>8.监视和测量设备<br>9.过程运行环境<br>10.合格上岗的人员<br>11.生产作业记录<br>12.监视和测量信息<br>13.过程运行的信息<br>——————————<br>非预期输出风险：质量管理体系运行不能有效控制 |

| 如何去做？准则/方法/技术 | | 绩效指标？测量/监视/评估 |
|---|---|---|
| 1.运行的策划和控制管理流程<br>2.生产和服务提供管理流程 | | 过程策划输出实施有效率100% |

图 8-1 运行的策划和控制—过程分析乌龟图

### 表 8-1  运行的策划和控制管理流程

文件编号：QM/WI31　　版本/改数：A/0　　生效日期：20××年××月××日　　第×页/共×页

| 过程流程 | 内容描述 | 采用表单 |
|---|---|---|
| 业务部　技术部　质检部　其他部门 | | |
| 产品和服务要求 | 1.外部要求，包括<br>1）客户的产品订单信息<br>2）投标信息<br>3）供方的要求<br>4）协会、政府等相关方的要求<br>2.内部要求，包括<br>1）企业产品和服务要求<br>2）技术更新<br>3）产品和服务升级<br>4）员工提出的改善方案<br>3.质量体系标准的要求<br>4.风险和机遇的应对措施需求 | |
| 过程准则　接收准则 | 1.过程准则<br>1）技术部应按质量管理体系标准4.4条款要求，为实施产品和服务，确定相关过程。尽量明细化，各子过程清晰，逻辑性强，表达方式可多样，如流程图、结合图片、语音等<br>2）外包过程按质量管理体系标准8.4条款进行控制<br>2.接收准则<br>质检部应结合法规、国家标准、顾客、公司对产品和服务的要求，及企业实际运行需要，制订合理可行的接收方案，明确指标，做到能量化方便考核，责任到岗到人 | |
| 资源需求 | 在策划过程，权衡产品和服务要求与企业实际运行能力，准确、经济地确定所需资源，合理控制运行成本，尽量利用现有资源，对企业资源进行优化 | |
| 实施过程控制 | 相关实施的部门，严格按策划的过程执行，确保达到目标。相关信息及时沟通、反馈。发现的运行问题及时提出，组织相关部门协商解决。并实施质量管理体系标准第6章所确定的措施 | |
| 更改控制 | 1.技术部或其他主责部门应控制策划的更改，及时了解运行过程发生变化的信息，评审非预期变更的后果，对于重大更改应上报总经理处理，或组织相关部门进行评审<br>2.必要时，采取相关措施消除不利影响<br>3.保持更改的相关文件信息 | |
| 成文信息 | 策划及实施过程所产生的成文信息，由技术部门负责收集、归档，以便：<br>1）证实过程已经按策划进行<br>2）证明产品和服务符合要求 | |

## 8.2 产品和服务的要求

| 用何资源？材料/设备/环境 | 由谁来做？知识/能力/意识 |
|---|---|
| 1.计算机及网络　2.打印机<br>3.复印机　　　　4.会议室<br>5.扫描仪　　　　6.电话<br>7.网络沟通工具 | 1.过程责任者：业务部<br>　a.组织集中评审<br>　b.评审合同、订单法律、法规的符合性；<br>　c.对合同执行情况跟踪；<br>2.过程相关责任<br>2.1技术部门职责：<br>　a.对合同的技术要求、特别要求评审；<br>　b.提出新品制造可行性和风险分析与评估。<br>2.2质检部门职责：<br>评审产品质量要求和其所需的检测方法和手段。<br>2.3财务部门职责：<br>负责对价格和利润水平进行评审。<br>2.4采购部门职责：<br>评审物资的供应能力。<br>2.5生产部门职责：<br>评审生产能力和机器设备负荷能力及人力安排。 |

**输入：**
1.产品订单信息
2.产品资料及相关信息
3.顾客提出的要求
4.顾客没有明示的要求
5.公司提出的要求
6.投标文件
7.法律法规要求
8.生产能力、生产现状、库存、交付能力
9.风险分析
10.企业网站公示的产品服务承诺
11.与顾客沟通的信息

**过程：**
8.2.1 顾客沟通
与顾客沟通的内容应包括：
a) 提供有关产品和服务的信息；
b) 处理问询、合同或订单，包括更改；
c) 获取有关产品和服务的顾客反馈，包括顾客投诉；
d) 处置或控制顾客财产；
e) 关系重大时，制定应急措施的特定要求。

8.2.2 产品和服务要求的确定
在确定向顾客提供的产品和服务的要求时，组织应确保：
a) 产品和服务的要求得到规定，包括：
1) 适用的法律法规要求；
2) 组织认为的必要要求。
b) 提供的产品和服务能够满足所声明的要求。

8.2.3 产品和服务要求的评审
8.2.3.1 组织应确保有能力向顾客提供满足要求的产品和服务。在承诺向顾客提供产品和服务之前，组织应对如下各项要求进行评审：
a) 顾客规定的要求，包括对交付及交付后活动的要求；
b) 顾客虽然没有明示，但规定的用途或已知的预期用途所必需的要求；
c) 组织规定的要求；
d) 适用于产品和服务的法律法规要求；
e) 与以前表述不一致的合同或订单要求。
组织应确保与以前规定不一致的合同或订单要求已得到解决。
若顾客没有提供成文的要求，组织在接受顾客要求前应对顾客要求进行确认。
注：在某些情况下，如网上销售，对每一个订单进行正式的评审可能是不实际的，作为替代方法，可评审有关的产品信息，如产品目录。
8.2.3.2 适用时，组织应保留与下列方面有关的成文信息：
a) 评审结果；
b) 产品和服务的新要求。
8.2.4 产品和服务要求的更改
若产品和服务要求发生更改，组织应确保相关的成文信息得到修改，并确保相关人员知道已更改的要求。

**输出：**
1.顾客信息记录表
2.合同评审表
3.评审后的合同
4.制造可行性（订单通知单）
5.风险评估结果
6.招、投标书
7.合同更改信息

———————————

非预期输出风险：订单不能及时完成，顾客要求得不到满足

| 如何去做？准则/方法/技术 | 绩效指标？测量/监视/评估 |
|---|---|
| 1.产品和服务的要求管理流程<br>2.顾客账款管理规定<br>3.顾客投诉处理规定 | 1.合同评审完成率100%<br>2.顾客要求识别准确率≥95% |

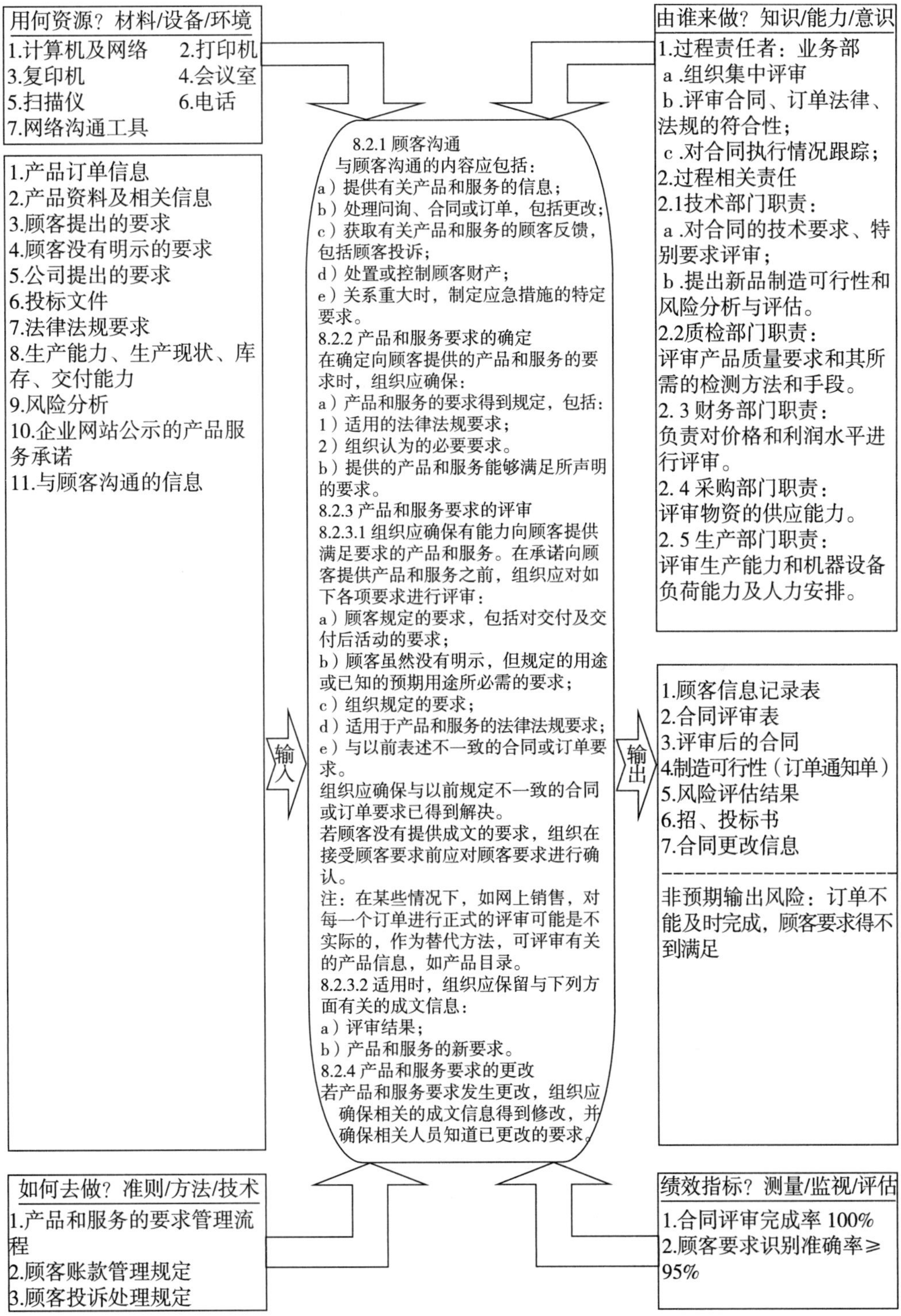

**图 8-2　产品和服务的要求—过程分析乌龟图**

263

**表8-2 产品和服务的要求管理流程**

文件编号：QM/WI32　　版本/改数：A/0　　生效日期：20××年××月××日　　　　第×页/共×页

| 过程流程 | | | | 内容描述 | 采用表单 |
|---|---|---|---|---|---|
| 各部门 | 业务部 | 财务部 | 生产部 | | |
| | 合同订单信息接收 | | | 1.合同、订单信息的接收：<br>各单位在接到顾客的合同或订单信息时，应确保所接到的合同或订单的各项要求都明确、具体，并将其记录于"合同/订单信息记录"中；当接到顾客以口头（电话）陈述、进厂拜访所订购的业务时，相关单位应对顾客的要求进行记录，并将其记录于"口头订单评审表"中；必要时，需将其传真给顾客签字确认或与顾客电话确认口头订单的各项供货要求。 | 《顾客信息记录表》 |
| | 与产品有关要求的确定<br><br>合同接受汇总 | | | 2. 与产品有关的要求的确定：<br>2.1当合同签订单位接收到顾客的合同或订单后，应会同相关部门对以下与产品有关的要求进行确定，并对公司产品与国家、政府所涉及的产品安全和环保法规及相关标准进行收集、保存和归档，以充分了解顾客的要求及期望，确保公司提供的产品质量、交付和服务能符合和满足顾客的要求，使顾客满意。<br>2.1.1顾客明显规定的要求：包括对产品固有质量特性的要求（如：使用性能、可靠性等）和顾客指定的特殊特性、对产品交付后及交付后活动的要求（如：交货时间及日期、产品包装方式等）、对产品支持要求<br>2.1.2顾客隐含的要求：即顾客虽然未加以明确规定，但对预期或规定用途所必要的要求，包括通过市场调研、针对顾客需求公司所做出的承诺。<br>2.1.3产品的责任与义务：包括与产品有关的法律法规的要求（如：某些产品的安全性、环保要求等）和其他社会要求。<br>2.1.4公司自己内部所规定的其他任何附加要求等。<br>2.2对顾客指定的特殊特性，技术部门应将其在与该产品有关的图纸、DFMEA、PFMEA、控制计划、技术资料（如：检验标准、操作标准）、作业指导书上做相应的明确标识和规定。 | |
| | 合同分类 | | | 3. 合同分类：<br>3.1 新产品合同（包括技术开发协议）；<br>3.2 标准产品合同；<br>3.3 标书；<br>3.4 非正规合同（口头、电话订货等）；<br>3.5 外贸产品合同；<br>3.6 书面订单或传真。 | |
| 老产品 | | 新产品制造可行性和风险分析 | | 4. 新产品制造可行性和风险分析及评估：<br>4.1 如公司接到顾客的合同、订单为新产品时，则由合同签订单位从顾客方或相关渠道索取新产品项目设计（如：订单、报价单、样品、产品图纸、产品标准、产品规范、电话或口头要求的相应记录等）并对其进行新产品制造可行性和风险分析及评估，并将分析和评估报告的数据和结果记录于"新产品制造可行性报告"中。 | 《新产品制造可行性和风险分析报告》 |
| | | 作成本核算<br><br>成本核算报价 | | 5.新产品的成本核算报价作业：<br>5.1如公司接到顾客的合同、订单为新产品时，则在"新产品制造可行性报告"完成后由财务部门对其进行新产品成本核算作业，并将其报价的数据和结果记录于"产品成本核算报价表"中，由财务部长审查、总经理核准。 | 《产品成本核算报价表》 |
| | Ⓐ | Ⓑ | | | |

续表

| 过程流程 | 内容描述 | 采用表单 |
|---|---|---|
| 各部门　业务部　财务部　生产部<br>　　　　　Ⓐ　　　Ⓑ<br>　　　通知相关部门做合同评审<br>　　　　　合同<br>　　　　　评审 | 6. 合同评审：<br>合同签订单位在接到顾客的合同后，由主管人员根据合同的类别，决定合同的评审方式。合同评审的内容主要是合同所涉及的条款，包括：产品名称、规格、型号、交货数量、交货方式、交付日期、产品质量要求、技术要求、验收规范、接收准则、价格、付款方式、产品包装方式及要求、违约责任等。合同评审的内容包括对顾客要求的识别的评审。评审人员要填写合同评审表。<br>6.1 新产品合同的评审采用集中评审的方式，评审资料由各相关单位自行保存。<br>6.2 标准产品合同的评审：合同金额大于30万元的产品合同，采取集中评审的方式。评审结论由总经理签字认可。其他采取自行评审方式。<br>6.3 标书的评审：采取集中评审方式。评审结论由总经理签字认可。<br>6.4 非正规合同（电话定货等）的评审：<br>对于非正规合同，由合同签订单位持有法人委托证书的合同签订人员将顾客要求形成书面文件，并及时征得顾客对合同具体内容的确认（如通过复述等方式），采用自行评审方式。<br>6.5 外贸合同的评审：<br>外贸合同采取集中评审方式。评审结论由总经理签字认可。<br>6.6 书面订单或传真的评审：<br>顾客定期发出的书面订单，由分厂厂长评审并直接在订单上签名确认。顾客要求时，分厂应将已签字的订单回传给顾客。对传真件，要复印保存。<br>6.7 通过合同评审要确保：<br>6.7.1 各项要求都有明确规定并形成文件；在以口头（电话）方式接到的订单，而对要求没有书面说明的情况下，公司应确保订单的要求在被接受之后同意；<br>6.7.2 任何与投标不一致的合同或订单的要求已经得到解决；<br>6.7.3 公司具有满足合同或订单要求的能力；<br>6.7.4 如顾客要求时，公司必须满足顾客特殊要求。 | 《合同订单评审表》<br>《常规合同订单评审单》 |
| 合同签订实施<br>执行情况　Yes　正常生产<br>　　　No | 7. 合同签订和实施：<br>7.1 合同必须经评审通过后，方可签订。<br>7.2 合同签订后，合同签订单位负责将相关的资料根据各部门的需要将其传递到相关部门，以作为产品生产、采购、检验和出货等之依据。<br>7.3 合同签订单位对合同的履行情况负主要职责。 | 《顾客要求更改单》 |
| 合同修订<br>通知相关部门做合同评审<br>　　　　　Ⓒ | 8. 合同修订：<br>合同的修订由合同签订单位在与对方协商一致的基础上进行。合同在修订之前必须按原评审方式进行评审，并填写"合同修订评审表"，合同修订内容可在"说明"栏中陈述。修订后的合同所涉及的相应变动情况应及时通知变动涉及单位。 | 《合同订单评审表》 |

续表

| 过程流程 | | | | 内容描述 | 采用表单 |
|---|---|---|---|---|---|
| 各部门 | 业务部 | 财务部 | 生产部 | | |

<table>
<tr><td colspan="4">[流程图：C → 合同评审 → (No) 顾客沟通；(Yes) → 合同实施 → 归档]</td><td>9.与顾客沟通：<br>9.1当公司在产品服务提供过程中，合同签订单位必须以传真、电话和邮件等方式与顾客进行沟通、协调，以充分和准确掌握顾客对公司的产品和服务满意程度有关信息。<br>9.2研究所和分厂市场部必须针对以下方面与顾客进行沟通和协调，以获得顾客对公司产品和服务有关的信息：<br>9.2.1顾客关于产品要求的信息（如：产品质量要求、技术要求、验收标准、接收准则等）；<br>9.2.2询问合同或订单的处理，包括对其的修改；<br>9.2.3在产品实现过程中以及向顾客提供产品后顾客的反馈信息，包括顾客抱怨和投诉。<br>9.3当顾客有要求时，公司必须按顾客规定的语言和要求的方式来传递必要的信息和数据资料，同时使产品质量的相关信息和说明资料在公司组织内得到沟通和交流，以确保公司的产品质量、交付、服务符合和满足顾客的要求和需求。</td><td>《顾客信息记录表》</td></tr>
<tr><td colspan="4"></td><td>10.与合同有关的质量记录的保存与归档。</td><td>《合同订单台账》</td></tr>
</table>

表8-3 顾客信息记录表

QR8.2-01                                                          No：

| 顾客名称 | | 联系人 | |
|---|---|---|---|
| 日期 | | 主题 | |
| 信息来源 | □电话 □走访 □传真 □邮件 □短信 □微信 □QQ □其他_____ | | |

内容：




                              签名：              日期：

信息转换与传递要求：




                              签名：              日期：

审批意见：




                              签名：              日期：

266

## 表8-4 新产品制造可行性和风险分析报告

编号：QR8.2-02

| 评估部门 | | 评估日期 | |
|---|---|---|---|
| 新产品名称 | | 开发产品数量 | |
| 新产品规格/型号 | | 顾客名称 | |

| 一、顾客概况（包括人员、工厂规模、现有主要产品、年产量、企业性质、生产经营状况、近几年发展情况等） |
|---|
| |
| 二、顾客对新产品开发项目的质量和技术要求及其他要求（包括外观、尺寸、功能、性能、材料、装于何种产品、进度、数量等基本要求；特殊要求。） |
| |
| 三、顾客对新产品的竞争选点情况（包括有几家竞争对手与顾客配套、竞争对手的质量和技术状况、竞争对手的设计和开发能力状况等） |
| |
| 四、顾客对新产品定点及认可程序 |
| |
| 五、市场预测（包括新产品开发进度、何时产品试验、产量计划等） |
| |
| 六、顾客有关部门/人员的联系电话和地址情况（包括设计和开发部门、质量管理部门、采购部门、工程技术部门等主要负责人的联系电话和地址） |
| |
| 七、对新产品的基本构思和采用先进技术的设想及目前现有系统存在的问题 |
| |
| 八、新产品先行试验和关键技术问题及风险分析 |
| |
| 九、新产品开发的进度安排 |
| |
| 十、新产品的预计年产量、成本估算、价格预算 |
| |
| 十一、投资预算（包括：人员投资、设施/设备投资等） |
| |
| 十二、销售渠道及其他情况 |
| |
| 十三、结论 |
| |

| 核准 | | 审查 | | 制表 | |
|---|---|---|---|---|---|

表8-5 产品成本核算报价表

编号：QR8.2-03

| 报价部门： | | | 报价编号： | | 规格/型号 | | 报价单位：人民币（元） | | 产品编号 | | 报价日期： 年 月 日 | | 图纸编号 | |
|---|---|---|---|---|---|---|---|---|---|---|---|---|---|---|
| 产品名称 | | | | | 顾客名称 | | | | 联系电话 | | | | 传真 | |
| 产品数量 | | | | | | | | | | | | | | |

| 固定成本 | 投资成本（包括硬件/软件） | | | 设备消耗及折旧成本 | | 房屋设施租赁及折旧成本 | | 无形资产摊销成本 | | 通讯费成本 | | 其它成本 | |
|---|---|---|---|---|---|---|---|---|---|---|---|---|---|
| 直接成本 | 名称 | 规格/型号 | 编号/件号 | 报价单价 | 议定单价 | 供应来源 国产/进口 | 关税 | 本产品所使用零部件材料用量 数量 | 报价价格 | 议定价格 | 其 他 报价价格 议定价格 | | 实际报价价格小计 报价价格 议定价格 | |
| 外协/原料/辅料（ ） | | | | | | | | | | | | | | |
| 合 计 | | | | | | | | | | | | | | |

| 生产加工成本 | 零部件材料名称 | 加工项目内容 | 机器设备加工 报价价格 议定价格 | | 作业人数 报价价格 议定价格 | | 生产/加工时间 报价价格 议定价格 | | 加工费率 报价价格 议定价格 | | 其 他 报价价格 议定价格 | | 实际报价价格小计 报价价格 议定价格 | |
|---|---|---|---|---|---|---|---|---|---|---|---|---|---|---|
| | 合 计 | | | | | | | | | | | | | |

| 间接成本 | 外协件及劳务 报价价格 议定价格 | | 燃料动力消耗 报价价格 议定价格 | | 材料管理费 报价价格 议定价格 | | 加工管理费 报价价格 议定价格 | | 包装 报价价格 议定价格 | | 运输 报价价格 议定价格 | | 税金 报价价格 议定价格 | | 销售成本 报价价格 议定价格 | | 其 他 报价价格 议定价格 |
|---|---|---|---|---|---|---|---|---|---|---|---|---|---|---|---|---|---|---|

| 工装/模具新作 | 套 元 | 工装/模具修改 | 套 元 | 夹治具制作 | 套 元 | 夹治具修改 | 套 元 | 检具制作 | 套 元 | 检具修改 | 套 元 |
|---|---|---|---|---|---|---|---|---|---|---|---|

| 报价总价格 | | 议定总价格 | |
|---|---|---|---|

| 核准 | 审查 | 制表 |
|---|---|---|

268

## 表8-6 合同订单评审表

QR8.2-04　　　　　　　　　　　　　　　　　　　　　　　　　　No：

| 顾客名称 | | 合同性质 | | 评审阶段 | |
|---|---|---|---|---|---|
| 品名/型号 | | | | | |
| 信息来源 | | | | | |

| 顾客对产品明示与潜在的要求（技术要求、质量要求、支持服务、价格等） |
|---|
| 签名：　　　　日期： |
| 技术部：（评审工艺技术要求） |
| 签名：　　　　日期： |
| 采购部（评审物料供应能力） |
| 签名：　　　　日期： |
| 质检部（评审质量检测能力） |
| 签名：　　　　日期： |
| 生产部（评审生产能力及交货期） |
| 签名：　　　　日期： |
| 业务部（评审标书或合同的合法、完整性、明确性） |
| 签名：　　　　日期： |
| 评审结论 |
| 签名：　　　　日期： |

填写说明：样品开发时，生产部和品管部不需要参加，正式生产阶段全部参加评审。

表8-7 常规合同订单评审单

QR8.2-05　　　　　　　　　　　　　　　　　　　　　　　　　　　　No：

| 接单日期 | 顾客名称 | 产品名称/型号 | 数量 | 交货时间 | 顾客要求记录 | 合同评审记录 | 评审人员 |
|---|---|---|---|---|---|---|---|
|  |  |  |  |  |  |  |  |
|  |  |  |  |  |  |  |  |
|  |  |  |  |  |  |  |  |
|  |  |  |  |  |  |  |  |
|  |  |  |  |  |  |  |  |
|  |  |  |  |  |  |  |  |
|  |  |  |  |  |  |  |  |
|  |  |  |  |  |  |  |  |
|  |  |  |  |  |  |  |  |
|  |  |  |  |  |  |  |  |
|  |  |  |  |  |  |  |  |
|  |  |  |  |  |  |  |  |
|  |  |  |  |  |  |  |  |
|  |  |  |  |  |  |  |  |
|  |  |  |  |  |  |  |  |
|  |  |  |  |  |  |  |  |
|  |  |  |  |  |  |  |  |

### 表8-8 顾客要求更改单

QR8.2-06　　　　　　　　　　　　　　　　　　　　　　　　　　　　No.

| 顾客名称 | |
|---|---|
| 原合同编号 | |

| 变更内容 |
|---|
| |

| 评审意见 |
|---|
| 生产部<br><br><br><br>　　　　　　　　　　签名:　　　　　日期: |
| 质检部<br><br><br><br>　　　　　　　　　　签名:　　　　　日期: |
| 评审结论<br><br><br><br>　　　　　　　　　　签名:　　　　　日期: |

表8-9 合同订单台账

QR8.2-07　　　　　　　　　　　　　　　　　　　　　　　　　　　No：

顾客名称：_____

| 序号 | 订单编号 | 订货日期 | 产品名称 | 型号规格 | 产品图号 | 订货数量 | 交货期限 | 交货时间/数量 |||| 完成情况 |
|---|---|---|---|---|---|---|---|---|---|---|---|---|
| | | | | | | | | | | | | |
| | | | | | | | | | | | | |
| | | | | | | | | | | | | |
| | | | | | | | | | | | | |
| | | | | | | | | | | | | |
| | | | | | | | | | | | | |
| | | | | | | | | | | | | |
| | | | | | | | | | | | | |
| | | | | | | | | | | | | |
| | | | | | | | | | | | | |

记录人：　　　　时间：　　　年　　月　　日至　　年　　月　　日

## 顾客账款管理规定

文件编号：QM/WI33　版本/改数：A/0　生效日期：20××年××月××日　第×页/共×页

1 目的

为了规范公司货款回收流程，便于应收账款及时回收，预防发生坏账，特定本办法。

2 适用范围

适用于整个公司的货款回收。

3 定义

3.1 未收款。

当月到期的应收货款在次月5日前尚未收回，从即日起至月底止，将此货款列为"未收款"。

3.2 催收款。

"未收款"在次月5日前尚未收回，从即日起到月底止，将此应收货款列为"催收款"。

3.3 准呆账。

3.3.1 客户已宣告破产或虽未正式宣告破产但已有明显的要破产的迹象。

3.3.2 客户因其他债务而受到法院查封，货款已无偿还的可能。

3.3.3 支付货款的票据一再退票，没有令人信服和理由，且已停止出货一个月以上者。

3.3.4 催收款迄今未能收回，且已停止出货一个月以上者。

3.3.5 催收款的回收明显有重大困难，经批准依法处理者。

4 管理办法

4.1 未收款的管理。

4.1.1 财务部应于每月5号前将未收款明细表交业务部业务员。

4.1.2 业务员应将未收款之未能收回的原因及对策、收回该批货款的时间于3日内以书面形式提交业务经理，业务经理根据实际情况审核是否向该客户提供销售。

4.1.3 业务部经理每月应监督各业务员回收未收款。

4.1.4 财务部根据业务员承诺的收回货款时间于每月底检查执行情况。

4.2 催收款的管理。

4.2.1 业务部经理应将未收款转为催收款式之未收回款的原因及对策于3日内以书面形式提交总经理批示。

4.2.2 货款经列为催收款后，总经理应于 30 日内监督各相关业务员收回货款。

4.2.3 货款经列为催收款后 30 日内货款尚未收回，将暂停对该客户提供销售。

4.3 准呆账的处理。

4.3.1 准呆账的回收仍以业务部为主办，由财务部协助，必要时由法律顾问通过法律途径处理。

4.3.2 正式采取法律途径解决，由业务部相关人员同法律顾问前往处理。

4.3.3 法律顾问以专案形式处理准呆账时，由业务部协助，往来会计确保法律顾问随时知会业务部案件的进展情况并予以跟进。

4.3.4 财务部每月初对应收款进行检查，将准呆账填写"坏账申请批复表"报请部门负责人批准，经批准为坏账的货款将对该相关业务员进行处罚。

4.4 准呆账的检查。

准呆账的报送法律部门处理后，由销售会计报请总经理定期召集业务部、财务部等相关部门召开检查会，检查事件的前因后果，以作为前车之鉴，并评述有关人员是否失职。

## 顾客投诉处理规定

文件编号：QM/WI34　　版本/改数：A/0　　生效日期：20××年××月××日　　第×页/共×页

1. 目的

为有效解决客户投诉，及时处理客退品，并采取有效之矫正及预防措施，杜绝不良再次发生，提升产品品质，提高客户满意度。

2. 适用范围

本公司各类客户投诉及退货均属之。

3. 定义

无

4. 职责

4.1 采购部仓库负责客退品的点收、标示、报验等，业务负责安排重工及补货出货等事宜。

4.2 质检部负责主导客户抱怨及客户退货之原因统计分析、对策追踪处理及资料处理，并负责回复客户。

4.3 技术部负责原因分析及技术支持。

4.4 生产部负责改善对策实施及客退品之重工处理。

4.5 业务部负责客退品的补退货处理及安排客退品的运回。

4.6 各部门皆应接受客户传达的客户投诉及退货信息的,并将相关信息转与质检部处理。

5. 作业程序

5.1 接受客户抱怨。

5.1.1 业务部及质检部门接到客户投诉时,应了解客户投诉之产品型号、料号、不良现象、不良率等信息。业务部应填写有关的客户投诉处理文件单据,或者转述客户原始文件,确认客户投诉信息有无遗漏后传给质检部,也可直接由业务部复印一份客户投诉资料由质检部正文投诉告签名方可。

5.1.2 质检部接到客户投诉时,应将客户投诉信息详细做记录,并将客户投诉信息,如 E-Mail、Fax、电话记录等,与 CAR(8D)一起存档。CAR 的处理参照《不合格和纠正措施管理流程》执行。

5.1.3 所有客户投诉应登记于《客户投诉信息处理单》,对后续的改善进行追踪与确认。

5.2 当确认客户投诉只要求资料回复时。

5.2.1 质检部应根据客户投诉之原因是否清楚、明确,来决定是否需要发出《内部联络单》或 E-Mail 召集相关部门开会对不良原因分析、改善对策制定等进行商讨。如需召开会议,由质检部做成会议记录分发各相关部门。

5.2.2 质检部根据责任归属适宜的发出 CAR。各相关部门在接到 CAR 后,应于 1 个工作日内回复质检部,质检部整合各部门分析报告,回复之资料于 1 日口头回复客户,并 3 个工作日内回复客户正式分析报告。当客户退货原因不明确需较长时间进行原因分析、改善时,各部门也应在一个工作日内回复临时的改善对策,质检部仍于 3 个工作日内回复客户,且应与客户协商正式回复时间,并在客户退货原因分析清楚、明确后及时回复客户。

5.3 当确认客户抱怨有要求退货时。

5.3.1 业务部应及时将客户退货运回公司。仓库依客户退货之数量、机型、料号的进行清点并标识后入待处理品的仓位。客户退货应与其他待处理品区分摆放,且应立即知会品管员对退货原因做确认。

5.3.2 品管员应在收到客户退货后 2 个工作日内完成客户退货之原因确认,并做成《客退品检验处理单》分发相关部门。当不良原因需做试验求证时,应向质检部主管报验,做试验分析,并出具试验报告分发相关部门。

5.3.3 如客退品因损坏严重导致无法分析时,以照片方式留证回复客户。

5.3.4 质检部工程师根据以上资信再依 5.2.1 执行。

5.3.5 对客户的回复各部门依 5.2.2 执行。

5.3.6 客户退货处理完毕后,生产部办理相应物料、半成品、成品入库手续,对于有用的物料、半成品加以利用外,其他物料、半成品依有关的物料报废处理程序进行报废处理。成品入库后由采购部仓库依客户要求做出货安排。

5.3.7 当客户退货被拆机或报废处理时,依客户要求做相应处理。

5.4 当客户退货只要求对退货做返工时,此类客户退货列为公司售后服务处理,由业务部直接安排重工。

## 表 8-10 客户投诉信息处理单

QR8.2-08　　　　　　　　　　　　　　　　　　　　　　　　　　　　　No：

| 接收部门/人员：_____ | 客户名称：_____ |
|---|---|
| 接收日期：_____ | 部门：_____ |
| 投诉方式：□ 口头　□ 书面　□ 照片　□ 实物 | 传真：_____ |
| | 电话：_____ |
| | 联系人：_____ |

| 投诉内容 ||
|---|---|
| 合同号：_____ | 不合格现象：_____ |
| 零件名称：_____ | |
| 货号：_____ | |
| 生产批号/生产日期：_____ | |
| 不合格品发现地点：<br>□ 进货检验　□ 仓库/运输<br>□ 生产线　□ 客户质量 | 需要对方提供附件：<br>□ 无　□ 不合格品图片<br>□ 不合格品实物 |

| 客户要求： | 备注： |
|---|---|

| 紧急措施： || | | 相关部门：<br>□总经理<br>□技术部<br>□生产部<br>□采购部<br>□业务部<br>□质检部 |
|---|---|---|---|---|
| 部　门 | 签　名 | 部　门 | 签　名 | |
| | | | | |
| | | | | |
| | | | | |

| 措施验证： | 绩效验证： |
|---|---|

批准：　　　　　　　　　　　　　　　　　　　　　　日期：

## 8.3 产品和服务的设计和开发

**用何资源？材料/设备/环境**
1. 计算机及网络
2. 打印机
3. 复印机
4. 会议室
5. 扫描仪
6. 电话
7. 网络沟通工具

**输入：**
1. 市场研究
2. 企业对外宣称、承诺遵守的标准或行业准则
3. 以前类似设计和开发活动提供的信息
4. 适用的法律、法规要求，对国家强制性标准一定要满足
5. 产品主要功能、性能要求，这些要求主要来自顾客或市场的需求与期望，一般应包含在合同、定单或项目建议书中
6. 产品/过程标杆数据
7. 产品/过程设想
8. 产品可行性研究
9. 顾客图纸/标准/技术协议
10. 产品标准要求
11. 生产率，如标准工时
12. 过程能力，如PPK、CPK值
13. 产品制造成本目标
14. 设计开发任务书
15. 因产品和服务性质导致的潜在失效后果分析
16. 产品/过程特殊特性清单

**8.3.1 总则**
组织应建立、实施和保持适当的设计和开发过程，以确保后续的产品和服务的提供。

**8.3.2 设计和开发策划**
在确定设计和开发的各个阶段和控制时，组织应考虑：
a) 设计和开发活动的性质、持续时间和复杂程度；
b) 所需的过程阶段，包括适用的设计和开发评审；
c) 所需的设计和开发验证、确认活动；
d) 设计和开发过程涉及的职责和权限；
e) 产品和服务的设计和开发所需的内部、外部资源；
f) 设计和开发过程参与人员之间接口的控制需求；
g) 顾客及使用者参与设计和开发过程的需求；
h) 对后续产品和服务提供的要求；
i) 顾客和其他有关相关方所期望的对设计和开发过程的控制水平；
j) 证实已经满足设计和开发要求所需的成文信息。

**8.3.3 设计和开发输入**
组织应针对所设计和开发的具体类型的产品和服务，确定必需的要求。组织应考虑：
a) 功能和性能要求；
b) 来源于以前类似设计和开发活动的信息；
c) 法律法规要求；
d) 组织承诺实施的标准或行业规范；
e) 由产品和服务性质所导致的潜在的失效后果。
针对设计和开发的目的，输入应是充分和适宜的，且应完整、清楚。
相互矛盾的设计和开发输入应得到解决。
组织应保留有关设计和开发输入的成文信息。

**8.3.4 设计和开发控制**
组织应对设计和开发过程进行控制，以确保：
a) 规定拟获得的结果；
b) 实施评审活动，以评价设计和开发的结果满足要求的能力；
c) 实施验证活动，以确保设计和开发输出满足输入的要求；
d) 实施确认活动，以确保形成的产品和服务能够满足规定的使用要求或预期用途；
e) 针对评审、验证和确认过程中确定的问题采取必要措施；
f) 保留这些活动的成文信息。
注：设计和开发的评审、验证和确认具有不同目的。根据组织的产品和服务的具体情况，可单独或以任意组合的方式进行。

**8.3.5 设计和开发输出**
组织应确保设计和开发输出：
a) 满足输入的要求；
b) 满足后续产品和服务提供过程的需要；
c) 包括或引用监视和测量的要求，适当时，包括接收准则；
d) 规定产品和服务特性，这些特性对于预期目的、安全和正常提供是必需的。
组织应保留有关设计和开发输出的成文信息。

**8.3.6 设计和开发更改**
组织应对产品和服务在设计和开发期间以及后续所做的更改进行适当的识别、评审和控制，以确保这些更改对满足要求不会产生不利影响。
组织应保留下列方面的成文信息：
a) 设计和开发更改；
b) 评审的结果；
c) 更改的授权；
d) 为防止不利影响而采取的措施。

**由谁来做？知识/能力/意识**
1. 过程责任者：技术部负责设计、开发全过程的组织、协调、实施工作，进行设计与开发的策划、确定设计、开发的组织和技术的接口、输入、输出、验证、评审，设计与开发的更改和确认等。
2. 过程相关责任：
a. 总经理：负责批准项目建议书、下达设计与开发任务书、设计开发计划书、设计开发评审报告、设计开发验证报告、试产报告。
b. 业务部：负责根据市场调研或分析，提供市场信息及新产品动向，负责提交顾客使用新产品后的《客户确认报告》。
c. 质检部：负责新产品的检验和试验。
d. 生产部：负责新产品的加工试制和生产。

**输出：**
《项目建议书》
《设计开发任务书》
《设计开发计划书》
《设计开发输入清单》
《设计开发信息联络单》
《设计开发评审报告》
《设计开发验证报告》
《设计开发输出清单》
《试产报告》
《试产总结报告》
《客户试用报告》
《新产品鉴定报告》
《文件更改申请单》
作业指导书
生产工艺流程图
工艺卡
检验指导书
变更的授权书
图纸等技术资料
设计变更及评审记录
材料清单、采购要求
产品技术规范、服务标准
产品使用说明书
————————————
非预期输出风险：
与顾客预期要求不一致

**如何去做？准则/方法/技术**
1. 产品和服务的设计和开发管理流程
2. 工模夹具设计与制作管理流程
3. FMEA管理规定
4. 工程变更管理规定
5. 技术文件管理规定

**绩效指标？测量/监视/评估**
1. 开发计划节点按时完成率≥95%
2. 开发输出正确率≥99%

图8-3 产品和服务的设计和开发——过程分析乌龟图

## 表8-11 产品和服务的设计和开发管理流程

文件编号：QM/WI35　版本/改数：A/0　生效日期：20××年××月××日　　第×页/共×页

| 过程流程 | | | | | 内容描述 | 采用表单 |
|---|---|---|---|---|---|---|
| 业务部 | 技术部 | 质检部 | 生产部 | 总经理 | | |
| \[设计和开发项目来源 → 批准 No/Yes → 设计和开发任务书\] | | | | | 1.业务部与顾客签定的新产品合同或技术协议，市场调研或分析，提出《项目建议书》<br>2.质检部根据国内、外同行业质量水平调查、权衡公司内产品质量改进需要，提出《项目建议书》<br>3.技术部对国内、外同行业技术水平调查、索取，内部/其他技术信息调查，提出《项目建议书》<br>4.生产部根据技术革新需要，产品性能指标改进需要，提交《项目建议书》 | 《项目建议书》 |
| | | | | | 总经理批准后，下达《设计和开发任务书》，并将与新产品有关的技术资料转交技术部 | 《设计和开发任务书》 |
| \[设计和开发的策划 → 批准 No/Yes\] | | | | | 技术部经理根据《设计和开发任务书》及相关项目来源信息，确定项目负责人，组建项目小组，制定《设计和开发计划书》，报总经理批准后执行。计划书内容包括<br>1）设计和开发活动的性质、周期、复杂性<br>2）划分过程阶段的要求，包括适用的设计和开发评审<br>3）设计和开发验证和确认活动的要求<br>4）产品和服务的设计和开发所需的内部和外部资源，如人员、信息、设备、资金保证等及其他相关内容<br>5）参加设计和开发过程人员的接口控制需求<br>6）对顾客和用户参与设计和开发过程的需求<br>7）对后续生产和服务提供的要求<br>8）顾客和其他利益相关方对设计和开发过程所期望控制的程度 | 《设计和开发计划书》 |
| \[设计和开发人员接口控制\] | | | | | 1.设计开发的不同小组可能涉及到公司不同职能或不同层次，也可能涉及到公司外部，如顾客参与设计<br>2.对于日常的设计开发信息，设计开发人员填写《设计开发信息联络单》，由设计组负责人审批后发给相关小组。需要技术部经理进行协调工作的，由技术部经理审批后组织协调<br>3.对于重要的设计开发信息，技术部经理可以组织各小组的协调会议或图纸会审会议等方式进行沟通。应及时将有关信息传递到各相应部门，以便采取相应的措施予以改进<br>4.业务部负责与顾客的联系及信息传递 | 《设计开发信息联络单》 |
| \[设计和开发的输入\] | | | | | 1.设计开发输入应包括以下内容：<br>1）产品主要功能、性能要求，这些要求主要来自顾客或市场的需求与期望，一般应包含在合同、定单或项目建议书中<br>2）适用的法律、法规要求，对国家强制性标准一定要满足<br>3）以前类似设计和开发活动提供的信息<br>4）企业对外宣称、承诺遵守的标准或行业准则<br>5）因产品和服务性质导致的潜在失效后果分析<br>2.设计开发的输入应形成文件，并填写《设计开发输入清单》，附有各类相关资料 | 《设计开发输入清单》 |

Ⓐ

279

续表

| 过程流程 | | | | | 内容描述 | 采用表单 |
|---|---|---|---|---|---|---|
| 业务部 | 技术部 | 质检部 | 生产部 | 总经理 | | |
| | Ⓐ | | | | 3.技术部经理组织有关设计开发人员和相关部门对设计开发输入进行评审,对其中不完善、明确,输入间的冲突,要求做出澄清和解决,确保设计开发的输入满足设计和开发的目的 | |
| | 设计和开发的评审<br>No/Yes 批准 | | | | 1.在设计开发的适当阶段应依据所策划的安排,进行系统的、综合的评审,确保设计和开发结果满足要求的能力一般由项目负责人提出申请,技术部经理批准,并组织相关人员和部门进行评审<br>1)应在设计开发计划中明确评审的阶段、达到的目标、参加人员及职责等,并按照计划进行评审<br>2)评审的目的是评价满足阶段设计开发要求的能力及对于内外部资源的适宜性,满足总体设计输入要求的充分性及达到设定目标的有效性;识别和预测问题的部位和不足,提出相应的纠正措施,以便在早期避免产品的各种不合格和缺陷<br>3)根据需要也可安排计划外的适当阶段评审,但应提前明确时间、评审方法、参加人员及职责等<br>4)评审的方式可采用会议评审、专家评审、逐级审查、同行评审等<br>2.项目负责人根据评审结果,填写《设计开发评审报告》,对评审做出结论,报技术部经理审核、总经理批准后发到相关单位,根据需要采取相应的改进或纠正措施,技术部负责跟踪记录措施的执行情况,填写在《设计开发评审报告》的相应栏目内 | 《设计开发评审报告》 |
| | 设计和开发的验证<br>No/Yes 批准<br>试产<br>Ⓑ | | | | 1.为确保设计和开发输出满足输入要求,应依据策划的安排对设计和开发进行验证。验证的方式可分为<br>1)根据评审通过的设计开发初稿制作样机。质检部负责对样机进行型式试验或送权威检测机构检测,并出具检测报告。对样机的部分设计或功能、性能,可引用已证实的类似设计的有关证据,作为本次设计的验证依据<br>2)在设计开发的适当阶段也可以进行验证,可采用与已证实的类似设计进行比较、计算验证、模拟试验等<br>2.项目负责人综合所有验证结果,编制《设计开发验证报告》,记录验证的结果及跟踪的措施,报总经理批准,确保设计开发输入中每一项性能、功能指标都有相应的验证记录<br>3.样机验证通过后,技术部组织各相关部门对小批生产的可行性进行评审,根据产品的特点,填写《试产报告》,报部门经理审核、总经理批准后,技术部指导生产部进行小批试产(数量不大于10件)<br>4.质检部对小批试产的产品进行检验或试验,出具相应的检测报告,生产部对其工艺进行验证并出具工艺验证报告;采购部出具物资批量供应可行性报告;财务部出具成本核算报告;技术部综合上述情况,填写《试产总结报告》,报部门经理审核、总经理批准后,作为批量生产的依据 | 《设计开发验证报告》<br>《试产报告》<br>《试产总结报告》 |

续表

| 过程流程 ||||| 内容描述 | 采用表单 |
|---|---|---|---|---|---|---|
| 业务部 | 技术部 | 质检部 | 生产部 | 总经理 | | |
| | Ⓑ↓<br>设计和开发确认 | | | | 1.确认的目的是证明产品和服务能够满足规定的或已知的预期用途的要求。应依据策划的安排对设计和开发进行确认。只要可行，确认通常应在产品交付之前(如单件产品)或产品实施(如批量产品)之前完成。如需经用户使用一段时间才能完成确认工作的，应在可能的适用范围内实现局部确认，如采用模拟或其他方式完成<br>2.可以选择下述几种确认方式之一：<br>1) 技术部组织召开新产品鉴定会，邀请有关专家、用户参加，提交《新产品鉴定报告》即对设计开发予以确认<br>2) 试产合格的产品，由业务部联系顾客使用一段时间，业务部提交《客户使用报告》，说明顾客对试样符合标准或合同要求的满意程度及对适用性的评价，顾客满意即对设计开发予以确认<br>3) 新产品可送往国家授权的试验室进行型式试验并出具合格报告，并提供用户使用满意的报告，即为对设计开发予以确认<br>上述报告及相应资料为确认的结果，技术部对此结果进行分析，根据需要采取相应的跟踪和改进措施，并填写在《设计开发信息联络单》上传递给相关部门执行，以确保设计开发的产品满足顾客预期的使用要求<br>3.通过设计开发确认后，技术部项目负责人将所有的设计开发输出文件进行整理，送交档案室归档 | 《新产品鉴定报告》<br>《客户使用报告》<br>《设计开发信息联络单》 |
| | ↓<br>设计和开发输出<br>Ⓒ | | | | 1.设计开发人员根据设计开发任务书、方案及计划等开展设计开发工作，并编制相应的设计开发输出文件<br>2.设计开发输出文件应以能针对设计开发输入进行验证的方式提出，以便于证明满足输入要求，对后续的产品和服务提供过程是充分的。设计开发输出文件因产品不同而不同，可包括<br>1) 指导生产、包装等活动的图样和文件，如零件图、部件图、总装图、电气原理图、生产工艺及包装设计等<br>2) 包含或引用监视和测量的要求和接收准则<br>3) 采购物资分类明细表、外协件清单<br>4) 质量重要度分级明细表<br>5) 产品技术规范或企业标准<br>6) 用户手册。规定对于预期目的及其安全和适当地使用所必要的产品和服务的特性，包括安全、包装、运输、贮存、维护对产品的安全和正常使用必需的产品特性<br>3.项目负责人对输出文件进行审核，并填写《设计开发输出清单》。输出文件经开发部经理批准后，才能发放 | 《设计开发输出清单》 |

续表

| 过程流程 | | | | | 内容描述 | 采用表单 |
|---|---|---|---|---|---|---|
| 业务部 | 技术部 | 质检部 | 生产部 | 总经理 | | |
| | ⓒ<br>↓<br>(设计和开发变更) | | | | 1.设计开发的更改发生在设计开发、生产和保障的整个寿命周期中，设计开发人员应正确识别和评估设计更改对产品的原材料使用、生产过程、使用性能、安全性、可靠性等方面带来的影响<br>2.设计开发的更改提出部门应填写《文件更改申请单》，并附上相关资料，报总工程师批准后方可进行更改<br>1）在设计开发过程中的更改：在设计开发过程中，设计开发人员可在设计开发输出文件上直接划改(应签名)或重新编制相应的文件，执行《文件化信息管理流程》<br>2）在设计开发定型后的更改：产品定型后如需要改设计，更改建议人可将更改的建议填写在《设计开发信息联络单》中提交技术部，由相关设计人根据可行性和必要性填写《文件更改申请单》；并附上相关资料，报总经理批准后方可进行更改，执行《文件化信息管理流程》<br>3）当更改涉及到主要技术参数和功能、性能指标的改变，或人身安全及相关法律法规要求时，应对更改进行适当的评审、验证和确认，经总经理批准后才能实施。评审应包括评价更改对产品组成部分和已交付产品的影响<br>4）对更改的评审结果及任何必要的措施的记录<br>3.以下文件化信息由技术部保存<br>1）设计和开发的变更<br>2）评审的结果<br>3）变更的授权<br>4）为防止不良影响所采取的措施 | 《文件更改申请单》 |

### 表8–12 项目建议书

QR8.3–01　　　　　　　　　　　　　　　　　　　　　　　　　　　　　　　　No：

| 提出部门 | | | 建议人 | |
|---|---|---|---|---|
| 项目名称 | | | 型号规格 | |
| 项目类型 | □新品开发　□技术改进　□产品性能改进<br>□产品质量改进　　　　□其他：_____ | | 建议日期 | |

| 设计和开发需求： |
|---|
| |

| 设计和开发基本要求（包括主要功能、性能、结构、外观包装、技术参数说明）： |
|---|
| |

| 可引用原来技术： |
|---|
| |

| 可行性分析（包括技术、采购、工艺、成本等方面）： |
|---|
| |

| 项目所需费用，参加人员： |
|---|
| |

| 部门经理审核：<br><br>　　　　　　　　　签名：　　　　日期： |
|---|

| 总经理批示：<br><br>　　　　　　　　　签名：　　　　日期： |
|---|

| 注：所列各项内容可另加页叙述： |
|---|
| |

表 8-13  设计和开发任务书

QR8.3-02                                                                                     No：

| 项目名称 |  | 起止日期 |  |
|---|---|---|---|
| 型号规格 |  | 预算费用 |  |

| 依据的标准、法律法规及技术协议的主要内容： |
|---|

| 设计内容（包括主要功能、性能、技术指标、主要结构等）： |
|---|

| 设计部门及项目组员及负责人： |
|---|

| 部门经理审核：<br><br>签名：　　　　　日期： |
|---|

| 总经理批示：<br><br>签名：　　　　　日期： |
|---|

| 备注： |
|---|

## 表8–14 设计和开发计划书

QR8.3–03　　　　　　　　　　　　　　　　　　　　No：

| 项目名称 | | 起止日期 | |
|---|---|---|---|
| 型号规格 | | 预算费用 | |
| 职　责 | 设计开发人员 | 职　责 | 设计开发人员 |
| | | | |
| | | | |
| | | | |

| 内外部资源配置（包括人员、生产及检测设备、设计经费预算分配及信息交流手段等） ||||
|---|---|---|---|---|
||||||

| 设计开发阶段的划分及主要内容 | 设计开发人员 | 负责人 | 配合部门 | 完成期限 |
|---|---|---|---|---|
| | | | | |
| | | | | |
| | | | | |
| | | | | |
| | | | | |
| | | | | |
| | | | | |
| | | | | |
| | | | | |

备注：

| 编　制 | | 审　核 | | 批　准 | |
|---|---|---|---|---|---|
| 日　期 | | 日　期 | | 日　期 | |

表 8–15  设计开发输入清单

QR8.3–04　　　　　　　　　　　　　　　　　　　　　　　　　　No：

| 项目名称 | | 型号规格 | |
|---|---|---|---|
| 设计开发输入清单（附相关资料：_____份） ||||
| |||||
| 编制 | | 审核 | | 批准 | |
| 日期 | | 日期 | | 日期 | |

## 表 8-16 设计开发信息联络单

QR8.3-05　　　　　　　　　　　　　　　　　　　　　　　　　　　　No：

| 发出部门 |  | 发出人 |  | 发出时间 |  |
|---|---|---|---|---|---|
| 接收部门 |  | 接收人 |  | 接收时间 |  |

要传递设计开发信息描述：

接收部门意见：

本表单适用于设计开发不同组别或不同相关部门之间的信息联络；
本表单一式三份，发出部门、接收部门各一份，项目负责人一份；
本表单也适用于产品定型，各相关部门提出设计开发更改建议。

表 8-17 设计开发评审报告

QR8.3-06  No：

| 项目名称 | | | 型号规格 | | |
|---|---|---|---|---|---|
| 设计开发阶段 | | | 日期 | | |
| 评审人员 | 部门 | 职责或职务 | 评审人员 | 部门 | 职责或职务 |
| | | | | | |
| | | | | | |
| | | | | | |
| | | | | | |

评审内容："□"内打"√"表示评审通过，"?"表示有建议或疑问，"×"表示不同意

1. 合同、标准符合性□　　2. 采购可行性□　　3. 加工可行性□　　4. 结构合理性□
5. 可维修性□　　　　　　6. 可检验性□　　　7. 美观性□　　　　8. 环境影响□

存在问题及改进建议：

评审结论：

对纠正、改进措施的跟踪验证结果：

验证人：　　　　日期：

## 表 8-18 设计开发验证报告

QR8.3-07　　　　　　　　　　　　　　　　　　　　　　　　　　　　No：

| 项目名称 | | 型号规格 | |
|---|---|---|---|
| 验证单位 | | 参加人员 | |
| 试验样品编号 | | 试验起止日期 | |

设计开发输入综述（性能、功能、技术参数及依据的标准或法律法规等）

| 序号 | 仪器设备编号 | 仪器设备名称 | 操作者 |
|---|---|---|---|
| | | | |
| | | | |
| | | | |
| | | | |
| | | | |

针对要求各项的专项试验、检测报告内容摘要及结论：

　　　　　　　　　　　　　　　　　　　　　　　　验证人：　　　　日期：

设计开发验证结论：

　　　　　　　　　　　　　　　　　　　　　　　　验证人：　　　　日期：

对验证结论的跟踪结果：

　　　　　　　　　　　　　　　　　　　　　　　　验证人：　　　　日期：

表 8-19 设计开发输出清单

QR8.3-8　　　　　　　　　　　　　　　　　　　　　　　　　　　　No：

| 项目名称 | | 型号规格 | |
|---|---|---|---|

设计开发输出清单（附相关资料：_____份）

| 编制 | | 审核 | | 批准 | |
|---|---|---|---|---|---|
| 日期 | | 日期 | | 日期 | |

## 第8章 运 行

**表 8-20 试产报告**

QR8.3-9　　　　　　　　　　　　　　　　　　　　　　　　　　　　　　　　　　No：

| 产品名称 |  | 试产日期 |  |
|---|---|---|---|
| 型号规格 |  | 试产数量 |  |

试产人员分工：

| 总负责人 |  | 生产设备负责人 |  | 材料供应负责人 |  |
|---|---|---|---|---|---|
| 技术指导 |  | 工序控制负责人 |  |  |  |
| 工艺负责人 |  | 质量控制负责人 |  |  |  |

工艺路线及可行性评审：






现有过程能力评估及增加或调配的资源：






结论：





| 评审参加人员 | 单位 | 职务或职称 | 评审参加人员 | 单位 | 职务或职称 |
|---|---|---|---|---|---|
|  |  |  |  |  |  |
|  |  |  |  |  |  |
|  |  |  |  |  |  |
|  |  |  |  |  |  |
|  |  |  |  |  |  |
|  |  |  |  |  |  |

表 8-21 试产总结报告

QR8.3-10　　　　　　　　　　　　　　　　　　　　　　　　　　No：

| 项目名称 | | 试产数量 | |
|---|---|---|---|
| 型号规格 | | 试产起止日期 | |

| 试产过程简介（由样品到小批量试制转化主要的困难及克服办法、主要质量控制点、工艺合理性评价、设备加工能力评价、人员能力是否满足要求等）：<br><br><br><br>　　　　　　　　　　　签名：　　　　　　日期： |
|---|
| 产品检验、试验结果简介及结论（附各阶段的检测报告记录）：<br><br><br><br>　　　　　　　　　　　签名：　　　　　　日期： |
| 试产结论及建议：<br><br><br>　　　　　　　　　　　签名：　　　　　　日期： |
| 部门经理审核：<br><br><br>　　　　　　　　　　　签名：　　　　　　日期： |
| 总经理批示：<br><br><br>　　　　　　　　　　　签名：　　　　　　日期： |
| 备注： |

## 表 8-22 客户使用报告

QR8.3-13　　　　　　　　　　　　　　　　　　　　　　　　　　　　No：

| 项目名称 | | 试样数量 | |
|---|---|---|---|
| 型号规格 | | 生产日期 | |
| 客户名称 | | 试用时间 | |
| 地　址 | | 电话/联系人 | |

| 客户试用意见：（包括对产品的适用性、符合标准或合同要求的评价意见） |
|---|
| |

| 客户试产结论及建议： |
|---|
| 客户签名：<br>公　章：<br>日　期： |

| 备注： |
|---|
| |

表8-23 新产品鉴定报告

QR8.3-12　　　　　　　　　　　　　　　　　　　　　　　　　　　　No：

| 项目名称 | | | 型号规格 | |
|---|---|---|---|---|
| 鉴定方式 | | | | |
| 会审时间 | | | 会审时间 | |

| 鉴定过程及主要内容： |
|---|
| |

| 鉴定结论及建议： |
|---|
| |

| 鉴定人员 | 单位 | 职务或职称 | 鉴定人员 | 单位 | 职务或职称 |
|---|---|---|---|---|---|
| | | | | | |
| | | | | | |
| | | | | | |
| | | | | | |
| | | | | | |

## 表8-24 工模夹具设计与制作管理流程

文件编号：QM/WI36　　版本/改数：A/0　　生效日期：20××年××月××日　　第×页/共×页

| 过程流程 | 内容描述 | 采用表单 |
|---|---|---|
| 技术部 / 模具车间 / 生产部 / 总经理 | 1. 技术部在产品设计和开发过程提出《工模夹具需求单》<br>2. 模具车间根据日常工装、模具、夹具作用情况提出新设计开发，或改进原有产品，提出《工模夹具需求单》<br>3. 生产部根据技术革新需要，产品性能指标改进需要，提出《工模夹具需求单》 | 《工模夹具需求单》 |
| 工模夹具需求计划 | 模具车间主管，对工模夹具需求情况汇总，制定出《工模夹具需求计划单》，报总经理审批 | 《工模夹具需求计划单》 |
| 批准 | 总经理批准后下达《工模夹具开发任务书》到技术部，并将与新产品有关的技术资料转交技术部 | 《工模夹具开发任务书》 |
| 工模夹具开发计划 | 技术部经理根据《工模夹具开发任务书》及相关项目来源信息，确定项目负责人，组建项目小组，制定《设计和开发计划书》，计划书内容包括<br>1) 设计和开发活动的性质、周期、复杂性<br>2) 划分过程阶段的要求，包括适用的设计和开发评审<br>3) 设计和开发验证和确认活动的要求<br>4) 产品和服务的设计和开发所需的内部和外部资源如人员、信息、设备、资金保证等及其他相关内容<br>5) 参加设计和开发过程人员的接口控制需求<br>6) 对顾客和用户参与设计和开发过程的需求<br>7) 对后续生产和服务提供的要求<br>8) 顾客和其他利益相关方对设计和开发过程所期望控制的程度 | 《工模夹具开发计划》 |
| 设计评审 | 对设计输出的资料，包括：图纸、工艺、材料清单、作业标准、检验验收标准等。由技术部组织生产部、质检部、模具车间、相关车间进行评审 | 《设计开发评审报告》 |
| 工模夹具开发制造 / 变更控制 | 模具车间收到技术部下发的技术资料，进行工模夹具制造。生产过程发现变更需求，以书面文件《设计开发信息联络单》方式向技术部反馈，必要时要进行重新评审 | 《设计开发信息联络单》 |
| 验收 | 完工的工模夹具，由生产部进行验收，一般采取实际试用的方式进行。填写《工模夹具验收单》 | 《工模夹具验收单》 |
| 入库管理 | 验收合格工模夹具，办理《入库单》，由模具车间进行管理按《模具仓库管理规定》执行 | 《入库单》 |

表 8-25　工模夹具需求单

QR8.3-13　　　　　　　　　　　　　　　　　　　　　　　　　　　　　　　No：

| 部门 | | | 编制 | | 日期 | |
|---|---|---|---|---|---|---|
| 需求数量 | 名称 | 使用材料 | 适用产品 | 出模数量 | 使用寿命 | 计划完工日期 |
| | | | | | | |
| | | | | | | |
| | | | | | | |
| | | | | | | |
| | | | | | | |
| | | | | | | |
| | | | | | | |
| | | | | | | |
| | | | | | | |
| | | | | | | |
| | | | | | | |
| | | | | | | |
| | | | | | | |
| | | | | | | |
| | | | | | | |
| | | | | | | |
| | | | | | | |
| | | | | | | |

表 8-26 工模夹具需求计划单

QR8.3-14　　　　　　　　　　　　　　　　　　　　　　　　　　　　　　No：

| 需求部门 | 需求数量 | 名称 | 使用材料 | 适用产品 | 出模数量 | 使用寿命 | 计划完工日期 |
|---|---|---|---|---|---|---|---|
|  |  |  |  |  |  |  |  |
|  |  |  |  |  |  |  |  |
|  |  |  |  |  |  |  |  |
|  |  |  |  |  |  |  |  |
|  |  |  |  |  |  |  |  |
|  |  |  |  |  |  |  |  |
|  |  |  |  |  |  |  |  |
|  |  |  |  |  |  |  |  |
|  |  |  |  |  |  |  |  |
|  |  |  |  |  |  |  |  |
|  |  |  |  |  |  |  |  |
|  |  |  |  |  |  |  |  |
|  |  |  |  |  |  |  |  |
|  |  |  |  |  |  |  |  |
|  |  |  |  |  |  |  |  |
|  |  |  |  |  |  |  |  |
|  |  |  |  |  |  |  |  |
|  |  |  |  |  |  |  |  |

编制/日期：　　　　　　　　　　　　　　　　　　　　　　　　　批准/日期：

**表 8-27　工模夹具开发任务书**

QR8.3-15　　　　　　　　　　　　　　　　　　　　　　　　　　　　　No：

| 工模夹具名称 | | 起止日期 | |
|---|---|---|---|
| 型号规格 | | 预算费用 | |

工模夹具设计依据：

工模夹具设计内容（包括主要功能、性能、技术指标、主要结构等）：

设计部门及项目组员及负责人：

生产部主管：

　　　　　　　　　　　　　　签名：　　　　　日期：

总经理批示：

　　　　　　　　　　　　　　签名：　　　　　日期：

备注：

## 表8-28 工模夹具开发计划

QR8.3-16　　　　　　　　　　　　　　　　　　　　　　　　　　　No:

| 工模夹具名称 | | 起止日期 | |
|---|---|---|---|
| 型号规格 | | 预算费用 | |
| 职　责 | 设计开发人员 | 职　责 | 设计开发人员 |
| | | | |
| | | | |
| | | | |

内外部资源配置（包括人员、生产及检测设备、设计经费预算分配及信息交流手段等）

| 设计开发阶段的划分及主要内容 | 设计开发人员 | 负责人 | 配合部门 | 完成期限 |
|---|---|---|---|---|
| | | | | |
| | | | | |
| | | | | |
| | | | | |
| | | | | |
| | | | | |
| | | | | |
| | | | | |
| | | | | |
| | | | | |

备注：

| 编制 | | 审核 | | 批准 | |
|---|---|---|---|---|---|
| 日期 | | 日期 | | 日期 | |

**表 8-29　工模夹具验收单**

QR8.3-17　　　　　　　　　　　　　　　　　　　　　　　　　　　　　No：

| 工模夹具名称 | | 工模夹具管理号 | |
|---|---|---|---|
| 工模夹具编号 | | | |
| 制造单位 | | 制造日期 | |
| 设计人员 | | | |
| 制造人员 | | | |

| 工模夹具验收栏 ||||
|---|---|---|---|
| 验收要求 | 验收结果 || 判定 |
|  |  ||  |

验收结论：



　　　　　　　　　　　　　　　　　　　　验收人签字：　　　　　　日期：

| 历次周期验证记录 ||||
|---|---|---|---|
| 日　期 | 周期验证记录 | 判　定 | 验证人签字 |
|  |  |  |  |
|  |  |  |  |
|  |  |  |  |
|  |  |  |  |
|  |  |  |  |
|  |  |  |  |
|  |  |  |  |
|  |  |  |  |
|  |  |  |  |

## 第8章 运 行

## FMEA 管理规定

文件编号：QM/WI37　　版本/改数：A/0　　生效日期：20××年××月××日　　第×页/共×页

1. 目的

1.1 认可并评价产品/过程中的潜在失效以及该失效后果；

1.2 确定能够消除或减少潜在失效发生机会的措施；

1.3 使相关人员掌握 FMEA 的编写方法及如何运用 FMEA 来预防和改进缺陷。

2. 范围

2.1 新产品或新过程批量生产前；

2.2 对现有产品或过程的更改前；

2.3 现有产品或过程被应用于新环境或新场所前。

3. 权责

3.1 FMEA 的编制与修改均由项目小组完成。

4. 定义

4.1 FMEA：潜在失效模式及后果分析；

4.2 DFMEA：设计中的潜在失效模式和后果分析；

4.3 PFMEA：制造和装配过程的潜在失效模式和后果分析。

5. 作业内容

5.1 编制完成及修改时间。

5.1.1 工装样件或小批量生产前开始编制；

5.1.2 小批量试生产结束至生产前完成；

5.1.3 FMEA 是一份动态文件，应定期或不定期进行修改。

5.2 FMEA 的编制

5.2.1 采用 FMEA 最新格式，填写内容说明参见 FMEA 参考手册。

5.2.2 FME 的分析须过程流程图中的所有过程和要求。

5.3 编制 FMEA 的资料来源

5.3.1 FMEA；

5.3.2 过程流程图（若无，则参考类似产品的过程流程图）；

5.3.3 图纸/规范；

5.3.4 本公司以往类似产品的 FMEA；

5.3.5 本公司以往客户抱怨或客户退货资料；

5.3.6 本公司类似产品的不良率统计资料；

5.3.7 设备及工装运行不良之统计资料；

5.3.8 纠正预防措施资料；

5.3.9 小组经验；

5.3.10 其他。

5.4 RPN 的接收准则。

5.4.1 当 S 等于 9 和 10 时，不管 RPN 值多大，一定要有对应的措施；

5.4.2 当 S 等于 7 和 8 时，RPN 值大于 60 者，需采取对应的措施；

5.4.3 当 S 小于 7 时，RPN 值大于 100 者，才需采取对应的措施；

5.4.4 风险优先数见附件四。

5.5 严重度（S）之评价规则。

5.5.1 严重度之评价准则见附件一。

5.5.2 若属特殊特性之过程，其严重度（S）应大于或等于 7。

5.6 频度（O）之评价准则。

5.6.1 频度（O）之评价准则见附件二。

5.7 探测度（D）之评价准则。

5.7.1 探测度（D）之评价准则见附件三。

5.8 文件修改。

5.8.1 FMEA 变化后，可能将影响控制计划、检验指导书及作业指导书的变化，所以项目小组将相应之控制计划、检验指导书和作业指导书进行修改，且按《形成文件的信息管理流程》的规定执行，使相关部门得到最新版本的文件。

6. 相关文件

6.1 附件一。

6.2 附件二。

6.3 附件三。

6.4 附件四。

7. 产生的相关记录

《潜在失效模式及后果分析表》

## 附件一：严重度（S）之评价准则

| 后果 | 判定准则：后果的严重度 | 严重度数 |
|---|---|---|
| 无警告的严重危害 | 可能危害机器或装配操作者。潜在失效模式严重影响车辆安全运行或包含不符合政府法规项，严重程度很高。失效发生时无警告。 | 10 |
| 有警告的严重危害 | 可能危害机器或装配操作者。潜在失效模式严重影响车辆安全运行或包含不符合政府法规项，严重程度很高。失效发生时有警告。 | 9 |
| 很高 | 生产线严重破坏，可能100%的产品得报废，车辆/系统无法运行，丧失基本功能，顾客非常不满。 | 8 |
| 高 | 生产线破坏不严重，产品需筛选部分（低于100%）报废，车辆能运行，但性能下降，顾客不满意。 | 7 |
| 中等 | 生产线破坏不严重，部分（低于100%）产品报废（不筛选），车辆/系统能运行，但舒适性方便性项目失效，顾客有些不满意。 | 6 |
| 低 | 生产线破坏不严重，产品需要100%返工，车辆/系统能运行，但有些舒适性或方便性项目性能下降，顾客有些不满意。 | 5 |
| 很低 | 生产线破坏不严重，生产经筛选，部分（少于100%）需要返工，装配和涂装或尖响和卡喀响等项目不符合要求，多数顾客发现有缺陷。 | 4 |
| 轻微 | 生产线破坏较轻，部分（少于100%）需要在生产线上其他工位返工。装配和涂装或尖响和卡喀响等项目不符合要求，有一半顾客发现有缺陷。 | 3 |
| 很轻微 | 生产线破坏轻微，部分（少于100%）需要在生产线上原工位返工，装配和涂装或尖响和卡喀响等项目不符合要求，很少顾客发现有缺陷。 | 2 |
| 无 | 没有影响 | 1 |

## 附件二：频度数（O）之评价准则

| 失效发生的可能性 | 可能的失效率 | Cpk | 频度数 |
|---|---|---|---|
| 很高：失效几乎是不可避免的 | ≥1/2 | <0.33 | 10 |
|  | 1/3 | ≥0.33 | 9 |
| 高：一般与以前经常发生失效的过程相似的工艺有关 | 1/8 | ≥0.51 | 8 |
|  | 1/20 | ≥0.67 | 7 |
| 中等：一般与以前时有失效发生，但不占主要比例的过程相类似的工艺有关 | 1/8 | ≥0.83 | 6 |
|  | 1/400 | ≥1.00 | 5 |
|  | 1/2000 | ≥1.17 | 4 |
| 低：很少几次与相似过程有关的失效 | 1/15000 | ≥1.33 | 3 |
| 很低：很少几次与几乎完全相同的过程有关的失效 | 1/150000 | ≥1.50 | 2 |
| 极低：失效不大可能发生，几乎完全相同的过程也未有过失效 | ≤1/1500000 | ≥1.67 | 1 |

## 附件三：探测度（D）之评价准则

| 探测性 | 评价准则 | 检查类型 A | 检查类型 B | 检查类型 C | 推荐的探测度分级方法 | 不易探测度数 |
|---|---|---|---|---|---|---|
| 几乎不可能 | 确定绝对无法探测 | | | X | 无法探测或没有检查 | 10 |
| 很微小 | 现行控制方法将不可能探测 | | | X | 仅能以间接的或随机检查来达到控制 | 9 |
| 微小 | 现行控制方法只能很小的机会去探测 | | | X | 仅能以目视检查来达到控制 | 8 |
| 很小 | 现行控制方法只有小的机会去探测 | | | X | 仅能以双重的目视检查来达到控制 | 7 |
| 小 | 现行控制方法可能可以探测 | | X | X | 以图表方式（SPC）来达到控制 | 6 |
| 中等 | 现行控制方法可能可以探测 | | X | | 在零件离开工位之后以计量值量具来控制，或在零件离开工位之后执行 100% Go/No No 测定 | 5 |
| 中上 | 现行控制方法有好的机会去探测 | X | X | | 在后续的作业中来探测错误，或执行作业前准备和首件的测定检查（仅适用发生于作业前准备） | 4 |
| 高 | 现行控制方法有好的机会去探测 | X | X | | 当场侦错，或以多重的接受准则在后续作业中探测错误，如库存、挑选、设置、验证。不接受缺陷零件 | 3 |
| 很高 | 现行控制方法几乎确定可以探测 | X | X | | 当场探测错误（有自动停止功能的自动化量具）缺陷零件不能通过 | 2 |
| 几乎肯定 | 现行工艺控制方法肯定可以探测 | X | | | 该项目有过程/产品设计防错法，不会生产缺陷零件 | 1 |

检查类型：A. 防错  B. 测量  C. 人工检查

## 附件四：风险优先数 RPN

| RPN 评估 | 影响/行动需求 |
|---|---|
| 1 < RPN < 50 | 对产品危害小 |
| 51 < RPN < 100 | 对产品有中等危害，需进一步改善 |
| 101 < RPN < 1000 | 对产品有严重危害，需深入调查分析 |

## 表 8-30 潜在失效模式及后果分析表

### (□设计 □过程 FMEA)

QR8.3-18　　　　　　　　　　　　　　　　　　　　　　No：_____

页 码：共　　页/第　　页

产品名称：_____　责任部门：_____　编制人：_____

产品编号：_____　关键日期：_____　FMEA 日期（编制）：_____　（修订）：_____

核心小组：_____

| 过程/功能/要求 | 潜在失效模式 | 潜在失效后果 | S | 分类 | 潜在失效起因/机理 | O | 现行控制预防 | D | RPN | 建议的措施 | 责任/目标/完成日期 | 措施结果 ||||  |
|---|---|---|---|---|---|---|---|---|---|---|---|---|---|---|---|
| | | | | | | | | | | | | 采取的措施 | S | O | D | RPN |
| | | | | | | | | | | | | | | | | |

## 工程变更管理规定

文件编号：QM/WI38　　版本/改数：A/0　　生效日期：20××年××月××日　　第×页/共×页

1. 目的

为使本公司过程设计阶段和制造阶段的所有更改能更具体地执行，特制定本规定，以符合顾客需求或降低成本并确保品质。

2. 范围

适用于设计更改和量产后的所有更改。量产后的更改包括产品更改、制造过程更改和由供方引起的更改及其他更改等。

3. 权责

3.1 业务部：负责公司与顾客之间的联系；负责更改前在途产品的统计。

3.2 技术部：负责工程更改引起的制造能力的可行性评估，修订相应技术工艺文件，以及依顾客需求进行的变更作业，如进度的控制等。

3.3 质检部：负责工程更改后的品质验证和确认。

3.4 生产部：负责更改前在制品的数量统计与区分，以及进行工程更改后的样品试制、量产工作之执行。

3.5 采购部：负责更改前成品及用于该产品特别采购的零配件数量的统计与区分，还须在可行性评估时向技术部提供外包厂商管理、采购管理、外包厂商名录、外购件供货、修改日程和费用等。

3.6 项目小组：负责评估工程更改的可行性及协调相关部门之工作。

4. 定义

4.1 工程规范：本公司目前的技术规范主要是指图纸、技术规范或样件等。

5. 作业内容

5.1 设计阶段更改的作业内容：

设计阶段的更改分顾客提出的更改和公司内部提出的更改。

5.1.1 若是顾客提出的更改，需由业务部收集更改信息，包括：合同、协议、图纸、邮件、传真、电话记录、相片等，更改资料由业务部记录于《顾客工程规范接收/评审表》。召集相关部门进行评审、评估时间为业务部接收顾客更改资料日到评估完成日不超过10个工作日。评估完成后由技术部发布《工程更改评审通知单》。

5.1.1.1 若无需送样，则由技术部将更改后的图纸等相关资料交业务部送客户确认，得到顾客确认批准后，技术部进行设计更改，并填好《工程更改评审通知单》，准备所需文件通知相关部门。

5.1.1.2 若顾客要求送样，则由技术部将更改后的图纸等相关资料交业务部送客户确认；顾客确认图纸后，由技术部组织样品试制，经质检部检验合格，交业务部送客户确认。需要时填好《工程更改评审通知单》，并准备所需文件通知相关部门。

5.1.2 若是公司内部提出并获得顾客确认的更改，经技术部评估后，按 5.1.1.1 或 5.1.1.2 执行。

5.2 量产阶段更改的作业内容：

量产阶段的更改也分顾客提出的更改和公司内部提出的更改两个方面。

5.2.1 更改的申请

5.2.1.1 若为顾客提出的更改，由业务部填写《工程更改申请表》，并详细填写申请表、更改所需之规格、草图、需要数量及需求日期等，并注明旧品处置方式。

5.2.1.2 若为公司内部提出的更改，则由提出部门填写《工程更改申请表》，详细阐述原因，提出需求日期，并注明旧品处置方式。

5.2.2 更改的评估

5.2.2.1 涉及产品更改时，由业务部或相关部门提出申请送技术部，由技术部召集质检部、生产部和采购部等相关部门组成项目小组，进行可行性评估，并报总经理批准。

5.2.2.2 涉及制程更改时，由技术部根据需要召集质检部、生产部和采购部等相关部门进行评估。

5.2.2.3 涉及供方及其他方面的更改时，由采购部组织相关部门进行评估。

5.2.2.4 该阶段所有评审均于 10 个工作日内完成，评审流程、职责和记录同 5.1.1 条款，评审结果记录于《工程更改申请表》中。

5.2.3 更改的实施

5.2.3.1 涉及产品更改时，技术部组织按 5.1.1.1 或 5.1.1.2 执行。若顾客还有小批量供货要求时，技术部则按照《产品和服务的设计和开发管理流程》执行。完成后，由专案人员填写《工程更改评审通知单》和修改后的文件（例如控制计划、作业指导书、检验指导书和 PFMEA 等）发至相关部门执行。

5.2.3.2 涉及制程更改时，质检部进行相关试验，经确认符合要求后，发布《工程更改评审通知单》和修改后的文件到相关部门执行。

5.2.3.3 涉及供方及其他方面的更改，采购部组织相关部门进行评估，通过后（需要时获得顾客确认）发布《工程更改评审通知单》和修改后的文件到相关部门执行。

5.2.3.4 在《工程更改评审通知单》上由技术部确定更改的实施日期。

6. 相关文件

6.1《产品和服务的设计和开发管理流程》

7. 产生的相关记录

7.1 工程更改申请表

7.2 工程更改评审通知单

7.3 顾客工程规范接收/评审表

表8-31 工程更改申请表

QR8.3-19　　　　　　　　　　　　　　　　　　　　　　　　　　　　No：

| 标　题 | | | |
|---|---|---|---|
| 机　种 | | 客　户 | |
| 变更理由说明： | | 变更建议： | |
| 意见\部门 | 应考虑：库存，生效日期，生产合理性，成本差异，质量，治工具，其他影响 | | 会签 |
| 生产部 | | | |
| 采购部 | | | |
| 技术部 | | | |
| 业务部 | | | |
| 质检部 | | | |

### 表8-32 工程更改评审通知单

QR8.3-20　　　　　　　　　　　　　　　　　　　　　No：

| 机种 | | 生效日期 | |
|---|---|---|---|

| 变更前 | 变更后 |
|---|---|
|  |  |

| 库存处理 | 类别 | 材料 | 半成品 | 成品 | 其他 |
|---|---|---|---|---|---|
| | 处理方法 | | | | |

| 份 数 | | | | 作 成 | 承 认 | 确 认 |
|---|---|---|---|---|---|---|
| 部 门 | | | | | | |

表8-33 顾客工程规范接收/评审表

QR8.3-21　　　　　　　　　　　　　　　　　　　　　　　　　　　No：

| 顾客名称 | 规格、型号 | 订货数量 | 订货时间 | 交付日期 |
|---|---|---|---|---|
|  |  |  |  |  |

| 信息来源 | □电话记录　　□传真　　□附合同草案或招标书共_____页 |
|---|---|
| 顾客工程变更内容 | 签名/日期： |
| 采购部意见 | 签名/日期： |
| 生产部意见 | 签名/日期： |
| 技术部意见 | 签名/日期： |
| 质检部意见 | 签名/日期： |
| 业务部意见 | 签名/日期： |
| 批准意见 | 签名/日期： |
| 备注：一般产品要求由采购部、业务部、生产部参加评审，由副总批准。特殊要求由所有部门均参加评审，由总经理批准 |

## 技术文件管理规定

文件编号：QM/WI39　版本/改数：A/0　生效日期：20××年××月××日　　第×页/共×页

1. 目的

规定了技术文件的种类、编号办法及技术文件设计、审批、发放、管理等方面的要求；以确保技术文件的完整性、符合性、适用性。

2. 适用范围

适用于公司对各类技术文件的管理和控制。

3. 职责

技术部负责各类技术文件管理。

4. 工作程序

4.1 技术文件的种类

技术文件包括：产品图样、工艺文件、工装图样、各类技术标准（包括检验规程）及采购文件。

4.2 技术文件的设计要求

4.2.1 产品图样

4.2.1.1 产品图样设计由技术人员根据技术部部长指令完成。

4.2.1.2 产品图样设计的依据是：顾客提供的图样、顾客提供的样品及要求，有关国家标准、国际标准。

4.2.1.3 产品图样一律用 A4 号图纸绘制，包括装配图、零件图。装配图应标明各种零件的装配关系、必要的技术要求，所需零件的名称、数量、材料及标准号。产品图样代号见 4.6.1。零件图中的技术要求应简洁明了，所有术语与相关标准一致、视图清晰、投影正确、表达清楚。图纸完成后应在《技术文件登记台账》上登记。

4.2.1.4 产品图纸应经相关技术人员校对、审核，并经技术部长批准。按顾客提供样品设计的产品图样，应尽可能让顾客确认。

4.2.2 工艺文件

4.2.2.1 内容：工艺文件指工艺卡或工艺过程卡。

4.2.2.2 加工工艺以产品工艺卡或工艺过程卡的形式表达。工艺卡中应标明工序名称、要的加工简图、技术要求、采用的工具、检测工具/仪器及加工设备。

4.2.2.3 加工工艺卡须经编制、审核、批准签字方能生效。

4.2.2.4 加工工艺卡完成后应在《技术文件登记台账》上登记。

4.2.3 工装图样

4.2.3.1 工装图样包括工艺过程所需的模具、夹具、量具、刀具或非标设备。

4.2.3.2 工装图样由技术员根据技术部部长指令完成。

4.2.3.3 成套工装图样应画总图，总图中应明确各零件装配关系，列明更换件、标准件明细表、材料、数量。

4.2.3.4 工装图样视图应表达清楚、技术要求简洁明了，用词规范。

4.2.3.5 工装图样应经设计、审核、批准签字后生效。

4.2.3.6 工装图样设计完成之后应按4.7规定的编号办法编号，并在《技术文件登记台账》上登记。

4.3 技术文件更改

4.3.1 技术文件更改应由更改者填写《技术文件更改单》，技术部部长审核、批准后由更改者实施，应保证所有受控技术文件都能全部更改（包括存档技术文件）。经顾客确认的技术文件需更改时，应征得顾客的同意、确认。

4.3.2 技术部应负责由于工艺文件更改而引起的生产准备、在制品处理等方面的协调工作。

4.3.3 《技术文件更改单》应按每月实际发生的更改顺序编号，更改通知单应按月或季装订，年底作为质量记录存档。

4.3.4 技术文件更改用同一标记，技术文件更改标记数及更改内容应与通知单中填写内容一致。应统一用一小横线划去原技术文件中的更改内容并标记，然后在旁边写上更改后的内容，并由更改人在图纸更改栏签名。不得用刮改或改正液更改技术文件，也不得因更改而使技术文件原表达的内容消失。

4.4 技术文件的发放和管理

4.4.1 所有技术文件设计完成后交技术部文管员存档，然后复制，按规定的发放范围发放。技术文件发放应由各部门领用人在登记册上签收，并在发放技术文件上盖受控印章。

4.4.2 技术文件发放范围及数量：产品图样、工艺文件、工装图样、检验规程、采购文件依实际需要发放相关单位，原件保存在档案室。

4.4.3 为了方便图纸查阅、更改和管理，生产用图应指定专人保管，设置专用查阅地点。生产部应根据生产进度把所加工产品的技术、工艺、尺寸和要求准确、及时地传递给操作工，模具调整工在安装调整模具前应查阅图纸。文管员应认真负责、坚守岗位，保证生产现场随时可查阅工艺、技术文件。

4.4.4 工装更换件加工用图由操作工本人去档案室借阅，用后归还。

4.5 技术文件更新和丢失处理

4.5.1 技术文件在使用中陈旧、破损应由技术部负责更换。

4.5.2 技术文件属公司机密，应妥善保管。若发生技术文件丢失，应由责任人及时向技术部报告，说明丢失时间、原因及地点。技术部应及时将情况向总经理汇报，总经理根据情况对责任人做出处罚决定之后，由技术部负责补发。

4.6 术文件编号办法

4.6.1 产品图样编号办法

产品图样所表示的代号即为产品图样编号。零件代号按行业通用的代号表示。

4.6.2 工艺卡编号办法

4.6.2.1 按产品类型来分的

```
┌─┐─┌─┐─┌─┐
└─┘ └─┘ └─┘
 │   │   └──── 工艺卡类别对应的顺序号（001-999）
 │   └──────── 产品代号（型号）/零件号
 └──────────── 工艺卡过程类别代码
```

4.7 工装模具编号办法

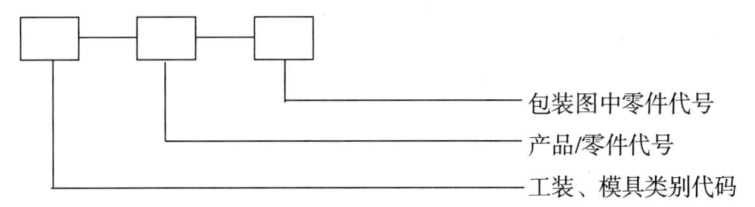

```
┌─┐─┌─┐─┌─┐
└─┘ └─┘ └─┘
 │   │   └──── 包装图中零件代号
 │   └──────── 产品/零件代号
 └──────────── 工装、模具类别代码
```

4.8 量具类别代码

LT – 通规   LH – 环规   LZ – 止规   LY – 样板   LG – 中间规   LB – 高度块

4.9 公司标准（包括检验规程）编号办法

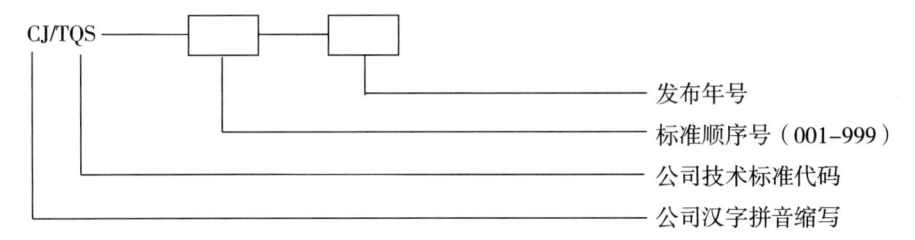

```
CJ/TQS ─┌─┐─┌─┐
        └─┘ └─┘
         │   └──── 发布年号
         └──────── 标准顺序号（001-999）
公司技术标准代码
公司汉字拼音缩写
```

4.10 采购文件编号办法

```
CJ/CGW ─┌─┐
        └─┘
         └──────── 采购文件
采购文件代码
公司汉字拼音缩写
```

4.10.1 如属原材料采购文件，按编制顺序由小到大编号（01-99）。

4.10.2 如属零件或加工过程（工序）外协采购文件，零件代号即为采购件编号，在零件图或工序图上加盖"外协用图"印章。

4.11 产品图不分版本号，由《文件（技术）资料更改通知单》控制更改，在每类产品图封面上标注有效期。工艺文件加注版本号，更改同4.3。

5. 相关文件

5.1《成文信息管理流程》

5.2《产品和服务的设计和开发管理流程》

6. 质量记录

6.1《技术文件登记台账》

6.2《技术文件更改单》

表8-34 技术文件登记台账

QR8.3-22　　　　　　　　　　　　　　　　　　　　　　　　　　　No：

| 序号 | 文件编号 | 文件名称 | 归档日期 | 技术状态 | 分发部门 | 保存部门 | 保存期限 |
|---|---|---|---|---|---|---|---|
| 01 | | | | | | | |
| 02 | | | | | | | |
| 03 | | | | | | | |
| 04 | | | | | | | |
| 05 | | | | | | | |
| 06 | | | | | | | |
| 07 | | | | | | | |
| 08 | | | | | | | |
| 09 | | | | | | | |
| 10 | | | | | | | |
| 11 | | | | | | | |
| 12 | | | | | | | |
| 13 | | | | | | | |
| 14 | | | | | | | |
| 15 | | | | | | | |

编制：　　　　　　　　　审核：　　　　　　　　　日期：

表 8-35 技术文件更改单

QR8.3-23　　　　　　　　　　　　　　　　　　　　　　　　　　　　　　　No：

| 文件名称 | | 文件编号 | |
|---|---|---|---|
| 提出部门/人员 | | 提出日期 | |
| 更改依据/理由：<br>□消除错误　　□过程改进　　□供方原因　　□顾客要求<br>□设计改进　　□工艺改进　　□其他： | | | |
| 更改后对在制品的处理意见：<br>□无在制品　　□对在制品无影响　　□在制品报废　　□在制品返工<br>□在制品追回返工　□仅限于_____批_____数量　　□其他：_____ | | | |
| 需更改的相关技术文件： | | | |
| 技术文件更改前： | | 技术文件更改后： | |
| 审核意见：<br><br>审核人：　　　日期： | | 批准意见：<br><br>批准人：　　　日期： | |
| 文件更改记录 | | | |
| 更改页码 | | 更改条款 | |
| 更改方式 | □换页<br>□划改<br>□其他： | 改标记/处数 | |

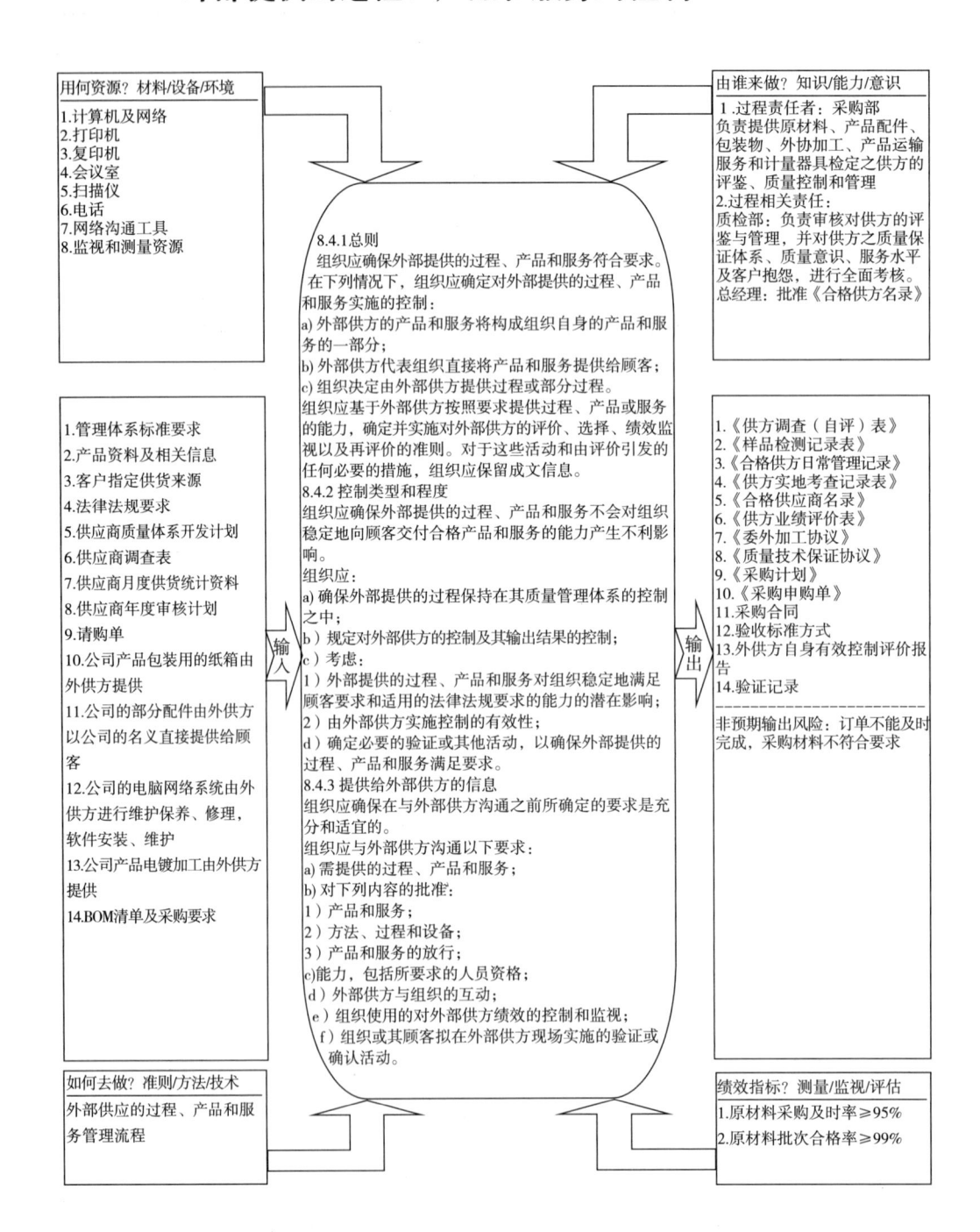

## 8.4 外部提供的过程、产品和服务的控制

**用何资源？材料/设备/环境**
1. 计算机及网络
2. 打印机
3. 复印机
4. 会议室
5. 扫描仪
6. 电话
7. 网络沟通工具
8. 监视和测量资源

**由谁来做？知识/能力/意识**
1. 过程责任者：采购部
负责提供原材料、产品配件、包装物、外协加工、产品运输服务和计量器具检定之供方的评鉴、质量控制和管理。
过程相关责任：
质检部：负责审核对供方的评鉴与管理，并对供方之质量保证体系、质量意识、服务水平及客户抱怨，进行全面考核。
总经理：批准《合格供方名录》

**输入**
1. 管理体系标准要求
2. 产品资料及相关信息
3. 客户指定供货来源
4. 法律法规要求
5. 供应商质量体系开发计划
6. 供应商调查表
7. 供应商月度供货统计资料
8. 供应商年度审核计划
9. 请购单
10. 公司产品包装用的纸箱由外供方提供
11. 公司的部分配件由外供方以公司的名义直接提供给顾客
12. 公司的电脑网络系统由外供方进行维护保养、修理，软件安装、维护
13. 公司产品电镀加工由外供方提供
14. BOM清单及采购要求

**8.4.1 总则**
组织应确保外部提供的过程、产品和服务符合要求。在下列情况下，组织应确定对外部提供的过程、产品和服务实施的控制：
a) 外部供方的产品和服务将构成组织自身的产品和服务的一部分；
b) 外部供方代表组织直接将产品和服务提供给顾客；
c) 组织决定由外部供方提供过程或部分过程。
组织应基于外部供方按照要求提供过程、产品或服务的能力，确定并实施对外部供方的评价、选择、绩效监视以及再评价的准则。对于这些活动和由评价引发的任何必要的措施，组织应保留成文信息。

**8.4.2 控制类型和程度**
组织应确保外部提供的过程、产品和服务不会对组织稳定地向顾客交付合格产品和服务的能力产生不利影响。
组织应：
a) 确保外部提供的过程保持在其质量管理体系的控制之中；
b) 规定对外部供方的控制及其输出结果的控制；
c) 考虑：
1) 外部提供的过程、产品和服务对组织稳定地满足顾客要求和适用的法律法规要求的能力的潜在影响；
2) 由外部供方实施控制的有效性；
d) 确定必要的验证或其他活动，以确保外部提供的过程、产品和服务满足要求。

**8.4.3 提供给外部供方的信息**
组织应确保在与外部供方沟通之前所确定的要求是充分和适宜的。
组织应与外部供方沟通以下要求：
a) 需提供的过程、产品和服务；
b) 对下列内容的批准：
1) 产品和服务；
2) 方法、过程和设备；
3) 产品和服务的放行；
c) 能力，包括所要求的人员资格；
d) 外部供方与组织的互动；
e) 组织使用的对外部供方绩效的控制和监视；
f) 组织或其顾客拟在外部供方现场实施的验证或确认活动。

**输出**
1.《供方调查（自评）表》
2.《样品检测记录表》
3.《合格供方日常管理记录》
4.《供方实地考查记录表》
5.《合格供应商名录》
6.《供方业绩评价表》
7.《委外加工协议》
8.《质量技术保证协议》
9.《采购计划》
10.《采购申购单》
11. 采购合同
12. 验收标准方式
13. 外供方自身有效控制评价报告
14. 验证记录
_____
非预期输出风险：订单不能及时完成，采购材料不符合要求

**如何去做？准则/方法/技术**
外部供应的过程、产品和服务管理流程

**绩效指标？测量/监视/评估**
1. 原材料采购及时率≥95%
2. 原材料批次合格率≥99%

图8-4 外部提供的过程、产品和服务的控制—过程分析乌龟图

## 表8-36 外部提供的过程产品和服务管理流程

文件编号：QM/WI40　　版本/改数：A/0　　生效日期：20××年××月××日　　第×页/共×页

| 过程流程 | 内容描述 | 采用表单 |
|---|---|---|
| 需求部门　采购部　质检部　总经理 | | |
| 供方开发 | 1.供方的开发<br>采购部根据所需物料的规格及质量要求、数量需求、交期和价格等因素为依据，寻找有能力供货之供方，供方应尽量符合以下所有或部分条件<br>1）供方在该产品领域有明显领先优势<br>2）供方获得质量体系认证或必要的产品认证<br>3）供方的生产经营活动合法守约<br>4）质量管理/生产能力/财务管理健全有效<br>5）客户指定的供方 | |
| 供方调查 | 2.供方调查<br>供方须填写《供方调查（自评）表》，应包含以下方面的详细资料<br>1）注册法人代表身份和财政信用<br>2）供方资历、营业范围内的相应资质证明<br>3）供方的资源和设施<br>4）现有的质量保证体系或获认证标志的产品<br>5）《供方调查（自评）表》由采购部门发出并负责收回 | 《供方调查（自评）表》 |
| 供方选择 | 3.供方评价选择<br>采购部门在对《供方调查（自评）表》进行初步分析后，从中筛选部分优势明显的供方，提请质检部对其进行评鉴。评鉴一般采用以下所有或部分手段<br>1）材料符合性的确认。对于原材料、产品配件、包装物，质检部依据材料的重要性，要求供方按适合等级要求提供相关文件及样品；并对样品符合性进行检测<br>2）实地考查。适当时，采购（可由质检部协助进行）可以对供方之生产经营场所进行实地考查，考查结果填入《供方实地考查记录表》，考查内容应全部涵盖《供方调查（自评）表》内的内容<br>3）客户意见。采购可根据具体情况向客户通报供方状况，并征求客户意见，客户意见可分为"反对供货""不反对供货"及"指定供货"三种状态 | 《供方实地考查记录表》 |
| 合格供方　批准 | 4.合格供方的产生<br>采购根据"样品检测记录""质量评核结果"以及必要时的"实地考核结果"进行有针对性的综合性考评，符合我公司要求的，签定相关《委外加工协议》《质量技术保证协议》，则列为合格供方。《合格供方名录》经总经理批准后实施 | 《合格供方名录》<br>《委外加工协议》<br>《质量技术保证协议》 |
| 业绩控制 | 5.供方业绩的控制和监视<br>采购部对供方日常业绩进行控制和监视，填写《合格供方日常管理记录》 | 《合格供方日常管理记录》 |
| 绩效评价<br>Ⓐ | 6.供方绩效评价<br>采购部门负责将所有的分供方按生产需求分为：一类供方——主要原材料，二类供方——辅料，三类供方——总务杂项。一类供方每月评价一次，二类供方每 | 《供方业绩评价表》 |

续表

| 过程流程 | 内容描述 | 采用表单 |
|---|---|---|
| 需求部门　采购部　质检部　总经理 | 年评价一次，三类供方可不予评价。填写《供方业绩评价表》 | 《合格供方年度考核汇总表》 |
| 重新评价 Yes / No → 资格取消 | 7.供方重新评价<br>质检部针对合格供方业绩每年做一次汇总，填写《合格供方年度考核汇总表》。并要求采购部门会同相关部门每年对合格供方做一次实地复核，以验证供方之持续改善及100%交货能力的承诺。应建立供应商体系开发计划，建设符合本公司需求的供应链 | |
| 资格取消 | 8.合格供方资格的取消。当供方业绩达不到公司考核要求时，供方的供货状态无法满足本公司或客户要求时，可以取消其合格供方资格。采购部门、质检部及客户均可提出合格供方资格取消建议，其中客户要求是取消合格供方的充分条件 | 《采购申购单》《采购计划》 |
| 采购需求 | 9.采购需求提出<br>1）各个部门根据本部门生产或各种活动的需要填写《采购申购单》提出采购物资需求申请<br>2）采购部根据产品销售订单和预测和计划部拟定的当月生产计划、产品材料消耗定额和库存调查结果，核算出当月采购物资的需用计划，并做出《采购计划》 | |
| 批准 | 10.采购审批<br>采购部经理根据仓库的库存状况，以及单件消耗状况和采购需求及采购周期等要求对《采购计划》和《采购申购单》进行审批 | 《采购计划》 |
| 选择供方 | 11.选择供方<br>1）选择供应商时，采购员按照上面要求进行选择合格的供应商<br>2）无需选择新供应商时，则采购员直接从《合格供方名录》中选择供应商<br>3）当顾客合同或协议要求选择其指定的供应商时，采购员须选择顾客批准的供应商 | 《合格供方名录》 |
| 实施采购 | 12.实施采购<br>1）向新的外协件供应商或年初进行采购外协件时，需跟供应商签订采购合同/质量协议，然后下发《采购订单》<br>2）向老的供应商进行采购时，以传真/E-mail/直接向选择的供应商下发《采购订单》<br>3）对于小量零星采购，则直接按《采购申购单》或《采购计划》上的要求，电话通知供应商送货或上门购货。通知的时间、联系人及认可情况直接记录在《采购计划》或《采购申购单》上 | 《采购申购单》《采购计划》 |
| 物资进厂 | 13.物资进厂：当采购的产品进入到公司后，需先放入待检区，然后由仓库保管员通知检验员进行检验 | |
| 材料检验 Yes → 入库 / No → 不合格输出控制流程 | 14.材料检验<br>1）当顾客要求或本公司需要到供应商现场验证时，则通知供应商或在《采购订单》《采购计划》上明确验证标准及规则<br>2）供应商提供的采购产品进厂，仓库管理员对采购产品进行数量点收、品名核对后，进货检验员依《进货检验指导书》之规定进行验收，产品质量检验合格后，仓库管理员办理入库手续<br>3）经检验不合格的产品，则按《不合格品控制程序》进行作业<br>4）与采购管理有关的相关质量记录之保存/归档，由相关部门依《文件化信息管理流程》进行作业 | 《采购申购单》《采购计划》 |

## 质量技术保证协议

甲方（需方）：_____  对应合同编号：_____

乙方（供方）：_____

产品名称：_____

产品型号：_____

1. 目的

为了促进产品或备件质量的稳定和提高，促进甲乙方共同发展，明确双方质量责任及快速解决质量纠纷，甲方和乙方根据双方业务交往准则及合同规定，经协商一致，特签订此协议。

2. 责任

2.1 甲方负责向乙方提供订购产品图纸、标准，并确认封样样品（需方）及其他技术要求等。

2.2 乙方保证向甲方提供满足双方确认质量要求的产品。

2.3 乙方应妥善保存甲方提供的图纸、标准及其他技术文件。未经甲方允许，乙方不得泄露甲方提供的技术文件资料。

3. 技术要求

3.1 乙方提供的产品应符合以下技术要求：

技术参数：_____

质量要求：_____

3.2 技术支持和服务

3.2.1 产品安装期间，乙方负责对甲方进行关于产品的使用要求及日常维护、注意事项等方面的培训；

3.2.2 对产品的质量事故问题，乙方在接到甲方的书面反馈后，应在 2 个工作日内委派相关人员到达甲方现场进行解决；

3.2.3 属产品的一般性质量问题，乙方在接到甲方的书面反馈后，应迅速做出解决方案，并在 3 个工作日内将问题解决；

3.2.4 保修期过后，乙方可向甲方提供有偿维修服务。

4. 质量要求

4.1 产品实现三包：关于产品的质量问题，乙方应保证产品安装后三个月内包退，六个月内包换，十二个月内免费维修。

4.2 关键器件的质量保证：除整机产品的三包外，乙方应对以下产品内关键或易损器件的质量保证。

4.3 当产品的使用或质量问题超标时，经双方确认使用环境及操作方法满足《产品使用说明书》要求的条件下，乙方不得以任何理由推脱责任，若使用条件有特殊要求，须在本协议签订时注明。

5. 产品质量责任判定

5.1 甲方判定批量合格产品，但装配过程中或成品检验中发现供货不合格数（属乙方责任）超过5%时，此批仍为不合格物料，损失由乙方承担；

5.2 乙方质量责任并不因为甲方批量检验合格而得到任何减免，质量责任周期为配件寿命周期；

6. 对质量责任事故的处理

6.1 凡因乙方供件的质量问题造成甲方产品在装配、流通、消费过程中产生质量问题和事故，其一切经济损失及法律责任均由乙方承担。

6.2 因乙方供件的质量问题造成甲方在装配现场产生的重大质量事故（5万元以上），乙方担负付款5000元人民币或损失费的50%的经济损失。

6.3 因乙方供件质量问题导致顾客批量投诉或退货，一切责任和损失由乙方承担，并扣款5000元人民币以上。

6.4 因乙方供件质量问题甲方要求退货或换货的，乙方应无条件执行；

6.5 对乙方出现的质量问题乙方应按照甲方要求即时进行整改，整改合格后可继续供货。对乙方引起重大质量事故的，甲方有权终止合同。

7. 违约责任

7.1 乙方未按照双方确认的技术及性能要求提供产品，甲方有权将产品退回，同时，乙方有责任退回货款。

7.2 乙方如接到甲方的质量反馈后，未在指定时间内进行处理，乙方有责任按每逾期壹日500元向甲方支付违约金。

7.3 如因产品的质量问题导致甲方产品的质量事故，甲方有权向乙方提交索赔函。

8. 保密条款

甲乙双方未经对方同意，均不得对外提供、纰漏对方的技术信息。

9. 本协议适用于甲方向乙方采购的产品质量（指所有时期）责任事故的处理都具有追溯力。

10. 本协议作为双方《采购合同》附件，与采购合同同时生效，其效力并不因为采购合同的终止而终止。

11. 本协议一式两份，双方各执一份，双方代表签字盖章有效，具有同等法律效力。

甲方：_____（盖章）　　　　乙方：_____（盖章）
签约代表：_____（签字）　　　　签约代表：_____（签字）
地址：_____　　　　　地址：_____
　　_____年_____月_____日　　　　　　_____年_____月_____日

## 委外加工协议

定作方：_____（以下简称甲方）

加工方：_____（以下简称乙方）

甲、乙双方本着诚实信用、互惠互利原则在平等、自愿、协商一致基础上达成如下协议，以资共同遵守。

一、甲方委托乙方对_____产品进行电镀加工，乙方同意为甲方电镀加工。此合同系甲乙双方进行委托电镀加工的基本交易合同，具体甲方委托乙方进行电镀加工的产品名称、数量、品质、单价（该价款为不含税价）、交货期、交货地点及其他条款在具体《加工订单》《报价单》《送货单》中列明；未被列明的项目，以本合同为准。

二、甲方负责提供半成品给乙方电镀加工，运输方式为以下方式：由乙方派车到甲方工厂处收取半成品电镀，同时将电镀好的成品送回甲方，即由乙方提供接货、送货服务。但因甲方原因造成需自行将货物运送、速递到乙方工厂或派车到乙方工厂取货，该运输费用由甲方自负。

三、乙方按甲方品质要求进行电镀，保证所电镀好的成品质量达到双方约定的标准。若因乙方原因造成质量事故，乙方承担该产品的成本费，但不承担因此而产生的连带损失和责任。质量验收要求：

| 验证/检验项目 | 抽样方案 | 验证/检验方法 | 验证/检验标准 |
| --- | --- | --- | --- |
| 外观 | 抽2% | 目测 | 镀层表面清洁、透亮、无明显颗粒状，无色斑、镀层表面均匀 |
| 性能试验 | 抽2% | 目测 | 用胶带纸粘贴在镀层表面，撕下无脱落 |
| 镀层材料 | / | 目测 | 铝 |
| 镀层厚度 | / | 目测 | ≥0.015mm |

四、乙方保证将甲方电镀产品的正常损耗率控制在0.5%以内，否则超标损耗部分乙方承诺给予补偿成本费。

五、甲方应于签订本合同时提供以下资料给乙方，并保证具有合法有效的资质：

1. 营业执照影印本（需出示原件供乙方核对）、生产许可证；
2. 法定代表人或负责人身份证影印本。

六、甲方应自收货后及时对所电镀产品品质进行检验，若存在品质问题应自收货后10日内提出书面质量异议，否则视为电镀产品品质合格。在该期限内经检验不合格的产品甲方有权送回乙方处返镀；甲方在已验收电镀成品超过壹个月后因存放环境等各种客观或人为因素的影响提出质量问题退回乙方处返镀的，乙方不承担返镀责任。

七、加工费结算方式及期限：□现金付款　□月结　□其他方式：_____

八、本合同解除的条件：

1. 甲方不按期支付乙方加工费用。

2. 乙方所电镀产品存在严重的品质问题，经双方多次沟通仍未妥善解决。

3. 乙方原因造成拖延甲方电镀产品交货期，经甲方及时通知仍未明显改善；若系甲方原因造成乙方不能按期交货或不合格电镀产品出现的，不能视乙方违约，同时乙方仍有权要求甲方按期支付全额电镀加工费。

九、违约责任：

1. 甲方不按期支付乙方加工费用，应承担违约责任，每逾期1天应向乙方支付逾期款项总金额千分之五的违约金。

2. 甲方保证对委托乙方加工产品不侵犯第三方知识产权，否则由此造成损失由乙方承担。

3. 乙方所电镀产品存在质量问题导致甲方遭受经济损失的，甲方有权要求乙方赔偿，但索赔金额不得超过电镀费用的50%。

4. 乙方属于专业的电镀加工厂，因意外导致甲方产品电坏、遗失、欠数现象发生，乙方免收损失部分加工费用，并承担相应的成本费用。

十、合同争议的解决方式：若在履行本合同发生争议，由双方当事人协商解决，协商不成，可向人民法院起诉。

十一、合同期限：_____年___月___日到_____年___月___日。

十二、本合同自双方签字盖章之日起生效。合同如有未尽事宜，应由双方共同协商，做出补充规定，补充规定与本合同具有同等效力。

十三、本合同一式二份，甲、乙方双方各执一份。

甲方：_____（盖章）　　乙方：_____（盖章）

签约代表：_____（签字）　　签约代表：_____（签字）

地址：_____　　　　地址：_____

_____年___月___日　　　　　　　_____年___月___日

### 表8-37 供方调查（自评）表

QR8.4-01　　　　　　　　　　　　　　　　　　　　　　　　　　No：

| 分供方 | （盖章） | | 法人代表 | | 企业性质 | |
|---|---|---|---|---|---|---|
| 地　址 | | | 注册资金 | | 创立日期 | |
| 联系人 | | 电话 | | 传真 | | 邮编 | | 厂休日 | |
| 员工数 | 管理人员＿＿人，工程技术人员＿＿人，专职质检人员＿＿人 | | | | 占地 | |

| 主要产品生产能力/自制能力/原材料购入来源 |||||
|---|---|---|---|---|
| 产品名称 | 生产能力（件/天） | 是否外包 | 原材料购入来源（%） ||
| | | | 国内 | 进口 |
| | | | 国内 | 进口 |
| | | | 国内 | 进口 |
| | | | 国内 | 进口 |
| | | | 国内 | 进口 |
| | | | 国内 | 进口 |

| | 生产设备名称 | 规格型号 | 数量 | 检测设备名称 | 规格型号 | 数量 |
|---|---|---|---|---|---|---|
| 主要生产检验设备 | | | | | | |
| | | | | | | |
| | | | | | | |
| | | | | | | |
| | | | | | | |
| | | | | | | |

| | 合作对象公司名称 | 合作项目内容 | 契约期限 | 通过何种质量体系认证 |
|---|---|---|---|---|
| 技术合作 | | | | |
| | | | | |
| | | | | |

| | 公司名称 | 主要产品 |
|---|---|---|
| 主要业务单位 | | |
| | | |
| | | |
| | | |
| | | |

编制：　　　　　　　　　　　　　年　　月　　日

第 8 章 运 行

**表 8-38 供方实地考察记录表**

表单编号：QR8.4-02　　　　　　　　　　　　　　　　　No：

供应商：_____　　　工厂地址：_____

生产类型：_____　　　联系人：_____

| 审核项目 | 评价结果<br>O　　M　　C　　CI |
|---|---|
| 管理职责 | 计分： |
| 对进行质量管理人员的职责和权限有没有明文规定？ | 【 】【 】【 】【 】 |
| 是否有适当记录证明高层管理人员定期评审质量体系效果？ | 【 】【 】【 】【 】 |
| 是否有根据质量管理体系要求制订成文的业务计划，包括短期和长期目标及计划？ | 【 】【 】【 】【 】 |
| 是否有程序化方法以更新、修改、评审业务计划？ | 【 】【 】【 】【 】 |
| 是否具有以下数据资料的分析： | 【 】【 】【 】【 】 |
| 竞争产品和对手分析。 | 【 】【 】【 】【 】 |
| 同类厂家比较。 | 【 】【 】【 】【 】 |
| 研究与开发计划。 | 【 】【 】【 】【 】 |
| 内部质量及运行状况的分析。 | 【 】【 】【 】【 】 |
| 质量体系 | 计分： |
| 是否进行可行性评审以确保设计与制造过程的一致性，包括生产能力的策划与利用？ | 【 】【 】【 】【 】 |
| 当产品及过程更改，或当发现过程不稳定或失效时，是否对控制计划进行修改？ | 【 】【 】【 】【 】 |
| 是否在质量、服务、价格方面进行了持续改进？ | 【 】【 】【 】【 】 |
| 控制计划是否包括下述的三个阶段：样件、试生产、生产？ | 【 】【 】【 】【 】 |
| 在各过程、工装、设施、设备的计划和解决问题时是否采用防错技术？ | 【 】【 】【 】【 】 |
| 质量手册中的每一条款是否均有足够的支持程序？ | 【 】【 】【 】【 】 |
| 合同评审 | 计分： |
| 合同评审记录是否保存？ | 【 】【 】【 】【 】 |
| 设计控制 | 计分： |
| 是否进行了设计评审并有记录？ | 【 】【 】【 】【 】 |
| 是否具有全面样件和进行性能试验？ | 【 】【 】【 】【 】 |
| 文件和资料的控制 | 计分： |
| 新文件和修改的文件在发布前是否经过授权人的审阅和批准？ | 【 】【 】【 】【 】 |
| 是否具有说明文件修改情况的汇总表？ | 【 】【 】【 】【 】 |

续表

| 审核项目 | 评价结果 O　M　C　CI |
|---|---|
| 采购 | 计分： |
| 对分承包方的评价和选择是否以他们满足质量体系和质量保证要求的能力为依据？ | 【 】【 】【 】【 】 |
| 供方是否具有适当控制分承包方的程序？ | 【 】【 】【 】【 】 |
| 供方是否保存有最新的分承包方质量记录，用以评价其质量状况？ | 【 】【 】【 】【 】 |
| 是否向分承包方提出100%按时交付要求？ | 【 】【 】【 】【 】 |
| 顾客提供产品的控制 | 计分： |
| 是否按照顾客要求保持了可追溯性记录？ | 【 】【 】【 】【 】 |
| 顾客所有的工装和设备是否进行了永久标识？ | 【 】【 】【 】【 】 |
| 过程控制 | 计分： |
| 工作环境是否清洁且布局安排有序？ | 【 】【 】【 】【 】 |
| 是否制订应急计划在紧急状况下保护顾客提供的产品？ | 【 】【 】【 】【 】 |
| 是否调查变差产生特殊原因并采取适当处理措施？ | 【 】【 】【 】【 】 |
| 控制图中是否对重要的过程事件加以标注并对特殊性进行确定？ | 【 】【 】【 】【 】 |
| 是否建立有效、有计划的预防性维护体系？ | 【 】【 】【 】【 】 |
| 是否在过程操作中制定作业指导书？ | 【 】【 】【 】【 】 |
| 检验和试验 | 计分： |
| 是否按程序文件的要求对产品进行检验和试验？ | 【 】【 】【 】【 】 |
| 是否在产品需完成所要求的检验和试验方可放行？ | 【 】【 】【 】【 】 |
| 是否采用预防缺陷发生的方法，如统计过程控制、缺陷预防、目视控制，而不仅仅是找出缺陷？ | 【 】【 】【 】【 】 |
| 是否有记录说明产品已按规定的验收标准通过？ | 【 】【 】【 】【 】 |
| 是否按程序文件进行最终检验和试验？ | 【 】【 】【 】【 】 |
| 是否保证程序文件中规定的所有项目均圆满完成后方可发运产品？ | 【 】【 】【 】【 】 |
| 是否为能够追溯原始数据而保存项目到完成最终数据？ | 【 】【 】【 】【 】 |
| 使用的试验室是否经过认可？ | 【 】【 】【 】【 】 |
| 检验测量和试验设备 | 计分： |
| 所有的检测设备是否具备规定的准确度和精密度？ | 【 】【 】【 】【 】 |
| 是否对控制计划中规定的所有检验、测量及试验设备进行了测量系统分析？ | 【 】【 】【 】【 】 |

第8章 运 行

续表

| 审核项目 | 评价结果 O　M　C　CI |
|---|---|
| 每台检验、测量和试验用设备是否用有表明其标准状态的标识? | 【 】【 】【 】【 】 |
| 检验、测量、试验设备的校准过程是否有完整记录? | 【 】【 】【 】【 】 |
| 是否按规定的周期在适宜的环境条件下对每台设备进行了校准? | 【 】【 】【 】【 】 |
| 检验、测量和试验用设备是否得到适当的搬运、保管、储存以保持准确度,满足使用要求? | 【 】【 】【 】【 】 |
| 不合格品控制 | 计分: |
| 对不合格及可疑产品是否进行了标识、记录、隔离到规定的区域和处置? | 【 】【 】【 】【 】 |
| 纠正后的产品是否按控制计划重新进行了检验或试验? | 【 】【 】【 】【 】 |
| 纠正和预防措施 | 计分: |
| 是否制定了适当的纠正措施,以消除产生不合格的原因? | 【 】【 】【 】【 】 |
| 供方是否采用了有效地解决问题的方法? | 【 】【 】【 】【 】 |
| 顾客的抱怨和有关不合格的报告是否得到有效的处理? | 【 】【 】【 】【 】 |
| 纠正措施的有效性是否被验证? | 【 】【 】【 】【 】 |
| 有关措施方面的信息,包括程序文件的更改,是否提交给管理层进行审核? | 【 】【 】【 】【 】 |
| 搬运、储存、包装、防护和交付 | 计分: |
| 供方的物料搬运方法能否防止产品损坏和变质? | 【 】【 】【 】【 】 |
| 是否进行了系统的库存管理,保证合理存货水平? | 【 】【 】【 】【 】 |
| 顾客包装标准是否被遵守? | 【 】【 】【 】【 】 |
| 是否建立确保100%交付合格的管理体系以满足客户要求? | 【 】【 】【 】【 】 |
| 是否建立确保所有发运物料按顾客要求进行标识的系统? | 【 】【 】【 】【 】 |
| 若供方的交付能力没有100%的按计划实行,是否有适当的分析和纠正措施? | 【 】【 】【 】【 】 |
| 质量记录的控制 | 计分: |
| 当顾客要求进行评价时,能否获得质量记录? | 【 】【 】【 】【 】 |
| 内部质量审核 | |
| 供方是否按计划实行内部质量体系审核? | 【 】【 】【 】【 】 |
| 内部审核是否按工作情况和重要性进行安排? | 【 】【 】【 】【 】 |
| 审核结果是否形成文件并引起负责人员的重视? | 【 】【 】【 】【 】 |
| 纠正措施是否及时,是否被记录下来,并且对其有效性进行了评价? | 【 】【 】【 】【 】 |
| 审核是否包括了工作环境及日常现场管理? | 【 】【 】【 】【 】 |

续表

| 审核项目 | 评价结果 O　　M　　C　　CI |
|---|---|
| 培训 | 计分： |
| 所有从事对质量产生影响的工作人员是否都达到了培训要求？ | 【　】【　】【　】【　】 |
| 是否对所有进行过的培训/教育采取考核？ | 【　】【　】【　】【　】 |
| 服务 | 计分： |
| 是否有资料证明服务工作满足规定要求？ | 【　】【　】【　】【　】 |
| 持续提高质量和生产率是否为供方经营管理中的重要内容？ | 【　】【　】【　】【　】 |
| 统计技术 | |
| 是否确定了过程控制能力的统计技术？ | 【　】【　】【　】【　】 |
| 变差、控制能力等统计基础概念是否在工业各阶层有理解？ | 【　】【　】【　】【　】 |

计分方法：

"O" 表示否，要求根本没有达到，或在实施中出现严重不符合，0分；

"M" 表示是，达到要求，但实施中出现一般不符合，1分；

"C" 表示是，达到要求，并且有效实施，2分；

"CI" 表示是，达到要求，有效实施，过去12个月做出对顾客有意义的改进，3分。供应商评级：（共70项，总分210分）

　　1. A级供应商：考核成绩在170分以上（含）；

　　2. B级供应商：考核成绩在120分（含）~170分（不含）之间；

　　3. C级供应商：考核成绩在70分（含）~120分（不含）之间。

　　4. D级不合格供应商：70分以下。

　　5. 每个要素的得分最少是1分才能通过评定。

实际评分：_____

供应商最终评定：

　　□有1分以下得分项目，不通过；

　　□A级供应商；

　　□B级供应商；

　　□C级供应商。

审核人员：_____　　日期：_____

## 表8-39 供方业绩评分表

QR8.4-03　　　　　　　　　　　　　　　　　　　　　　　　　　No：

| 供应商名称 | | |
|---|---|---|
| 考核时间 | ＿＿＿＿年＿＿月＿＿日～＿＿＿＿年＿＿月＿＿日 | |
| 考核项目 | 计 算 公 式 | 得 分 |
| 交货产品质量<br>（A：30分） | 不良率 \| 得分<br>≤1% \| 30<br>1%～1.5% \| 20<br>1.6%～2% \| 10<br>≥2% \| 0 | |
| 交货产品准时率<br>（B：20分） | 延误率 \| 得分<br>0～10% \| 20<br>11%～20% \| 15<br>21%～30% \| 10<br>＞31% \| 5 | |
| 产品价格水准<br>（C：10分） | 价格水准 \| 得分<br>1. 公平合理 \| 7～10<br>2. 稍微偏高 \| 4～6<br>3. 经常要求调价 \| 0～3 | |
| 纠正问题及时性<br>（D：20分） | 纠正措施延误率 \| 得分<br>0～10% \| 20<br>11%～20% \| 15<br>21%～30% \| 10<br>＞31% \| 5 | |
| 技术水准评分<br>（E：10分） | 技术水准 \| 得分<br>不断改进 \| 9～10<br>问题及时解决 \| 6～8<br>问题有延时解决 \| 3～5<br>不能解决 \| 0～2 | |

续表

| 供应商名称 | | | |
|---|---|---|---|
| 考核时间 | _____年___月___日 ~ _____年___月___日 | | |
| 考核项目 | 计 算 公 式 | | 得 分 |
| 售后服务<br>（F：10分） | 服务水准 \| 得分<br>1. 当天内完成 \| 9~10<br>2. 在要求期限内完成 \| 6~8<br>3. 超要求期限完成 \| 1~5<br>4. 没完成 \| 0 | | |
| 考核总成绩 | 总分 = A + B + C + D + E + F = | | |
| 考核成绩 | □ A级　　□ B级　　□ C级　　□ D级 | | |
| 备 注 | 1. A级供应商：考核成绩在90分以上（含）；<br>2. B级供应商：考核成绩在80（含）~89分（不含）之间；<br>3. C级供应商：考核成绩在70（含）~79分（不含）之间；<br>4. D级供应商：考核成绩69分以下，停止供应。<br>5. 配合度依供应商是否配合公司紧急生产时之协助事项进行考核。扣分标准依供应商的协调性是否良好进行。当每次协调性为无法进行时，则扣10分，依此类推。 | | |

制表/日期：　　　　　　　　　　批准/日期：

## 表8-40 合格供方日常管理记录

QR8.4-04　　　　　　　　　　　　　　　　　　　　　　　　　　　　　No：

| 供方名称 | | | | | | | | | | | 联系人 | | |
|---|---|---|---|---|---|---|---|---|---|---|---|---|---|
| 序号 | 订购时间 | 材料名称 | 规格 | 合同号 | 要求到货日期 | 实际到货日期 | 订购数量 | 到货数量 | 价格 | 抽样检验结果 | 生产挑出不良数 | 不良率 | 售后服务 |
| | | | | | | | | | | | | | |
| | | | | | | | | | | | | | |
| | | | | | | | | | | | | | |
| | | | | | | | | | | | | | |
| | | | | | | | | | | | | | |
| | | | | | | | | | | | | | |
| | | | | | | | | | | | | | |
| | | | | | | | | | | | | | |
| | | | | | | | | | | | | | |
| | | | | | | | | | | | | | |
| | | | | | | | | | | | | | |
| | | | | | | | | | | | | | |
| | | | | | | | | | | | | | |
| | | | | | | | | | | | | | |

制表：

表 8-41 _____年　合格供方名录

QR8.4-05　　　　　　　　　　　　　　　　　　　　　　　　　　　　　No：

| 序号 | 供方名称 | 地　址 | 联系人 | 联系电话 | 主供产品 | 初次登入时间 | 评定级别 |
|------|----------|--------|--------|----------|----------|--------------|----------|
|      |          |        |        |          |          |              |          |
|      |          |        |        |          |          |              |          |
|      |          |        |        |          |          |              |          |
|      |          |        |        |          |          |              |          |
|      |          |        |        |          |          |              |          |
|      |          |        |        |          |          |              |          |
|      |          |        |        |          |          |              |          |
|      |          |        |        |          |          |              |          |
|      |          |        |        |          |          |              |          |
|      |          |        |        |          |          |              |          |
|      |          |        |        |          |          |              |          |
|      |          |        |        |          |          |              |          |
|      |          |        |        |          |          |              |          |
|      |          |        |        |          |          |              |          |
|      |          |        |        |          |          |              |          |
|      |          |        |        |          |          |              |          |
|      |          |        |        |          |          |              |          |
|      |          |        |        |          |          |              |          |

### 表 8－42 合格供方年度考核汇总表

QR8.4－06　　　　　　　　　　　　　　　　　　　　　　　　　　　No：

| 序号 | 供应商名称 | ＿＿＿＿年度 月度考核得分/考核等级 ||||||||||||
|---|---|---|---|---|---|---|---|---|---|---|---|---|---|
| | | 1 | 2 | 3 | 4 | 5 | 6 | 7 | 8 | 9 | 10 | 11 | 12 |
| | | | | | | | | | | | | | |
| | | | | | | | | | | | | | |
| | | | | | | | | | | | | | |
| | | | | | | | | | | | | | |
| | | | | | | | | | | | | | |
| | | | | | | | | | | | | | |
| | | | | | | | | | | | | | |
| | | | | | | | | | | | | | |
| | | | | | | | | | | | | | |
| | | | | | | | | | | | | | |
| | | | | | | | | | | | | | |
| | | | | | | | | | | | | | |
| | | | | | | | | | | | | | |
| | | | | | | | | | | | | | |
| | | | | | | | | | | | | | |

制表：　　　日期：　　　审批：　　　日期：

表8-43 采购计划

QR8.4-07　　　　　　　　　　　　　　　　　　　　　　　　　　No：

| 序号 | 供方名称 | 采购物品名称 | 型号 | 计划数量 | 计划到货日期 | 采购要求 |
|------|----------|--------------|------|----------|--------------|----------|
|      |          |              |      |          |              |          |
|      |          |              |      |          |              |          |
|      |          |              |      |          |              |          |
|      |          |              |      |          |              |          |
|      |          |              |      |          |              |          |
|      |          |              |      |          |              |          |
|      |          |              |      |          |              |          |
|      |          |              |      |          |              |          |
|      |          |              |      |          |              |          |
|      |          |              |      |          |              |          |
|      |          |              |      |          |              |          |
|      |          |              |      |          |              |          |
|      |          |              |      |          |              |          |
|      |          |              |      |          |              |          |
|      |          |              |      |          |              |          |
|      |          |              |      |          |              |          |

制表：　　　　　审批：　　　　　　　年　月　日

表8-44 采购申购单

QR8.4-08　　　　　　　　　　　　　　　　　　　　No：_____

日期：_____　　　　采购单号：_____

TO ＞供方　　　　　　　　　　　　SHIP TO ＞买方

供应商名称：_____　　公司名称：_____

地址：_____　　　地址：_____

电话：_____　　　电话：_____

传真：_____　　　传真：_____

联系人：_____　　　联系人：_____

| 项次 | 物料名称 | 规格要求 | 单价（RMB/PCS） | 数量（PCS）码 | 总价（RMB） | 备注 |
|---|---|---|---|---|---|---|
| 1 | | | | | | |
| 2 | | | | | | |
| 3 | | | | | | |
| 4 | | | | | | |
| 5 | | | | | | |
| 6 | | | | | | |
| 7 | | | | | | |
| 8 | | | | | | |
| 9 | | | | | | |
| 合计 | 金额：¥　　　元 | | | 大写：人民币　　　　　整 | | |

交货方式：_____
付款方式：_____
交货日期：_____

其他相关说明：

1. 供方交货品质应符合产品技术要求，如有不符造成之不良品，供方应负责退换或退货。
2. 交货时，包装外请注明订单号及数量。供方确认并回传。
3. 如因供应商交期、品质问题造成的买方出货推迟、产品报废、退货等一切损失均由供方负责。同时除此以外，如不按交期交货，每延期一天将扣该订单货款的1%作为违约金。
4. 经双方认可，传真件具有同等的法律效应。同意以上合约，请在当天内签字盖章后回传，否则依照买方财务制度，将无法针对该订单申请相应货款。

卖方担当：_____　　　经办人：_____
经理签名盖章：_____　　　审　核：_____
日　期：_____　　　　日　期：_____

## 8.5 生产和服务提供

### 8.5.1 生产和服务提供的控制

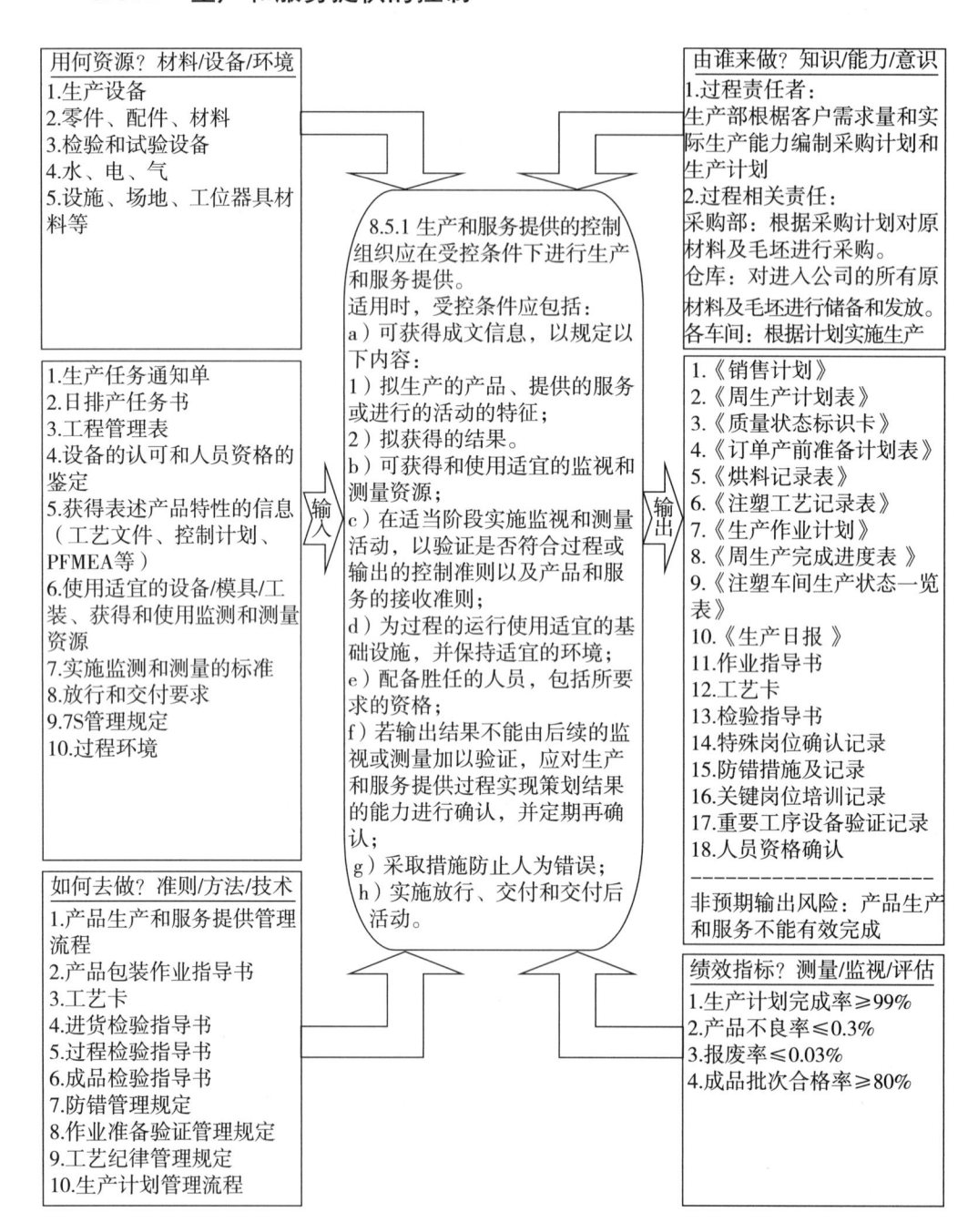

**用何资源？材料/设备/环境**
1. 生产设备
2. 零件、配件、材料
3. 检验和试验设备
4. 水、电、气
5. 设施、场地、工位器具材料等

**由谁来做？知识/能力/意识**
1. 过程责任者：
生产部根据客户需求量和实际生产能力编制采购计划和生产计划
2. 过程相关责任：
采购部：根据采购计划对原材料及毛坯进行采购。
仓库：对进入公司的所有原材料及毛坯进行储备和发放。
各车间：根据计划实施生产

**输入**
1. 生产任务通知单
2. 日排产任务书
3. 工程管理表
4. 设备的认可和人员资格的鉴定
5. 获得表述产品特性的信息（工艺文件、控制计划、PFMEA等）
6. 使用适宜的设备/模具/工装、获得和使用监测和测量资源
7. 实施监测和测量的标准
8. 放行和交付要求
9. 7S管理规定
10. 过程环境

**8.5.1 生产和服务提供的控制**
组织应在受控条件下进行生产和服务提供。
适用时，受控条件应包括：
a) 可获得成文信息，以规定以下内容：
1) 拟生产的产品、提供的服务或进行的活动的特征；
2) 拟获得的结果。
b) 可获得和使用适宜的监视和测量资源；
c) 在适当阶段实施监视和测量活动，以验证是否符合过程或输出的控制准则以及产品和服务的接收准则；
d) 为过程的运行使用适宜的基础设施，并保持适宜的环境；
e) 配备胜任的人员，包括所要求的资格；
f) 若输出结果不能由后续的监视或测量加以验证，应对生产和服务提供过程实现策划结果的能力进行确认，并定期再确认；
g) 采取措施防止人为错误；
h) 实施放行、交付和交付后活动。

**输出**
1. 《销售计划》
2. 《周生产计划表》
3. 《质量状态标识卡》
4. 《订单产前准备计划表》
5. 《烘料记录表》
6. 《注塑工艺记录表》
7. 《生产作业计划》
8. 《周生产完成进度表》
9. 《注塑车间生产状态一览表》
10. 《生产日报》
11. 作业指导书
12. 工艺卡
13. 检验指导书
14. 特殊岗位确认记录
15. 防错措施及记录
16. 关键岗位培训记录
17. 重要工序设备验证记录
18. 人员资格确认
————————————
非预期输出风险：产品生产和服务不能有效完成

**如何去做？准则/方法/技术**
1. 产品生产和服务提供管理流程
2. 产品包装作业指导书
3. 工艺卡
4. 进货检验指导书
5. 过程检验指导书
6. 成品检验指导书
7. 防错管理规定
8. 作业准备验证管理规定
9. 工艺纪律管理规定
10. 生产计划管理流程

**绩效指标？测量/监视/评估**
1. 生产计划完成率≥99%
2. 产品不良率≤0.3%
3. 报废率≤0.03%
4. 成品批次合格率≥80%

图8-5 生产和服务提供的控制—过程分析乌龟图

## 表8-45 生产和服务提供的控制管理流程

文件编号：QM/WI41　　版本/改数：A/0　　生效日期：20××年××月××日　　　第×页/共×页

| 过程流程 ||||  内容描述 | 采用表单 |
|---|---|---|---|---|---|
| 业务部 | 生产部 | 车间 | 仓库 | | |
| 顾客订单 | | | 仓库库存 | 1.业务部根据订单与预测在每月25号前将下月的《月销售计划》下达至生产部<br>2.仓库每月底把《仓库盘点报表》交生产部，包括：成品、半成品、原材料、配套件的盘存数量<br>3.生产计划员根据各库存情况和产能情况制作《月生产计划》<br>4.《月生产计划》变更时，及时通知各单位<br>5.《月生产计划》应覆盖所有车间 | 《月销售计划》《仓库盘点报表》《月产计划表》 |
| | 生产计划→生产作业计划 | | | 1.各生产单位车间根据总《月生产计划》进行分解，订制适合自己单位的《周生产作业计划表》<br>2.按照《周生产作业计划表》安排生产任务。对变动情况及时提出，找相关部门解决 | 《周生产作业计划表》 |
| | | 产前准备 | | 1.清理工艺，工装夹具、道具检具是否到位<br>2.清查设备是否完好<br>3.是否具备有资格的人员<br>4.待加工材料或产品是否到位<br>5.当（自制或完全外协采购）产品样品制作和第一次批量生产前事务安排，防止遗漏。应填写《订单产前准备计划表》 | 《订单产前准备计划表》 |
| | | 首件确认 No | | 1.按工艺要求调试工装夹具开始生产<br>2.测量，再次调试工装夹具刀具到第一件合格品为止<br>3.作业初步运行、材料更换、作业更改等必须重新首件生产<br>4.材料烘干在生产前必须进行确认<br>5.生产工艺参数进行确认<br>首件车间主管检验后，交品管员确认填写《首/末件检验记录表》 | 《首/末件检验记录表》 |
| | | 特殊过程确认 Yes | | 当生产和服务提供的过程输出不能由后续的监视或测量加以验证，使问题在产品使用后或服务交付后才显现时，公司应对任何这样的过程实施确认。确认要求如下<br>1) 制定特殊工序操作准则（包括设备认可）<br>2) 对操作员进行上岗培训合格后方可操作<br>3) 生产管理人员对特殊工序进行定期确认并记录 | 《特殊工序验证单》《特殊岗位人员资格认可表》《特殊岗位设施验证单》 |
| | | 正式生产 Ⓐ | | 1.首件合格后进行批量生产<br>2.各工序流转做好转序检验，合格后方能转序<br>3.作业指导书须置于现场，并使操作者易于得到<br>4.生产设备的使用及维护保养按《设备维护保养规定》<br>5.工装的使用及维护保养按《工装模具管理规定》执行<br>6.生产中的不合格品按《不合格输出的控制管理流程》执行<br>7.生产过程中的搬运、贮存、保护、包装按《产品防护管理流程》<br>8.生产过程中的产品标识、检测状态标识和可追溯性按《标识和可追溯性管理流程》执行<br>9.监视和测量装置的配置和使用按《检测设备管理规定》<br>10.现场工作环境执行《"7S"管理规定》，以确保制造现场的清洁有序<br>11.生产过程中出现停电、停水、停气、劳动力短缺、关键设备故障、原材料短缺及顾客退货时，由相关部门执行《应急计划管理规定》 | |

续表

| 过程流程 业务部/生产部/车间/仓库 | 内容描述 | 采用表单 |
|---|---|---|
| (A) → 下道工序 | 1.产品流入下道工序需自检确认<br>2.各车间班组长对生产作业计划完成情况进行跟踪监督，填写《周生产作业计划表》<br>3.计划员对生产计划的完成情况进行跟踪监督，填写《月生产计划表》<br>4.各单位对生产数据进行报告 | 《生产作业计划表》<br>《周生产作业计划表》 |
| 装配包装 | 1.装配车间按照《生产日报表》进行产量统计，包括不良品统计<br>2.班组按照《周生产作业计划表》进行领料<br>3.按照首件生产、正式生产流程实施 | 《生产日报表》 |
| 入库 | 将按客户要求包装好的产品送成品库,按时发货 | 《入库单》 |

表8－46 月销售计划

QR8.5.1－01　　　　　　　　　　　　　　　　　　　　　　　　　　　　No：

| 承办人 | | | | | 计划日期 | | | | | | | |
|---|---|---|---|---|---|---|---|---|---|---|---|---|
| 项次 | 品名 | 料号 | 客户名称 | 备货数量 | | 出货需求 | | | | | | 备注 |
| | | | | | | 第一周 | | 第二周 | | 第三周 | 第四周 | |
| | | | | 计划 | 完成 | 计划 | 完成 | 计划 | 完成 | 计划 | 完成 | 计划 | 完成 | |
| | | | | | | | | | | | | |
| | | | | | | | | | | | | |
| | | | | | | | | | | | | |
| | | | | | | | | | | | | |
| | | | | | | | | | | | | |
| | | | | | | | | | | | | |

核准：　　　　　　　　　　　　　　　日期：

表 8-47 仓库盘点报表

QR8.5.1-02　　　　　　　　　　　　　　　　　　　　　　　　　　　　　　　No:

| 产品名称 | 图号 | 上月结存 | 本月入库 | 本月出库 | 本月账面结存 | 本月盘存数量 | -赢+亏 | 差异分析 |
|---|---|---|---|---|---|---|---|---|
|  |  |  |  |  |  |  |  |  |
|  |  |  |  |  |  |  |  |  |
|  |  |  |  |  |  |  |  |  |
|  |  |  |  |  |  |  |  |  |
|  |  |  |  |  |  |  |  |  |
|  |  |  |  |  |  |  |  |  |
|  |  |  |  |  |  |  |  |  |
|  |  |  |  |  |  |  |  |  |
|  |  |  |  |  |  |  |  |  |
|  |  |  |  |  |  |  |  |  |
|  |  |  |  |  |  |  |  |  |
|  |  |  |  |  |  |  |  |  |
|  |  |  |  |  |  |  |  |  |

| 产品名称 | 图号 | 上月结存 | 本月入库 | 本月出库 | 本月账面结存 | 本月盘存数量 | -赢+亏 | 差异分析 |
|---|---|---|---|---|---|---|---|---|
|  |  |  |  |  |  |  |  |  |
|  |  |  |  |  |  |  |  |  |
|  |  |  |  |  |  |  |  |  |
|  |  |  |  |  |  |  |  |  |
|  |  |  |  |  |  |  |  |  |
|  |  |  |  |  |  |  |  |  |
|  |  |  |  |  |  |  |  |  |

仓库管理员：　　　　　　　　　　　　　　　　　日期：

表 8-48　月生产计划

QR8.5.1-03　　　　　　　　　　　　　　　　　　　　　　　　　　　　No：

| 序号 | 产品名称 | 产品图号 | 本月生产计划数 | 第一周进度% | 第二周进度% | 第三周进度% | 第四周进度% | 本月入库数量 | 计划完成率% | 进度失控的原因分析 | 措施 | 备注 |
|---|---|---|---|---|---|---|---|---|---|---|---|---|
| | | | | | | | | | | | | |
| | | | | | | | | | | | | |
| | | | | | | | | | | | | |
| | | | | | | | | | | | | |
| | | | | | | | | | | | | |
| | | | | | | | | | | | | |
| | | | | | | | | | | | | |
| | | | | | | | | | | | | |
| | | | | | | | | | | | | |
| | | | | | | | | | | | | |
| | | | | | | | | | | | | |
| | | | | | | | | | | | | |
| | | | | | | | | | | | | |
| | | | | | | | | | | | | |
| | | | | | | | | | | | | |
| | | | | | | | | | | | | |

| 制订/日期 | | 审核/日期 | | 批准/日期 | |
|---|---|---|---|---|---|

### 表 8-49 周生产作业计划表

QR8.5.1-04　　　　　　　　　　　　　　　　　　　　　　　　　　　No：

| 序号 | 产品名称 | 周合计 || 一 || 二 || 三 || 四 || 五 || 六 || 日 || 备注 |
|---|---|---|---|---|---|---|---|---|---|---|---|---|---|---|---|---|---|
| | | 计划 | 实绩 | 计划 | 实绩 | 计划 | 实绩 | 计划 | 实绩 | 计划 | 实绩 | 计划 | 实绩 | 计划 | 实绩 | 计划 | 实绩 | |
| 1 | | | | | | | | | | | | | | | | | | |
| 2 | | | | | | | | | | | | | | | | | | |
| 3 | | | | | | | | | | | | | | | | | | |
| 4 | | | | | | | | | | | | | | | | | | |
| 5 | | | | | | | | | | | | | | | | | | |
| 6 | | | | | | | | | | | | | | | | | | |
| 7 | | | | | | | | | | | | | | | | | | |
| 8 | | | | | | | | | | | | | | | | | | |
| 9 | | | | | | | | | | | | | | | | | | |
| 10 | | | | | | | | | | | | | | | | | | |
| 11 | | | | | | | | | | | | | | | | | | |
| 12 | | | | | | | | | | | | | | | | | | |
| 13 | | | | | | | | | | | | | | | | | | |
| 14 | | | | | | | | | | | | | | | | | | |
| 15 | | | | | | | | | | | | | | | | | | |
| 16 | | | | | | | | | | | | | | | | | | |
| 总计 | | | | | | | | | | | | | | | | | | |
| 计划产品耗用时间（H） | | | | | | | | | | | | | | | | | | |

___月___周　　　　　　　　　　日期：___日 ~ ___日

注：修边计划随安装与注塑计划更改而更改。"红字"更改计划。

制表/日期：　　　　　　审批/日期：

表 8-50 订单产前准备计划表

QR8.5.1-05　　　　　　　　　　　　　　　　　　　　　　　　　　　　　　　No：

| 准备内容＼具体安排 | 责任人 | 计划完成时间 | 实际完成时间 | 执行追踪 | 备注 |
|---|---|---|---|---|---|
| 原、辅材料采购 | | | | | |
| 毛坯采购 | | | | | |
| 人员 | | | | | |
| 设备 | | | | | |
| 辅料 | | | | | |
| 工序作业指导书 | | | | | |
| 工艺文件 | | | | | |
| 检验作业指导书 | | | | | |
| 工装、模具清单 | | | | | |
| 检具清单 | | | | | |
| 工装、模具制作 | | | | | |
| 工装、模具验证 | | | | | |
| 检具制作 | | | | | |
| 检具验证 | | | | | |
| 工具、检具采购 | | | | | |
| 工具制作 | | | | | |
| 外协件采购 | | | | | |
| 外协检验 | | | | | |
| 入库前抽检 | | | | | |
| 订单号 | | | | 发货日期 | |

注：此表主要用于（自制或完全外协采购）产品样品制作和第一次批量生产前事务安排，防止遗漏

制表/日期：　　　　　　　　　　　　　　审核/日期：

**表 8-51 生产日报表**

QR8.5.1-06　　　　　　　　　　　　　　　　　　　　　　　　　　No：

| 日期 | 产品名称 | 产品编号 | 作业员 | 计划数量 | 实际产量 | 良品数 | 不良数 | 不良率 | 异常状况记录 |
|------|---------|---------|--------|---------|---------|--------|--------|--------|-------------|
|      |         |         |        |         |         |        |        |        |             |
|      |         |         |        |         |         |        |        |        |             |
|      |         |         |        |         |         |        |        |        |             |
|      |         |         |        |         |         |        |        |        |             |
|      |         |         |        |         |         |        |        |        |             |
|      |         |         |        |         |         |        |        |        |             |
|      |         |         |        |         |         |        |        |        |             |
|      |         |         |        |         |         |        |        |        |             |
|      |         |         |        |         |         |        |        |        |             |
|      |         |         |        |         |         |        |        |        |             |
|      |         |         |        |         |         |        |        |        |             |
|      |         |         |        |         |         |        |        |        |             |
|      |         |         |        |         |         |        |        |        |             |
|      |         |         |        |         |         |        |        |        |             |
|      |         |         |        |         |         |        |        |        |             |
|      |         |         |        |         |         |        |        |        |             |
|      |         |         |        |         |         |        |        |        |             |
|      |         |         |        |         |         |        |        |        |             |
|      |         |         |        |         |         |        |        |        |             |
|      |         |         |        |         |         |        |        |        |             |

班长：　　　　　　　　车间主任：

表 8-52 首/末件检验记录表

QR8.5.1-07　　　　　　　　　　　　　　　　　　　　　　　　　　　　　　No：

| 工序名称 | | 零件名称 | | | 零件编号 | | |
|---|---|---|---|---|---|---|---|
| 操作工 | | 日期 | | | 检验员 | | |
| 检验项目 | 检验标准 | 首件记录 时间：_____ ||| 末件记录 时间：_____ |||
| ^ | ^ | 第一件 | 第二件 | 第三件 | 第一件 | 第二件 | 第三件 |
| | | | | | | | |
| | | | | | | | |
| | | | | | | | |
| | | | | | | | |
| | | | | | | | |
| | | | | | | | |
| | | | | | | | |
| 首/末件判定 | | | | | | | |

## 表8-53 特殊工序验证单

QR8.5.1-08　　　　　　　　　　　　　　　　　　　　　　　　　　No：

| 工序名称 | | 设备名称 | |
|---|---|---|---|
| 操作员工 | | 验证日期 | |
| 工艺参数确认 | 要求控制范围 | 实际控制范围 | 有效性 |
| | | | |
| | | | |
| | | | |
| | | | |
| | | | |
| | | | |
| | | | |
| | | | |
| | | | |
| | | | |
| 设备状态 | |
| 操作员工合格上岗 | |
| 产品检测 | |
| 验证人员 | |

表8-54 特殊岗位人员资格认可表

QR8.5.1-09　　　　　　　　　　　　　　　　　　　　　　　　　　No：

| 岗位名称 | | 操作员工 | |
|---|---|---|---|

考核内容：

1. 类似岗位的工作经验一年以上：　　　　　□ 合格　　□ 不合格

2. 上岗培训考核：　　　　　　　　　　　　□ 合格　　□ 不合格

3. 实际工作能力考核：　　　　　　　　　　□ 合格　　□ 不合格

4. 有国家认可的资格证书（必要时）：　　　□ 合格　　□ 不合格

5. 其他项目：＿＿＿＿＿＿＿＿＿＿　　　　□ 合格　　□ 不合格

考核结论：

　　□合格上岗
　　□不合格，重新培训后再考核
　　□不合格，调换岗位

　　　　　　　　　签名：　　　　日期：　　　年　　月　　日

## 第8章 运 行

**表 8-55 特殊岗位设施验证单**

QR8.5.1-10　　　　　　　　　　　　　　　　　　　　　　　　　　　　　　　　No.

| 设施名称 | | 设备编号 | |
|---|---|---|---|
| 型号（规格） | | 进厂日期 | |
| 生产厂家 | | 使用部门 | |
| 验证过程 ||||
| 序号 | 验证项目 | 验证内容 | 验证记录 | 验证结果 |
| 1 | | | | |
| 2 | | | | |
| 3 | | | | |
| 4 | | | | |
| 5 | | | | |
| 6 | | | | |
| 7 | | | | |
| 8 | | | | |
| 9 | | | | |
| 10 | | | | |
| 设施验证结论： ||||

验证人员：　　　　　日期：　　　年　月　日

### 表8-56 生产计划管理流程

文件编号：QM/WI42　　版本/改数：A/0　　生效日期：20××年××月××日　　第×页/共×页

| 过程流程 ||||  内容描述 | 采用表单 |
|---|---|---|---|---|---|
| 业务部 | 质检部 | 生产部 | 车间 | | |
| 生产任务 | | | | 业务部与顾客确定形成订单后，编制并下发《生产任务单》到相关部门 | 《生产任务单》 |
| | | 计划编制 | | 1.公司订单类型：<br>1.1已接订单：经本公司与顾客共同签约并已确认的生产订单或合同。<br>1.2正常订单：订单的排入不影响其他订单交期的订单。<br>1.3紧急插单：正常生产情况下，为满足客户要求，订单的排入对其他订单的完成日期造成影响的订单。<br>1.4补单：因生产过程中产品的实际不良率高于生产前产品的预估不良率或因人为因素造成生产入库数量少于订单需求数量，影响交期（含对交期将会影响之部分），而急需补入生产的订单。<br>1.5计划订单：根据市场调查需求情况并结合本公司实际的生产情况，进而有计划地生产一些库存产品而产生的订单。<br>2.PMC根据收到的《生产任务单》及相关资料，结合公司订单类型、交付日期、库存信息、生产状态等，编制《生产计划单》，经生产部主管核准签字后，将其输入在ERP系统中，分发至技术部、业务部、采购部、质检部、各车间、各仓库。 | 《生产计划单》 |
| | | | 生产作业 | 各生产车间根据排定的《生产计划单》，结合本部门的实际状况，检查在生产过程中所需要的工装、机器设备、相关操作指导书、工艺文件，及人员是否正常和到位，安排生产作业。对影响生产作业的，要协调相关部门进行解决 | 《生产计划单》 |
| | | 计划追踪 | | 1.PMC根据《生产计划单》中所排定的产品生产进度的先后顺序，对产品在各车间实际的生产进度进行生产计划追踪<br>2.对按时完成有风险的生产订单，PMC要及时安排和调整，根据原材料的组织情况，适时调整生产计划的进度 | 《生产计划单》 |
| 订单变更 | | | 生产异常 | 1.当生产进度出现异常时，根据对生产进度的判断、对产能的预测，调整计划可以完全满足客户要求的，直接进行生产计划的调整，发放生产车间进行生产<br>2.如果根据生产进度、对产能的预测，调整计划不能完全满足客户要求的，由生产部反馈到业务部，由业务部与客户进行沟通，按照客户协调的交付时间，PMC进行生产计划的调整，发放生产车间进行生产<br>3.如果客户不同意交付时间的变更，按协调的结果和客户的具体要求进行处理<br>4.当顾客对订单有紧急需求时，业务部应依据顾客要求通知PMC，根据顾客对订单紧急需求的状况，结合公司实际的生产能力，将其下发至生产车间，各生产车间依据部门的生产能力安排生产 | |
| | | | 异常处理 | | |

表 8-57 生产任务单

QR8.5.1-11　　　　　　　　　　　　　　　　　　　　　　　　　　　　No：

| 序号 | 订单号 | 产品名称 | 产品型号/编号 | 数量 | 下单日期 | 交货日期 | 特殊要求 |
|------|--------|----------|---------------|------|----------|----------|----------|
|      |        |          |               |      |          |          |          |
|      |        |          |               |      |          |          |          |
|      |        |          |               |      |          |          |          |
|      |        |          |               |      |          |          |          |
|      |        |          |               |      |          |          |          |
|      |        |          |               |      |          |          |          |
|      |        |          |               |      |          |          |          |
|      |        |          |               |      |          |          |          |
|      |        |          |               |      |          |          |          |
|      |        |          |               |      |          |          |          |
|      |        |          |               |      |          |          |          |
|      |        |          |               |      |          |          |          |
|      |        |          |               |      |          |          |          |
|      |        |          |               |      |          |          |          |
|      |        |          |               |      |          |          |          |
|      |        |          |               |      |          |          |          |
|      |        |          |               |      |          |          |          |
|      |        |          |               |      |          |          |          |

编制/日期：　　　　　　　审核/日期：　　　　　　　批准/日期：

表 8-58 生产计划单

QR8.5.1-12　　　　　　　　　　　　　　　　　　　　No.

车间：_____ 班组：_____　　　　年：_____月：_____

| 序号 | 产品名称 | 型号/编号 | 额定工时 | 生产时间 | 完成时间 | 加工说明 |
|------|----------|-----------|----------|----------|----------|----------|
|      |          |           |          |          |          |          |
|      |          |           |          |          |          |          |
|      |          |           |          |          |          |          |
|      |          |           |          |          |          |          |
|      |          |           |          |          |          |          |
|      |          |           |          |          |          |          |
|      |          |           |          |          |          |          |
|      |          |           |          |          |          |          |
|      |          |           |          |          |          |          |
|      |          |           |          |          |          |          |
|      |          |           |          |          |          |          |
|      |          |           |          |          |          |          |
|      |          |           |          |          |          |          |
|      |          |           |          |          |          |          |
|      |          |           |          |          |          |          |

编制/日期：　　　　　　审核/日期：　　　　　　批准/日期：

## 产品包装作业指导书

| 文件编号：QM/WI43 | 版本/改数：A/0 | 生效日期：20××年××月××日 | 第×页/共×页 |

**1. 目的**

本作业指导书规定了的清洗、防锈、内外包装的技术要求和方法。

**2. 适用范围**

适用于本公司对成品或零件的清洗、防锈、包装的控制。

**3. 职责（略）**

**4. 工作程序**

4.1 公司成品防锈期一般规定为一年，如合同有特别规定的防锈期限，按合同执行。

4.2 成品检验和包装等工序是防锈的重要环节，车间工作场地必须洁净，做到防尘、防湿、防有害气体（$SO_2$、$HCl$、$H_2S$）酸雾污染。

4.3 成品包装

4.3.1 包装材料一般选用无腐蚀性的聚乙烯塑料薄膜、耐油纸、牛皮纸，聚乙烯复合纸或纸盒。

4.4 成品外包装

4.4.1 成品外包装一般采用牛皮纸板箱或瓦楞纸板箱包装，纸箱的材质及物理性能符合采购验收标准。

4.4.2 纸箱内衬垫塑料薄膜后，按产品规定的数量装入箱内，空隙处需要瓦楞纸块、纸屑等干燥无害物填满。

4.4.3 装箱完毕须经检验员检验合格后方可封箱。封箱一般可用透明胶带、牛皮纸胶带等粘封。

4.4.4 封箱后需用尼龙带或编织带在纸箱长、宽垂直两个方向进行捆扎。

4.5 运输包装及储运标志

4.5.1 每一瓦楞纸板箱为一般搬运单元，产品直接发至用户，用于中、小型产品包装、人工装卸的场合。

4.5.2 托盘运输主要用于瓦楞纸箱的集装，其结构形式参见 GB/T 8579-2013《滚动轴承防锈包装》，使用条件是将瓦楞纸板箱堆码在托盘上，按规定的方法捆扎，加以固定形成一个运输单元。应适合用叉车等机械设备装卸。

4.5.3 采用集装单元运输时，其尺寸按 GB/T 8579-2013《滚动轴承防锈包装》规定。

4.5.4 包装件的储运标志按 GB/T 191-2008《包装储运图示标志》，易碎物品包装箱应标志"小心轻放"，瓦楞纸箱应标志"防湿"。

4.5.5 包装件的其他标志

4.5.5.1 一般包装件上应用永久性涂料清晰工整地做如下标志：

a. 产品名称、商标、型号、数量

b. 包装件的外形尺寸（长×宽×高）

c. 包装件编号及尾箱标志

d. 用户或合同规定的标志

4.5.5.2 集装单元运输的包装件在两个不同侧面清楚标识：运号、码头、数量、进仓编号等储运标志。

4.5.6 顾客如有包装特殊要求，应严格按顾客的要求执行。

5. 相关/支持性文件

5.1 生产和服务提供的控制管理流程

6. 质量记录

无

## 进货检验指导书

文件编号：QM/WI44　　版本/改数：A/0　　生效日期：20××年××月××日　　第×页/共×页

1. 目的

确保来料规格、品质及数量符合公司生产和交期的需要，提升供应商、委外加工商的品质及管理水平，使产品品质能切实符合标准、法规、客户的要求。

2. 范围

适用于公司所有采购产品。

3. 职责

3.1 仓库管理员负责购进原物料、零配件、加工品的数量点收及品名型号的确认、入库。

3.2 质检部负责外购物料的检验，检验状态的标识与记录。

3.3 采购部对外购物料质量负责，将来料不合格情况通报给供应商并办理不合格物料的退货。

4. 定义

4.1 致命缺陷（CR）：影响使用者人身安全并造成危险的缺陷，称之为致命缺陷。

4.2 严重缺陷（MA）：影响产品使用功能的缺陷，称之为严重缺陷。

4.3 轻微缺陷（MI）：不影响产品使用功能的缺陷，称之为轻微缺陷。

5. 作业流程

5.1 收料

5.1.1 供应商于规定交货日期时，应附上"送货单"，由仓库管理员根据订单核对品名、规格、数量等，确认无误后在送货单上签名。

5.1.2 仓库管理员依据核对无误后的订单核对品名规格、数量及相关要求。

5.1.3 仓库将来料运至材料待检区，并贴上待检标签标识，并通知检验员进货检验。

5.2 执行验收

5.2.1 检验员接到通知后，应到材料待验区抽取原物料，并根据仓管员提供的品名、规格、型号查点实物是否相符。根据抽样标准进行检验。

5.2.2 检验员将检验结果（合格、不合格、让步接收、退货）记录于《进货检验记录》上，若检验结果判定合格，由仓库管理员开具《材料入库单》，经检验员再次确认，物料方可入库。

5.2.3 若因本公司检验仪器、设备不能检测来料，或需进行破坏性试验时，采购应联络厂商送料时附产品合格证明文件或出货检验报告。检验员确认后于产品上贴《物料标签》，并追踪品质至生产结束为止。

5.3 进货品质状况的识别与处理

5.3.1 若该批进货判定允许接收，由检验员在包装上贴合格标志的《物料标签》后，入库处理。

5.3.2 若物料急需上线生产，检验员来不及检验时，生产部提出紧急需要申请，经总经理批准后，检验员人员在该批物料适当位置贴上《紧急放行》标签并记录，一旦发现不符合规定时，生产部立即追回和更换，检验员在能追回的情况下尽快按检验计划再检验。

5.3.3 若该批产品判定为不合格时，执行《不合格输出管理流程》，进行标识处理，若需供应商改善，需写《不合格和纠正措施单》，进行跟踪验证。

5.3.4 标有待检标签的物料为待检品，未经检验不得使用。

5.3.5 未经确定或可疑状态的产品和废旧产品按不合格品进行处理。

5.3.6 所有物料没有标识时，当作检验标签由检验员进行填写。

5.4 检验依据

本公司的采购产品的检验依据供应商提供的质保单、检验报告以及本公司的工艺文件、采购计划、图纸、《物料检验标准》、"样品"等逐一进行核对检验或验证。

5.4.1 抽样方案及判定规则

顾客有特殊要求的，按客户要求进行，客户无特殊要求时应以GB2828.1－2003正常抽样水平Ⅱ级进行抽样，以AQL值为：CR＝0、MA＝1.0、MI＝2.5进行判定。

5.4.2 当进货产品须通过破坏性试验进行检测时，只选取1~2个样品检验（或依照客户的要求数量）并判定，测试结果不合格时需填写《不合格和纠正措施单》，反馈给外供方处理，进行跟踪验证

6. 物料检验标准：

表8－59 物料检验标准

| 产品名称 | 检验项目 | 检验要求 | 缺陷等级 | 检验方法 | AQL |
|---|---|---|---|---|---|
| 不锈钢板 | 外观 | 表面没有跷边 | MI | 目测 | 2.5 |
| | 尺寸 | 长55.5±0.1 mm，宽32.5±0.1 mm，厚0.3±0.02 mm | MA | 游标卡尺 | 1.0 |
| | 化学成分 | 符合GB/T 3280－2007要求，供方提供《材质报告》 | MA | 每批提供一次 | 0 |
| | 化学成分定期复验 | 符合GB/T 3280－2007要求，送第三方实验室检验，取得合格检测报告 | MA | 每年送检一次 | 0 |
| 橡胶圈 | 外观 | 表面无裂痕、结疤、变形等缺陷；实际安装在产品上拧紧，反复五次，不得开裂 | MI | 目测 | 2.5 |
| | 尺寸 | 见图纸 | MA | 游标卡尺 | 1.0 |
| | 耐燃气性能 | 符合GB/T 16411－2008，送第三方实验室检验，取得合格检测报告 | MI | 目测 | 2.5 |
| 螺丝 | 外观 | 表面无裂痕、结疤、变形等缺陷 | MI | 目测 | 2.5 |
| | 尺寸 | 见图纸 | MA | 游标卡尺 | 1.0 |
| 螺帽 | 外观 | 表面不允许有裂痕、结疤、撞碰伤痕迹 | MI | 目测 | 2.5 |
| | 尺寸 | 螺纹用螺纹塞规检测，旋转通顺；内径按图纸要求 | MA | 螺纹塞规 | 1.0 |

续表

| 产品名称 | 检验项目 | 检验要求 | 缺陷等级 | 检验方法 | AQL |
|---|---|---|---|---|---|
| 塑料粒子 | 外观 | 包装完好，无破损。产品名称、型号符合采购要求 | MI | 目测 | 2.5 |
| 塑料粒子 | 性能 | 由供方提供检验报告 | MA | 游标卡尺 | 1.0 |
| 外协电镀件 | 外观 | 在 $10 \times 10 \text{ cm}^2$ 的范围内，表面不应有超过 0.75 mm 的颗粒<br>镀层均匀，镀层表面光亮，无划痕、无桔皮状的流挂、无碎裂和脱落 | MI | 目测 | 2.5 |
| 外协电镀件 | 性能试验 | 电镀锌 NSS 方法，试验时间 24 小时外观评级 A<br>电镀铬 CASS 方法，试验时间 24 小时外观评级 A | MA | 每年送检一次 | 0 |

7. 相关文件

7.1 《不合格品控制程序》

8. 相关记录

8.1 《进货检验记录》

表 8-60 进货检验记录

QR8.5.1-13　　　　　　　　　　　　　　　　　　　　　　　　　　　　　　No：

| 产品名称 | | | 型号规格 | |
|---|---|---|---|---|
| 进货数量 | | | 抽检数量 | |
| 供方名称 | | | 进货日期 | |
| 检验项目 | 技术质量要求 | | 检验结果 | 结论 |
| | | | | |
| | | | | |
| | | | | |
| | | | | |
| | | | | |
| | | | | |
| | | | | |
| | | | | |
| | | | | |
| 检验结论 | □合格<br>□不合格 | | | |
| | | | 检验员/日期： | |
| 不合格品记录 | | | | |
| | | | 签名/日期： | |
| 不合格品处置 | | | | |
| | | | 签名/日期： | |

## 过程检验指导书

文件编号：QM/WI45　　版本/改数：A/0　　生效日期：20××年××月××日　　第×页/共×页

1. 目的

对产品形成的过程进行检验和试验，实施有效控制，使其处于受控状态，以确保产品符合规定要求，防止不合格品流入下道过程。

2. 适用范围

适用于产品形成各过程的检验和试验。

3. 职责

3.1 技术部编制过程检验作业指导书，对检验点的设置、检查范围、检验方法、检验频次、外观、性能、尺寸等检验依据做出明确规定。

3.2 生产车间操作工负责首检、自检、互检及完工后的报检。

3.3 质检部负责首检检查的确认、半成品的巡检、抽检、全检。

4. 术语

4.1 首检：指对工作开始时、原料更换、设备及工装调整、工艺参数（条件）更换之后的首件产品（或几件产品）的检查，公司规定检验5件，通过首件检查可以对设备及工装、工艺参数的设定状态进行验证，预防不合格。

4.2 首检确认：检验人员对作业员已经检查完毕的首件产品再次进行检查，并将检查的结果进行对比。只有在检验人员对首件产品的检查结果确认无误，并在过程检验记录上署名后，该过程才能转入批量生产。

4.3 自检：由操作工进行100%的外观检验，与首样对比，不合格的产品标识隔离放置，按不合格品处理。

4.4 互检：下道工序对上道工序输出产品的质量特性进行验证，以保持本工序输入稳定，互检并不能免除或减轻本过程作业人员的质量责任。

4.5 巡检：由检验员每2小时进行一次巡回检验，每次抽查10件。检验合格继续生产，不合格的产品标识隔离放置，按不合格品处理。应填写检验记录。

4.6 抽检：检验员对现场加工的每批产品进行抽样检查，每次抽查10件及以上，能满足检验样品要求。

4.7 全检：检验员对检验项目、产品全数检验。

4.8 末检：对最后加工的几件产品进行检查，每次抽查5件，通过与首件进行对比，确认该批次产品质量的合格。

5. 操作规范

5.1 首件检验、首检确认和自检

5.1.1 操作工每天生产的首件产品,由生产车间检验员取样5PCS进行检验。依照本检验标准要求进行检验,合格首件需放于或挂于生产现场,生产车间见到合格首件时即可生产。若不合格则重新调试设备或改善作业方法,重新制作首件,并通知检验员进行首检确认,经首检确认、验证合格后方可生产,发现不合格时,由检验员填写《不合格品评审表》予以处理。

5.1.2 每日开始生产时或更换产品、调试设备后、工艺参数调整后,也需按5.1.1 检验规范作业。

5.1.3 在生产过程中,操作员依据检验指导书或产品工艺文件,对产品进行自检和互检,确认符合规格要求方可放行至下一站,若有不合格则通知检验员进行验证,并由检验员负责张贴隔离标识。

5.2 互检

5.2.1 在生产过程中,操作工依据本检验指导书或产品工艺文件对上一道工序所生产的产品检验,确认符合规格要求方可放行至下一站,若有不合格则张贴隔离标识。

5.3 过程巡检

5.3.1 每道工序生产过程中,一般由检验员每2小时对工序巡检一次,每次抽检数量为10PCS。每次检验员巡检时发现不良数1PCS异常立即通知生产整改,检验缺陷参考5.5检查要求或工艺文件对各过程产品进行检验,在检验合格后方允许继续生产,并将结果记录于《过程检验记录》上。

5.3.2 如发现不合格严重时,执行《不合格品输出管理流程》。

5.4 抽检

5.4.1 检验员对需要进行抽检的工序,应由车间操作人员持过程流程卡实施报检,检验员接到报检通知后实施检验,每次抽检数量为10PCS。每次检验员巡检时发现不良数1PCS异常立即通知生产整改,检验缺陷参考"工序检验标准"或工艺文件对各过程产品进行检验,在检验合格后方可转序,并将结果记录于《过程检验记录》上。做好检验合格标识。

5.5 全检

5.5.1 由检验员对产品检验项目进行全数检验,合格品放置在合格品区或蓝色周转箱内,不合格品放置在不合格品区或红色周转箱内,必要时对不合格品进行分类存放。

5.6 末检

5.6.1 由检验员对完工产品进行检查,每次抽检数量为5PCS,依照本检验标准要求以及与首件进行对比进行检验,确认该批次产品质量的一致性,防止批量不合格转序或入库。

5.7 检验方法

5.7.1 对于产品外观、性能或功能等方面按检验要求进行取样，检查项目具体见"工序检验标准"。

5.7.2 当有些检验项目需进行破坏性试验时，只抽取1个样品进行检测并判定。

5.8 工序检验标准

表8-61　工序检验标准

| 检验工序 | 检验项目 | 质量要求 | 检验方法 | 首检 | 巡检 | 抽检 | 全检 | 末检 |
|---|---|---|---|---|---|---|---|---|
| 钢管毛坯 | 外观 | 表面光亮、清洁，管口内应无明显锈斑和污渍，不应有深度大于壁厚的压痕和深度大于壁厚10%的划伤 | 目测 | √ | √ |  |  | √ |
|  | 尺寸 | 内径12.5~13mm，壁厚不小于0.3mm | 游标卡尺 | √ |  |  |  | √ |
| 热处理后的钢管 | 外观 | 表面光亮、清洁，管口内应无明显锈斑和污渍、发黑，波纹不能拉平，不应有深度大于壁厚的压痕和深度大于壁厚10%的划伤 | 目测 | √ | √ |  |  | √ |
|  | 抗拉性 | 钢管在通入≥6.62MPa压力空气状态下固定一端，另一端安装堵头并与拉力器连接，拉伸负荷为2.6kN时，钢管无裂痕、泄漏，两端接头无脱落和漏气 | 抗拉实验仪 | √ |  |  |  | √ |
|  | 扭曲 | 软管在通入压力为≥6.62MPa的空气状态下固定一端，对另一端施加左右交替扭转90度的操作，扭转10次钢管无裂纹、泄漏、裂痕 | 扭曲实验仪 | √ |  |  |  | √ |
|  | 耐冲击 | 波纹管在通入压力为20kPa的空气状态下，平直放置水泥地面上，将2kg的钢球在距软管1m的高处落下，应无开裂和漏气 | 冲击实验仪 | √ |  |  |  | √ |
|  | 气密性 | 钢管在≥6.12MPa空气压力下水中进行试验，保压1分钟，不允许出现冒泡、泄露现象 | 气密性实验仪 | √ |  |  |  | √ |
| 塑料件 | 外观 | 外观无变形、毛刺、无划痕；颜色与样品一致；修剪部位平整 | 目测 | √ | √ |  |  | √ |
|  | 尺寸 | 塑料件试装后，配合良好。符合图纸要求 | 游标卡尺 | √ | √ |  |  | √ |
| 压铸件 | 外观 | 外表无砂眼、缺肉、粘模、粘涂料、顶杆痕大、毛刺、飞边、划伤、变形、色污、锈蚀、料头等 | 目测 | √ |  |  | √ | √ |
|  | 尺寸 | 符合图纸要求 | 游标卡尺 | √ |  |  |  | √ |
|  | 气密性 | 在17MPa压力的空气下进行试验，保压1分钟，不应有漏气现象 | 气密性实验仪 | √ |  |  | √ |  |
|  | 金相 | 共晶硅呈点状和颗粒状，铝与共晶硅溶合分布成筛网状且均匀、变质优 | 金相显微镜 | √ |  | √ |  |  |

6. 相关文件

6.1《不合格品输出管理流程》

7 相关记录

7.1《首件检验记录表》

7.2《过程巡检记录表》

7.3《不合格品评审表》

7.4《末件检验记录表》

表8-62 过程检验记录

QR8.5.1-14　　　　　　　　　　　　　　　　　　　　　　　　　　　　　No.

| 产品名称 | | 产品图号 | | 生产总数 | |
|---|---|---|---|---|---|
| 产品型号 | | 生产车间 | | 操作人员 | |
| 产品批号 | | 工序名称 | | 生产日期 | |

| 时间 | 检验方式 | 抽样数量 | 检验记录 ||||
|---|---|---|---|---|---|---|
| | | | 检验项目 | 技术质量要求 | 结论 | 不合格记录 |
| | | | | | | |
| | | | | | | |
| | | | | | | |
| | | | | | | |
| | | | | | | |
| | | | | | | |
| | | | | | | |
| | | | | | | |
| | | | | | | |
| | | | | | | |
| | | | | | | |
| | | | | | | |
| | | | | | | |
| | | | | | | |
| | | | | | | |
| | | | | | | |

检验员：　　　　　　　　　　　　　　　　　　　　　　　审核：

## 成品检验指导书

文件编号：QM/WI46　版本/改数：A/0　生效日期：20××年××月××日　　第×页/共×页

1. 目的

确保成品品质达到标准、法规、客户在合约中所定要求，从而使客人满意，以此获得客户的信赖。

2. 范围

适用于本公司生产的钢管成品的检验。

3. 职责

3.1 质检部负责提供相关标准、检验要求及检验的设置。

3.2 生产车间操作工负责进行自检、完工后的报检及不合格成品的返工和返修的处理。

3.3 质检部检验员负责成品发货前的专检工作（抽检）及判定记录、返修后的品质确认等。

4. 定义

4.1 致命缺陷（CR）：影响使用者人身安全并造成危险的缺陷，称之为致命缺陷。

4.2 严重缺陷（MA）：影响产品使用功能的缺陷，称之为严重缺陷。

4.3 轻微缺陷（MI）：不影响产品使用功能的缺陷，称之为轻微缺陷。

5. 抽样检验

抽样时，顾客有特殊要求的，按客户要求进行。在客户无要求时，应按 GB/T 2828.1-2003 正常抽样水平 II 级，以 AQL 值为：CR=0、MA=0.4、MI=1.0 进行判定。

6. 作业流程

抽检通知：生产部门以每一批次成品为一批量，将产品摆放于"待检区"，并在纸箱外部贴上产品标识卡，交于品质部检验进行检验。

6.1 检验员依据客户的要求、《成品检验标准》要求进行检验判定。

6.2 借助量测仪器及治具，对各类成品的不同检验项目进行检查。

6.3 检验员将检验结果记录于《成品检验记录》单上。

6.4 对于检验员无法判定及检测设备不足无法进行检验时，应向部门主管报告，主管上报总经理，由总经理召集生产部、品质部进行会同检验。

7. 检验状况之判定处理

7.1 检验员每验完一批成品，若有不合格品，需通知生产部负责人确认此不良情形，以便在后续生产中加以改善。

7.2 若判定为允收批，由检验员在《成品检验记录》上进行判定，签名后入库或出货。

7.3 若判定不合格批，按《不合格品输出管理流程》进行处理，品质部对不合格品的具体处理如下：

7.3.1 产品缺陷经客户同意让步接收后，贴"让步放行"标签，且产品视为合格品。

7.3.2 判定返工，由生产部对其批量进行全数返工，并返修不良品。返工时由品质部检验员负责做返工品质的检验，并重新填写《成品检验记录》，生产部负责做返修记录。

8. 成品检验标准

表 8-63  成品检验标准

| 检验项目 | 质量标准要求 | 缺陷等级 | 检验方法 | 抽样方案 |
|---|---|---|---|---|
| 外观 | 表面光亮、清洁，管口内应无明显锈斑和污渍、发黑，波纹不能拉平，不应有深度大于壁厚的压痕和深度大于壁厚10%的划伤 | MI | 目测 | IL-II AQL=1.0 |
| 尺寸 | 壁厚≥0.3mm，钢管的长度及螺纹形式、尺寸、符合图纸规格书 | MA | 游标卡尺 | IL-II AQL=0.4 |
| 抗拉性 | 钢管在通入≥6.62MPa压力空气状态下固定一端，另一端安装堵头并与拉力器连接，拉伸负荷为2.6kN时，钢管无裂痕、泄漏，两端接头无脱落和漏气 | MA | 抗拉实验仪 | n=3 c=0 |
| 扭曲 | 软管在通入压力为≥6.62MPa的空气状态下固定一端，对另一端施加左右交替扭转90度的操作，扭转10次钢管无裂纹、泄漏、裂痕 | MA | 扭曲实验仪 | n=3 c=0 |
| 耐冲击 | 波纹管在通入压力为20kPa的空气状态下，平直放置水泥地面上，将2kg的钢球在距软管1m的高处落下，应无开裂和漏气 | MA | 冲击实验仪 | n=3 c=0 |
| 气密性 | 钢管在≥6.12MPa空气压力下水中进行试验，保压1分钟，不允许出现冒泡、泄露现象 | MA | 气密性实验仪 | n=3 c=0 |
| 包装 | 外包装纸箱上应标明制造厂名、产品名称、商标、产品批号、产品型号、制造日期、产品标准号、认证标志 | MI | 目测 | IL-II AQL=1.0 |

9. 相关文件

《不合格品输出管理流程》

10. 相关记录

10.1 《成品检验记录》

10.2 《不合格品评审表》

## 表8-64 成品检验记录

QR8.5.1-15　　　　　　　　　　　　　　　　　　　　　　　　　　　　No.

| 产品名称 | | 产品型号 | | 交检日期 | |
|---|---|---|---|---|---|
| 产品批号 | | 客户名称 | | 交检数量 | |

| 序号 | 检验项目 | 技术要求 | 抽样样本 | 检验记录 | 检验结果 |
|---|---|---|---|---|---|
| | | | | | |
| | | | | | |
| | | | | | |
| | | | | | |
| | | | | | |
| | | | | | |
| | | | | | |
| | | | | | |
| | | | | | |
| | | | | | |
| | | | | | |
| | | | | | |
| | | | | | |
| | | | | | |
| | | | | | |
| | | | | | |

| 检验总结论 | | 检验员 | | 审核 | |
|---|---|---|---|---|---|

## 防错管理规定

文件编号：QM/WI47　版本/改数：A/0　生效日期：20××年××月××日　　第×页/共×页

### 1. 目的

建立防错管理办法，以避免工作发生错误，达到预防因疏忽所造成的不良后果，进而达到"第一次就把工作做对"之境界。

### 2. 适用范围

凡公司的制程及与制程相关的设备、设施、模治具及其所有原材料，半成品及成品的处理过程均适用。

### 3. 防错法意义

3.1 防错法：是为防止不合格品的制造而进行的产品和制造过程的设计和开发；是一种在作业过程中采用自动作用、报警、标识、分类等手段，使作业人员不特别注意也不会失误的方法。

3.2 狭义：如何设计一个东西，使错误绝不会发生。

3.3 广义：如何设计一个东西，而使错误发生的机会减至最低的程度。

3.4 因此，更具体地说"防错法"是：

3.4.1 具有即使有人为疏忽也不会发生错误的构造——不需要注意力。

3.4.2 具有外行人来做也不会错的构造——不需要经验与直觉。

3.4.3 具有不管是谁或在何时工作都不会出差错的构造——不需要专门知识与高度的技能。

### 4. 职责

4.1 生产部

4.1.1 评估并在必要的制程中安装防错设施，必要时针对设备、设施、模治具提出防错方案，并协同相关部门完成。

4.1.2 负责对原材料、半成品、成品的防错措施的提出与实施，并在实际作业中持续改善。

4.1.3 针对半成品及成品的多发异常或重大不良进行检讨，会同相关部门提出预防措施。

4.2 技术部

4.2.1 针对制程相关的设备、设施、模治具等防错功能做出改善，并针对相关部门提出防错方案，从技术能力方面做出评估并完成改进或制作作业。

4.3 质检部

4.3.1 负责对原材料、半成品、成品之防错措施和功能状况进行检查、监测。

4.3.2 负责对制程中设备、设施、模治具之防错装置进行有效性确认工作,并收集相关数据,会同相关部门提出改善措施。

5. 内容及要求

5.1 一般制程须采取防错措施:

5.1.1 作业指导书或者机器操作说明书上若规定须安装防错装置的,则必须配置相应的防错装置,以预防未通过前一工序作业,而流入下一工序造成不良后果。

5.1.2 生产线所有暂时存放的物料皆须有明确标示。

5.1.3 制程中凡有物料投入的工序,须标示所用物料之相关内容,以防错用或误用原料。

5.2 重要制程须加有防错装置:

5.2.1 特性测试工序需配置防错装置(内容包括:测试时间/次数等的设定),且须注明测试条件、规格等相关内容,以确保不会或因为疏忽而导致漏侧、误测等不良问题。

5.2.2 可采用声音作为提示的方法(或其他更适合有效的方法),让作业者知道被测产品是否合格,从而减少由于作业者因目视判断及环境的影响而造成的误判。

5.3 生产线更换生产产品时,应以标示牌提醒相关人员,予以注意提供支持。

5.4 设备处于保养、故障修复,换料等状态时,需挂有对应标示牌,以示警告。

5.5 可采用有色灯警示所出现的故障,以便使相关人员及时发现并对应处理,达到减少不良的发生及时间上不必要的浪费。

5.6 原材料、半成品及成品防错作业细则:

5.6.1 仓库材料处理:

5.6.1.1 原材料按类别分区标识放置。

5.6.1.2 相似不易区分的材料不能放置在相邻位置,以免混用。

5.6.1.3 危险品类隔离放置,并设专人保管且有相关内容警告标示。

5.6.1.4 判退的材料标示,隔离摆放。

5.6.2 生产线物料处理:

A 换线时清点,清理前一个产品所用之物料,并将所剩之物料置放于规定区域。

B 待上线之物料需放置于指定区域,并做明确标示。

C 工序与工序间半成品转移须依据实际作业需求,附有相应的标示。

5.6.3 报废品、重工品、修理品分别以不同标示加以区分。

5.6.4 退货品须隔离、标识放置：

5.7 技术部应对制程进行不断改进，以逐步提高设备之自动化程度，达到减少人为因素/设备因素所造成的不良。

5.8 防错装置的维护/保养：

5.8.1 制程设备中所安装/配置的防错设施维护、保养作业，依照《设备维护保养规定》《工装模具管理规定》执行。

5.8.2 仪器、量具之校正、维护保养，依《检测设备管理规定》《检测设备自校规定》执行。

6. 相关文件

6.1 《设备维护保养规定》

6.2 《工装模具管理规定》

6.3 《检测设备管理规定》

6.4 《检测设备自校规定》

7. 相关记录

《防错记录表》

表 8-65　防错记录表

QR8.5.1-16　　　　　　　　　　　　　　　　　　　　　　　　　　　　No：

| 车间 |  | 工序 |  |
|---|---|---|---|
| 检查途径 |  | 检查方法 |  |
| 问题描述 | 制表/日期： |||
| 解决方案 | 制表/日期： |||
| 实施前 || 实施后 ||
|  |||||

审核：　　　　　　　　　　　　　　　　　　　　日期：

## 作业准备验证管理规定

文件编号：QM/WI48　　版本/改数：A/0　　生效日期：20××年××月××日　　第×页/共×页

1. 目的

进行必要的作业准备验证以确保生产过程的稳定。

2. 适用范围

适用于生产过程对作业的初步运行、在运行间停顿过长的作业准备验证的有效控制。

3. 职责

3.1 过程作业人员负责作业准备的验证工作。

3.2 过程管理者和检验人员提供必要的支持。

4. 工作程序

4.1 下述情况下必须进行作业准备的验证：

4.1.1 作业的初步运行。

4.1.2 材料的改变。

4.1.3 作业的改变。

4.1.4 过程运行停顿三个月以上重新运行。

4.2 作业准备验证的内容：

4.2.1 产品生产作业标准是否为现行有效版本，并与生产产品相符。

4.2.2 确认领取原料是产品内容相一致的原料，然后组织产品生产。

4.2.3 对操作人员的资格进行确认。

4.2.4 操作设备是否安全。

4.2.5 操作设备是否能保证产品质量。

4.2.6 将首件产品与末件产品的记录进行比较分析。

4.3 生产前由生产部按生产计划合理安排人员组织生产，各班组负责作业准备验证，并记录于《作业准备验证表》中，只有全部项目达到要求后才能进行正常生产。

5. 相关文件

《生产和服务提供管理流程》

6. 质量记录

《作业准备验证表》

## 表 8-66 作业准备验证表

QR8.5.1-17　　　　　　　　　　　　　　　　　　　　　　　No：

| 生产车间 | | 生产班组 | |
|---|---|---|---|
| 产品名称 | | 产品型号 | |
| 生产机器 | | 生产日期 | |

| 序号 | 作业准备验证内容 | 验证结果记录 | 验证结论 |
|---|---|---|---|
| 1 | 相关作业文件是否完整，与加工产品一致 | | |
| 2 | 设备、模具是否正常 | | |
| 3 | 是否需要换模，是否完成 | | |
| 4 | 量检具是否按要求准备 | | |
| 5 | 是否接到制造指令 | | |
| 6 | 生产材料及配件是否准备 | | |
| 7 | 作业员是否清楚产品要求 | | |
| 8 | 相关记录表单是否准备 | | |
| 9 | 首件检查是否合格 | | |

| 验证说明 | | 具备条件上线 | □是 □否 |
|---|---|---|---|
| | | 验证时机 | □调试初运行 □材料变更 □工艺更改 □作业方式变化 □停机3个月再运行 |

作业员：　　　　　班组长：　　　　　检验员：

## 工艺纪律管理规定

文件编号：QM/WI49　　版本/改数：A/0　　生效日期：20××年××月××日　　第×页/共×页

1. 目的

为增强公司现场人员的质量意识，提高现场人员对生产工艺、调试规程、检验规程的掌握程度，促使现场人员严格按工艺进行操作，稳定生产，提高产品质量。

2. 范围

本办法适用于公司生产现场工艺纪律检查。

3. 职责

3.1 生产部负责组织工艺纪律检查的实施、考核。

3.2 技术部负责制订、更改、发放工艺文件管理。

3.3 办公室负责文件使用场所确保获得适用文件的有效版本，负责员工的培训、工作考核。

3.4 质检部负责监视和测量设备的管理，为产品符合确定的要求提供证据。

3.5 车间负责严格执行工艺纪律、确保本公司的工艺纪律、工作环境、安全生产，产品质量达到要求，对不符合工艺文件提出更改。

4. 实施办法

4.1 日常工艺纪律检查

4.1.1 技术部工艺员应根据作业指导书及检验规程要求进行日常工艺检查，对生产作业中所发现的问题进行每日统计，按月汇总后上报办公室，由办公室将责任落实到人，进行分析、通报考核并跟踪整改效果。发现严重问题时，及时对发生原因进行调查、落实责任并监督整改，按月上报办公室考核。

4.1.2 生产部调试员在对加工产品进行调试过程中，发现产品存在装配不到位、错漏装、零部件为不合格品或存在缺陷等问题，应将不合格现象、存在问题等及时记录在生产报表中（必须明确责任人），每日统计，按月上报办公室，由办公室对问题进行原因调查并落实责任人。

4.2 专项检查

4.2.1 办公室根据生产实际情况，会同技术部对作业指导书、生产计划有特殊要求的实施情况、生产工艺执行情况、检验规程执行情况进行检查，检查频次为每月不少于1次，检查记录于《工艺纪律检查表》，并对检查结果进行考核。

4.3 工艺纪律检查发现不符合工艺要求的现象，检查人员有权要求立即进行更正，并由质检部判断是否存在质量隐患，根据实际情况决定当批在制品的处理方式。

4.4 各车间负责对质量问题发生原因进行每月至少一次的原因分析，会同相关部门提出纠正措施实施整改，并将纠正措施报办公室，办公室会同质检部对整改效果进行验证，并进行考核。

4.5 质检部负责在月度质量分析会上，通报当月的主要存在的问题及责任部门纠正措施的实施情况及其有效性，并判定下个月质量改进的方向。

5. 工艺纪律检查项目

5.1 作业人员对本工序工艺文件（如：工艺卡、生产作业指导书）熟悉与执行情况，工艺参数监控记录的要求；

5.2 作业人员是对上工序、下工序的作业标准及步骤的熟悉情况；

5.3 生产设施的正确操作，日常维护保养情况；

5.4 监视和测量设备的操作，校准和保养情况；

5.5 仓库物资的出、入库，盘存情况；

5.6 工作环境（清理、清洁、区域、标识等）的管理情况；

5.7 工作场地实施情况；

5.8 从事影响产品质量工作人员的能力；

5.9 其他应当纳入检查范畴的情况。

6. 工艺纪律检查记录的汇总、考核

6.1 针对检查发现的问题，办公室根据实际情况结合公司奖惩条例对相关责任人进行考核，对整改验证发现未整改到位者，加倍考核。

6.2 工艺纪律检查考核情况由办公室每周在质量曝光栏上曝光。

6.3 办公室对《工艺纪律检查表》进行汇总、存档。

7. 记录

《工艺纪律检查表》

**表 8-67 工艺纪律检查表**

QR8.5.1-18　　　　　　　　　　　　　　　　　　　　　　　　　　　　No：

| 受检部门 | | 产品名称 | |
|---|---|---|---|
| 操作者 | | 检查日期 | |
| 项目内容 ||||

| 序号 | 检 查 内 容 | 是 | 否 | 备注 |
|---|---|---|---|---|
| 1 | 工艺文件是否完善，是否受控 | | | |
| 2 | 生产中是否坚持按图样、工艺、规范、标准操作 | | | |
| 3 | 工艺文件的修改是否按程序审批和传递 | | | |
| 4 | 流转卡传递，各种见证资料手续、签字是否齐全、完整 | | | |
| 5 | 产品完工后，各种资料是否整理好、齐全、完整 | | | |
| 6 | 是否首检，首检件有无标志 | | | |
| 7 | 产品检验和试验状态标识是否清晰、放在规定区域内 | | | |
| 8 | 不合格品有无明显标识及隔离措施 | | | |
| 9 | 已加工件是否有防护措施 | | | |
| 10 | 量具、仪表是否超期使用或无鉴定合格标识 | | | |
| 11 | 设备是否做好日常维护和保养，使用工装是否符合规定 | | | |
| 12 | 工位周围是否整洁 | | | |

检查结论：

检查人员（签字）：

　　　　　　　　　　　　　　　　　　　　　　　　　　　　　　　　　日期：

## 8.5.2 标识和可追溯性

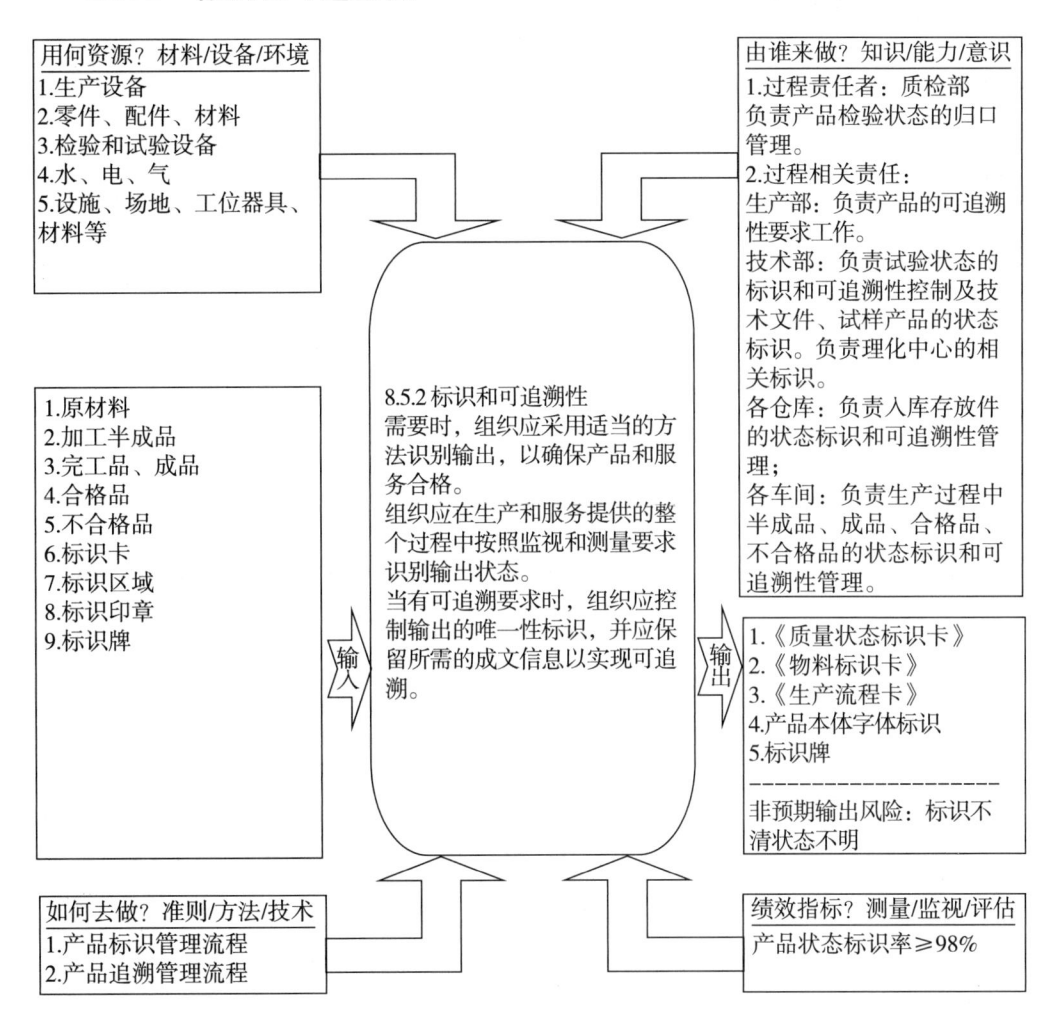

**用何资源？材料/设备/环境**
1. 生产设备
2. 零件、配件、材料
3. 检验和试验设备
4. 水、电、气
5. 设施、场地、工位器具、材料等

**由谁来做？知识/能力/意识**
1. 过程责任者：质检部负责产品检验状态的归口管理。
2. 过程相关责任：
生产部：负责产品的可追溯性要求工作。
技术部：负责试验状态的标识和可追溯性控制及技术文件、试样产品的状态标识。负责理化中心的相关标识。
各仓库：负责入库存放件的状态标识和可追溯性管理；
各车间：负责生产过程中半成品、成品、合格品、不合格品的状态标识和可追溯性管理。

**输入：**
1. 原材料
2. 加工半成品
3. 完工品、成品
4. 合格品
5. 不合格品
6. 标识卡
7. 标识区域
8. 标识印章
9. 标识牌

**8.5.2 标识和可追溯性**
需要时，组织应采用适当的方法识别输出，以确保产品和服务合格。
组织应在生产和服务提供的整个过程中按照监视和测量要求识别输出状态。
当有可追溯要求时，组织应控制输出的唯一性标识，并应保留所需的成文信息以实现可追溯。

**输出：**
1.《质量状态标识卡》
2.《物料标识卡》
3.《生产流程卡》
4. 产品本体字体标识
5. 标识牌
——————————
非预期输出风险：标识不清状态不明

**如何去做？准则/方法/技术**
1. 产品标识管理流程
2. 产品追溯管理流程

**绩效指标？测量/监视/评估**
产品状态标识率≥98%

图 8-6 标识和可追溯性—过程分析乌龟图

表 8-68　产品标识管理流程

文件编号：QM/WI50　版本/改数：A/0　生效日期：20××年××月××日　　第×页/共×页

| 过程流程 | 内 容 描 述 | 采用表单 |
|---|---|---|
| 采购部　生产部　质检部　仓库 | | |
| 进料标识 | 外供方材料到仓库，仓库管理员按照《质量状态标识卡》进行品名、零件号、数量、批次点收，并通知质检部进行质量检验。<br>质检部进货检验员按照《进货检验指导书》规定的内容进行检验。所测量的数据记录在《进货检验报告》，并判定合格与否。其检验结果依下列规定进行标识：<br>1）进料检验合格时，在《质量状态标识卡》盖合格印。<br>2）不合格品：经检验不合格时，在《质量状态标识卡》盖不合格印，放置不合格品区，进行隔离。 | 《物料标识卡》<br>《质量状态标识卡》 |
| 过程标识 | 生产部依销售《月备货通知》排定《生产计划》，下发《生产流程卡》，并依生产计划开立《生产制造单》和《采购申请单》。采购依《采购申请单》查核库存开立《订购单》，仓管人员依《订购单》进行物料验收。生产部依《生产制造单》之批号开立《领料单》，生产完毕依批号填写《生产日报表》，并依生产实际状况增开《入库单》。<br>半成品完工后，按《过程检验指导书》规定的内容进行检验，其检验结果以下列规定进行标示：<br>1）半成品检验合格时，在装有半成品的容器上贴上《质量状态标识卡》内容为：批号、零件名称、零件号、日期、数量、操作者、检验员。检验合格后在《质量状态标识卡》盖合格印。<br>2）半成品不合格时，在《质量状态标识卡》盖不合格印，放置隔离区。 | 《质量状态标识卡》<br>《生产流程卡》 |
| 成品标识 | 成品完工后，按《总成检验指导书》规定的内容进行检验，其检验结果以下列规定进行标示：<br>1）成品合格时，须在外箱上贴上《质量状态标识卡》，并盖合格印。<br>2）成品不合格时，在《质量状态标识卡》上盖不合格印，放置隔离区。 | 《质量状态标识卡》 |
| 出货标识 | 以本公司的成品标签或客户指定的标签进行标示。<br>检验合格时，维持原合格标识状态。<br>检验不合格时，将更换原标签，在新的《质量状态标识卡》上盖不合格印，并依《不合格输出的控制流程》程序处理。 | 《质量状态标识卡》 |
| 产品追溯 | 追溯品的发现<br>1）客户抱怨：记录产品生产批号、生产日期、数量。<br>2）成品不良：根据客户提供的批号和生产日期追溯各零件。<br>3）过程不良：根据各零件上的标签追溯各操作工段、制造日期和数量。<br>4）进料不良：根据各零件的制造日期追溯到原料。<br>5）外供方：根据原料标识卡上的生产日期生产批号进行追溯。 | 《质量状态标识卡》 |

## 质量状态标识卡

零件名称：_____

零件号：_____

批号：_____

产品数：_____

操作者：_____ 日期：_____

检验员：_____ 日期：_____

质量状态：_____

表 8-69　生产流程卡

QR8.5.2-01　　　　　　　　　　　　　　　　　　　　　　　　No：

| 规格： | | | 名称： | | | |
|---|---|---|---|---|---|---|
| 批次： | | | 生产总数： | | | |
| 合格数 | | | 不合格数 | | | |
| 年 月 日 | | 工序 | 收入数量 | 发出合格数 | 不合格数 | 经办人 | 备注 |
| | | | | | | | |
| | | | | | | | |
| | | | | | | | |
| | | | | | | | |
| | | | | | | | |
| | | | | | | | |
| | | | | | | | |
| | | | | | | | |
| | | | | | | | |
| | | | | | | | |
| | | | | | | | |
| | | | | | | | |
| | | | | | | | |
| | | | | | | | |

表8-70 物料标识卡

QR8.5.2-02　　　　　　　　　　　　　　　　　　　　　　　　　　　　No：

| 规格 | | | 名称 | | |
|---|---|---|---|---|---|
| 批次 | | | 装箱数 | | |
| 区域 | | | 供应商 | | |

| 年 | | 摘要 | 收入数量 | 发出数量 | 结存数量 | 经办人 | 备注 |
|---|---|---|---|---|---|---|---|
| 月 | 日 | | | | | | |
| | | | | | | | |
| | | | | | | | |
| | | | | | | | |
| | | | | | | | |
| | | | | | | | |
| | | | | | | | |
| | | | | | | | |
| | | | | | | | |
| | | | | | | | |
| | | | | | | | |
| | | | | | | | |
| | | | | | | | |
| | | | | | | | |
| | | | | | | | |
| | | | | | | | |
| | | | | | | | |
| | | | | | | | |
| | | | | | | | |
| | | | | | | | |
| | | | | | | | |
| | | | | | | | |
| | | | | | | | |
| | | | | | | | |
| | | | | | | | |

## 第8章 运 行

### 表8-71 产品追溯管理流程

文件编号：QM/WI51　　版本/改数：A/0　　生效日期：20××年××月××日　　页码：第×页/共×页

| 过程流程 | 内容描述 | 采用表单 |
|---|---|---|
| 业务部／采购部／生产部／质检部／仓库 | | |
| 采购计划（采购部） | PMC依据销售计划、生产计划，考虑安全库存制订"采购计划"，指导采购 | 采购计划 |
| 生成请购单（采购部） | 采购经理在ERP系统上编制"采购单"，物料批号编制执行"批号管理规定"，由系统自动生成 | 请购单 |
| 生成采购订单（采购部） | 采购员在ERP系统核对"请购单"后，生成"采购订单"，物料批号由系统自动生成 | 采购订单 |
| 材料采购（采购部） | 根据供方业绩，分配采购物资比例给不同供方。发送供方的采购订单，要求供方签字确认回传 | 采购订单 |
| 进货送检（质检部） | 到货材料暂存仓库待检区，采购员依据供方"送货单"在ERP系统录入相关信息生成"进货送检单"系统自动生成批号，通知检验员检验 | 送货单<br>进货送检单 |
| 检验（质检部）No/Yes | 进货检验员检验合格后，在"进货检验单"上填写物料批号，执行"批号管理规定"，填写供方材质报告上的批号；不合格放置不合格品区隔离，在产品原标识上盖红色不合格印，通知采购员处理 | 进货检验单 |
| 打印条码（仓库） | 仓库管理员打印ERP自动生成的物料"条码"，并把"条码"贴在对应产品包装箱指定的位置 | |
| 扫码入库（仓库） | 仓库管理员用扫描枪扫描产品条码和仓库库位，ERP系统自动生成带批号的"入库单"，打印交相关部门，产品存放在指定库位 | 入库单 |

续表

| 过程流程 (业务部/采购部/生产部/质检部/仓库) | 内容描述 | 采用表单 |
|---|---|---|
| 订单通知 | 业务员根据销售计划下达"销售订单"或"备货单" | 销售订单 备货单 |
| 生产指令单 | 生产部依据业务部的"销售订单"或"生产备货单",下达"生产指令单" | 生产指令单 |
| 生产排程 | PMC在ERP系统里录入相关信息进行生产排程,确定产品批号、领用材料批号,打印出"生产工艺流转卡",下发车间 | 生产工艺流转卡 |
| 扫码领料 | PMC在ERP系统里录入相关信息形成"领料单",系统自动带批号,并打印交领料员 | 领料单 |
| 生产作业 | 车间各工序按下发的"生产工艺流转卡"组织进行生产,凭"领料单"到仓库领料,注意同型号不同批次的物料不能混用;加工过程应在"工序作业记录"上填写所用物料批号,在"生产工艺流转卡"填写批号、机台号、数量等相关信息 | 生产工艺流转卡 工序作业记录 |
| 检验 (No/Yes) | 检验员进行巡检过程,把检验信息、批号填写在"巡回检验记录"上。检验合格在"生产工艺流转卡"上签名确认。检验不合格时,产品放置在不合格区或红色框内进行隔离 | 巡回检验记录 |
| 半成品报工 | 半成品完工后,经检验合格的产品,操作人员在ERP系统上扫码报工。把废品放入废品区或红色框内 | |
| 成品报工 | 成品完工后,包装组长在ERP系统里录入信息生成"生产入库单",并打印交检验员验收 | 生产入库单 |
| 检验 (No/Yes) → A | 检验员检验合格后,在ERP系统录入检验信息、批号,生成"生产入库检验记录";不合格通知车间处理 | 生产入库检验记录 |

378

续表

| 过程流程（业务部｜采购部｜生产部｜质检部｜仓库） | 内 容 描 述 | 采用表单 |
|---|---|---|
| （生产部）Ⓐ → 打印条码 | 车间收到产品合格通知，打印产品"条码"，把"条码"贴在产品包装箱指定的位置 | |
| （仓库）扫码入库 | 仓管员用扫描枪扫描产品条码和仓库库位，ERP系统自动生成带批号的"入库单"，打印交相关部门，产品放在指定库位 | 入库单 |
| （业务部）发货通知 | 业务部根据订单要求，在ERP系统开具成品的"送货单"，通知仓库发货 | 送货单 |
| （仓库）扫码出库 | 仓库管理员用扫描枪扫描"送货单"条码，以及产品条码，在ERP系统确认"送货单"上产品的数量与扫描信息一致后保存 | 送货单 |
| （仓库）成品发货 | 成品实物放于待发货区，与物流公司沟通发货时间，安排搬运工搬货上车，完成成品出库 | |
| （业务部）追溯需求 | 追溯需求可以是公司内部各部门提出；也可以是外部顾客提出，由业务员代办；也可以是外部供方提出，由采购员代办 | |
| （采购部）请购单→采购订单→送货单→进货送检单；（质检部）进货送检单→物料条码→入库单→Ⓑ | 原料追溯：根据"领料单"上的品号、批号，追溯到对应的"请购单""采购订单""送货单""进货送检单""进货检验单"及原料材质报告、材料的"入库单"物料条码等，可追溯到供方的产品批号信息 | |

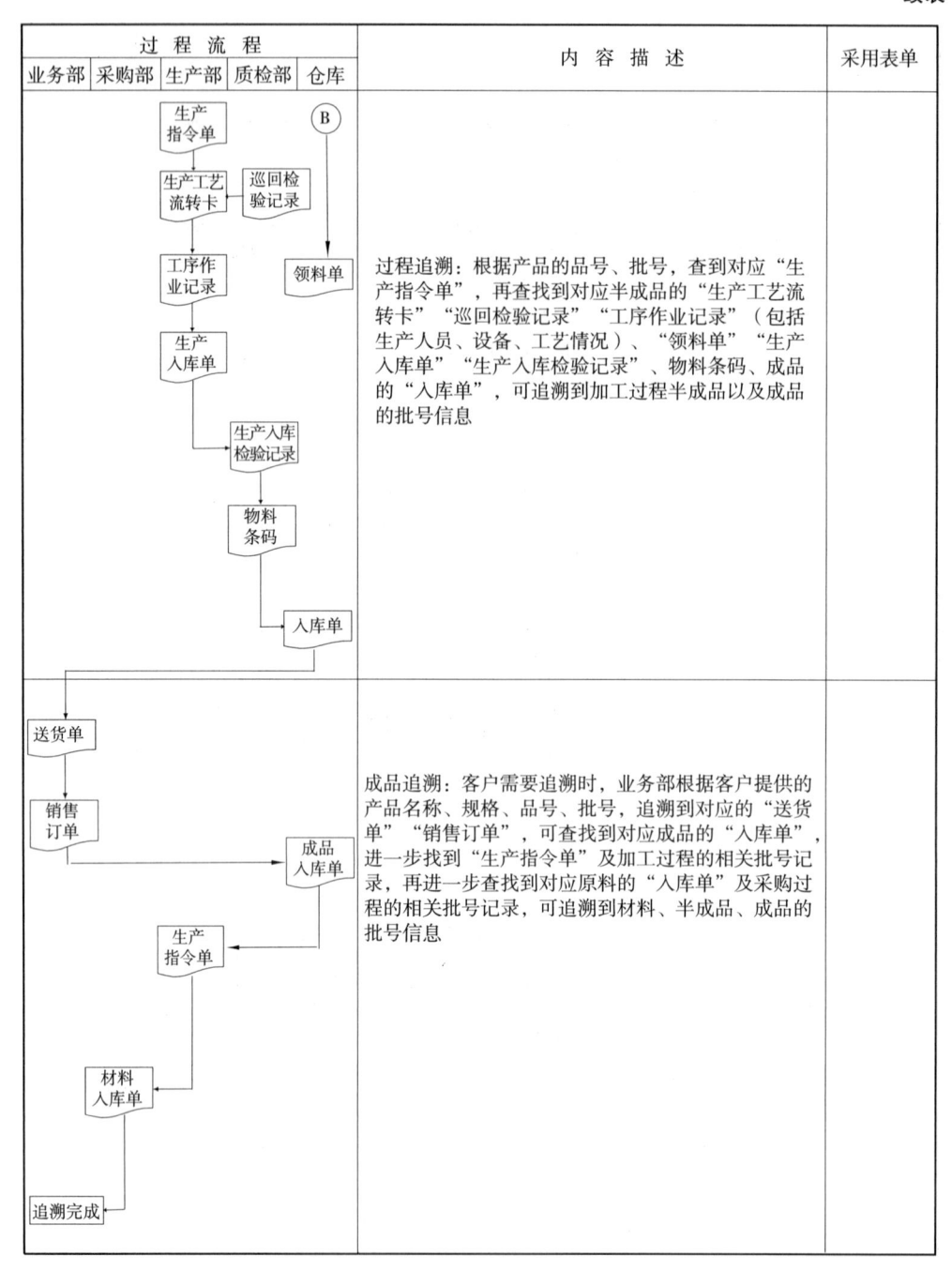

续表

| 过程流程 | | | | | 内 容 描 述 | 采用表单 |
|---|---|---|---|---|---|---|
| 业务部 | 采购部 | 生产部 | 质检部 | 仓库 | | |
| | | 生产指令单 → 生产工艺流转卡 → 工序作业记录 → 生产入库单 → 生产入库检验记录 → 物料条码 → 入库单 | 巡回检验记录 Ⓑ 领料单 | | 过程追溯：根据产品的品号、批号，查到对应"生产指令单"，再查找到对应半成品的"生产工艺流转卡""巡回检验记录""工序作业记录"（包括生产人员、设备、工艺情况）、"领料单""生产入库单""生产入库检验记录"、物料条码、成品的"入库单"，可追溯到加工过程半成品以及成品的批号信息 | |
| 送货单 → 销售订单 → 追溯完成 | | 成品入库单 → 生产指令单 → 材料入库单 | | | 成品追溯：客户需要追溯时，业务部根据客户提供的产品名称、规格、品号、批号，追溯到对应的"送货单""销售订单"，可查找到对应成品的"入库单"，进一步找到"生产指令单"及加工过程的相关批号记录，再进一步查找到对应原料的"入库单"及采购过程的相关批号记录，可追溯到材料、半成品、成品的批号信息 | |

## 8.5.3 顾客或外供方的财产

**用何资源？材料/设备/环境**
1. 生产设备
2. 零件、配件、材料
3. 检验和试验设备
4. 水、电、气

**由谁来做？知识/能力/意识**
1. 过程责任者：生产部负责顾客或外供方财产的使用、保护、防护
2. 过程相关责任：
采购部负责外供方财产的识别、登记，财产丢失、损坏、不适用等情况沟通；
业务部负责顾客财产的识别、登记、财产丢失、损坏、不适用等情况沟通；
质检部负责顾客或供方财产的验收、验证，质量异常报告

**8.5.3 顾客或外部供方的财产**
组织应爱护在组织控制下或组织使用的顾客或外供方的财产。
对组织使用的或构成产品和服务一部分的顾客和外部供方财产，组织应予以识别、验证、保护和防护。
若顾客或外部供方的财产发生丢失、损坏或发现不适用情况，组织应向顾客或外部供方报告，并保留所发生情况的成文信息。
注：顾客或外部供方的财产可能包括材料、零部件、工具和设备以及场所、知识产权和个人资料。

**输入**

1. 知识产权
2. 秘密的或私人的信息
3. 客户样品
4. 客户提供的包装材料
5. 外部供方的财产
6. 客户提供的设备、工装、工具、检具
7. 产品信息、数据

**输出**

1.《顾客财产管理记录》
2.《客户提供产品协调单》
3.《客供品检验单》
4.《入库单》
5.《出库单》
————————
非预期输出风险：顾客财产得不到保护

**如何去做？准则/方法/技术**
顾客或外供方的财产管理流程

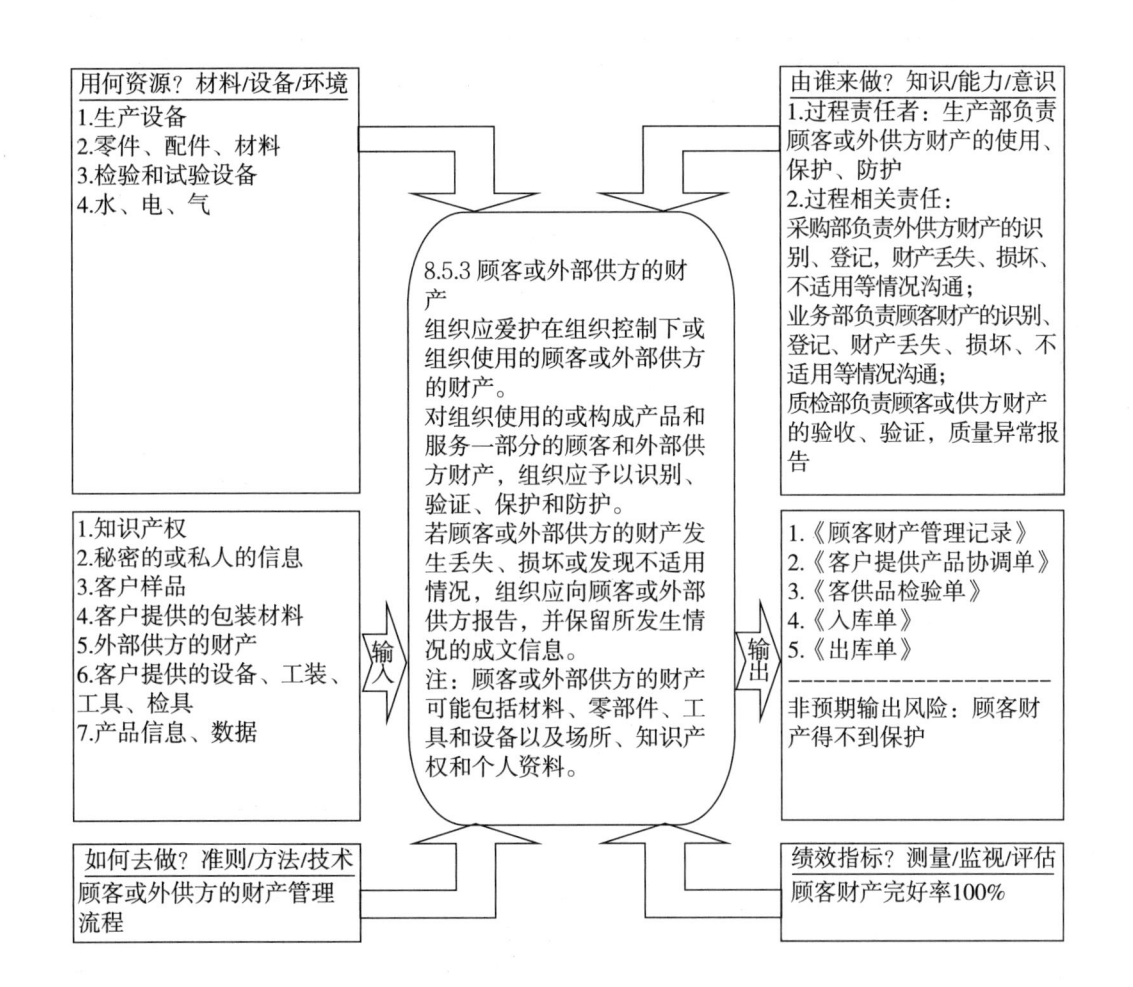

**绩效指标？测量/监视/评估**
顾客财产完好率100%

图 8-7 顾客或外供方的财产——过程分析乌龟图

## 表 8-72　顾客或外供方的财产管理流程

文件编号：QM/WI52　　版本/改数：A/0　　生效日期：20××年××月××日　　第×页/共×页

| 过程流程 | | | | | 内容描述 | 采用表单 |
|---|---|---|---|---|---|---|
| 采购部 | 业务部 | 质检部 | 生产部 | 仓库 | | |
| | 顾客或外供方财产 → 外供方财产 | | | | 1.顾客财产可包括材料、零件、工具和设备、顾客的场所、知识产权以及个人资料<br>2.业务部经理审查客户供料基本资料，以联络单或其他方式通知客户提供的产品进行管理，列进BOM中，和客户协商客户供料领料作业方式，并跟催沟通联系 | 《客户财产管理记录》 |
| | | | | 收料 | 1.仓库收到客户提供的产品时，包括客户提供的材料、半成品、模、治、检具、包装材料，依客户的送货单由仓库填写《检验入库单》并进行数量点收<br>2.若有客户供应品短缺情形，则由业务部填写《客户提供产品协调单》通知客户协调处理 | 《客户提供产品协调单》 |
| | | 验收 | | | 质检部接到检验入库通知后，依图面或样品等规格资料做检验，填写《客供品检验单》，如发现产品号不符、质量异常时，则填写《客户提供产品协调单》通知客户 | 《客供品检验单》 |
| | | | | 储存与维护 | 仓库管理人员按仓库管理制度进行管理，做好防压、防锈、防晒、防潮等工作 | |
| | | | 制造加工 | | 生产部各班组依计划生产，并依作业指导书要求进行生产并做好自检，做好标识。 | |
| | | 检验 | | | 检验员按检验指导书要求进行检验，如检验出客户提供产品不良则隔离，并由过程检验员填写《客户提供产品协调单》通知客户协调处理 | 《客户提供产品协调单》 |
| | | | | 入库管理 | 1.仓库管理员按不同顾客或外供方产品区域放置<br>2.有关客户提供的模、治、检具须赋予永久性标记，以便所有权一目了然<br>3.客户提供产品若有遗失损坏或不适用的情况，则以《客户提供产品协调单》主动通知客户，采取相应的改善措施<br>4.仓库管理员应积极配合客户做好盘点的工作，并且为了防止长期使用对产品造成损害，使用部门应定期对包装进行适当维护（如：清洗、重新油漆等） | 《入库单》《客户提供产品协调单》 |
| | | | | 出货 | 资料存档 | 《出库单》 |

## 第8章 运 行

### 表8-73 客户财产管理记录

QR8.5.3-01　　　　　　　　　　　　　　　　　　　　　　　　　　　　　No：

| 序号 | 客户名称 | 财产名称 | 等级 | 数量 | 记日期 | 登记人 | 验收结果 | 验收人 | 保存位置 | 异常处理记录 |
|------|----------|----------|------|------|--------|--------|----------|--------|----------|--------------|
|      |          |          |      |      |        |        |          |        |          |              |
|      |          |          |      |      |        |        |          |        |          |              |
|      |          |          |      |      |        |        |          |        |          |              |
|      |          |          |      |      |        |        |          |        |          |              |
|      |          |          |      |      |        |        |          |        |          |              |
|      |          |          |      |      |        |        |          |        |          |              |
|      |          |          |      |      |        |        |          |        |          |              |
|      |          |          |      |      |        |        |          |        |          |              |
|      |          |          |      |      |        |        |          |        |          |              |
|      |          |          |      |      |        |        |          |        |          |              |
|      |          |          |      |      |        |        |          |        |          |              |
|      |          |          |      |      |        |        |          |        |          |              |
|      |          |          |      |      |        |        |          |        |          |              |
|      |          |          |      |      |        |        |          |        |          |              |
|      |          |          |      |      |        |        |          |        |          |              |
|      |          |          |      |      |        |        |          |        |          |              |

表 8-74  客供品检验单

QR8.5.3-02　　　　　　　　　　　　　　　　　　　　　　　　　　　　No：

| 订单号 | | 到货日期 | |
|---|---|---|---|
| 名称、规格 | | 总数量 | |
| 提供单位名称 | | 抽检数 | |

| No. | 检验要求 | 检验结果 | 不合格数量 | 不合格描述 |
|---|---|---|---|---|
| | | | | |
| | | | | |
| | | | | |
| | | | | |
| | | | | |
| | | | | |
| | | | | |
| | | | | |

| 不合格数 | A类 | | 判定：<br>□合格<br>□不合格 |
|---|---|---|---|
| | B类 | | |
| | C类 | | |

检验员/日期：

不合格品处置：
　　　　　　□退货
　　　　　　□挑选
　　　　　　□让步接受

批准/日期：

检测报告编号/合格证明文件编号：

备注：

表 8-75 客户提供产品协调单

QR8.5.3-03　　　　　　　　　　　　　　　　　　　　　　　　　　　　　　No：

| 品名 | | 型号 | |
|---|---|---|---|
| 反馈部门 | | 受理单位 | |

| 反馈内容描述： |
|---|
| |
| 反馈人/日期： |

| 处理意见： |
|---|
| |
| 处理人/日期： |

### 8.5.4 防护

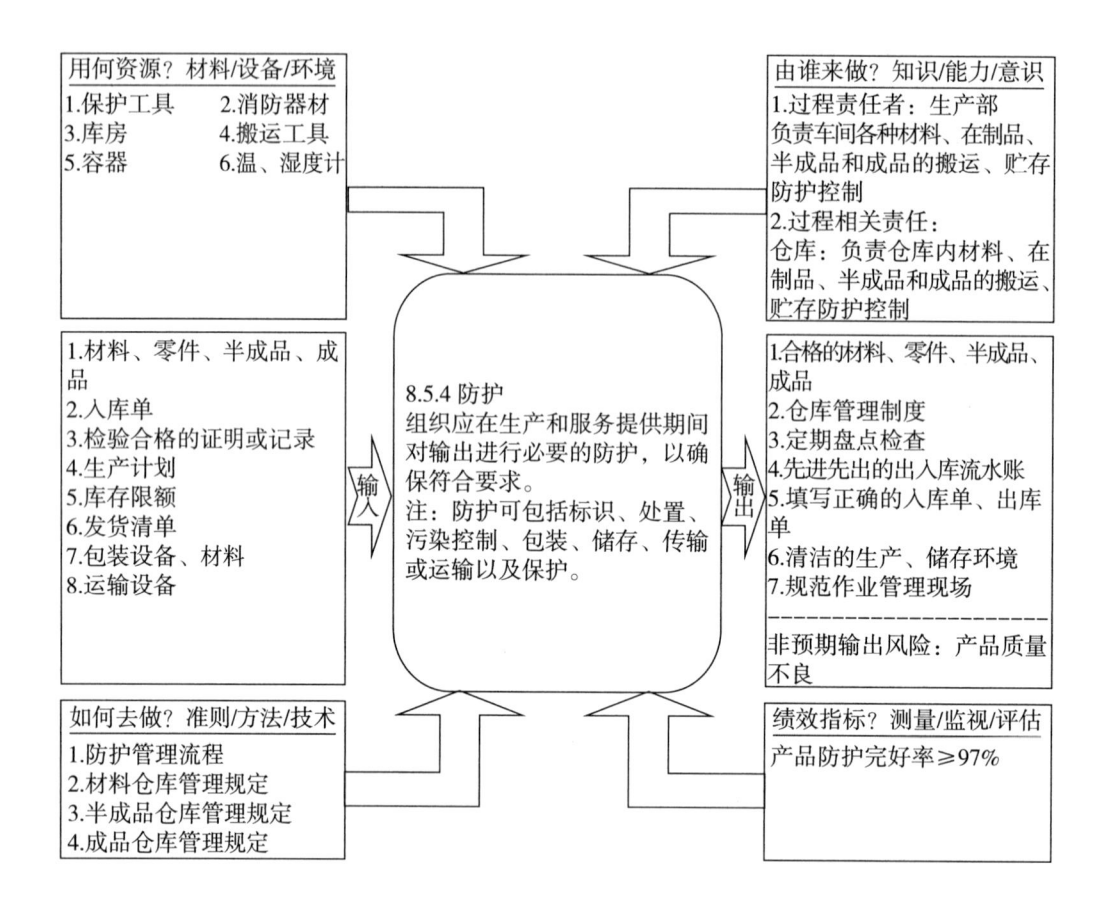

| 用何资源？ 材料/设备/环境 | | 由谁来做？ 知识/能力/意识 |
|---|---|---|
| 1.保护工具　2.消防器材<br>3.库房　　　4.搬运工具<br>5.容器　　　6.温、湿度计 | | 1.过程责任者：生产部<br>负责车间各种材料、在制品、半成品和成品的搬运、贮存防护控制<br>2.过程相关责任：<br>仓库：负责仓库内材料、在制品、半成品和成品的搬运、贮存防护控制 |

| 输入 | 8.5.4 防护<br>组织应在生产和服务提供期间对输出进行必要的防护，以确保符合要求。<br>注：防护可包括标识、处置、污染控制、包装、储存、传输或运输以及保护。 | 输出 |
|---|---|---|
| 1.材料、零件、半成品、成品<br>2.入库单<br>3.检验合格的证明或记录<br>4.生产计划<br>5.库存限额<br>6.发货清单<br>7.包装设备、材料<br>8.运输设备 | | 1.合格的材料、零件、半成品、成品<br>2.仓库管理制度<br>3.定期盘点检查<br>4.先进先出的出入库流水账<br>5.填写正确的入库单、出库单<br>6.清洁的生产、储存环境<br>7.规范作业管理现场<br>————————————<br>非预期输出风险：产品质量不良 |

| 如何去做？ 准则/方法/技术 | | 绩效指标？ 测量/监视/评估 |
|---|---|---|
| 1.防护管理流程<br>2.材料仓库管理规定<br>3.半成品仓库管理规定<br>4.成品仓库管理规定 | | 产品防护完好率≥97% |

图8-8　防护—过程分析乌龟图

### 表8-76 产品防护管理流程

文件编号：QM/WI53　版本/改数：A/0　生效日期：20××年××月××日　　第×页/共×页

| 过程流程 ||||内容描述|采用表单|
|---|---|---|---|---|---|
| 技术部 | 生产部 | 质检部 | 仓库 |||
| 产品防护要求 ||||1.技术部根据产品特点、运输方式负责产品包装设计，明确包装技术要求，编制《产品包装工艺规程》《产品防锈工艺规程》《产品清洗工艺规程》《标识和可追溯性管理流程》《仓库管理制度》等有关产品防护的技术性文件<br>2.当顾客对产品防护有特殊要求时，业务部负责将其特殊防护要求及时转达给技术部、生产部和执行单位等相关单位||
| 产品防护前准备 ||||1.产品防护前，各单位根据产品防护要求或顾客特殊要求，在搬运前应按产品的性质准备相关的防护材料，适用的起重设备、工位器具、搬运车辆等搬运设备和运输工具，以满足防潮、防震、防碰撞、防划伤、防腐蚀变质等要求<br>2.各单位对搬运设备应定期进行检定和维修，做好检定和维修记录，确保搬运设备的完好||
| 产品接收 ||||各单位按产品流转管理流程，完成相关手续后接收产品||
| 产品防护措施 ||||1.标识，按《标识和可追溯性管理流程》执行。<br>2.搬运。<br>1）搬运人员要经过培训，使其熟悉作业要求。必要时搬运单位应编制搬运规程；<br>2）搬运时应采用适宜的搬运方法，做到轻拿轻放，防止野蛮装卸，以保证搬运的安全和产品受损；<br>3）为确保搬运，应制定产品搬运的安全措施。<br>4）在搬运过程中，操作工必须按《领料单》《入库单》等相关凭证搬运产品，搬运前操作工应对产品标识和检验试验状态标识进行确认，防止出现错搬、漏搬、不经检验或检验不合格的产品流入下道工序的现象 搬运的产品应经责任人签字认可；<br>5）有堆放标识的产品，应按标识搬运和堆放，相近产品同时搬运时，必须按标识隔离，防止出现混装、混放、混卸。<br>3.包装。<br>1）包装车间根据相关技术文件对产品实施包装作业，并对包装质量负责；对不符合规定的包装产品，供销部应予以拒收，不得组织发货。<br>2）如果顾客有特殊包装标准要求时，包装车间要按照顾客的包装标准进行包装和标识，以确保满足顾客要求；<br>3）产品的包装要根据运输的方式、路程、时间、气候等情况，以及顾客的特殊要求，采取相应的保护措施，防止在运输过程中产品受到损坏和锈蚀，确保产品完好到达交付目的地；<br>4）包装中发现的不合格品，按《不合格品管理流程》执行；<br>4.贮存。<br>1）贮存应有适宜的贮存场地或库房，贮存场地或库房要根据产品的特性提供相应的清洁 通风、防雨、干燥，具有消防、安全设施等适宜的环境条件；||

387

续表

| 过程流程 |||| 内容描述 | 采用表单 |
|---|---|---|---|---|---|
| 技术部 | 质检部 | 生产部 | 仓库 |||
| | | A ↓ 产品防护监督 | | 2）库房应有仓库管理制度；贮存产品应做到账目齐全、清楚，账、卡、物相符；验收入库、发放出库都要按照《仓库管理制度》执行。<br>3）产品的贮存应根据需要选择适宜的贮存方法，按照定置要求分库分区管理，不同规格（图号）、不同批次、不同检验状态的产品分别堆放；贮存摆放的高度、距离要符合安全和防损坏要求；码放稳固整齐，场地清洁，做到存取方便，先进先出。<br>4）要严格按照产品的不同使用特性，对超储存周期的产品进行处置。<br>5）贮存中发现的不合格品，按《不合格品管理流程》执行。<br>5.运输。<br>由业务部对运输单位进行合格评定，对日常管理按《外部提供的产品和服务的控制管理流程》管理。<br>6.保护。<br>1）车间在产品的搬运、贮存、包装过程中均按《"7S"管理规定》，保持清洁生产、贮存环境，以确保产品的外观不被污染、功能等不被损害。<br>2）合同对保护有特殊要求时，应按合同要求进行保护。<br>3）保护的要求包括产品的组成部分。<br>7.对于化学品、有毒品、易燃易爆品搬运、贮存、包装、保护、标识按国家的有关规定执行。<br>8.传送。<br>公司数据传送过程，防止意外中断而丢失，应备份原数据，并采取安全方式传送，防止失密、外涉。 | |
| | | 产品防护评价 | | 生产部负责对产品整个防护过程进行监督检查和考核。并将检查结果填写在《贮存产品检查记录》 | 《贮存产品检查记录》 |
| | | | 产品交付 | 1.各车间、班组要定期检查贮存条件和贮存产品状态，以便能及时发现产品短缺、损坏、超期使用或变质（含包装箱）等情况，并做好《贮存产品检查记录》<br>2.对更改图纸、损坏、超出使用期限等原因不再使用的产品，应报相关部门组织处理。不合格品按《不合格输出的控制流程》执行 | |
| | | | | 生产部对产品的交付按顾客或《产品交付管理流程》执行 | 《入库单》<br>《领料单》<br>《发货清单》 |

## 表8-77 贮存产品检查记录

QR8.5.4-01　　　　　　　　　　　　　　　　　　　　　　　　　　No：

| 仓库名称 | | | 仓库负责人 | | |
|---|---|---|---|---|---|
| 序号 | 物资名称 | 型号 | 库存数 | 质量检查记录 | 备注 |
| | | | | | |
| | | | | | |
| | | | | | |
| | | | | | |
| | | | | | |

检查人/日期：　　　　　　　　　　批准/日期：

表8-78 发货清单

QR8.5.4-02　　　　　　　　　　　　　　　　　　　　　　　　　　　No：

客户名称：_____ 合同编号：_____ 产品编号：_____

| 序号 | 品名 | 规格 | 数量 |
|---|---|---|---|
| 1 | | | |
| 2 | | | |
| 3 | | | |
| 4 | | | |
| 5 | | | |
| 6 | | | |
| 7 | | | |
| 8 | | | |
| 9 | | | |
| 10 | | | |
| 11 | | | |
| 12 | | | |
| 13 | | | |
| 14 | | | |
| 15 | | | |
| 16 | | | |
| 17 | | | |
| 18 | | | |

## 材料仓库管理规定

文件编号：QM/WI54　版本/改数：A/0　生效日期：20××年××月××日　　第×页/共×页

1. 总则

1.1 为规范物料的入库、出库、搬运、储存等作业，保证存储期间的产品质量，及时为正常生产制造提供合格的产品。

2. 适用范围

2.1 本企业所有原材料、辅助材料、外购（协）件、工具及劳保用品的进出库、搬运、储存、盘点、呆滞料处理等均适用本制度。

3. 职责

3.1 物控部负责对各物料仓库的管理，指导并督促各仓库做好物料的入库、出库、搬运、储存、盘点、安全防范等工作。

3.2 技术部负责制定原材料、辅助材料、外购（协）件检验标准。

3.3 质检部负责对原材料、辅助材料、外购（协）件在入库前的质量检验。

3.4 财务部负责对各仓库的账存、实存组织核查，并对仓库的盘点进行指导、监督。

3.5 各仓库负责将本制度严格贯彻实施。

3.6 各供货单位、采购人员、用料部门、车间、领料人员均须认真配合执行。

4. 来料接收

4.1 采购员或送货单位送料到仓库时，应按仓管员的要求卸货至指定的"待检区"，待检物料应按清单、批次分开堆放；同时提供供货单位的《发货清单》或《送货单》通知仓库验收。

4.2 仓管员对包装情况进行验收，包括包装无挤压、变形、破损、污染等现象。如发现有异常情况，应立即通知采购员或送货员到场，一起打开包装并查验内装材料是否受损。如有损坏，应在《送货单》上如实记录材料受损情况，退货处理。

4.3 物料在通知检验前，仓管员应根据《发货清单》或《送货单》核对物料品名、规格、数量、产地和厂商，如不相符，应立即通知送货人员处理。

4.4 如因物料受损或型号、规格、厂商等不符而影响生产计划的，仓管员应立即向部门主管报告，听取处理意见。

仓管员将实物与凭证核对无误后，填写《送检通知单》传递给 IQC 进行检验（未列入检验范围的物资则直接验收入库）。

4.5 收到《送检通知单》后，IQC 应在 24 小时内完成检验工作，将合格标签贴在物料包装的显眼处，同时向仓管员提供《进货检验记录》，仓管员凭单办理入库。

4.6 仓管员在进料检验完成后，收到合格结论的《进货检验记录》，当天办理入库手续，须做好数量核对并填写《材料入库单》，经收料人、送货人签字，仓库主管审核后，作为入库的原始凭证，并分发送货人、财务部各一份，自存一份。

4.7 经验收不合格的物料，检验员须贴不"不合格品"标识。仓管员收到不合格报告后，产品转移到"不合格品区"并开出《退货单》，经仓库主管和 IQC 主管审核后，通知退货。

5. 仓储管理

5.1 仓库主管应根据物料的品名、型号、特性等，对库房区域进行统一规划，制定总体规划图以及各区域的物料存放位置图。

5.2 所有入库的物料均须标识清楚并放置在指定区域。

5.3 仓管员应做好物料储存期限合理控制，确保物料先进先出，各仓库根据物料的特性制定储存期限，过期物料如需利用时，须经 IQC 复检合格后，方可利用。化学物品应根据厂商标签标明的期限储存，如有过期，则由采购人员出面请求供应厂商处理。

5.4 为确保物料不变质、生锈、受潮、受腐蚀，储存区应保持通风，地面保持干净，料架保持清洁，并定期打扫卫生。

5.5 加强仓库储存区安全管理，包括：

5.5.1 化学品、易燃、易爆、危险物品须单独隔离储存，并制定相关管理制度，做好相关安全措施，如贴 MSDS、设置二次容器、安装排风设备、洗眼器等，并配备好防护用品，如皮手套、皮质围裙、防护鞋、护目镜等；

5.5.2 每月对消防器材检查，确保功能正常有效，进行适当的保养、清洁及维护；

5.5.3 货物禁止堆放在消防通道、安全出口、消防设施旁边，防止堵塞消防器材；

5.5.4 仓库应保持整洁、干燥、通风，并严禁烟火；

5.5.5 物料堆放不得靠近电源或影响电源的正常启用；

5.5.6 物料放置在垫板上，不得直接置放于地面上，以避免受潮而变质；

5.5.7 物料应包装完整且做好防尘工作；

5.5.8 物料堆放高度必须适当、可靠，以免崩落伤人；

5.5.9 堆积的物料不得从底部抽出，以免崩落伤人；

5.5.10 物料如需储存于室外时，应在物料上加盖帆布等防雨设施，以防止雨淋而造成物料损坏或污染环境；

5.5.11 对有使用期限的物料应明显标识，并注意先进先出，于使用期限内使用完毕；

5.5.12 仓管工作人员于每天下班时，必须关闭电源、锁好门窗；

6. 领料与发料

6.1 物料使用部门在领料的前一天应将"物料领用计划"递交给仓管员；仓管员根据 PMC 的生产计划单，结合用料部门的领用计划，进行材料确认并开始备料。如有数量不足等异常情况，应及时通知物料使用部门和采购人员。

仓管员将所需材料备齐后，通知用料部门领取。用料部门应指定专人领料，防止误领误用。

6.2 领料人员清点确认备料名称、型号、数量等，在仓库的《发料单》上签字确认后，物料方可进行搬移。

6.3 发料过程，对易混淆的物料，仓库应认真核对，以防错发；对可能产生差异的物料，应按厂家生产批号或其标示严格区分。

6.4 发料时如遇非整包装的领料，应先将零星物料发出，同一物料在仓库中最多只留有一个尾数包装。

7. 退料

7.1 各用料部门领出的物料，如因错领或损耗估计过高而出现节余，在保持物料使用特性的前提下，应及时开具《退料单》，经 IQC 检验合格，在《退料单》上盖检验印章后，将材料退回仓库。

7.2 用料部门在所领出的材料出现质量异常时，应及时通知 IQC 鉴定并分析原因，对确属物料本身质量不符的，应开具《退料单》将材料退回仓库。

7.3 仓管员对因质量不符而退回的物料，应及时报采购部，由采购人员联系外供方进行处理。

7.4 对于须退回供货单位的不合格物料，应隔离存放并有明显标识，不得重复领用。同时通知供货单位或采购员办理退货手续。

8. 账目管理

8.1 各仓管员应及时完成物料的进出库手续，按时传递相关单据。

8.2 仓库记账员在收到进出库单据后，应于每日下午下班前完成账务处理工作，并按主管领导的要求定期报送库存报表。

8.3 仓库主管应根据 PMC 的季度/月度生产计划，做好各物料的存量计划。经采购部经理审核，总经理批准后，予以落实。

8.4 仓库主管应经常性地对各仓库的《库存报表》进行分析，对存量过高或偏低的，应跟踪督促，以免造成物料的不合理呆滞或延误生产计划的执行。

8.5 当出现供料脱节或因其他原因无法按生产计划供料时，仓库主管应及时向 PMC 提出。

8.6 供料脱节时，PMC 应立即查明原因，组织制订应急计划。影响严重时，应及时报生产副总，由生产副总出面协调。

9. 仓库盘点

9.1 仓库主管、采购部经理应不定期地对仓库的账、卡、物相符状况组织抽查，以督促仓管员按规范要求进行操作。

9.2 材料核算会计应于每月下旬组织各仓库进行物料盘点，各仓库应全力配合执行。对物料盘点中出现的差异，仓库主管应严肃对待，查明原因并提出改进措施。

9.3 财务部每年应选择生产淡季进行年度物料大盘点，对所有物料库存进行彻底清查。届时，应制订周密、科学的计划，对收发料截止时间、盘点人员分工、报表提交、差异追踪等均应做出详尽、明确的规定。

9.4 对年度物料大盘点中出现的差异，由财务部组织查明原因，采购部应认真配合并做好原因分析。对因工作人员玩忽职守造成的严重差异，应上报生产副总，进行严肃处理。

10. 呆滞物料管理

10.1 仓库主管应每月对仓库报表进行分析，对于连续 3 个月未有进出的物料，列为呆滞物料进行管理，并于每月 10 日前填报《呆滞物料库存报表》交 PMC。

10.2 PMC 在收到《呆滞物料库存报表》后，应提出处理措施。

10.3 呆滞物料一般依照以下原则进行处理：

10.3.1 考虑现有产品中代用的可能性；

10.3.2 当数量较少时，可作为试做材料或新员工培训使用；

10.3.3 建立样品卡交技术人员，尽量在新产品开发中使用；

10.3.4 同供应商协商换料或请供应商代为处理转卖给其他厂家；

10.3.5 如因客户订单更改或取消所造成的呆料，应向客户索赔，或要求客户代为处理；

10.3.6 确实无法消化的呆料，以折价转卖、报废的方式进行处理。

11. 搬运、防护与包装

11.1 物料在进出库的全过程搬运中，应使用相适宜的器具和运输工具，并规范放置，以防物料受损。

11.2 物料在搬运和储存过程中，应根据物料的特性采取相应的防护措施，如防尘、防压、防损等。

11.3 物料的包装按照产品包装作业规范进行。

12. 相关记录表单

12.1 《发货清单》

12.2 《送货单》

12.3 《送检通知单》

12.4 《进货检验记录》

12.5 《材料入库单》

12.6 《退货单》

12.7 《发料单》

12.8 《退料单》

12.9 《库存报表》

12.10 《呆滞物料库存报表》

## 半成品仓库管理规定

文件编号：QM/WI55　版本/改数：A/0　生效日期：20××年××月××日　　第×页/共×页

1. 目的

使半成品的仓储、供应达到适时、适地、适量，无断料、大量滞积、虚占仓储空间等情形。使仓管员作业规范化、制度化，保证生产顺利进行。

2. 范围

公司所有半成品的仓库规划、收料作业、储存防护、物品整理、储存周期、领（发）料作业、退料、呆滞废料处理、盘点等作业。

3. 职责

半成品仓管员负责组织对物料的进出库进行整理登账，按照指定区域整齐分类摆放，进行标识及周期检查的工作。

4. 工作内容

4.1 入库管理。

4.1.1 所有半成品入库须核对产品标签与实物是否一致，标签上必须有检验合格标识，否则不予收料。

4.1.2 入库半成品使用规范的垫仓板（以 1.1m×1.1m×0.09m 的完好仓板为宜）堆放产品或垫仓板未按要求摆放，否则不予收料。

4.1.3 半成品堆放整齐（产品堆放方向、顺序要一致）、规范（产品不要超出板外、相同物件必须放于一起）、同一仓板只能堆放一种产品（可以不同型号），否则不予收料。

4.1.4 所有的产品包装容器不得有破损、受潮、混料或不同要求现象，否则不予收料。

4.1.5 内部件收料时按照称重核对数量及名称并记录，核对无误后分区摆放。

4.1.6 外购件收料时，仓管员应亲自点收货物名称、数量（点收时必须扣除包装物，以净重为准），核对无误后方可签收送货单确认，否则财务不得结算供应商当批货款。

4.1.7 收到产品后应放置待检区，开立送检单至 IPQC 进行送检，检验合格方可正式入库（开立入库单，财务根据入库单结算货款），否则不得外发加工或车间使用，若检验不合格，（需有 IPQC 粘贴的红色不合格标签，外购件应将异常单随货放置于不合格区），内部件通知作业员返工，外购件知会供应商进行退换货处理。

4.1.8 不同产品不得放置同一区域，防止不同物料发生混淆，不需要上架的产品必须按指定区域进行存放，所有相重叠的产品的容器规格必须一致，防止不同型号混叠导致压损产品。

4.1.9 点收后应对产品参照区域划分，将物料整齐存入指定区域，更新仓库账目。

4.2 发料管理。

4.2.1 仓库管理员应提前一天对车间生产进行配料，按《生产物料需求单》上的产品、规格和数量等准确配货。

4.2.2 凭领料单发料，发料时应仔细确认领料单标明的物料、材质、数量及特殊要求，对有疑问的物料应向 PMC 确认，否则不得发料，领料单应妥善保管，便于月底进行统计，并随月报表上交财务部。

4.2.3 核对领料单后应及时将领料单要求所需产品进行整理，并及时将产品放置于车间待生产区。

4.2.4 在理货时须按先进先出原则，发现超期物料在发料前必须送交 IPQC 重检，重检合格重新标识后方可发料。

4.3 储存及标识管理

4.3.1 所有仓库物料必须有对应标识，无标识产品不得入库，历史遗留产品及仓库标识不清的产品填写《不合格品评审表》至相关部门确认处理。

4.3.2 货架区属易损类产品摆放不得超过 5 层，易损半产品上架必须套盒后方可层叠堆放，防止挤压变形，非货架区需叠放的必须进行限高，限高规定为：以地面垂直起量尺寸为 1.5m，严禁超高叠放。

4.3.3 货架或区域必须有明确标识,以便于物料检索。

4.3.4 产品入库及出库顺序参照仓库地面区域要求执行进出库,确保产品先进先出。

4.4 仓库账目管理。

4.4.1 所有进出库物料必须建立电脑台账及手工明细账,仓管员应于每周进行内部数据自查,发现数据不精确应查明原因,并报备生产部,且每月邀请财务部进行盘存、由质检部进行监盘。

4.4.2 在架所有物料必须配挂物料管制卡,并对产品收发状况进行登卡记录。

4.4.3 当日出入库状况需在次日早上8:30前更新,并编制日报表递交至采购部及生产部查阅。

4.4.4 每日应对库存状况与《安全库存标准》进行核对,若发现有物料低于最低库存情况,应填写《欠料单》至生产部组织进行生产增加库存(若属外购件应递交采购部),若库存状况严重高于安全库存最低标准,则立即向生产部提出停产(停购)建议,外购件低于或高于安全库存标准应及时知会采购部。

4.5 储存周期管理。

4.5.1 物料收料日期不一致的应进行分类摆放,防止不同日期产品混放,所有产品必须履行先进先出管理原则,严禁乱发。

4.5.2 每月应对所有储存物料进行检查,以标签显示日期为准,对超过有效安全储存期的产品应立即知会质检部进行确认,开立送检单(送检单必须注明送检原因),至进料检验进行二次检验确认,重检合格后由质检部出具检验结果,仓库在出库时应进行优先发料(悬挂先出标牌),对重检不合格产品由质检部进行红色不合格标签识别,并参照不合格品管理规范进行处理(仓库开立不合格评审单处理)。

4.5.3 安全储存周期控制。塑胶类:180天,五金塑材类:180天,五金电镀类:90天。

4.6 安全储存环境管理。

4.6.1 安全储存环境标准:温度:10℃~40℃,相对湿度:20%~70%。

4.6.2 仓库应配置除湿机或空调,使用温湿度表于每天8:00及14:00对仓库温湿度进行点检,并对点检状况进行记录,若超出安全储存环境标准,应由仓管员进行调节处置。

4.6.3 点检中发现安全温度超出规定要求,必须采取通风或开起空调降温,以防止产品出现龟裂或热变形。

4.6.4 点检中发现相对湿度超出规定要求,必须使用除湿机或采用空调进行除湿,防止由于湿度过高导致产品出现腐蚀或水分进入。

4.6.5 仓库严禁烟火，禁止吸烟。配备防火、防盗等安全设施，以保证物料安全。

4.6.6 仓库物料应叠放整齐，保证通道畅通。仓管员下班时，应巡视仓库并关闭门窗、电源。发现安全设施损坏时要立即报告，并记录在检查表上，采取紧急措施。

4.7 呆滞物料处理求。

4.7.1 库区内置物料采用三级预警处置呆滞料。

4.7.2 呆滞料时间范围为 3 个月以上，超出 3 个月须在产品坐标图上用黄色填充预警，仓管员须引起重视并寻求处理。

4.7.3 超出 6 个月须在产品做标图上用橙色填充预警，PMC 需要引进重视并寻求处理。

4.7.4 超出 12 个月须在产品坐标图上用红色填充预警，生产负责人需要引进重视并寻求处理。

4.8 库存盘点。

4.8.1 仓管员每日必须对发料异动后的余数做计算机账、实物账（物料卡）、手工账盘点与核对，确保异动及时入账，料账准确，盘点无误后物料卡方可再放置回原位。

4.8.2 仓库每月进行一次循环盘点（抽盘），财务部组织每年 12 月进行全公司范围的财产盘点。同时对盘点差异部分要找出原因，进行盘盈盘亏处理。

4.8.3 盘盈、盘亏数额，仓管员必须填报原因，送生产部长核准凭单并更改料卡和计算机账目。

4.8.4 对于盘亏额在容差范围之外或金额数量绝对值较大的，仓管员单位需附上原因说明呈报公司总经理，予以追究责任。

4.9 相关记录表单。

4.9.1 《生产物料需求单》。

4.9.2 《入库单》。

4.9.3 《出库单》。

4.9.4 《退料单》。

4.9.5 《来料送检单》。

4.9.6 《欠料单》。

4.9.7 《温湿度检查表》。

## 成品仓库管理规定

<u>文件编号：QM/WI56　版本/改数：A/0　生效日期：20××年××月××日　　第×页/共×页</u>

1. 目的

1.1 为使本公司成品的入库、保管、交运、销货退回及滞存品处理等事务流程有所遵循，特制定本准则。

2. 范围

2. 有关成品仓储管理作业，包括库位规划、收发货作业及仓储管理事务，依本准则的规定办理。

3. 库位规划

3.1 库位规划与配置。

3.1.1 成品库应依成品出、入库情况、包装方式等规划所需库位及其面积，以使库位空间有效利用。

3.1.2 库位配置原则应依下列规定：

3.1.2.1 配合仓库内设备（例如叉车、手推车、消防设施、通风设备、电源等）及所使用的储运工具规划运输通道。

3.1.2.2 依据销售类别、产品类别分区存放，同类产品中计划产品与订制产品应分区存放，以利于管理。

3.1.2.3 收发频繁的成品应配置于进出方便的库位。

3.1.2.4 将各项成品依据品名、规格、批号规定库位存放，并随时显示库存动态。

3.2 仓库主管应会同OQC规划成品堆放，依据成品包装形态及质量要求设定成品堆放方式及堆积层数，以避免成品受挤压而影响质量。

3.3 库位标识。

3.3.1 库位编号依下列原则办理，并于适当位置做明显标识：

3.3.1.1 层次差别，依A、B、C顺序由下而上逐层编订。

3.3.1.2 库位流水编号，依1、2、3顺序。

3.3.1.3 通道，依A、B、C顺序编订。

3.3.2 存放成品的每一库位都应设置标识牌，标示其品名、规格及单位包装量。

3.3.3 仓库主管应绘制"仓库整体规划图"，以及"库位标识图"悬挂于仓库明显处，直观表现成品库库位配置情况。

3.4 库位管理。

3.4.1 成品库收发料经办人员应掌握各库位，各规格产品的进、出、存动态，并依先进先出原则进行收货及发货管理。

3.4.2 成品的每种规格原则上应配置两个以上小库位，以备轮流交替使用，以达到先进先出的要求。

3.5 收货管理。

3.5.1 成品入库时，入库部门开具《成品入库单》一式三联，连同入库产品送至成品库，经收货人员签收并存放于指定库位后，第一联送回入库部门存查，第二联由仓库持有，第三联交财务部做账。

3.5.2 仓管员应核对《成品入库单》与入库产品的一致性，如发现入库产品单号、品名、规格、数量、包装方式、标贴等不符时，应立即通知入库部门更正。

3.6 发货管理。

3.6.1 内销产品，按客户确定的交付日期，成品库应提前一日前办理成品出货事宜。

3.6.2 外销产品入库后，按客户和船期的规定组织交运。

3.6.3 成品库接到《成品出货单》时，经办人员应依据合同号、订单号、产品规格和配件等顺序进行资料归档，内容不明确应即时反映至业务部确认。

3.6.4 因客户业务需要，收货人非订购客户或收货地点非其营业所在地者，其《成品出货单》应经业务部经理核实签字后方可办理交运。

3.6.5 成品库接收《成品出货单》准备发货，但有指定交运日期者，按其指定日期交运。

3.6.6 产品在客户需要日期前入库或《成品出货单》注明"不得提前交运"者，成品库若因库位问题提前交运时，应先联络业务员征得客户同意，且收到业务部的出货通知后始得提前交运，若需紧急出货时，应由业务部经理通知成品库仓管理员予以办理出货手续。

3.6.7 未经办理入库手续的成品不得交运，若需紧急交运时须在交运同时办理入库手续。

3.6.8 产品交运前，成品库如接到业务部的暂缓出货通知时，应立即暂缓交运，等收到业务部的出货通知后再办理交运。紧急时可由业务部经理先以电话通知成品库仓管理员，但事后仍应立即补办手续。

3.6.9 《成品出货单》需填写品名、型号、数量、货单编号、日期等信息，若已交毕结案则依流水号顺序整理归档。

3.6.10 成品库应指定专人负责承运车辆与发货人员的协调，应在当日下班前备妥第二天应交运的成品，并提前通知承运公司调派车辆。

3.6.11 如承运车辆于营业时间外抵达客户交货地址者，成品交运前，成品库应将预定抵达时间通知业务部转告客户准备收货。

3.6.12 内销产品交运。

3.6.12.1 成品交运时，成品库依据《成品出货单》由财务部开立发票，客户联发票核对无误后寄交客户，存根联与开剩的发票留存财务部。

3.6.12.2 《成品出货单》上注明有预收款者，在成品交运时，应于"预收款"栏内注明预收款金额及发票号码，分批交运者，其收款以最后一批交运时间为原则，但《成品出货单》内有特殊规定者，遵从其规定。

3.6.12.3 承运车辆入厂装载成品后，发货人及承运人应于《成品出货单》上签章，第一、二联经送业务部核对后第一联业务部留存，第二联会计核对入账，第三、四、五联交由承运商于出货前核点无误后放行。经客户签收后第三联送交运客户，第四、五联交由承运商送回成品库，然后把第四联送回业务部，依实际需要寄交运客户，第五联由承运商持回，据此申请运费，第六联成品库自存。

3.6.13 客户自运的成品。

3.6.13.1 客户要求自运时，成品库应先联络业务部确认。

3.6.13.2 成品装载后，承运人于《成品出货单》上签认，办理出货手续。

3.6.14 外销产品交运。

3.6.14.1 成品库应在结关前将成品运至指定的码头或货柜场以减少额外费用（如特验费、监视费等）。

3.6.14.2 成品交运时，成品库应依《成品出货单》办理出货手续。

3.6.14.3 外销发票正联由业务部收存，存根联与开剩的发票由财务部收存。

3.6.14.4 成品须于厂内装柜，仓管员及时联络货柜入厂装运，装柜时应依客户要求的装柜方式作业。

3.6.15 《成品出货单》的更正。

3.6.15.1 内销产品《成品出货单》的更正：

a. 尚未交运：开单人员应在原单错误处更正，并加盖更正章，如果难以更正，则将原单各联加盖"本单作废"字样，重开《成品出货单》办理交运。作废的《成品出货单》第一联留成品库，其余各联依序装订成册送会计核对存档，另开错误的发票则加盖"作废"章，存于原发票本。

b. 已交运：开单人员应立即进行纠正，将交出的单据立即收回重开。

c. 如发票已送客户，因错误而需要重开者，应及时向客户取回原开发票。

3.6.15.2 外销产品《成品出货单》的更正：

a. 尚未交运：按照内销产品更正方式办理。

b. 已交运：经办人员应立即至交运码头或货柜场办理"装箱单"等报关文件的更正，其流程与发票的更正内销产品更正方式办理。

3.6.16 成品仓库主管负责《成品出货单》签收回联的审核，收到《成品出货单》签收回联有下列情况者，应即附有关单据送业务部转客户补签：

3.6.16.1 客户没有签收者；

3.6.16.2 客户签收模糊不清难以辨认，或非客户公司名称者；

3.6.16.3 其他非授权人签收者。

3.6.17 成品仓库主管在每月 10 日前，就上月份交运的签收回联尚未收回者应立即追责，并依合同规定办理，同时应在月底前收集齐全，依序装订成册送财务部核对存查。

3.6.18 运费审核。

3.6.18.1 成品库每月接获承运公司送回的《成品出货单》签收回联、"运费明细表"及发票存根，应于 5 日内审核完毕，送回财务部整理付款。

3.6.18.2 成品库审核运费时，应检视开单出厂及客户签收等日期，是否逾期送达或违反合同规定，均依合同规定办理。

3.6.18.3 若《成品出货单》签收回联有签收异常者，除依规定办理外，其运费亦应暂缓支付。

3.6.19 业务部每月初把上月已出货未开立发票的客户，合同号、订货单、品名规格、数量、交运地点及原因与对策填写一份《发票逾月未开汇总表》，一式两份，一份业务部留存，另一份送财务部核对。

3.6.20 退货管理。

3.6.20.1 成品库接到业务部送达的《成品退货单》应先审查有无注明依据及处理说明，若没有，应将《成品退货单》退回业务部补充，若有，则依《成品退货单》上的客户名称及承运地点联络承运商运回。

3.6.20.2 退货运回工厂后，成品库应与 OQC 确认退回的成品异常原因是否正确，若确属事实，应将实退数量填注于《成品退货单》上，并经仓管员点收、OQC 签章后，第一联存于财务部，第二联送收货部门，第三联由承运人携回，依此申请费用，第四联送业务部向客户回复。尚未开具《成品退货单》的退货，应立即联络业务部确认无误后先暂予保管，等收到《成品退货单》后再按前付款规定办理。

3.6.20.3 退货成品经 OQC 检验后，做出处理决定：不合格的，由仓库办理报废手续；需返工返修处理的，成品库应督促处理部门领回处理。

3.6.21 退货的更正。

3.6.21.1 若退回成品与《成品退货单》记载的退货不符时，成品库应暂予保管（不入库），同时在一式三联的《成品退货单》填写实收情况后，第三联由运输公司携回，依此申请运费，第二联送回业务部处理，第一联暂存成品库依此督促。

3.6.21.2 业务部查验退货确属无误时，应依实退情况更正《成品退货单》，送成品库办理销案。

3.6.21.3 若退货属误退时，业务部应在原开《成品退货单》第四联注明"退货不符"后，送回成品库办理退回手续，并在《成品退货单》注明"退换货不入账"，木项退回的运费应由客户负担。

3.6.22 滞成品管理。

3.6.22.1 滞成品部分由成品库按类别及分配的库位编号进行存放，并就每一放置单位（如：垫板）固定库位存放便于管理。

3.6.22.2 滞成品的发生原因及代号：

a. 正常品入库后满六个月未销售或未售完者；

b. 正常品入库后虽未满六个月，但有变质的顾虑者；

c. 与正常品同规格或其他因素未能出库者（异常品）；

d. 每批生产所发生的次级品；

e. 订单取消时；

f. 尾数时；

g. 试制品；

h. 退货次品；

i. 其他。

3.6.22.3 成品库应在次月 6 日前汇总填写《滞成品处理月报表》，呈报经理、总经理核签，第一联送总经理处理，第二联自存。

3.6.22.4 若滞成品可以销售时，成品库在接到业务部指定滞成品的《成品出货单》后，办理出货手续。

3.6.23 储存管理。

3.6.23.1 库存成品应做定期或不定期盘点，盘点时由仓库、财务部将盘点项目按规格填写《盘点表》进行盘点，并按实际盘点数量填入数量栏内。

3.6.23.2 财务部将《盘点表》的盘点数量与账面数量核对，若有差异即填写《盘点异常报告单》，并计算其盘点盈亏及金额，送成品库查明原因，再送部门经理、副总确认和核实，并拟定改善措施呈总经理审批。

3.6.23.3 盈亏数量经核准后，由仓库开立《盘点调整单》，第二联送财务部，第一联仓库自存。

3.6.23.4 仓库内一律严禁烟火，成品库应在仓库明显处悬挂"严禁烟火"标志，并按工业安全卫生管理的规定设置消防设备，由安全生产小组指定专人负责管理，每月至少检查一次，如有故障或失效，应立即申请补充，并配合厂区消防训练，以提高应对能力。

3.6.23.5 仓库内应维持清洁，并随时注意通风情况。

3.6.23.6 易燃品、易爆品或违禁品不得携入仓库，成品库应随时注意。

3.6.23.7 仓库内不得吸烟，若因工程需要烧焊时，应先报备，并派专人负责才可进行。

3.6.23.8 成品库对仓库所有的成品及仓运设备应负有安全使用的责任，如果破损应立即反映并立即采取整改措施。

3.6.23.9 未经成品库仓管员的允许，闲杂人员不得进入仓库。

3.6.23.10 仓管员在下班前，应巡视查看仓库的电源、门窗是否关闭，以确保仓库的安全。

3.6.24 相关记录表单。

3.6.24.1 《成品入库单》。

3.6.24.2 《成品出货单》。

3.6.24.3 《发票逾月未开汇总表》。

3.6.24.4 《成品退货单》。

3.6.24.5 《滞成品处理月报表》。

3.6.24.6 《盘点表》。

3.6.24.7 《盘点异常报告单》。

3.6.24.8 《盘点调整单》。

## 8.5.5 交付后活动

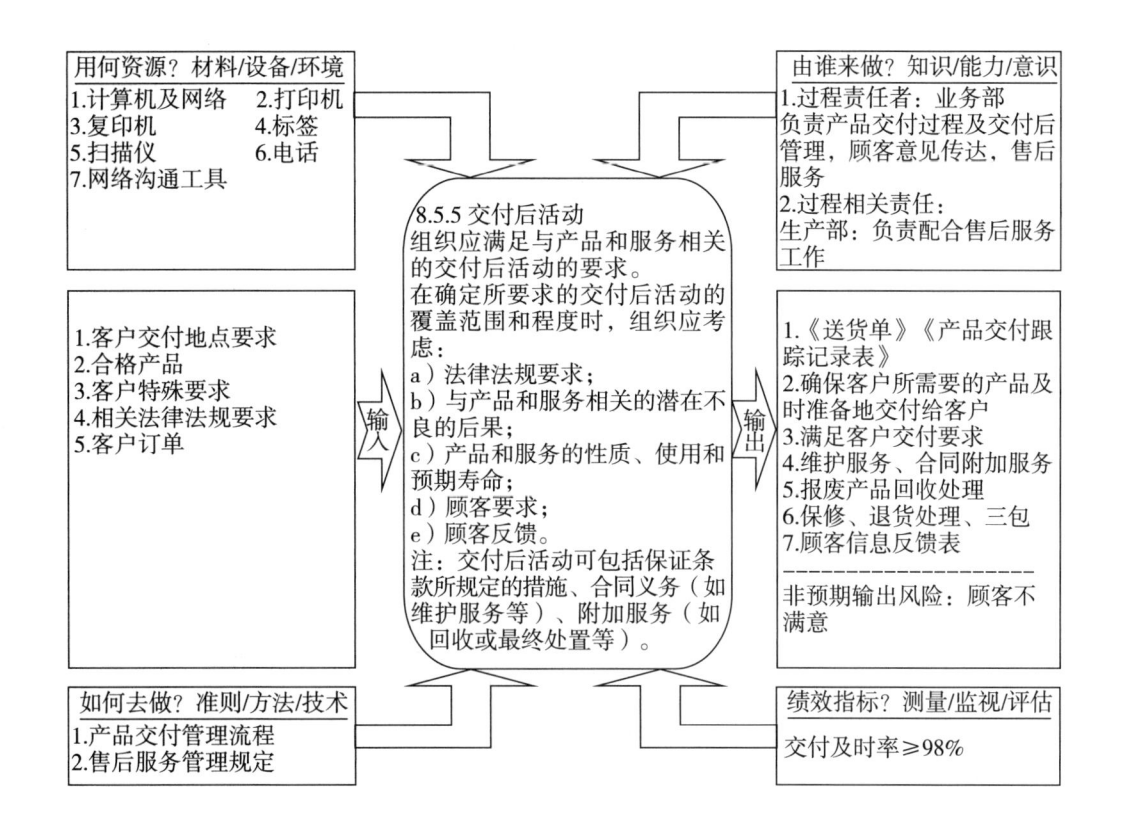

**用何资源？材料/设备/环境**
1. 计算机及网络　2.打印机
3. 复印机　　　　4.标签
5. 扫描仪　　　　6.电话
7. 网络沟通工具

**由谁来做？知识/能力/意识**
1. 过程责任者：业务部
负责产品交付过程及交付后管理，顾客意见传达、售后服务
2. 过程相关责任：
生产部：负责配合售后服务工作

**输入**
1. 客户交付地点要求
2. 合格产品
3. 客户特殊要求
4. 相关法律法规要求
5. 客户订单

**8.5.5 交付后活动**
组织应满足与产品和服务相关的交付后活动的要求。
在确定所要求的交付后活动的覆盖范围和程度时，组织应考虑：
a) 法律法规要求；
b) 与产品和服务相关的潜在不良的后果；
c) 产品和服务的性质、使用和预期寿命；
d) 顾客要求；
e) 顾客反馈。
注：交付后活动可包括保证条款所规定的措施、合同义务（如维护服务等）、附加服务（如回收或最终处置等）。

**输出**
1. 《送货单》《产品交付跟踪记录表》
2. 确保客户所需要的产品及时准备地交付给客户
3. 满足客户交付要求
4. 维护服务、合同附加服务
5. 报废产品回收处理
6. 保修、退货处理、三包
7. 顾客信息反馈表
————————
非预期输出风险：顾客不满意

**如何去做？准则/方法/技术**
1. 产品交付管理流程
2. 售后服务管理规定

**绩效指标？测量/监视/评估**
交付及时率≥98%

图 8-9　交付后活动—过程分析乌龟图

405

**表8-79　产品交付管理流程**

文件编号：QM/WI57　　版本/改数：A/0　　生效日期：20××年××月××日　　第×页/共×页

| 过程流程 | | | | | 内容描述 | 采用表单 |
|---|---|---|---|---|---|---|
| 生产部 | 业务部 | 财务部 | | 仓库 | | |
| 产品完工 → | | | → | 入库 | 1.入库：将经过质量检验合格的产品及时交到仓库，没有办理入库手续的产品不能直接交付发货；对于订单要求的产品，应标记注明，避免与其他产品混淆；产品入库前要采取必要的防护措施（防压、防撞等） | 《入库单》 |
| 通知发货 ← | | | ← | | 2.通知发货：业务部门发货前，应通知生产部做好发货准备 | |
| | 销售清单 | | | | 3.开具销售清单：货物装车前，业务部门必须将销售清单交至生产部 | |
| | 安排车辆 | | | | 4.安排车辆：业务部负责联系物流公司及取货车辆的安排，安排车辆应遵循比价原则 | |
| | | | | 出库验证 | 5.出库验证：产品出库时仓库和业务部应派专人对所发物品进行核对，包括产品名称型号、数量、顾客提出的特殊要求等 | |
| 装车搬运 | | | | | 6.装车搬运：生产部接到销售清单后，安排人员装车，生产部负责人现场指挥搬运过程，避免因搬运措施不当而造成产品损坏的现象。装车时应与司机沟通，采取必要措施以确保产品在运输途中不受到损伤，如合同有关于产品包装与运输方式的特殊要求，应按照顾客要求采取相应措施进行运输 | |
| 货物出厂 | | | | | 7.货物出厂：装车完毕后，由生产部开具出门证，将其交到门卫放行出厂 | |
| | 确认到货 | | | | 8.确认按期到货：为保证发出货物能按期到货，销售部需做好以下几方面的工作<br>1）预计货物到达目的地的时间、了解运输方式，并告知顾客<br>2）负责交付过程中出现的突发性事件的应急处理措施和方法<br>3）当生产、运输任何环节出现问题使公司未能按顾客要求100%按期发货时，业务部门要与顾客及时沟通，以取得顾客的谅解，并按顾客的要求进行处理。同时各相关责任部门要进行检讨，要求相关部门针对其做原因分析和提出纠正和改善措施 | |
| | 统计分析 | | | | 9.统计分析：业务部于每月产品交付后在下月5日前针对上月的产品交付情况做统计、汇总，并将统计、汇总结果记录于《产品交付跟踪记录表》中，对未能100%按时交付的产品要求相关责任部门做原因分析和提出纠正与预防措施，并对其执行状况做效果验证和确认，直到此问题得到有效处理和解决 | 《产品交付跟踪记录表》 |
| | 售后服务 | | | | 业务部负责交付后活动管理，包括诸如担保条件下的措施、合同规定的义务，如维护服务以及附加服务，如回收或最终处置。执行《售后服务管理规定》，填写《顾客信息反馈表》 | 《顾客信息反馈表》 |

## 第8章 运 行

**表 8-80 产品交付跟踪记录表**

QR8.5.5-01　　　　　　　　　　　　　　　　　　　　　　　　　　No：

顾客名称：_____

| 产品名称 | 零件号 | 订单数量 | 实发数量 | 要求到货日期 | 货运单位 | 发出日期 | 实际到货日期 | 质量验收 | 突发性事件 |
|---|---|---|---|---|---|---|---|---|---|
|  |  |  |  |  |  |  |  |  |  |
|  |  |  |  |  |  |  |  |  |  |
|  |  |  |  |  |  |  |  |  |  |
|  |  |  |  |  |  |  |  |  |  |
|  |  |  |  |  |  |  |  |  |  |
|  |  |  |  |  |  |  |  |  |  |
|  |  |  |  |  |  |  |  |  |  |
|  |  |  |  |  |  |  |  |  |  |
|  |  |  |  |  |  |  |  |  |  |
|  |  |  |  |  |  |  |  |  |  |
|  |  |  |  |  |  |  |  |  |  |
|  |  |  |  |  |  |  |  |  |  |
|  |  |  |  |  |  |  |  |  |  |
|  |  |  |  |  |  |  |  |  |  |
|  |  |  |  |  |  |  |  |  |  |
|  |  |  |  |  |  |  |  |  |  |
|  |  |  |  |  |  |  |  |  |  |
|  |  |  |  |  |  |  |  |  |  |
|  |  |  |  |  |  |  |  |  |  |
|  |  |  |  |  |  |  |  |  |  |

制表人：

表 8-81 顾客信息反馈表

QR8.5.5-02　　　　　　　　　　　　　　　　　　　　　　　　　　　No：

客户名称：_____　　产品名称：_____　　产品编号：_____

接收时间：_____年___月___日_____时　　　　　　联系人：_____

| 项目 | 内容 |
|---|---|
| 主要内容摘要 | 签名/日期： |
| 拟办意见 | 签名/日期： |
| 办理结果 | 签名/日期： |
| 跟踪检查 | 签名/日期： |
| 备注 | |

## 售后服务管理规定

文件编号：QM/WI58　版本/改数：A/0　生效日期：20××年××月××日　　第×页/共×页

1. 总则

1.1 目的。

为加强售后服务工作，增进顾客满意。

1.2 适用范围。

产品销售后，为顾客提供各种服务。

1.3 职责和权限

售后服务工作由业务部门负责组织协调，各对应部门配合。

2. 售后服务规定

2.1 售后服务流程。

2.1.1 接到顾客需做产品维修服务的电话或文件时，应立即登记，并委派区域服务责任人员前往服务。

2.1.2 服务人员行前应根据顾客预留的联络方式与顾客取得联系，约定上门服务时间，并进一步核查需服务的情形。

2.1.3 服务人员到达顾客现场，应尽快查明原因，并向顾客做合理之解释，凡可当场处理妥当者，均应立即着手完成。

2.1.4 确属无法当场处理妥当的项目，服务人员应耐心向客户说明，并承诺完成时间，然后将需带回本企业处理的产品取回。

2.1.5 取回的产品应与客户办妥书面交接手续，同时按时处理完成交还客户。

2.1.6 服务人员应请顾客在三包服务回执单上签字，作为认可服务工作凭证。

2.1.7 属合同服务或有偿服务的，服务人员应填妥正式发票给客户，并向客户收取合理的费用。

2.2 其他服务规定。

2.2.1 售后服务部门应根据顾客购买本企业产品的时间，定期向顾客垂询产品使用状况，了解顾客的服务需求和对产品的满意状况。

2.2.2 上门服务的人员应保持仪容整洁大方，注意言行举止礼貌有节，尊重顾客的习惯。

2.2.3 任何人员接获顾客电话，应注重礼仪，满足顾客的咨询要求，委婉解释顾客的误会。

2.2.4 针对顾客抱怨，接获电话或信函、邮件投诉者，应耐心记录问题，及时回复顾客，予以适当的抚慰，承诺服务时间，委婉消除误会。

2.2.5 服务需求应当日向部门主管汇报。

2.2.6 服务回执应包括对服务人员态度、赴约时间、服务事项的满意状况以及客户的建议与其他需求。

### 8.5.6 更改控制

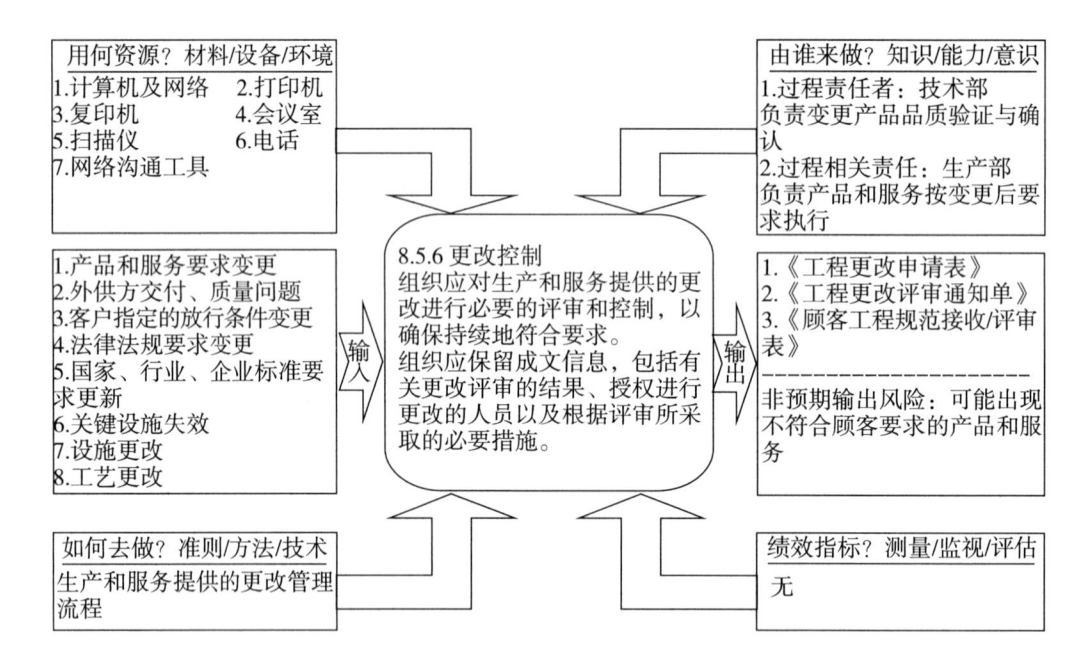

| 用何资源？材料/设备/环境<br>1.计算机及网络　2.打印机<br>3.复印机　　　　4.会议室<br>5.扫描仪　　　　6.电话<br>7.网络沟通工具 | | 由谁来做？知识/能力/意识<br>1.过程责任者：技术部<br>负责变更产品品质验证与确认<br>2.过程相关责任：生产部<br>负责产品和服务按变更后要求执行 |
|---|---|---|
| 1.产品和服务要求变更<br>2.外供方交付、质量问题<br>3.客户指定的放行条件变更<br>4.法律法规要求变更<br>5.国家、行业、企业标准要求更新<br>6.关键设施失效<br>7.设施更改<br>8.工艺更改 | 输入 → 8.5.6 更改控制<br>组织应对生产和服务提供的更改进行必要的评审和控制，以确保持续地符合要求。<br>组织应保留成文信息，包括有关更改评审的结果、授权进行更改的人员以及根据评审所采取的必要措施。 → 输出 | 1.《工程更改申请表》<br>2.《工程更改评审通知单》<br>3.《顾客工程规范接收/评审表》<br>————————<br>非预期输出风险：可能出现不符合顾客要求的产品和服务 |
| 如何去做？准则/方法/技术<br>生产和服务提供的更改管理流程 | | 绩效指标？测量/监视/评估<br>无 |

图 8-10　变更控制—过程分析乌龟图

## 表 8-82　生产和服务提供的更改管理流程

文件编号：QM/WI59　　版本/改数：A/0　　生效日期：20××年××月××日　　　第×页/共×页

| 过程流程 | 内容描述 | 采用表单 |
|---|---|---|
| 生产部 / 质检部 / 技术部 / 业务部 / 采购部　　提出更改 | 1.生产部提出以下更改<br>1）人员更改：员工新入职、离岗复岗、季节性临时工上岗时更改；以及因作业者缺勤、调动、离职，由另一个新作业者代岗引起的更改。<br>2）工艺更改：生产过程中的工艺流程、设备参数、材料配比、加工方式、包装方法、流转顺序等更改。<br>3）设备设施更改：指生产过程中的设备、模具、工装、夹具、检具的新增、修理、代用更改。<br>4）材料更改：是指生产过程中的加工原物料、辅料、包装物资等更改。<br>5）作业环境更改：指作业过程环境发生变化，包括温度、噪声、照明、空气流动等。<br>2.质检部：负责对检验方法、产品标准、检验项目、监视和测量资源等提出更改<br>3.技术部：负责对新产品、产品改型、产品升级等引起的技术更改，以及原料及介质异动引起的产品更改<br>4.业务部：负责受理客户提出的更改，收集和反馈客户更改信息；订单完成后，提出多余库存呆滞品更改<br>5.采购部：提出原料、零部件、外加工产品的更改，提出供应商的更改 | 《生产和服务提供更改申请单》 |
| 更改评审 | 1.各部门的更改申请，部门内部进行评审，部门负责人审核后提交技术。<br>2.技术部负责对各部门提出更改信息组织评审，填写《生产和服务提供更改评审表》。根据更改内容对产品品质的影响程度进行必要的研讨，确认更改可行性<br>3.同时对更改过程及更改后产生的风险进行评价、分析 | |
| 制定方案 | 1.技术部应提出相应的更改方案，考虑更改对产品的影响程度，必要时更改信息由业务部转发客户，征询更改意见，得到客户同意后执行更改<br>2.考虑需修订更改引起的相关事项（如图纸、作业指导书、FMEA、控制计划、检验指导书、BOM清单、QC工程图、工艺流程图等），一并进行更改 | 《生产和服务提供更改评审表》 |
| 实施更改更 | 1.技术部组织实施设计更改，修改产品设计引起的图纸资料、工艺、作业标准、BOM清单等；下发更改后的成文信息到相应部门；组织相关部门进行更改培训；保留相关更改履历资料<br>2.生产部负责将更改后生产作业文件资料下发各车间、班组执行，并在ERP软件上更改生产加工信息<br>3.采购部根据技术部下发BOM清单，调整采购计划，以及更改外供方<br>4.质检部根据更改后的检验标准、检验指导书执行相关检验工作<br>5.业务部将更改信息及时反馈到客户<br>6.更改产品的首次交货，需在外包装箱粘贴"更改后首批出货"，并连续3批做出标识。更改产品与原来产品在同一批交货时，原来产品与更改品的外包装必须分开<br>7.更改发生不良的处理，公司内部或外供方应迅速采取措施，并按《不合格品输出管理流程》执行作业 | |
| 更改验证 | 技术部负责对所有更改事项进行监督及对更改的有效性进行跟踪确认。汇总更改结果，应建立更改总台账 | |

表 8-83 生产和服务提供更改申请单

QR8.5.6-01　　　　　　　　　　　　　　　　　　　　　　　　No：

| 产品名称 | | 规格/型号 | | 产品编号 | |
|---|---|---|---|---|---|
| 提出部门 | | 提出人员 | | 提出日期 | |
| 更改阶段 | □产品确认以前的更改　　□产品确认以后的更改　　□制造过程确认以后的更改 ||||||
| 质量特性 | □关键特性　　　　　　　□重要特性　　　　　　　　□一般特性 ||||||
| 更改理由 | ||||||
| 更改内容 | 更改前：<br><br>更改后： ||||||
| 同时更改文件 | □控制计划　　□FMEA　　□BOM 清单　　□检验文件　　□作业文件<br>□其他：_____ ||||||
| 对成本影响 | 材料费：<br><br>人工费：<br><br>设备、工装费： ||||||
| 更改后要求 | 提供更改后的样件要求：<br><br>更改后生产切换时间：<br><br>更改库产品处理：<br><br>更改后产品的标识：<br><br>其他要求： ||||||

## 表 8-84 生产和服务提供更改评审表

QR8.5.6-02　　　　　　　　　　　　　　　　　　　　　　　　　　　　　No：

| 产品名称 | | 规格/型号 | | 产品编号 | |
|---|---|---|---|---|---|
| 提出部门 | | 提出人员 | | 提出日期 | |
| 更改理由 | | | | | |
| 更改内容 | 更改前：<br><br>更改后： | | | | |
| 本部门评审 | 评审人员签到：<br><br>评审意见：<br><br>评审结论： | | | | |
| 技术部门评审（考虑更改过程及更改后产生的风险） | 评审人员签到：<br><br>评审意见：<br><br>评审结论： | | | | |

## 认证产品变更管理规定

文件编号：QM/WI60　　版本/改数：A/0　　生效日期：20××年××月××日　　页码：第×页/共×页

1. 目的

为保证批量生产的认证产品与已获型式试验合格的样品一致。

2. 适用范围

适用于认证产品的关键材料和工艺及公司名称、地址的变更控制。

3. 职责

3.1 质量负责人负责认证产品的关键材料和工艺及公司名称、地址的变更控制和管理，以及认证产品变更的申请工作。

3.2 技术部负责在工艺变更中确保关键材料的变更控制。

3.3 采购部负责按指定的供应商、规格型号采购关键材料，确保产品的一致性。

3.4 总经理负责公司名称、地址发生变更时办理相关手续，报质量负责人进行变更申请。

4. 工作流程

4.1 对持续生产的认证产品应与型式试验样品保持一致，任何变更都应向认证机构申报。

4.2 质量负责人负责收集认证产品的关键材料清单和产品描述等认证申请材料，以便检查、确认变更的内容，保证认证产品的一致性。

4.3 在产品工艺变更活动中，技术部应将工艺变更前/后文件报质量负责人审核，确认是否存在关键材料变更。

4.4 在采购关键材料时应指定供应商、指定规格型号，即供应商、规格型号均与认证上报资料、型式试样合格的样品保持一致。

4.5 具体变更项目包括以下几项。

4.5.1 商标更改；

4.5.2 由于产品命名方法的变化引起的获证产品名称、型号更改；

4.5.3 产品型号更改、不影响电器安全的内部结构不变（经判断不涉及安全和电磁兼容问题）；

4.5.4 在证书上增加同种产品其他型号；

4.5.5 在证书上减少同种产品其他型号；

4.5.6 生产企业名称更改，地址不变，生产企业没有搬迁；

4.5.7 生产企业名称更改，地址名称变化，生产企业没有搬迁；

4.5.8 生产企业名称不变，地址名称更改，生产企业没有搬迁；

4.5.9 生产企业搬迁；

4.5.10 原认证委托人的名称和/或地址更改；

4.5.11 原生产者（制造商）的名称和/或地址更改；

4.5.12 产品认证所依据的国家标准、技术规则或者认证实施细则发生了变化；

4.5.13 明显影响产品的设计和规范发生了变化，如电器安全结构变更或获证产品的关键件更换；

4.5.14 增加/减少适用性一致的关键件供应商或关键件供应商名称变更；

4.5.15 生产企业的质量体系发生变化（例如所有权、组织机构或管理者发生了变化）；

4.5.16 其他机构换证申请；

4.5.17 到期换证；

4.5.18 复审；

4.5.19 其他。

4.6 质量负责人确认变更原因及变更内容，进行认证产品的变更申请，应与认证机构保持联系，便于变更申请工作的顺利进行。

4.7 质量负责人收到认证机构的变更确认书，根据认证机构的要求，及时将变更内容与各部门取得联系，并将相关信息传达到相关部门实施变更，在此期间不得加施产品认证标志。

4.8 未经批准的变更将不能保证产品符合认证要求，不得加施认证标志，对标志的使用执行《认证标志证书和档案管理流程》。

4.9 对擅自变更认证产品相关影响因素而导致认证产品失去其一致性，甚至造成损失的部门，将追究其责任。

4.10 一致性控制。

4.10.1 标识控制：技术部编制产品铭牌标识、说明书；认证产品铭牌和包装箱上标明的产品名称、型号规格、技术参数应符合标准要求并与型式试验报告、认证证书中的工厂信息及本公司的规定一致。

4.10.2 产品结构控制：技术部确保设计和工艺要求与型式试验报告中结构一致；质检部在过程检验、确认检验中对一致性进行检查。

4.10.3 关键元器件和材料控制：本公司应建立严密的关键元器件和材料控制制度，严格进货渠道，保证批量生产的认证产品在关键元器件、材料上符合相关标准要求；与型式试验合格的样品、经确认/批准或备案的完全一致。采购关键件的数量应与整机出货数量相对匹配。采购部在采购关键元器件和材料时，应仔细核对关键元器件和材料的型号规格、生产厂家或商标，经审核无误后，才发至合格供方实施采购。

5. 相关文件

《认证标志证书和档案管理流程》。

6. 使用表格

认证产品变更申请表。

## 8.6 产品和服务的放行

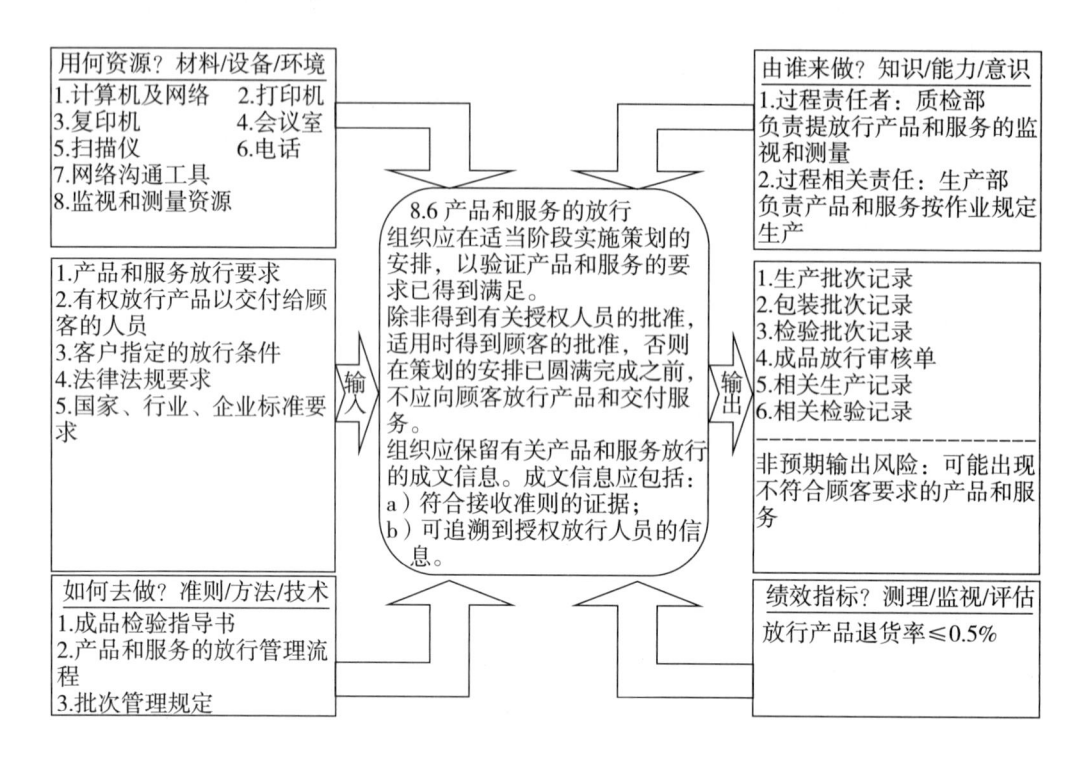

**用何资源？材料/设备/环境**
1. 计算机及网络　2. 打印机
3. 复印机　　　　4. 会议室
5. 扫描仪　　　　6. 电话
7. 网络沟通工具
8. 监视和测量资源

**由谁来做？知识/能力/意识**
1. 过程责任者：质检部负责提放行产品和服务的监视和测量
2. 过程相关责任：生产部负责产品和服务按作业规定生产

1. 产品和服务放行要求
2. 有权放行产品以交付给顾客的人员
3. 客户指定的放行条件
4. 法律法规要求
5. 国家、行业、企业标准要求

**输入**

8.6 产品和服务的放行
组织应在适当阶段实施策划的安排，以验证产品和服务的要求已得到满足。
除非得到有关授权人员的批准，适用时得到顾客的批准，否则在策划的安排已圆满完成之前，不应向顾客放行产品和交付服务。
组织应保留有关产品和服务放行的成文信息。成文信息应包括：
a) 符合接收准则的证据；
b) 可追溯到授权放行人员的信息。

**输出**

1. 生产批次记录
2. 包装批次记录
3. 检验批次记录
4. 成品放行审核单
5. 相关生产记录
6. 相关检验记录
————————————
非预期输出风险：可能出现不符合顾客要求的产品和服务

**如何去做？准则/方法/技术**
1. 成品检验指导书
2. 产品和服务的放行管理流程
3. 批次管理规定

**绩效指标？测理/监视/评估**
放行产品退货率≤0.5%

图 8-11　产品和服务的放行—过程分析乌龟图

表 8-85　产品和服务的放行管理流程

文件编号：QM/WI61　　版本/改数：A/0　　生效日期：20××年××月××日　　第×页/共×页

| 过程流程 | | | 内容描述 | 采用表单 |
|---|---|---|---|---|
| 仓库 | 生产部 | 质检部 | | |
| 信息收集 | | | 仓库收集该批次产品材料、半成品、包装材料的入库、出库单，核对批次号、数量无误；生产部收集该批次产品生产过程的"生产批次记录""包装批次记录"核对无误；质检部检验员，收集该批次产品生产过程的"检验批次记录"核对无误 | 《生产批次记录》《包装批次记录》《检验批次记录》 |
| | | 评审 | 质检部主管经总经理授权，为公司产品放行决定人员。对仓库、生产部、质检部相关记录进行最终审核，无误出具《成品放行审核单》 | 《成品放行审核单》 |
| 产品出货 | | | 仓库收到《成品放行审核单》后安排出货 | 《成品放行审核单》 |

## 表8-86 生产批次记录

QR8.6-01                                                                                                      No：

| 品名/型号 |  | 流水线号 |  | 日期 |  |
|---|---|---|---|---|---|
| 钢带原批号 |  |  | 本厂批号 |  |  |

| 关键参数 | 规定值 | 每小时一次监控记录 |||||||||||
|---|---|---|---|---|---|---|---|---|---|---|---|
|  |  | ： | ： | ： | ： | ： | ： | ： | ： | ： | ： | ： |
|  |  |  |  |  |  |  |  |  |  |  |  |  |
|  |  |  |  |  |  |  |  |  |  |  |  |  |
|  |  |  |  |  |  |  |  |  |  |  |  |  |
|  |  |  |  |  |  |  |  |  |  |  |  |  |
|  |  |  |  |  |  |  |  |  |  |  |  |  |
|  |  |  |  |  |  |  |  |  |  |  |  |  |
|  |  |  |  |  |  |  |  |  |  |  |  |  |
|  |  |  |  |  |  |  |  |  |  |  |  |  |
|  |  |  |  |  |  |  |  |  |  |  |  |  |
|  |  |  |  |  |  |  |  |  |  |  |  |  |
|  |  |  |  |  |  |  |  |  |  |  |  |  |
|  |  |  |  |  |  |  |  |  |  |  |  |  |
|  |  |  |  |  |  |  |  |  |  |  |  |  |
|  |  |  |  |  |  |  |  |  |  |  |  |  |
|  |  |  |  |  |  |  |  |  |  |  |  |  |
|  |  |  |  |  |  |  |  |  |  |  |  |  |
|  |  |  |  |  |  |  |  |  |  |  |  |  |

| 生产异常 |  | 设备运行正常 | 是□ | 否□ |
|---|---|---|---|---|

编制：　　　　　　　　　　　　　　　审核：

表 8-87 包装批次记录

QR8.6-02　　　　　　　　　　　　　　　　　　　　　　　　　　　　　　No：

| 订单号 | 包装产品批号 | 日期 | 型号 | 数量 | 配件 | 客户 | 不良品记录 | 操作人 |
|---|---|---|---|---|---|---|---|---|
|  |  |  |  |  |  |  |  |  |
|  |  |  |  |  |  |  |  |  |
|  |  |  |  |  |  |  |  |  |
|  |  |  |  |  |  |  |  |  |
|  |  |  |  |  |  |  |  |  |
|  |  |  |  |  |  |  |  |  |
|  |  |  |  |  |  |  |  |  |
|  |  |  |  |  |  |  |  |  |
|  |  |  |  |  |  |  |  |  |
|  |  |  |  |  |  |  |  |  |

## 第8章 运 行

**表8-88 检验批次记录**

QR8.6-03　　　　　　　　　　　　　　　　　　　　　　　　　　　No：

| 名称型号 | 产品批号 | 日期 | 长度M | 数量pcs | 试压压力Mpa | 试压时间S | 不良品记录 | 操作人 |
|---|---|---|---|---|---|---|---|---|
| | | | | | | | | |
| | | | | | | | | |
| | | | | | | | | |
| | | | | | | | | |
| | | | | | | | | |
| | | | | | | | | |
| | | | | | | | | |
| | | | | | | | | |
| | | | | | | | | |
| | | | | | | | | |
| | | | | | | | | |
| | | | | | | | | |
| | | | | | | | | |
| | | | | | | | | |
| | | | | | | | | |
| | | | | | | | | |
| | | | | | | | | |
| | | | | | | | | |
| | | | | | | | | |
| | | | | | | | | |

**表8-89 成品放行审核单**

QR8.6-04　　　　　　　　　　　　　　　　　　　　　　　　　　　　　　No：

| 品名 | | 订单号 | | 规格 | | 批量 | |
|---|---|---|---|---|---|---|---|
| 审核项目 | | | 标准 | | | 结果 | |
| 生产部审核 | 1. 起始物料 | | | | | | |
| | 2. 批生产记录 | | | | | | |
| | 3. 批包装记录 | | | | | | |
| | 4. 物料平衡偏差处理 | | | | | | |
| | 审核人 | | 审核日期 | | | 结论 | |
| 质检部审核 | 1. QA现场监督记录 | | | | | | |
| | 2. 半成品检验报告 | | | | | | |
| | 3. 成品取样单 | | | | | | |
| | 4. 成品检验记录 | | | | | | |
| | 5. 成品检验报告 | | | | | | |
| | 备注 | | | | | | |
| | 审核人 | | 审核日期 | | | 结论 | |

## 批次管理规定

文件编号：QM/WI62  版本/改数：A/0  生效日期：20××年××月××日  第×页/共×页

1. 目的

对产品（成品、半成品、原材料）用批次（号）来进行管理，使本公司的发出去的产品能有效追溯到原材料、各工序，保证产品的质量。

2. 适用范围

本公司所有的成品、半成品、原材料。

3. 职责

3.1 由生产部规定此工作方法。

3.2 车间按此规定的要求执行。

4. 工作程序

4.1 原材料的批号规定：

4.1.1 依据供方提供的批号，记录于公司的《进货检验记录》《入库单》上。

4.2 对制程中的批号管理：

4.2.1 生产部车间通过《领料单》《生产流程卡》上注明原材料批号来追溯。

4.2.2 加工过程对生产的产品编制公司批号，方法如下：

☐☐☐☐ -------------- ☐ -------------- ☐ -------------- ☐

供方原料批号　　一道工序号　　二道工序号　　三道工序号

4.2.3 分多处存放产品时，批号保持一致，分别标识、分开存放、防止混批，在周转箱上挂《生产流程卡》，尺寸长的产品不能用周转箱，做完一批再做下一批。

4.3 成品标识规定。

4.3.1 根据最后一道工序收集的《生产流程卡》上的批号，在包装箱上盖上批号，对于一批产品最后不足一箱的产品，必须单独包装，不得与不同批次产品混装。

4.3.2 包装上必须打上生产日期及使用年限（自生产日期起，至少不低于产品使用寿命），一般规定5年。

5. 质量记录

5.1《入库验收单》。

5.2《生产流程卡》。

5.3《进货检验记录》。

5.4《成品放行审核单》。

表 8–90　生产流程卡

QR8.6–05　　　　　　　　　　　　　　　　　　　　　　　　　　　No：

| | | | | | | |
|---|---|---|---|---|---|---|
| 毛坯加工 | 产品名称 | | 产品型号 | | 检验记录 | 检验数 |
| | 设备名称/编号 | | 操作人员 | | | 合格数 |
| | 操作时间 | | 生产总数 | | | 不合格数 |
| | 自检废品数 | | 自检合格品数 | | | 检验员 |
| 粗加工 | 操作时间 | | 前工序转入数 | | 检验记录 | 检验数 |
| | 操作工 1 | | 产量 | 废品数 | | 合格数 |
| | 操作工 2 | | 产量 | 废品数 | | 不合格数 |
| | 操作工 3 | | 产量 | 废品数 | | 检验员 |
| 精加工 | 操作时间 | | 前工序转入数 | | 检验记录 | 检验数 |
| | 操作工 4 | | 产量 | 废品数 | | 合格数 |
| | 操作工 5 | | 产量 | 废品数 | | 不合格数 |
| | 操作工 6 | | 产量 | 废品数 | | 检验员 |
| 入库检验 | 操作时间 | | 前工序转入数 | | 检验记录 | 检验数 |
| | 操作人员 | | 成品数 | | | 合格数 |
| | 废品数 | | 返工数 | | | 不合格数 |
| | 不合格品数 | | 返修数 | | | 检验员 |

注：此表作为生产数量及产品质量统计数据来源，保持清洁，不得随意涂改！车间统计员每天收集。

## 8.7 不合格输出的控制

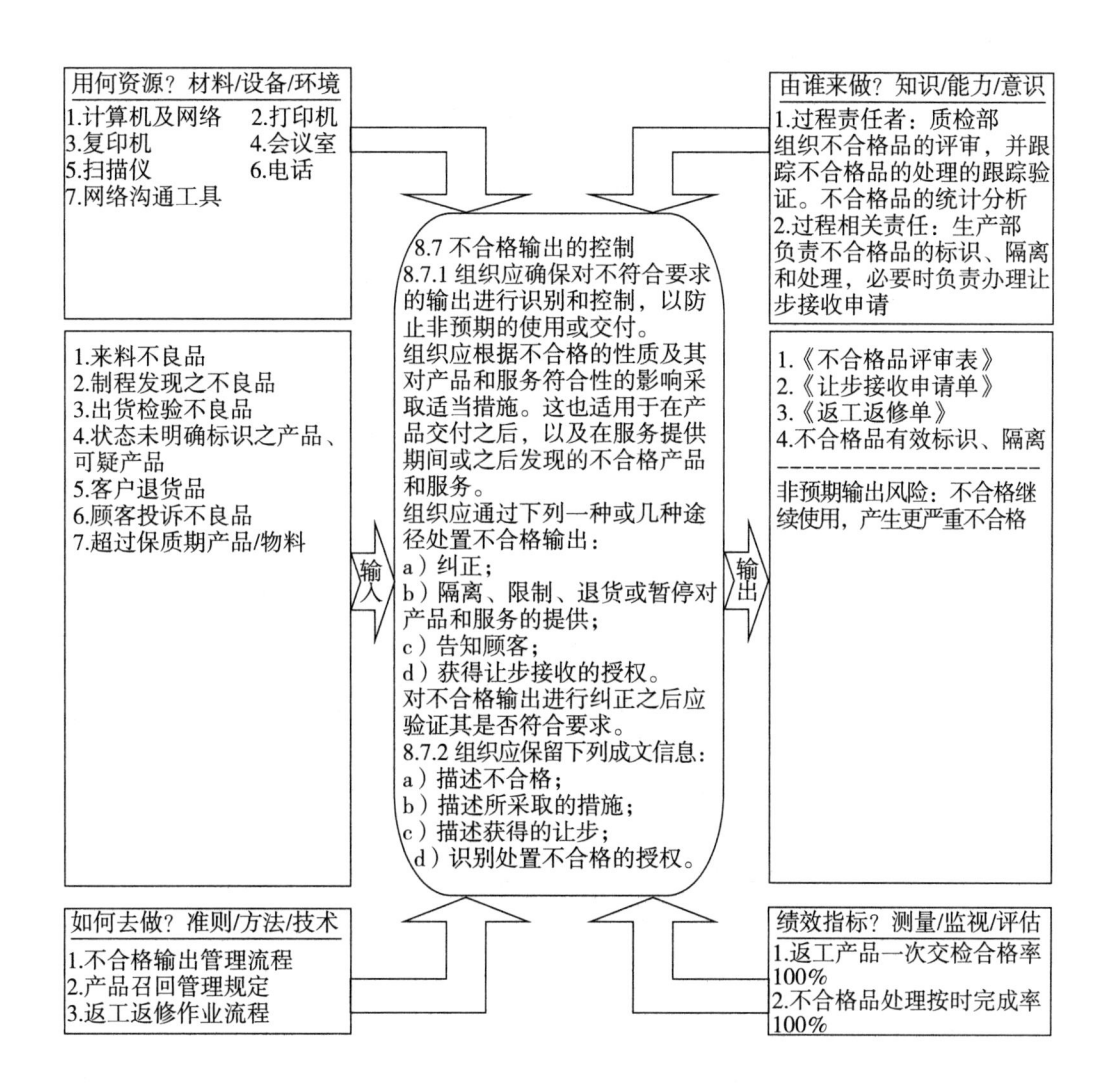

**用何资源？材料/设备/环境**
1. 计算机及网络  2. 打印机
3. 复印机  4. 会议室
5. 扫描仪  6. 电话
7. 网络沟通工具

**由谁来做？知识/能力/意识**
1. 过程责任者：质检部
组织不合格品的评审，并跟踪不合格品的处理的跟踪验证。不合格品的统计分析
2. 过程相关责任：生产部
负责不合格品的标识、隔离和处理，必要时负责办理让步接收申请

**输入：**
1. 来料不良品
2. 制程发现之不良品
3. 出货检验不良品
4. 状态未明确标识之产品、可疑产品
5. 客户退货品
6. 顾客投诉不良品
7. 超过保质期产品/物料

**8.7 不合格输出的控制**
8.7.1 组织应确保对不符合要求的输出进行识别和控制，以防止非预期的使用或交付。
组织应根据不合格的性质及其对产品和服务符合性的影响采取适当措施。这也适用于在产品交付之后，以及在服务提供期间或之后发现的不合格产品和服务。
组织应通过下列一种或几种途径处置不合格输出：
a）纠正；
b）隔离、限制、退货或暂停对产品和服务的提供；
c）告知顾客；
d）获得让步接收的授权。
对不合格输出进行纠正之后应验证其是否符合要求。
8.7.2 组织应保留下列成文信息：
a）描述不合格；
b）描述所采取的措施；
c）描述获得的让步；
d）识别处置不合格的授权。

**输出：**
1.《不合格品评审表》
2.《让步接收申请单》
3.《返工返修单》
4. 不合格品有效标识、隔离

非预期输出风险：不合格继续使用，产生更严重不合格

**如何去做？准则/方法/技术**
1. 不合格输出管理流程
2. 产品召回管理规定
3. 返工返修作业流程

**绩效指标？测量/监视/评估**
1. 返工产品一次交检合格率 100%
2. 不合格品处理按时完成率 100%

图 8-12　不合格输出的控制—过程分析乌龟图

表 8-91　不合格输出管理流程

文件编号：QM/WI63　版本/改数：A/0　生效日期：20××年××月××日　　　第×页/共×页

| 过程流程 | | | | 内容描述 | 采用表单 |
|---|---|---|---|---|---|
| 采购部 | 生产部 | 质检部 | 总经理 | | |
| | | 发现不合格 | | 应由发现不合格输出的控制的部门填写《不合格品评审表》 | 《不合格品评审表》 |
| | 临时措施 | | | 生产过程发现不合格产品时，应对当前加工制止，已生产出产品隔离、并做好不合格标识；交付的产品发现不合格产品时，应停止供应产品和提供服务，及时与顾客协商，必要时召回产品，执行《产品召回管理规定》可疑产品由所在的责任部门直接通知对应的部门或车间的质量检验人员进行质量状态的确认，经确认合格的可以按正常生产流程转序或交付，检验判定为不合格的，按以上程序处理 | |
| | | 评审 | | 经公司总经理授权的检验员、调试员、班组长、技术人员、各部门主管为公司不合格品审理委员会成员，质检部根据不合格的严重性，临时组成"不合格品评审委员会" | |
| 返工返修 | 重新服务 | 退货 | 继续使用 | 报废　放行　降级　让步接收 | 1.返工及返修：由生产部制定返工及返修作业指导书，车间执行。完工后由质检部重新验证。合格方可继续使用 2.重新服务：服务过程出现不合格，应由原服务人员或更换服务人员重新服务，部门主管应对服务质量进行验证，达到顾客满意 3.退货：对于进货检验中发现的不合格品，不合格品审理意见为退货的，由采购部直接通知生产厂家退货 4.继续使用：加工过程产生轻微不良现象，加工过程不影响产品性能、外观等，交付后不会影响顾客审美、使用等 5.报废：由质检部开据报废单，责任单位签字，总经理批准。检验员对废品进行标识，并将不合格品放入废品箱内或废品区 6.让步接收需具备以下条件： 1）生产急需； 2）让步接收的产品对于最终产品的精度、安全性、可靠性及重要功能/性能不得有危害，且不得有让步接收后的顾虑； 3）必须符合国家安全和环境法规等强制性要求。 7.公司内部让步接收手续的办理由生产部填写《让步接收申请单》，经品质部经理批准后才可让步接收，获准让步接收的产品必须附带《不合格品评审表》随产品一道入库 8.需向顾客办理让步接收时，首先由业务部与顾客沟通，征得对方同意后，按顾客要求，填写让步接收申请单，得到对方批准后方可发货，检验员应在该批次产品外包装上做好恰当的标识 9.降级：按公司等级分类执行 10.客户或市场退回产品也应按以上程序进行处理，退货原因如果属于客户的问题，由业务部与客户进行沟通处理，直至客户满意 | 《返工返修单》《让步接收申请单》 |
| | 再验证 No Yes | | 审批 No Yes | | |
| | | 资料归档 | | | |

424

## 表8-92 不合格品评审表

QR8.7-01　　　　　　　　　　　　　　　　　　　　　　　　　　　　　　No:

| 产品名称及型号 | | | 发现阶段 | □进货检；　　□生产线上；　　□成品检；<br>□首检；　□巡检；　□末检；　□出库检；<br>□产品审核　□用户使用时发现；<br>□其他：_____ |
|---|---|---|---|---|
| 发生工序 | | 批次号 | | |
| 不合格数量 | | 总数量 | | |

| 不合格情况介绍：<br><br>　　　　　　　　　　　部门：_____　　签名/日期：_____ |
|---|
| 责任部门意见：<br>　□1. 退货；□2. 报废；□3. 挑选后退货/报废；□4. 挑选后返工，请技术部提出返工方案；<br>　□5. 降级；□6. 特采；□7. 让步接收；　　□8. 挑选后返修，返修合格则让步接收；<br>　□9. 其他意见：_____<br>　　　　　　　　　　　部门：_____　　签名/日期：_____ |
| 评审意见：<br>　1. □a. 返工工艺为：_____<br>　　　□b. 同意本批让步接收，接收范围为：_____<br>　　　□c. 同意本批返修，返修工艺为：_____<br>　　　　　返修后接收范围为：_____<br>　2. 对于可能影响的已装配、已发出或客户处的产品处置方案为：<br>　　　□a. 更换；<br>　　　□b. 提请注意；<br>　　　□c. 无关。<br>　3. 需由_____部门在____年__月__日前提出纠正措施。<br>　4. 其他意见：_____<br>　5. 批不合格率统计：<br>　　　□列入；<br>　　　□不列入。<br>　技术部签名/日期：_____　　质检部签名/日期：_____ |

| 处置情况<br>验证记录 | 1. □已按评审意见处置完毕；<br>2. □返工/返修后检查情况：_____<br>　　　检查人/日期：_____<br>3. □返工/返修后处置意见：_____<br>　　　签名/日期：_____附原始凭证____张，分别是 |
|---|---|

**表 8-93　让步接收申请**

QR8.7-02　　　　　　　　　　　　　　　　　　　　　　　　　　　No：

| 订单号 | | 客户名称 | | 送验单位 | |
|---|---|---|---|---|---|
| 产品名称 | | 型号规格 | | 数量 | |
| 申请部门 | | 申请人 | | 日期 | |

| 异常内容： |
|---|
| 检验员/日期： |

| 申请让步理由： |
|---|
| 主管/日期： |

| 质检部意见： |
|---|
| 主管/日期： |

| 技术部意见： |
|---|
| 主管/日期： |

| 总经理： |
|---|
| 批准/日期： |

## 产品召回管理规定

文件编号：QM/WI64　版本/改数：A/0　生效日期：20××年××月××日　　第×页/共×页

1. 目的

保证产品符合法定、标准及顾客要求，保证消费者的安全，维护公司的信誉。

2. 范围

适用于已经销售出厂的不合格品的控制。

3. 职责

业务部负责及时通知顾客，将出厂的不合格产品撤回，并与顾客协商妥善处理不合格品的相关事宜。

4. 程序

4.1 质检部和仓库应严格按《标识和可追溯性管理流程》对生产全过程的产品进行明显的标识，确保产品做到可追溯性。

4.2 业务部应建立产品销售档案，每批出厂的产品都做好记录

4.3 公司成立产品撤回小组，成员包括业务部、质检部、生产部等部门的人员，规定相应的职责和权限，并建立联系方式，确保信息的沟通。

4.4 业务部设立专线电话，专人负责顾客信息的反馈，及时做好对外信息的沟通。

4.5 需要有撤回的产品时，业务部要及时通知质检部，由质检部主持召开专题会议，查明该产品的生产原始记录，分析发生质量安全问题的原因，查明该批产品的生产日期、批次、生产的数量以及销售的数量及销售的去向等信息后，拟定撤回计划，报总经理审批后实施。

4.6 撤回计划实施前，由业务部在24小时内通报当地政府主管部门。通报的内容包括：产品撤回的原因、撤回产品的类别、产品名称、批号、企业注册号、生产日期、进出口日期等信息。

4.7 实施撤回时，业务部可通过电话、传真、网络、大众媒体或其他方式通知顾客、消费者及经销商，撤回相关产品。

4.8 撤回产品质检部配合政府主管部门对撤回的产品进行检验评估，提出处理意见，并查找或分析原因，制订出相应的纠正和预防措施。

4.9 为了保证一旦出现产品撤回时能及时、准确、完整地回收相应的产品，公司每年由业务部组织一次模拟演练撤回的演习，并做好演习的记录。

5. 相关文件

5.1 《不合格输出的控制流程》。

6. 相关记录

6.1《产品召回应急演练报告》。

表 8-94　产品召回应急演练报告

QR8.7-03　　　　　　　　　　　　　　　　　　　　　　　　　　　No：

| 目的 | |
|---|---|
| 依据 | |
| 召回小组成员 | |
| 职责 | |
| 演练内容 | |
| 演练流程 | 确认回收范围 | |
| | 编制回收通知函 | |
| | 发布回收计划执行指令 | |
| | 产品回收行动 | |
| | 回收产品处理 | |
| | 确认回收完成 | |
| | 编制回收报告 | |
| 召回产品处理记录表 | |
| 产品召回评审评估会议 | |
| 产品召回模拟演练总结 | |

## 表 8-95 返工返修作业流程

文件编号：QM/WI65　　版本/改数：A/0　　生效日期：20××年××月××日　　第×页/共×页

| 过程流程 ||| 内容描述 | 采用表单 |
|---|---|---|---|---|
| 质检部 | 生产部 | 技术部 | | |
| 确定返工返修产品 | | | 1.返工：为使不合格产品或服务符合要求而对其采取的措施。返工可影响或改变不合格的产品或服务的某些部分<br>2.返修：为使不合格产品或服务满足预期用途而对其采取的措施<br>1）不合格的产品或服务的成功返修未必能使产品符合要求。返修可能需要连同让步。<br>2）返修包括对以前合格的产品或服务，为重新使用所采取的修复措施，如作为维修的一部分。<br>3）返修可影响或改变不合格的产品或服务的某些部分。<br>3.质检部检验员在对产品的检验中发现不合格品、生产部制造过程发现不符合规定要求时，依《不合格品输出管理流程》进行控制，并填写《返工返修单》递交技术部对其进行分析，以确定产品需返工或返修 | 《返工返修单》 |
| | | 评审 | 技术部针对返工、返修产品进行评审，确定需要进行返工或返修时，编制《返工返修作业要点说明》 | 《返工返修作业要点说明》 |
| | 返工返修作业 | | 生产部安排人员、设备，按技术部下发的《返工返修作业要点说明》进行返工或返修，做好返工或返修记录，填写《返工返修单》，并做好返工或返修标识 | 《返工返修单》 |
| 质检 No/Yes | | | 质检部检验员按《返工返修作业要点说明》对返工或返修产品进行重新检验，填写检验记录，并监督做好返工返修的检验状态标识 | |
| | 标识 | | 生产部对返工、返修产品包装好后，必须在包装上做出明显标志，贴上"返工或返修产品"标贴，以提醒顾客注意 | |

表 8-96 返工返修单

QR8.7-04　　　　　　　　　　　　　　　　　　　　　　　　　　　　　No：

| 产品名称 | | 产品型号 | | 产品数量 | |
|---|---|---|---|---|---|
| 发生地点 | | 发生时间 | | 责任部门 | |
| 存在问题描述 | 签名/日期： ||||||
| 返工/返修内容 | 签名/日期： ||||||
| 返工/返修评审 | 签名/日期： ||||||
| 返工/返修后检验结果 | 签名/日期： ||||||

## 表8-97 返工返修作业要点说明

QR8.7-05　　　　　　　　　　　　　　　　　　　　　　　　　　　　　　No：

| 生产车间 | | 生产班组 | |
|---|---|---|---|
| 产品名称 | | 产品型号 | |
| 生产机器 | | 编制日期 | |

| 序号 | 产品检查项目 | 缺陷项目 | 处理方法 | 操作方法及注意点 | 验证 |
|---|---|---|---|---|---|
| 1 | | | | | |
| 2 | | | | | |
| 3 | | | | | |
| 4 | | | | | |
| 5 | | | | | |
| 6 | | | | | |
| 7 | | | | | |
| 8 | | | | | |
| 9 | | | | | |
| 10 | | | | | |
| 11 | | | | | |
| 12 | | | | | |

编制：　　　　　　　　　　　　　　　　　　审核：

# 第 9 章 绩效评价

## 9.1 监视、测量、分析和评价

### 9.1.1 总则

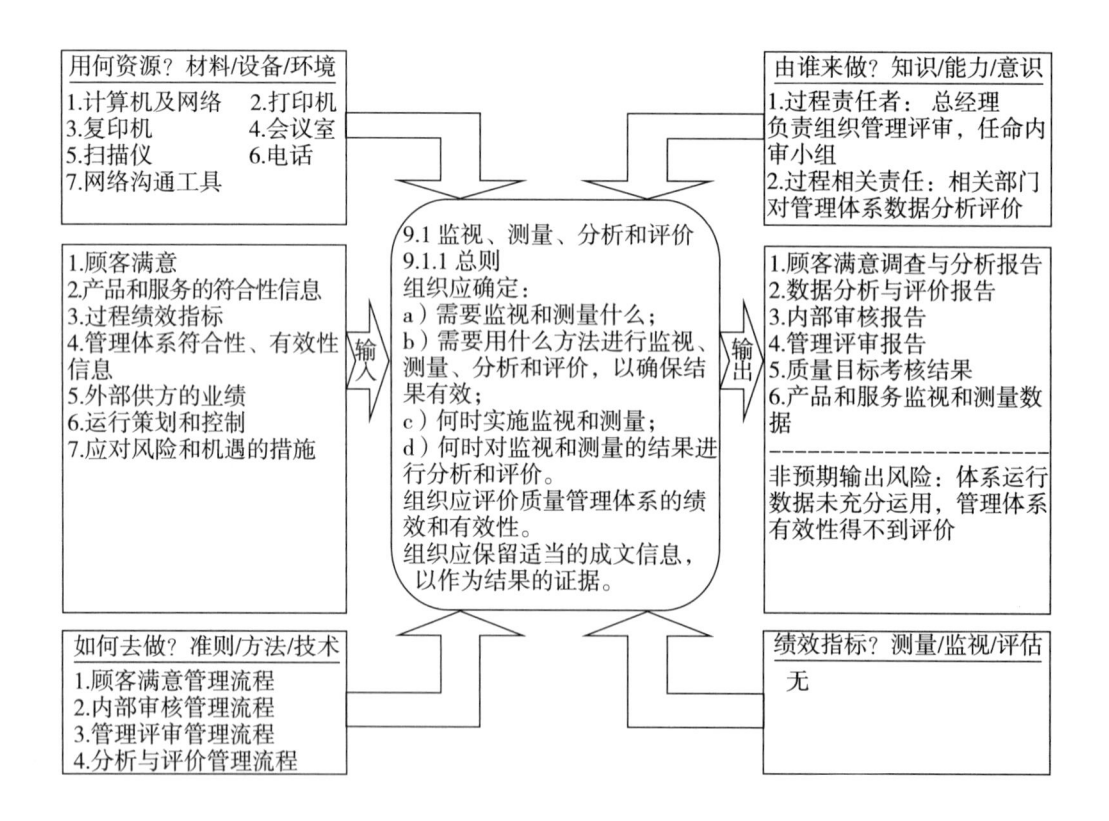

**用何资源？材料/设备/环境**
1. 计算机及网络　2. 打印机
3. 复印机　　　　4. 会议室
5. 扫描仪　　　　6. 电话
7. 网络沟通工具

**由谁来做？知识/能力/意识**
1. 过程责任者：总经理负责组织管理评审，任命内审小组
2. 过程相关责任：相关部门对管理体系数据分析评价

**输入**
1. 顾客满意
2. 产品和服务的符合性信息
3. 过程绩效指标
4. 管理体系符合性、有效性信息
5. 外部供方的业绩
6. 运行策划和控制
7. 应对风险和机遇的措施

**9.1 监视、测量、分析和评价**
**9.1.1 总则**
组织应确定：
a) 需要监视和测量什么；
b) 需要用什么方法进行监视、测量、分析和评价，以确保结果有效；
c) 何时实施监视和测量；
d) 何时对监视和测量的结果进行分析和评价。
组织应评价质量管理体系的绩效和有效性。
组织应保留适当的成文信息，以作为结果的证据。

**输出**
1. 顾客满意调查与分析报告
2. 数据分析与评价报告
3. 内部审核报告
4. 管理评审报告
5. 质量目标考核结果
6. 产品和服务监视和测量数据
————————————
非预期输出风险：体系运行数据未充分运用，管理体系有效性得不到评价

**如何去做？准则/方法/技术**
1. 顾客满意管理流程
2. 内部审核管理流程
3. 管理评审管理流程
4. 分析与评价管理流程

**绩效指标？测量/监视/评估**
无

图 9-1　监视、测量、分析和评价总则—过程分析乌龟图

## 9.1.2 顾客满意

**用何资源？材料/设备/环境**
1. 计算机及网络　2. 打印机
3. 复印机　　　　4. 会议室
5. 扫描仪　　　　6. 电话
7. 网络沟通工具

**由谁来做？知识/能力/意识**
1. 过程责任者：业务部负责顾客满意度的调查和数据分析
2. 过程相关责任：质检部负责顾客满意度的纠正预防措施的改进

**输入：**
1. 已交付产品的质量绩效
2. 交付产品对顾客造成的干扰（包括：供货信誉和售后市场的退货）
3. 交付时间安排的绩效（包括发生的超额运费）
4. 与产品质量和交付问题有关的顾客通知（即：反应速度）等
5. 媒体报道
6. 顾客评定报告

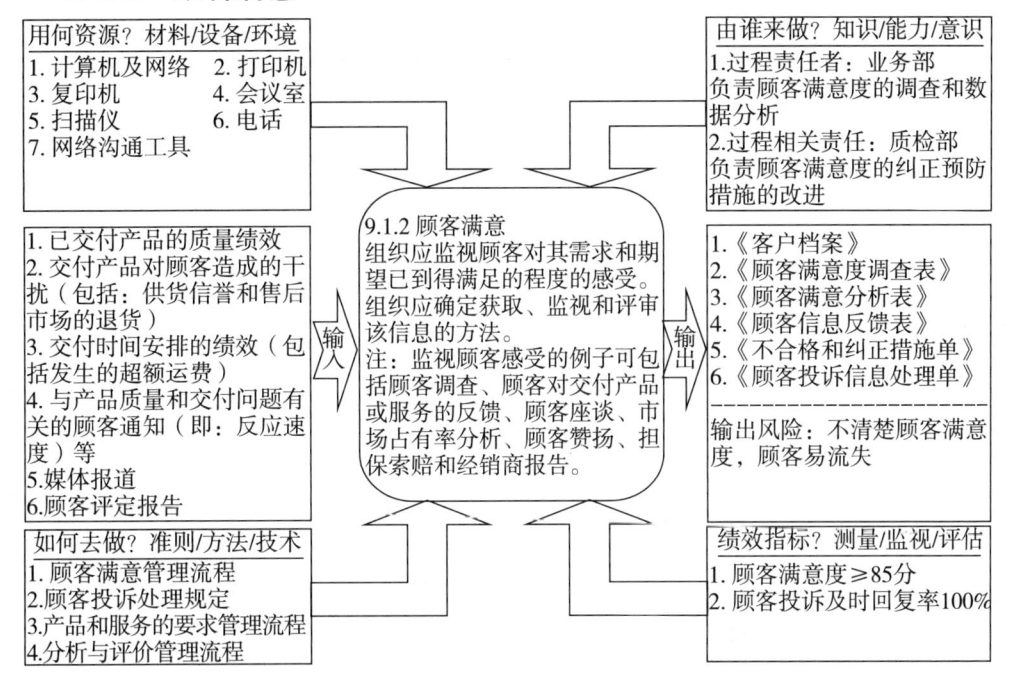

**9.1.2 顾客满意**
组织应监视顾客对其需求和期望已得到满足的程度的感受。组织应确定获取、监视和评审该信息的方法。
注：监视顾客感受的例子可包括顾客调查、顾客对交付产品或服务的反馈、顾客座谈、市场占有率分析、顾客赞扬、担保索赔和经销商报告。

**输出：**
1.《客户档案》
2.《顾客满意度调查表》
3.《顾客满意分析表》
4.《顾客信息反馈表》
5.《不合格和纠正措施单》
6.《顾客投诉信息处理单》
---
输出风险：不清楚顾客满意度，顾客易流失

**如何去做？准则/方法/技术**
1. 顾客满意管理流程
2. 顾客投诉处理规定
3. 产品和服务的要求管理流程
4. 分析与评价管理流程

**绩效指标？测量/监视/评估**
1. 顾客满意度≥85分
2. 顾客投诉及时回复率100%

**图 9-2　顾客满意—过程分析乌龟图**

**表 9-1　顾客满意管理流程**

文件编号：QM/WI66　　版本/改数：A/0　　生效日期：20××年××月××日　　第×页/共×页

| 过程流程 | | 内容描述 | 采用表单 |
|---|---|---|---|
| 业务部 | 质检部 | | |
| 顾客基本信息 | | 业务部对本公司的顾客建立相应的顾客档案，并详细记录其名称、地址、电话、联系人及订购产品的型号规格、数量、反馈质量信息等，见《客户档案》 | 《客户档案》 |
| 顾客满意度策划 | | 1.调查频率：每年覆盖所有顾客一次<br>2.被调查人范围：过去与现有顾客<br>3.调查内容：<br>1）已交付产品的质量绩效<br>2）交付产品对顾客造成的干扰（包括：供货信誉和售后市场的退货）<br>3）交付时间安排的绩效（包括发生的超额运费）<br>4）与产品质量和交付问题有关的顾客通知（即反应速度）等<br>4.调查方式：问卷 | |
| 顾客满意度实施 | | 业务部每年针对过去与现有顾客发出《顾客满意度调查表》，调查顾客对本公司的产品品质、服务、交货期、客户投诉处理等项目的评价 | 《顾客满意度调查表》 |
| 顾客满意度信息数据分析 | | 业务部根据各顾客回复的《顾客满意度调查表》《顾客信息反馈表》《客户档案》等相关顾客满意信息，对各指标进行汇总，对顾客不满意现象进行讨论分析，记录《顾客满意分析表》 | 《顾客信息反馈表》《顾客满意分析表》 |
| | 提出改善方案 | 通过对顾客满意度信息数据的分析，提出相应的改进措施，编制《不合格和纠正措施单》，质检部做好跟踪实施 | 《不合格和纠正措施单》 |
| 改善方案验证 | | 业务部每年定期针对顾客满意的纠正改善措施进行分析总结，检查是否确定每项抱怨的落实执行情况及效果 | |

433

表 9-2  客户档案

QR9.1.2-01　　　　　　　　　　　　　　　　　　　　　　　　No：

| 基本情况 | 客户名称 | | | | | |
|---|---|---|---|---|---|---|
| | 法人代表 | | 联系电话 | | | |
| | 业务联系人 | | 联系电话 | | | |
| | 传真 | | 邮箱地址 | | | |
| | 公司网站 | | | | | |
| | 主要经营业务 | | | | | |
| | 客户类别 | □A类 | □B类 | □C类 | | |
| | 同业地位 | □领导者 | □具有影响 | □一级 | □二级 | □三级 |
| | 业务情况 | 旺季_____月，上期销量_____；<br>淡季_____月，上期销量_____。 | | | | |
| | 信用等级 | □A级 | □B级 | □C级 | | |

| 客户资料 | 客户资料名称 | 件数 | 客户资料名称 | 件数 |
|---|---|---|---|---|
| | 客户合同/订单 | | 成品退货单 | |
| | 产品报价表 | | 特殊合同评审表 | |
| | 顾客财产台账 | | 客户样品需求单 | |
| | 顾客满意度调查表 | | 样品及样品照片 | |
| | 客户（反馈）联络信息处理单 | | 客户图纸/文件 | |
| | 合同订单评审表 | | 客户更改文件 | |
| | 合同订单汇总表 | | 客户付款清单 | |
| | 客户出货记录 | | | |

| 备注 | |
|---|---|

编制/日期：　　　　　　　　　　　　　　　　　　　审核/日期：

## 表9-3 顾客满意度调查表

QR9.1.2-02　　　　　　　　　　　　　　　　　　　　No：

| 顾客名称 | | 联系人 | |
|---|---|---|---|
| 电　话 | | 传　真 | |
| E-Mail | | 调查日期 | |

尊敬的顾客：

　　感谢您长期以来的合作和支持，为不断改善和提高本公司的产品品质和服务水平，以最大限度地满足您的要求。烦请您认真填写此调查表并将其返回本公司。谢谢合作！

满意度请打"√"表示（顾客填写部分）

| 序号 | 调查项目 | 满意 10 | 较好 8 | 尚可 6 | 较差 4 | 不予置评 | 说明理由 |
|---|---|---|---|---|---|---|---|
| 1 | 产品质量（符合性） | | | | | | |
| 2 | 产品功能（使用、适宜性） | | | | | | |
| 3 | 产品性能（安全、可靠性） | | | | | | |
| 4 | 价格 | | | | | | |
| 5 | 交付及时性（准时性） | | | | | | |
| 6 | 顾客生产中断 | | | | | | |
| 7 | 退货情况 | | | | | | |
| 8 | 产品包装、标识与防护 | | | | | | |
| 9 | 产品外观（表面质量） | | | | | | |
| 10 | 生产服务、售后服务 | | | | | | |
| 11 | 沟通方式及有效性 | | | | | | |
| 12 | 附加运费 | | | | | | |
| 得分 | | 与同行相比较而言 | □较好　□持平　□较差 | | | 顾客签名 | |

顾客的改进意见：

　　注："得分"采取100分制，得分 = 12项累加分 0.83 × 系数

表9-4 顾客满意度分析表

QR9.1.2-03　　　　　　　　　　　　　　　　　　　　　　　　　　　　　No：

| 调查项目<br>顾客名称 | 产品质量（符合性） | 产品功能（使用、适宜性） | 产品性能（安全、可靠性） | 价格 | 交付及时性（准时性） | 顾客生产中断 | 退货情况 | 产品包装、标识与防护 | 产品外观（表面质量） | 生产服务、售后服务 | 沟通方式及有效性 | 附加运费 | 总分 |
|---|---|---|---|---|---|---|---|---|---|---|---|---|---|
|  |  |  |  |  |  |  |  |  |  |  |  |  |  |
|  |  |  |  |  |  |  |  |  |  |  |  |  |  |
|  |  |  |  |  |  |  |  |  |  |  |  |  |  |
|  |  |  |  |  |  |  |  |  |  |  |  |  |  |
|  |  |  |  |  |  |  |  |  |  |  |  |  |  |
|  |  |  |  |  |  |  |  |  |  |  |  |  |  |
|  |  |  |  |  |  |  |  |  |  |  |  |  |  |
|  |  |  |  |  |  |  |  |  |  |  |  |  |  |
|  |  |  |  |  |  |  |  |  |  |  |  |  |  |
| 总　分 |  |  |  |  |  |  |  |  |  |  |  |  |  |

分析：

注：满意10分；较好8分；尚可6分；较差4分。

## 9.1.3 分析与评价

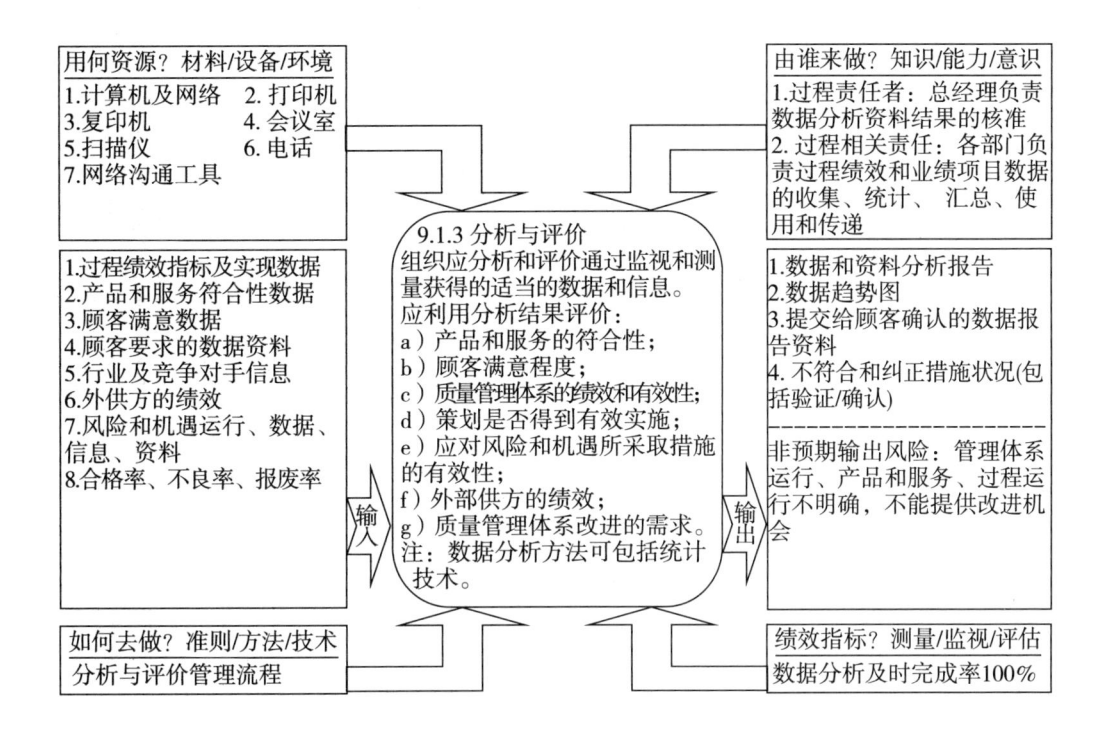

| 用何资源？材料/设备/环境 | | 由谁来做？知识/能力/意识 |
|---|---|---|
| 1.计算机及网络　2.打印机<br>3.复印机　　　　4.会议室<br>5.扫描仪　　　　6.电话<br>7.网络沟通工具 | | 1.过程责任者：总经理负责数据分析资料结果的核准<br>2.过程相关责任：各部门负责过程绩效和业绩项目数据的收集、统计、汇总、使用和传递 |
| 1.过程绩效指标及实现数据<br>2.产品和服务符合性数据<br>3.顾客满意数据<br>4.顾客要求的数据资料<br>5.行业及竞争对手信息<br>6.外供方的绩效<br>7.风险和机遇运行、数据、信息、资料<br>8.合格率、不良率、报废率 | 9.1.3 分析与评价<br>组织应分析和评价通过监视和测量获得的适当的数据和信息。<br>应利用分析结果评价：<br>a) 产品和服务的符合性；<br>b) 顾客满意程度；<br>c) 质量管理体系的绩效和有效性；<br>d) 策划是否得到有效实施；<br>e) 应对风险和机遇所采取措施的有效性；<br>f) 外部供方的绩效；<br>g) 质量管理体系改进的需求。<br>注：数据分析方法可包括统计技术。 | 1.数据和资料分析报告<br>2.数据趋势图<br>3.提交给顾客确认的数据报告资料<br>4.不符合和纠正措施状况(包括验证/确认)<br>————————<br>非预期输出风险：管理体系运行、产品和服务、过程运行不明确，不能提供改进机会 |
| 如何去做？准则/方法/技术<br>分析与评价管理流程 | 输入　　　输出 | 绩效指标？测量/监视/评估<br>数据分析及时完成率100% |

图 9-3　分析与评价—过程分析乌龟图

**表9-5 分析与评价管理流程**

文件编号：QM/WI67　　版本/改数：A/0　　生效日期：20××年××月××日　　第×页/共×页

| 过程流程 ||| 内容描述 | 采用表单 |
|---|---|---|---|---|
| 总经理 | 质检部 | 其他部门 |  |  |
| 分析评价要求 ||| 公司应利用分析结果评价以下方面：<br>1）产品和服务要求的符合性信息：如关键工序、特殊工序、不合格物资、不合格工序等<br>2）顾客满意信息：如产品质量、交付和服务等方面的顾客反映、顾客需求的变化、市场需求变化、顾客投诉等<br>3）质量管理体系的绩效和有效性有关的信息：如审核结论、日常监督检查结果、不合格项分布、内审外审不合格项等<br>4）相关策划活动的实施情况，如质量目标及其实现的策划、变更的策划、运行的策划、设计开发策划、生产服务提供的策划等<br>5）应对风险和机遇所采取措施的有效性有关的信息：如风险识别记录、风险评价表、风险分析报告等<br>6）外部供方的业绩与绩效相关的信息：如供方调查表、业绩评定记录等<br>7）质量管理体系改进的需求信息 |  |
| | 策划 || 质检部对分析评价活动进行策划，制定《分析与评价方案》，明确数据收集部门、收集范围、收集频次、分析方法、责任部门、传递范围等 | 《分析与评价方案》 |
| | 统计技术选择 || 1.质检部编制《统计技术应用表》指导统计技术应用，各部门可根据需要，选择相应统计技术，包括（但不限于）以下方面：<br>1）用于原因分析的因果图、系统图、关联图<br>2）用于寻找主要问题的排列图<br>3）用于分析和判断工序是否处于控制状态的控制图<br>4）用于分析和掌握质量数据的分布状况的直方图<br>5）其他统计技术：流程图、网络计划、水平对比法、头脑风暴法、调查表、对策表等<br>2.质检部负责对各部门统计技术应用的培训，具体执行《能力管理流程》 | 《统计技术应用一览表》 |
| | 数据资料收集 || 1.技术部负责公司新产品开发完成状况、技术工艺数据的收集，相关策划活动实施情况的收集，应对风险和机遇所采取措施的有效性有关信息的收集<br>2.采购部负责外部供方业绩与绩效相关数据的收集<br>3.业务部负责销售业绩、顾客信息的收集，包括满意、抱怨、投诉、交付、退货等<br>4.生产部负责生产计划完成、各工序产能/能力、设备维护保养的数据收集<br>5.办公室负责人员管理、环境运行、企业知识方面数据的收集<br>6.质检部负责产品和服务要求的符合性信息收集，质量管理体系的绩效和有效性有关的信息的收集，并负责汇总各部门发生变化的数据 |  |
| | 数据统计分析<br>A || 1.顾客信息（包括顾客满意和不满意的信息）<br>1）《顾客满意度调查表》由业务部负责收集，并将顾客意见整理反馈到质检部，运用统计方法对收集的数据进行分析，识别改进的机会<br>2）《顾客质量信息反馈处理单》由业务部负责收集，传递至相关部门，由责任部门进行限时纠正，并传递给质检部采取统计技术（调查表、排列图、因果图）进行分析，并按月份或季度做出趋势分析，达到短期纠正、长期预防的目的<br>3）业务部利用通过走访、信函、传真、订货会等形式收集到的顾客信息，应使用《顾客质量信息反馈处理单》及时传递给相关领导，并协调相关部门采取相应分析方法，找出改进的途径<br>2.产品质量控制指标实现情况<br>1）产品质量关键特性（特殊过程和关键工序的特性要求）由质检部检验员负责按规定实施检验，进行记录整理，按月份由质检部收集，并利用趋势图做出趋势分析<br>2）产品质量的一般特性要求，由工序巡检人员负责按规定实施检验，并做好检验记录，由车间负责保存相关记录 | 《顾客满意度调查表》<br>《顾客质量信息反馈处理单》<br>《不合格品汇总表》<br>《不合格品评审表》 |

438

续表

| 过程流程 ||| 内容描述 | 采用表单 |
|---|---|---|---|---|
| 总经理 | 质检部 | 其他部门 |||
| | A ↓ 数据统计分析 ↓ | | 3. 不合格品信息（包括返工、废品、顾客退货等）<br>1）车间发生的不合格品，包括返工、返修、作废的处置情况由车间填写《不合格品汇总表》，每月汇总报告质检部，由质检部采取统计技术方法进行分析，及时纠正趋势性的倾向<br>2）顾客退货由业务部负责记录，对顾客退货的不合格原因进行记录，并协同质检部对顾客退货进行复验，填写《不合格品汇总表》《不合格品评审表》，按顾客要求进行8D处理，采取措施立即纠正，长期预防<br>4. 过程能力信息（过程能力信息包括CPK、PPK等有关信息）<br>1）初始工序能力情况由技术部根据顾客要求确定控制特性，质检部配合进行初始研究，当PPK≤1.67，应编制《持续改进计划》，强制提高改进工序能力，运用X-R控制图进行判稳分析<br>2）判稳后，由质检部延长X-R控制图控制线对工序进行控制，指导车间在X-R控制图上打点，识别过程信息<br>3）过程能力的相关信息，PPAP需要的CPK/PPK资料由质检部保存，并监督改进；过程控制使用的CP和/或CPK资料由质检部保存<br>4）MSA由质检部负责实施，并记录所有资料<br>5. 产品计划完成及交付的信息<br>1）由生产部按计划期对产品计划完成数据进行统计报质检部，并做出与同期的趋势对比<br>2）由业务部根据顾客订单要求，进行产品交货期完成数据的统计报质检部，并与计划对比，进行趋势分析<br>6. 采购信息：包括交付、价格、质量信息<br>由采购部按发生的月份整理有关供方供货交付、价格、质量信息，采用《调查表》的形式对供方的交付能力、产品价格、质量状况进行统计分析，进行优化排序，为供方业绩评价与质量体系开发提供依据<br>7. 质量成本信息：主要控制内部不良成本和外部不良成本信息<br>1）由质检部指导建立二级科目，主要包括：废品的工废、料废损失价值；不合格品的返修、返工工时费用，分选的费用，复检的费用以及不合格品处理所发生的费用。由生产部按月份填写《车间质量损失费用汇总表》向质检部传递汇总<br>2）质检部对每月发生的外部不良成本损失，包括：索赔损失费、保修或退换损失费、让步接受降价损失费、外部故障处理损失费等外部不良成本损失，设立科目建账记录，填写《不良质量成本报告表》<br>3）每月由质检部将不良成本损失统计后与当月的销售收入、产值进行比较，按季度进行趋势分析，提供给总经理进行决策，或作为管理评审的输入资料<br>8. 质量体系运行信息<br>1）由质检部按照体系的要求收集内审（包括体系审核、过程审核、产品审核）有关信息，负责对不符合项改进的跟踪验证<br>2）由质检部按经营计划的要求收集各部门质量目标完成情况的分析报告，并填写公司的《过程绩效指标（质量目标）考核表》<br>9. 设备（工装）运行信息<br>主要包括设备（工装）精度检验/验证记录；设备正常运行台时/维修台时的记录；设备（工装）预先性维护记录（包括维修计划的实施、设备工装的点检、特殊工序设备的再确认等），由质检部收集，作为进行PPK/CPK分析的依据 | 《持续改进计划》《车间质量损失费用汇总表》《不良质量成本报告表》 |
| | ↓ 数据分析报告汇总 ↓ | | 1. 质量业绩数据和技术业绩数据及分析报告送交质检部；经营业绩数据及分析报告送交业务部；产能、过程能力数据及分析报告送交生产部<br>2. 数据归口管理部门将各部门送交的数据分析报告汇总整合后，使用电子版文件格式传递给质检部，根据需要共享给公司内各相关部门 | 《数据分析报告》 |
| | 改进 | | 各部门根据数据分析报告，制订纠正措施方案，具体按照《不合格和纠正措施管理流程》。数据分析输出资料作为持续改进的机会，执行《持续改进管理流程》 | |

### 表9-6 分析与评价方案

QR9.1.3-01　　　　　　　　　　　　　　　　　　　　　　　　　　　　　No：

| 序号 | 数据收集部门 | 数据收集范围 | 数据收集频次 | 分析评价方法 | 责任部门 | 发放范围 |
|------|------|------|------|------|------|------|
|  |  |  |  |  |  |  |
|  |  |  |  |  |  |  |
|  |  |  |  |  |  |  |
|  |  |  |  |  |  |  |
|  |  |  |  |  |  |  |
|  |  |  |  |  |  |  |
|  |  |  |  |  |  |  |
|  |  |  |  |  |  |  |
|  |  |  |  |  |  |  |
|  |  |  |  |  |  |  |
|  |  |  |  |  |  |  |
|  |  |  |  |  |  |  |
|  |  |  |  |  |  |  |
|  |  |  |  |  |  |  |
|  |  |  |  |  |  |  |
|  |  |  |  |  |  |  |
|  |  |  |  |  |  |  |
|  |  |  |  |  |  |  |
|  |  |  |  |  |  |  |
|  |  |  |  |  |  |  |
|  |  |  |  |  |  |  |
|  |  |  |  |  |  |  |
|  |  |  |  |  |  |  |

编制/日期：　　　　　　　　　　　　　　　审批/日期：

### 表9-7 统计技术应用一览表

QR9.1.3-02　　　　　　　　　　　　　　　　　　　　　　　　　　　No：

| 序号 | 统计方法 | 应用场合 | 使用部门 | 数据来源 | 发放范围 | 归档部门 |
|------|----------|----------|----------|----------|----------|----------|
|      |          |          |          |          |          |          |
|      |          |          |          |          |          |          |
|      |          |          |          |          |          |          |
|      |          |          |          |          |          |          |
|      |          |          |          |          |          |          |
|      |          |          |          |          |          |          |
|      |          |          |          |          |          |          |
|      |          |          |          |          |          |          |
|      |          |          |          |          |          |          |
|      |          |          |          |          |          |          |

编制/日期：　　　　　　　　　　　　　　　审批/日期：

## 9.2 内部审核

| 用何资源？材料/设备/环境 | | 由谁来做？知识/能力/意识 |
|---|---|---|
| 1. 计算机及网络　2. 打印机<br>3. 复印机　　　　4. 会议室<br>5. 扫描仪　　　　6. 电话<br>7. 网络沟通工具 | | 1. 过程责任者：审核组负责审核计划的实施,审核计划的执行及不符合项的跟踪验证<br>2. 过程相关责任：受审核部门负责配合审核人员进行审核，对不符合项制订纠正和预防措施并有效实施 |

**输入：**
1. 年度内部审核计划
2. 质量内部审核实施计划
3. 体系/过程/产品审核检查表
4. 本厂体系文件及顾客要求
5. 图纸、流程图、FMEA、控制计划、作业指导书
6. 场所、生产工艺、供应商更改
7. 顾客投诉及反馈
8. 本厂组织机构及质量管理体系的重大变化
9. 重大质量事故及连续的一般质量事故
10. 法律法规要求
11. 以往审核结果
12. 企业重要变更

**过程：**
9.2.1 组织应按照策划的时间间隔进行内部审核，以提供有关质量管理体系的下列信息：
a) 是否符合：
1) 组织自身的质量管理体系要求；
2) 本标准的要求。
b) 是否得到有效的实施和保持。
9.2.2 组织应：
a) 依据有关过程的重要性、对组织产生影响的变化和以往的审核结果，策划、制定、实施和保持审核方案，审核方案包括频次、方法、职责、策划要求和报告；
b) 规定每次审核的审核准则和范围；
c) 选择审核员并实施审核，以确保审核过程客观公正；
d) 确保将审核结果报告给相关管理者；
e) 及时采取适当的纠正和纠正措施；
f) 保留成文信息，作为实施审核方案以及审核结果的证据。
注：相关指南参见 GB/T 19011。

**输出：**
1.《内部质量体系审核计划》
2.《内审实施计划》
3.《质理管理体系内审检查表》
4.《会议签到表》
5.《不符合项报告》
6.《内部质量管理体系审核报告》
————————————
非预期输出风险：内审过程形式化，没有发现体系运行中的问题，不能持续改进

**如何去做？准则/方法/技术**
内部审核管理流程

**绩效指标？测量/监视/评估**
不符合项有效关闭率100%

图9-4　内部审核—过程分析乌龟图

## 第9章 绩效评价

### 表9-8 内部审核管理流程

文件编号：QM/WI68　　版本/改数：A/0　　生效日期：20××年××月××日　　第×页/共×页

| 过程流程 | 内容描述 | 采用表单 |
|---|---|---|
| 编制审核计划（相关部门／质检部／内审组／总经理） | 质检部每年年初根据公司体系运行情况的需要和顾客的要求编制公司《内部质量体系审核计划》 | 《内部质量体系审核计划》 |
| 批准（no/yes） | 《内部质量体系审核计划》报最高管理者批准。当发生以下情况时,应适当增加审核频次<br>1) 组织机构、管理体系发生重大变化<br>2) 出现重大质量事故或用户对某一环节连续投诉或严重抱怨<br>3) 内部质量体系审核中发现某一活动或部门出现问题较多时<br>4) 最高管理者认为有必要增加的审核 | |
| 组建审核组 | 总经理任命审核组长。审核组长选择审核员,成立审核组,审核组成员应与受审核方无直接责任的审核员担任。内审人员不得审核自己或涉及的相关工作<br>体系内审人员的资格条件：必须具有ISO9001标准的审核员的能力,且必须理解涉及客户质量体系方面的特殊要求 | |
| 内审实施计划 / 确认（no/yes） | 审核组成立后,由审核组长编制此次审核的《内审实施计划》,经最高管理者批准后,提前一周通知受审核部门。受审部门对《内审实施计划》予以确认,如果对审核日期和审核的内容存有异议,可在接到通知的两个工作日内与审核组取得联系,双方协商解决 | 《内审实施计划》 |
| 编检查表 | 审核前,审核员应根据分工编制《质量管理体系内审检查表》,检查表应覆盖质量管理体系的全部职能过程,ISO9001标准中所有的适用的要求、包括公司顾客的一些特殊要求 | 《质量管理体系内审检查表》 |
| 召开首次会议 | 现场审核前召开首次会议,由审核组全体成员、受审核部门负责人及相关人员参加。会议由审核组组长主持,与会人员需签到。首次会议时间不超过半小时 | 《会议签到表》 |
| 实施内审 | 审核员对照《内审检查表》,通过交谈、提问、查阅文件和记录、检查现场等方式,有目的、有重点地收集客观证据,检查体系的运行情况。客观证据包括：<br>1) 存在的客观事实<br>2) 与被审核的过程、活动负有责任的人的谈话<br>3) 现行有效的文件和记录 | |
| 开具不符合报告 | 审核员在发现不合格时,开具《不符合项报告》,经受审核部门负责人确认,交审核组长批准后发至责任部门。责任部门接到《不符合项报告》后,对产生不合格的原因进行调查、分析,在五个工作日内制定纠正措施,报审核组审核后,组织实施。具体参照《不合格和纠正措施管理流程》实行 | 《不符合项报告》 |
| 不符合项纠正 / 召开末次会议 | 审核结束后召开末次会议,由审核组全体成员和受审核部门相关人员参加,审核组通报审核结果。末次会议结束后一周内,审核组长编制《内部质量管理体系审核报告》,报最高管理者批准后,分发至公司各部门<br>质检部对审核中出现的不符合项,按纠正措施中提出的时间安排,验证其有效性,将验证结果填入《不符合项报告》"验证栏"中,并及时反馈至最高管理者。验证无效的,由责任部门重新制定纠正措施进行整改,直至不符合得到纠正 | 《不符合期分布表》<br>《内部质量管理体系审核报告》 |
| 编制审核报告 / 批准 | 为使公司高阶管理层支持和参与内部审核工作,内部审核之结果由质检部在每年度召开的管理评审会议中提报管理层进行管理评审；其具体执行工作参照《管理评审管理流程》进行作业 | |
| 资料归档 | 资料归档 | |

443

表 9-9 内部质量体系审核计划

QR9.2-01　　　　　　　　　　　　　　　　　　　　　　　　　　　　　　　No：

| 月份＼部门 | 1月 | 2月 | 3月 | 4月 | 5月 | 6月 | 7月 | 8月 | 9月 | 10月 | 11月 | 12月 |
|---|---|---|---|---|---|---|---|---|---|---|---|---|
|  |  |  |  |  |  |  |  |  |  |  |  |  |
|  |  |  |  |  |  |  |  |  |  |  |  |  |
|  |  |  |  |  |  |  |  |  |  |  |  |  |
|  |  |  |  |  |  |  |  |  |  |  |  |  |
|  |  |  |  |  |  |  |  |  |  |  |  |  |
|  |  |  |  |  |  |  |  |  |  |  |  |  |
|  |  |  |  |  |  |  |  |  |  |  |  |  |
|  |  |  |  |  |  |  |  |  |  |  |  |  |
|  |  |  |  |  |  |  |  |  |  |  |  |  |
|  |  |  |  |  |  |  |  |  |  |  |  |  |
|  |  |  |  |  |  |  |  |  |  |  |  |  |

_____年度内审

编制：　　　　审核：　　　　批准：　　　　日期：

**表 9-10 审核实施计划**

QR9.2-02　　　　　　　　　　　　　　　　　　　No：

1. 审核目的：＿＿＿＿＿＿＿＿＿＿＿＿＿＿＿＿＿＿＿＿＿＿＿＿＿＿＿＿＿＿＿＿＿
2. 审核依据：＿＿＿＿＿＿＿＿＿＿＿＿＿＿＿＿＿＿＿＿＿＿＿＿＿＿＿＿＿＿＿＿＿
3. 审核覆盖产品：＿＿＿＿＿＿＿＿＿＿＿＿＿＿＿＿＿＿＿＿＿＿＿＿＿＿＿＿＿＿
4. 审核时间：＿＿＿＿＿＿＿＿＿＿＿＿＿＿＿＿＿＿＿＿＿＿＿＿＿＿＿＿＿＿＿＿
5. 首次会议时间：＿＿＿＿＿＿＿＿＿＿＿＿＿＿＿＿＿＿＿＿＿＿＿＿＿＿＿＿＿＿
6. 现场审核期间请被审核方有关人员参加下列活动：＿＿＿＿＿＿＿＿＿＿＿＿＿＿＿＿
7. 审核组成员：A 组成员：＿＿＿＿＿＿＿＿＿＿＿＿　B 成员：＿＿＿＿＿＿＿＿＿＿＿
8. 审核时间安排表：

| 时间 开始 | 结束 | 过程 | 条款 | 流程名称 | 审核员 | 受审部门 |
|---|---|---|---|---|---|---|
|  |  |  |  |  |  |  |
|  |  |  |  |  |  |  |
|  |  |  |  |  |  |  |
|  |  |  |  |  |  |  |
|  |  |  |  |  |  |  |
|  |  |  |  |  |  |  |
|  |  |  |  |  |  |  |
|  |  |  |  |  |  |  |
|  |  |  |  |  |  |  |
|  |  |  |  |  |  |  |
|  |  |  |  |  |  |  |
|  |  |  |  |  |  |  |
|  |  |  |  |  |  |  |
|  |  |  |  |  |  |  |
|  |  |  |  |  |  |  |
|  |  |  |  |  |  |  |
|  |  |  |  |  |  |  |
|  |  |  |  |  |  |  |

编制/日期：　　　　　　批准/日期：

表9-11 质量管理体系内审检查表

QR9.2-03　　　　　　　　　　　　　　　　　　　　　　　　　　　　No:

| 管理过程<br>□COP<br>□MP<br>□SP | 3）管理过程、支持性过程或子过程 | 4）责任部门 | 1）过程特性：<br>是否已规定过程的负责人（执行者）？　　是□否□<br>是否已对过程给以定义？　　　　　　　　　是□否□<br>过程是否已对过程文件化？　　　　　　　　是□否□<br>是否已对过程的接口给以明确？　　　　　　是□否□<br>过程是否被监控？　　　　　　　　　　　　是□否□<br>记录是否保持？　　　　　　　　　　　　　是□否□<br>5）期望或要求的关键参数、测量 | 6）相关质量文件 | 2）是否对下述有关支持性过程的问题加以阐明？<br>用什么？（原材料、设备）　　　　　是□否□<br>由谁做？（能力、培训）　　　　　　是□否□<br>用哪些主要衡量指标？（测量、检验）是□否□<br>如何做？（方法、技术）　　　　　　是□否□<br>　　　　　　　　　　　　　　　　　　是□否□<br>7）相关的ISO9001:2015条款 | 8）对审核观察到的、证据、潜在或实际的发现的描述（审核记录） | 9）评估<br>1　2　3 |
|---|---|---|---|---|---|---|---|
| | | | | | | | |
| | | | | | | | |
| | | | | | | | |
| | | | | | | | |
| | | | | | | | |
| | | | | | | | |

【备注】1．符合（合格）；2．需改进；3．不符合（不合格）。　　　　审核员：　　　　　　　　日期：

446

## 表 9–12 不符合项报告

QR9.2 –04　　　　　　　　　　　　　　　　　　　　　　　　　　　No：

| 受审核部门 | | 部门负责人 | |
|---|---|---|---|
| 审 核 员 | | 审 核 日 期 | |

| 不合格事实陈述： |
|---|
| 　<br><br>不符合体系文件程序：＿＿＿＿＿＿＿＿＿＿＿＿＿＿＿＿＿<br>　　　　标准条款：＿＿＿＿＿＿＿＿＿＿＿＿＿＿<br>不合格类型：＿＿＿＿＿＿＿＿＿＿＿＿＿＿＿<br>审核员：＿＿＿＿＿＿＿＿＿　　　　　　　部门负责人：＿＿＿＿＿＿＿＿<br>审核组长确认：＿＿＿＿＿＿＿＿＿　　　　　日期：＿＿＿＿＿＿＿＿ |

| 原因分析： |
|---|
| <br><br>　　　　　　　　　　　部门负责人：＿＿＿＿＿＿＿＿　日期：＿＿＿＿＿＿＿＿ |

| 建议的纠正措施计划： | 批准纠正措施计划： |
|---|---|
| <br>部门负责人：＿＿＿＿＿　审核员认可：＿＿＿＿＿<br>日　期：＿＿＿＿＿　　日　期：＿＿＿＿＿ | <br>最高管理者：＿＿＿＿＿＿＿<br>日　期：＿＿＿＿＿＿＿ |

| 纠正措施完成情况： |
|---|
| <br><br><br>　　　　　　　　　部门负责人：＿＿＿＿＿＿＿＿　日期：＿＿＿＿＿＿＿＿ |

| 纠正措施的验证： |
|---|
| <br><br><br><br>　　　　　　　　　　审核员：＿＿＿＿＿＿＿＿　日期：＿＿＿＿＿＿＿＿ |

表 9-13 不符合项分布表

QR9.2-05　　　　　　　　　　　　　　　　　　　　　　　　　　　　No：

| 部门<br>标准要求 | 总经理 | 生产部 | 技术部 | 质检部 | 办公室 | 采购部 | 业务部 |
|---|---|---|---|---|---|---|---|
|  |  |  |  |  |  |  |  |
|  |  |  |  |  |  |  |  |
|  |  |  |  |  |  |  |  |
|  |  |  |  |  |  |  |  |
|  |  |  |  |  |  |  |  |
|  |  |  |  |  |  |  |  |
|  |  |  |  |  |  |  |  |
|  |  |  |  |  |  |  |  |
|  |  |  |  |  |  |  |  |
|  |  |  |  |  |  |  |  |
|  |  |  |  |  |  |  |  |
|  |  |  |  |  |  |  |  |
|  |  |  |  |  |  |  |  |
|  |  |  |  |  |  |  |  |
|  |  |  |  |  |  |  |  |
|  |  |  |  |  |  |  |  |
|  |  |  |  |  |  |  |  |
|  |  |  |  |  |  |  |  |
|  |  |  |  |  |  |  |  |
|  |  |  |  |  |  |  |  |
|  |  |  |  |  |  |  |  |
|  |  |  |  |  |  |  |  |
|  |  |  |  |  |  |  |  |
|  |  |  |  |  |  |  |  |
|  |  |  |  |  |  |  |  |
|  |  |  |  |  |  |  |  |

编制：　　　　　日期：　　　　　审批：　　　　　日期：

## 表 9-14 内部质量管理体系审核报告

QR9.2-06　　　　　　　　　　　　　　　　　　　　　　　　　　　　No：

| 受审核部门 | | 部门负责人 | |
|---|---|---|---|
| 审核组长 | | 审核组员 | |
| 审核目的 | | 审核日期 | |
| 审核范围 | | 上次审核日期 | |
| 审核依据 | | 上次审核报告编号 | |

不合格项汇总结果及质量体系的有效性结论：












　　　　　　　　　　　　　签名：_____（审核组长）　　日期：_____

批准：_____　　　　职务：_____　　　　　　　　日期：_____

### 表9-15 会议签到表

QR9.2-07　　　　　　　　　　　　　　　　　　　　　　　　　　　　No：

| 会议时间 | |
|---|---|
| 会议地点 | |
| 会议性质 | □首次会议　　　□末次会议 |

<table>
<tr><td colspan="4" align="center">参　加　人　员　签　名</td></tr>
<tr><td></td><td></td><td></td><td></td></tr>
<tr><td></td><td></td><td></td><td></td></tr>
<tr><td></td><td></td><td></td><td></td></tr>
<tr><td></td><td></td><td></td><td></td></tr>
<tr><td></td><td></td><td></td><td></td></tr>
<tr><td></td><td></td><td></td><td></td></tr>
<tr><td></td><td></td><td></td><td></td></tr>
<tr><td></td><td></td><td></td><td></td></tr>
<tr><td></td><td></td><td></td><td></td></tr>
<tr><td></td><td></td><td></td><td></td></tr>
<tr><td></td><td></td><td></td><td></td></tr>
<tr><td></td><td></td><td></td><td></td></tr>
<tr><td></td><td></td><td></td><td></td></tr>
<tr><td></td><td></td><td></td><td></td></tr>
<tr><td></td><td></td><td></td><td></td></tr>
<tr><td></td><td></td><td></td><td></td></tr>
<tr><td></td><td></td><td></td><td></td></tr>
<tr><td></td><td></td><td></td><td></td></tr>
</table>

## 9.3 管理评审

**用何资源？材料/设备/环境**
1. 计算机及网络　2. 打印机
3. 复印机　　　　4. 会议室
5. 扫描仪　　　　6. 电话
7. 网络沟通工具　8. 投影仪

**由谁来做？知识/能力/意识**
1. 过程责任者：总经理主持管理评审工作
2. 过程相关责任：办公室负责《管理评审计划》的编制及发放
3. 收集并提供管理评审所需的资料
4. 管理评审过程作好会议记录；整理管理评审报告并下发各部门
5. 负责对评审后的不合格纠正措施进行跟踪、验证；其他相关部门整理本部门管理评审报告

**输入：**
1. 下列质量管理体系绩效包括其趋势的信息：
(1) 顾客及利益相关方的投诉、抱怨情况及顾客满意度调查情况；
(2) 质量目标的考核记录；
(3) 过程绩效指标考核、产品符合性；
(4) 不合格与纠正措施实施情况；
(5) 产品检验和试验情况；
(6) 公司内部管理体系审核、过程审核、产品审核以及第二方、第三方审核的结果；
(7) 外供方的绩效考核记录。
2. 公司资源的充分性。
3. 为应对风险和机会所采取措施的有效性。
4. 管理体系运行过程中，不合格与纠正措施的实施情况(内部重大体系或产品相关问题/环境事故/员工对体系、过程、产品所提出的预防性的建议)；
5. 以往管理评审所采取措施实施状况及效果评价；
6. 与质量管理体系有关的外部或内部事项的变更；
7. 改进的机会；
8. 可能影响体系的变更(顾客、标准、企业的发展)；
9. 内、外部质量分析报告（包括：产品对实际的和潜在的外部失效以及其对质量、安全或环境影响的分析状况）；
10. 新产品设计与开发中，对质量风险、开发成本、投产期、关键路径等项目的汇总概要报告。

**9.3.1 总则**
最高管理者应按照策划的时间间隔对组织的质量管理体系进行评审，以确保其持续的适宜性、充分性和有效性，并与组织的战略方向保持一致。

**9.3.2 管理评审输入**
策划和实施管理评审时应考虑下列内容：
a) 以往管理评审所采取措施的情况；
b) 与质量管理体系相关的内外部因素的变化；
c) 下列有关质量管理体系绩效和有效性的信息，包括其趋势：
1) 顾客满意和有关相关方的反馈；
2) 质量目标的实现程度；
3) 过程绩效以及产品和服务的合格情况；
4) 不合格及纠正措施；
5) 监视和测量结果；
6) 审核结果；
7) 外部供方的绩效。
d) 资源的充分性；
e) 应对风险和机遇所采取措施的有效性（见6.1）；
f) 改进的机会。

**9.3.3 管理评审输出**
管理评审的输出应包括与下列事项相关的决定和措施：
a) 改进的机会；
b) 质量管理体系所需的变更；
c) 资源需求。
组织应保留成文信息，作为管理评审结果的证据。

**输出：**
1. 评审计划、通知
2. 对质量管理体系的改进，（如：质量目标、过程绩效、管理流程等的更改）
3. 对产品和服务的改进
4. 过程的改进
5. 对质量管理体系变更的需求
6. 人员、基础设施、过程运行环境、企业知识方面资源的需求
7. 评审报告
8. 各部门评审总结报告
9. 评审会议记录
————————————————
非预期输出风险：对管理体系持续的适宜性、充分性和有效性不明确

**如何去做？准则/方法/技术**
1. 管理评审管理流程
2. 不合格与纠正措施管理流程

**绩效指标？测量/监视/评估**
管理评审改进措施完成率100%

图 9-5　管理评审—过程分析乌龟图

表9-16　管理评审管理流程

文件编号：QM/WI69　　　版本/改数：A/0　　　生效日期：20××年××月××日　　　第×页/共×页

| 过程流程 ||| 内容描述 | 采用表单 |
|---|---|---|---|---|
| 相关部门 | 办公室 | 总经理 | | |
| | | 提出管理评审 | 1.1通常每年年底，由总经理提出安排管理评审的具体时间，但遇下列情况时可随时进行：<br>1.1.1当公司环境发生重大变化时；<br>1.1.2当公司的经营战略、市场需求发生重大变化时；<br>1.1.3本公司出现严重问题（质量、安全）时或有重大投诉时；<br>1.1.4新管理体系在进行第三方认证审核前。 | |
| | 编制评审计划 | | 2.1管理评审前，办公室根据总经理的意图和要求组织策划活动，编制《管理评审计划》，其主要内容有：a.评审的目的；b.评审的范围；c.评审的内容；d.评审的准备内容及要求；e.评审时间安排；f.参加人员；g.地点；h.主持人。 | |
| | | 批准 | 3.1《管理评审计划》需经最高管理者审核、总经理批准，否则办公室重新编制，直至通过。 | 《管理评审计划》 |
| | 发放计划 | | 4.办公室将审批后的《管理评审计划》发布或打印后分发公司各部门并存档一份。 | 《管理评审计划》 |
| 准备管理评审资料 | | | 5.1各部门按照管理评审的要求，准备评审材料。各部门在整理资料时，应运用统计图表，用数据说话，也可制作幻灯片。管理评审的输入包括以下资料：<br>5.1.1下列质量管理体系绩效包括其趋势的信息：<br>a.顾客及利益相关方的投诉、抱怨情况及顾客满意度调查情况；<br>b.质量目标的考核记录；<br>c.过程绩效指标考核、产品符合性；<br>d.不合格与纠正措施实施情况；<br>e.产品检验和试验情况；<br>f.公司内部管理体系审核、过程审核、产品审核以及第二方、第三方审核的结果；<br>g.外供方的绩效考核记录。<br>5.1.2公司资源的充分性。<br>5.1.3为应对风险和机会所采取措施的有效性。<br>5.1.4管理体系运行过程中，不合格与纠正措施的实施情况（内部重大体系或产品相关问题/环境事故/员工对体系、过程、产品所提出的预防性的建议）；<br>5.1.5以往管理评审所采取措施实施状况及效果评价；<br>5.1.6与质量管理体系有关的外部或内部事项的变更；<br>5.1.7改进的机会；<br>5.1.8可能影响体系的变更（顾客、标准、企业的发展）；<br>5.1.9内、外部质量分析报告（包括：产品对实际的和潜在的外部失效以及其对质量、安全或环境影响的分析状况）；<br>5.1.10新产品设计与开发中，对质量风险、开发成本、投产期、关键路径等项目的汇总概要报告。 | 《部门评审总结报告》 |

## 第 9 章 绩效评价

续表

| 过程流程 | | | 内容描述 | 采用表单 |
|---|---|---|---|---|
| 相关部门 | 办公室 | 总经理 | | |
| | 评审资料的整理汇总 Ⓐ | | 6.1 办公室按规定时间收集所需管理评审的资料,并整理汇总。 | |
| | 召开评审会议 | | 7.1 总经理主持召开管理评审会议,最高管理者和各部门领导及其他指定人员参加。会上按照《管理评审计划》进行评审,质量管理评审过程中采用"过程方法"对所有的过程进行有效性、充分性、适宜性评审,在评审的同时需针对每个过程的相关支持过程的绩效指标进行评价,以获得质量体系的有效性、充分性、适宜性的结论。也可针对重复发生的不符合的过程按照"过程方法"进行评审,以发现改进的机会,优化过程。<br>7.1.1 查阅评审所需文件和记录;<br>7.1.2 各部门汇报所负责工作或过程的结果报告;<br>7.1.3 评审人员根据各部门的报告进行讨论、评价;<br>7.1.4 必要时深入现场进行专题检查,如:查看工序控制、检验状态、产品标识等实施情况;<br>7.1.5 会议结束时由总经理进行管理评审总结,对管理体系的适宜性、充分性和有效性做出评价。 | |
| | 编制评审报告 → 批准 (no/yes) | | 8.1 办公室做好管理评审会议记录。<br>8.2 管理评审的输出:<br>8.2.1 对质量管理体系的改进,(如:质量目标、过程绩效、管理流程等的更改);<br>8.2.2 对产品和服务的改进;<br>8.2.3 过程的改进;<br>8.2.4 对质量管理体系变更的需求;<br>8.2.5 人员、基础设施、过程运行环境、企业知识方面资源的需求。<br>8.3 办公室根据评审输出内容等撰写《管理评审报告》,报最高管理者审核、总经理批准。<br>8.4 办公室负责发放《管理评审报告》。 | 《管理评审报告》 |
| 改进措施实施 | | | 9.1 责任部门根据报告中提出的改进措施,制定改进方案,实施改进,并在规定期限完成。 | 《不合格和纠正措施单》 |
| | 验证 (yes/no) | | 10.1 办公室在措施完成期限内组织有关人员对措施的实施情况和效果进行跟踪验证。 | |
| | 资料归档 | | 11.1 管理评审中形成的记录由办公室按《形成文件的信息管理流程》进行保管。其保存期限至少为五年。 | |

453

**表 9-17　管理评审计划**

QR9.3-01　　　　　　　　　　　　　　　　　　　　　　　　　　　　　　　　　　No：

| 评审目的 | |
|---|---|
| 评审范围 | |
| 评审内容 | |

| 评审时间 | | 地点 | | 主持人 | |
|---|---|---|---|---|---|

| 参加人员 | |
|---|---|

| 准备内容及要求 ||||
|---|---|---|---|
| 序号 | 准备内容 | 要　　求 | 责任部门/人 |
|  |  |  |  |
|  |  |  |  |
|  |  |  |  |
|  |  |  |  |
|  |  |  |  |
|  |  |  |  |
|  |  |  |  |
|  |  |  |  |
|  |  |  |  |
|  |  |  |  |

注：1. 各部门在准备的评审资料中，必须包括过程绩效的实现统计及分析；
　　2. 评审资料于 月 日上午前交总经理。

编制/日期：　　　　　审核/日期：

### 表 9-18 部门评审总结报告

QR9.3-02　　　　　　　　　　　　　　　　　　　　　　　　　　　　No：

| 部门名称 | | 负责人 | | 日期 | |
|---|---|---|---|---|---|

评审主要项目：



评审详细内容：



评审输出要求（如：改进机会、资源需求、体系变更）：

**表 9-19 管理评审记录**

QR9.3-03                                                                                            No：

| 会议时间 | | 会议地点 | |
|---|---|---|---|
| 参加人员签到： | | | |
| 主持人 | | | |
| 评审内容记录 |||| 
| 评审项目 | 现状及评语 || 存在问题及改进措施 |
|  |  ||  |

记录：                                                                              总经理：

## 表 9-20 管理评审报告

QR9.3-04　　　　　　　　　　　　　　　　　　　　　　　　　　No：

| 评审目的 | |
|---|---|
| 评审范围 | |

| 评审时间 | | 会议主持 | |
|---|---|---|---|
| 会议地点 | | 会议记录 | |

| 参加人员 | |
|---|---|
| 发放范围 | |

评审综述：









评审结论：





| 改进机会 ||||||
|---|---|---|---|---|
| 序号 | 不符合项内容 | 责任部门 | 完成日期 | 改进要求 |
| | | | | |
| | | | | |
| | | | | |
| | | | | |
| | | | | |

编制/日期：　　　　　　　　　　　　　　　　　　　　　　　审核/日期：

# 第10章 改　　进

## 10.1　总则

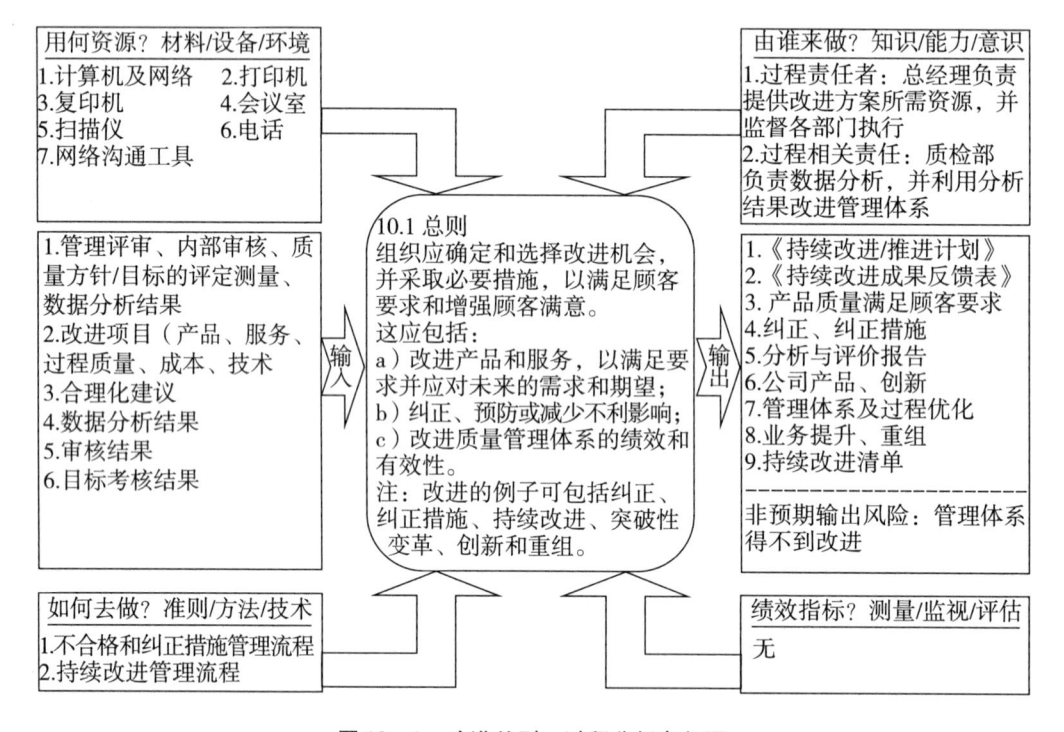

| 用何资源？材料/设备/环境 | | 由谁来做？知识/能力/意识 |
|---|---|---|
| 1.计算机及网络　2.打印机<br>3.复印机　　　　4.会议室<br>5.扫描仪　　　　6.电话<br>7.网络沟通工具 | | 1.过程责任者：总经理负责提供改进方案所需资源，并监督各部门执行<br>2.过程相关责任：质检部负责数据分析，并利用分析结果改进管理体系 |
| 1.管理评审、内部审核、质量方针/目标的评定测量、数据分析结果<br>2.改进项目（产品、服务、过程质量、成本、技术<br>3.合理化建议<br>4.数据分析结果<br>5.审核结果<br>6.目标考核结果 | 输入 → **10.1 总则**<br>组织应确定和选择改进机会，并采取必要措施，以满足顾客要求和增强顾客满意。<br>这应包括：<br>a）改进产品和服务，以满足要求并应对未来的需求和期望；<br>b）纠正、预防或减少不利影响；<br>c）改进质量管理体系的绩效和有效性。<br>注：改进的例子可包括纠正、纠正措施、持续改进、突破性变革、创新和重组。 → 输出 | 1.《持续改进/推进计划》<br>2.《持续改进成果反馈表》<br>3.产品质量满足顾客要求<br>4.纠正、纠正措施<br>5.分析与评价报告<br>6.公司产品、创新<br>7.管理体系及过程优化<br>8.业务提升、重组<br>9.持续改进清单<br>――――――――――――<br>非预期输出风险：管理体系得不到改进 |
| 如何去做？准则/方法/技术<br>1.不合格和纠正措施管理流程<br>2.持续改进管理流程 | | 绩效指标？测量/监视/评估<br>无 |

图 10-1　改进总则—过程分析乌龟图

## 10.2 不合格和纠正措施

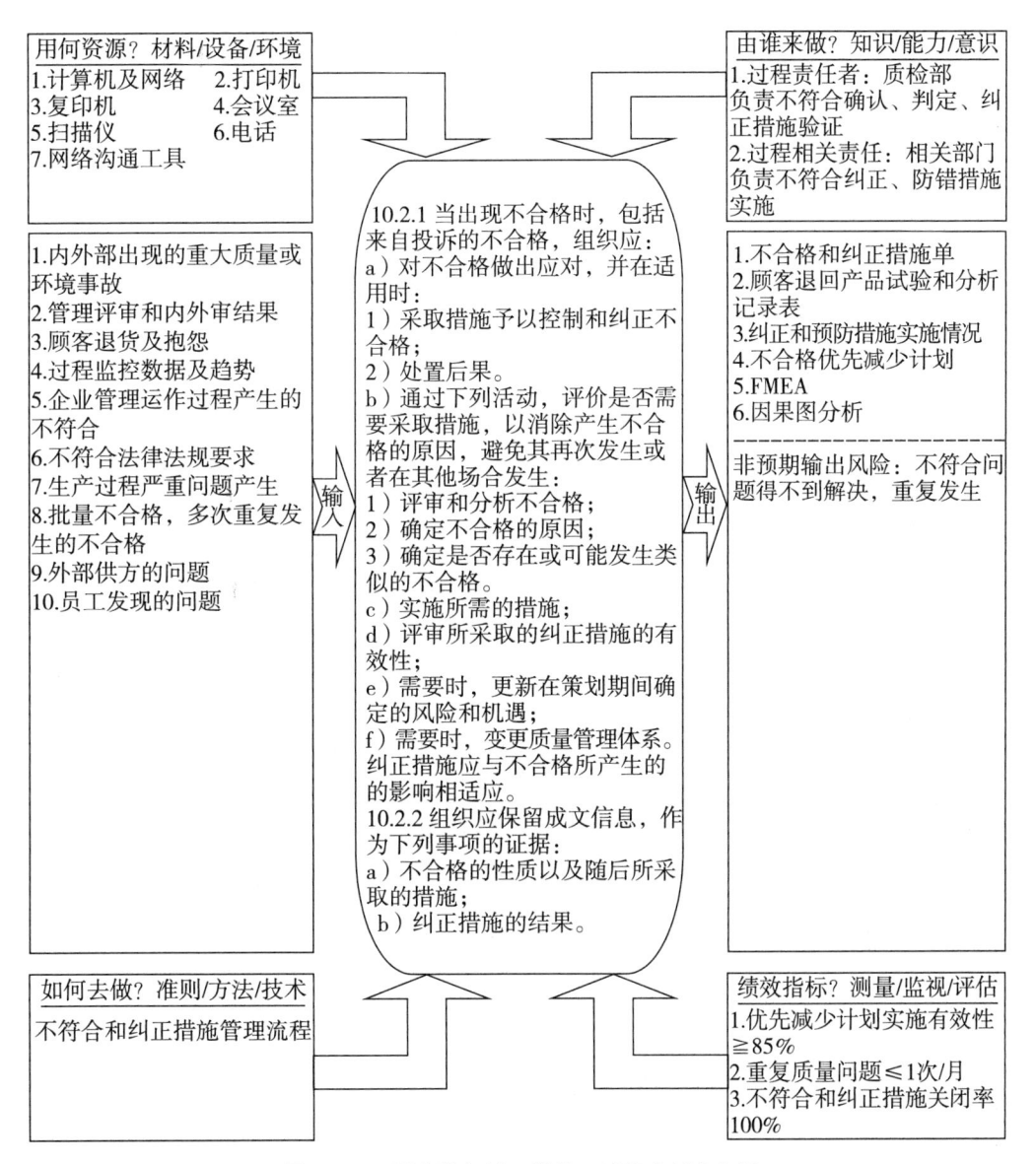

**用何资源？材料/设备/环境**
1. 计算机及网络  2. 打印机
3. 复印机  4. 会议室
5. 扫描仪  6. 电话
7. 网络沟通工具

**由谁来做？知识/能力/意识**
1. 过程责任者：质检部负责不符合确认、判定、纠正措施验证
2. 过程相关责任：相关部门负责不符合纠正、防错措施实施

**输入：**
1. 内外部出现的重大质量或环境事故
2. 管理评审和内外审结果
3. 顾客退货及抱怨
4. 过程监控数据及趋势
5. 企业管理运作过程产生的不符合
6. 不符合法律法规要求
7. 生产过程严重问题产生
8. 批量不合格，多次重复发生的不合格
9. 外部供方的问题
10. 员工发现的问题

10.2.1 当出现不合格时，包括来自投诉的不合格，组织应：
a) 对不合格做出应对，并在适用时：
1) 采取措施予以控制和纠正不合格；
2) 处置后果。
b) 通过下列活动，评价是否需要采取措施，以消除产生不合格的原因，避免其再次发生或者在其他场合发生：
1) 评审和分析不合格；
2) 确定不合格的原因；
3) 确定是否存在或可能发生类似的不合格。
c) 实施所需的措施；
d) 评审所采取的纠正措施的有效性；
e) 需要时，更新在策划期间确定的风险和机遇；
f) 需要时，变更质量管理体系。
纠正措施应与不合格所产生的的影响相适应。
10.2.2 组织应保留成文信息，作为下列事项的证据：
a) 不合格的性质以及随后所采取的措施；
b) 纠正措施的结果。

**输出：**
1. 不合格和纠正措施单
2. 顾客退回产品试验和分析记录表
3. 纠正和预防措施实施情况
4. 不合格优先减少计划
5. FMEA
6. 因果图分析

---
非预期输出风险：不符合问题得不到解决，重复发生

**如何去做？准则/方法/技术**
不符合和纠正措施管理流程

**绩效指标？测量/监视/评估**
1. 优先减少计划实施有效性 ≥85%
2. 重复质量问题 ≤1次/月
3. 不符合和纠正措施关闭率 100%

图 10-2 不合格和纠正措施—过程分析乌龟图

表 10-1　不合格和纠正措施管理流程

<u>文件编号：QM/WI70</u>　　　<u>版本/改数：A/0</u>　　<u>生效日期：20××年××月××日</u>　　　第×页/共×页

| 过程流程 | | | | 内容描述 | 采用表单 |
|---|---|---|---|---|---|
| 相关部门 | 质检部 | 质量小组 | 总经理 | | |
| 不符合信息 → no | | | | 出现不符合时进行信息反馈；属质量体系或管理方面不符合的信息以及产品质量方面不符合的反馈给质检部 | |
| | 确认 yes | | | 对反馈信息进行分析后，判断信息正确性和责任划分 | |
| | 判定 | | | 严重性判定：当不合格具有重复性，涉及库存产品需要纠正，可疑产品流出或顾客提出抱怨为严重不合格。其他为一般不合格 | |
| 一般　严重 分析/措施 | | | | 一般不合格处理由提出人员填写《不合格和纠正措施单》相关责任部门对不符合进行原因分析，制定纠正措施，交质检部 | 《不合格和纠正措施单》 |
| | 确认 no / yes | | | 质检部对原因分析的正确性、纠正措施的可行性进行判断 | |
| 实施 | | | | 明确责任部门和实施人，按期完成整改措施 | |
| | 验证 yes | | | 措施及实施的有效性验证；采取纠正措施的有关信息由不合格提出部门提交管理评审 | |
| | 归档 | | | 措施解决方法标准化，更新相关文件。资料归档严重不合格处理，由问题提出人员填写《8D报告》 | |
| | | 成立小组 | | 组织相关部门人员成立质量小组 | 《8D报告》 |
| | | 原因分析 | | 相关部门对不符合进行原因分析 | |
| | | 临时措施 | | 根据分析结果和反应计划制订100%检验或遏制输出的措施 | |
| 措施实施 | | | | 相关责任部门实施临时措施 | |
| | | 根本原因分析 | | 试验分析，进行根本原因分析 | |
| | | 永久措施 | | 选择、制定永久性纠正和防错措施 | |
| 措施实施 | | | | 相关责任部门实施永久措施和防错措施 | |
| | | 验证 no / yes | | 措施及实施的有效性评价 | |
| | | 归档 | | 不合格的纠正措施解决方法标准化，更新相关文件。必要时更新策划的风险和机遇或变更质量管理体系 | 《不合格和纠正措施单》 |

### 表10-2 不合格和纠正措施单

QR10.2-01　　　　　　　　　　　　　　　　　　　　　　　　　　　No：

| 申报部门 | | 程　度 | □A　□B　□C |
|---|---|---|---|

| 程度A：必须马上改进；程度B：近期内（1周内）改进；程度C：可进行长期改进 |
|---|
| 质量信息描述：<br><br><br><br><br>　　　　　　　　　　　　　　　　　　　　　　　　　填制/日期： |
| 原因分析：<br><br><br><br>　　　　　　　　　　　　　　　　　　　　　　　　　填制/日期： |
| 纠正措施（责任部门）：<br><br><br>完成时间：　　　　　　　　　　　　　　填制/日期： |
| 完成情况（执行部门）：<br><br><br><br>　　　　　　　　　　　　　　　　　　　　　　　　　填制/日期： |
| 效果验证：<br><br><br><br>　　　　　　　　　　　　　　　　　　　　　　　　　填制/日期： |
| 审批意见：<br><br><br><br><br>　　　　　　　　　　　　　　　　　　　　　　　　　填制/日期： |

**表 10–3　不合格优先减少计划**

QR10.2–02　　　　　　　　　　　　　　　　　　　　　　　　　　　　　　　　　No：

| 提出方式 | 不合格描述 | 原因分析 | 优先减少程度 | 改善计划 | 改善结果 |
|---|---|---|---|---|---|
|  |  |  |  |  |  |
|  |  |  |  |  |  |
|  |  |  |  |  |  |
|  |  |  |  |  |  |
|  |  |  |  |  |  |
|  |  |  |  |  |  |
|  |  |  |  |  |  |
|  |  |  |  |  |  |
|  |  |  |  |  |  |
|  |  |  |  |  |  |
|  |  |  |  |  |  |
|  |  |  |  |  |  |
|  |  |  |  |  |  |
|  |  |  |  |  |  |
|  |  |  |  |  |  |
|  |  |  |  |  |  |
|  |  |  |  |  |  |

制表：　　　　　日期：　　　　　审批：　　　　　日期：

表 10-4  8D 报告

QR10.2-03　　　　　　　　　　　　　　　　　　　　　　　　　　　No：

| 问题点 | | 发现日期 | | 品名 | |
|---|---|---|---|---|---|
| 地点/工序 | | 提出者 | | 编号 | |

| 1. 问题描述 | |
|---|---|
| 2. 团队组成 | |

| 3. 遏制措施 | | | 遏制措施效果验证 | | |
|---|---|---|---|---|---|
| | 责任人 | 完成时间 | 验证人 | | 时间 |
| | | | | | |

| 4. 根本原因<br>(考虑类似不合格) | |
|---|---|

| 5. 永久措施 | | 责任人 | 完成时间 |
|---|---|---|---|
| | | | |

| 6. 永久措施<br>效果验证 | | 验证人 | 时间 |
|---|---|---|---|
| | | | |

| 7. 避免再发措施 | | 责任人 | 完成时间 |
|---|---|---|---|
| | | | |

| 8. 效果验证 | | 验证人 | 时间 |
|---|---|---|---|
| | | | |

| 证据清单 | 核准人 |
|---|---|
| | |

## 10.3 持续改进

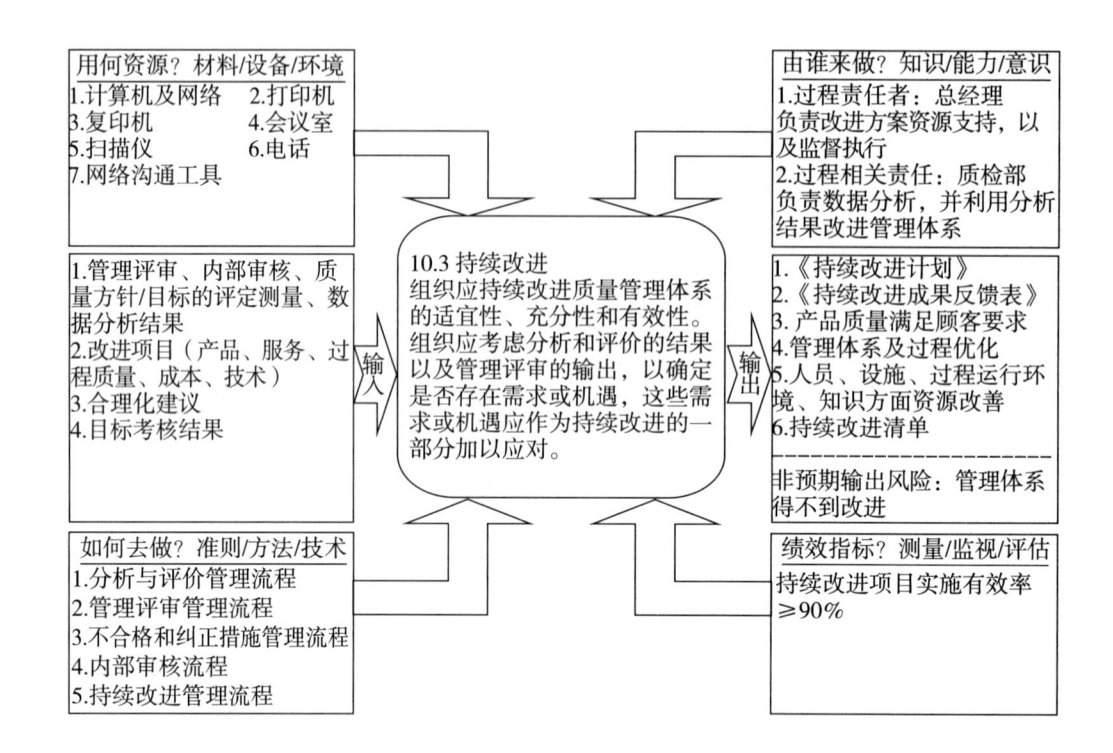

**用何资源？材料/设备/环境**
1. 计算机及网络　2. 打印机
3. 复印机　　　　4. 会议室
5. 扫描仪　　　　6. 电话
7. 网络沟通工具

**由谁来做？知识/能力/意识**
1. 过程责任者：总经理负责改进方案资源支持，以及监督执行
2. 过程相关责任：质检部负责数据分析，并利用分析结果改进管理体系

1. 管理评审、内部审核、质量方针/目标的评定测量、数据分析结果
2. 改进项目（产品、服务、过程质量、成本、技术）
3. 合理化建议
4. 目标考核结果

**10.3 持续改进**
组织应持续改进质量管理体系的适宜性、充分性和有效性。组织应考虑分析和评价的结果以及管理评审的输出，以确定是否存在需求或机遇，这些需求或机遇应作为持续改进的一部分加以应对。

输入 → 输出

1.《持续改进计划》
2.《持续改进成果反馈表》
3. 产品质量满足顾客要求
4. 管理体系及过程优化
5. 人员、设施、过程运行环境、知识方面资源改善
6. 持续改进清单

非预期输出风险：管理体系得不到改进

**如何去做？准则/方法/技术**
1. 分析与评价管理流程
2. 管理评审管理流程
3. 不合格和纠正措施管理流程
4. 内部审核流程
5. 持续改进管理流程

**绩效指标？测量/监视/评估**
持续改进项目实施有效率
≥90%

图 10-3　持续改进—过程分析乌龟图

## 第10章 改 进

### 表10-5 持续改进管理流程

文件编号：QM/WI71　　　版本/改数：A/0　　　生效日期：20××年××月××日　　　第×页/共×页

| 过程流程 | | | 内容描述 | 采用表单 |
|---|---|---|---|---|
| 总经理 | 质检部 | 其他部门 | | |
| | | 持续改进的范围 | 持续改进须涉及产品、服务、过程质量、成本、技术、供货信誉等方面，包括制造过程改进行动计划，重点是减少过程变差和浪费 | |
| | | 持续改进的机会 | 1. 当产品特性可预测且满足顾客要求，或过程统计显示出稳定性和达到可接受的制造能力时，相关部门可实施持续改进，使产品、过程不断完善和优化，改进质量管理体系的绩效和有效性<br>2. 利用质量目标考核结果、审核结果、分析评价结果、纠正措施及管理评审输出，对现有过程和各项指标数据进行分析，寻找改进的机会<br>3. 持续改进的机会还可以来自以下方面：<br>1）计划外的停机时间<br>2）设备安装、模具更换及机器调整时间的缩减<br>3）过长的生产作业周期<br>4）报废、返工或返修（减少比例后降低成本）<br>5）最大限度地利用生产、贮存空间<br>6）控制和降低产品特性和制造过程参数的变化<br>7）非质量因素的额外成本<br>8）人力和材料的浪费<br>9）过多的搬运和贮存<br>10）顾客提出新的质量、技术、工艺及质量体系要求<br>11）设备精度及生产能力需要提高<br>12）工序/产品质量指标未达到预定目标<br>13）检测手段不能满足工艺技术及检测技术的要求<br>14）现有工艺影响生产效率、不能提升产品质量<br>15）库存的不断优化<br>16）采购成本的不断优化等 | |
| | | 持续改进的技术/方法 | 1. 相关部门应用适用的持续改进措施和方法，确保持续改进的实施<br>2. 持续改进技术可应用的方法：<br>1）控制图（计数、计量）<br>2）PPM分析<br>3）防错技术<br>4）风险分析<br>5）基准分析<br>6）解决问题的技术（8D）<br>7）QC工具等 | |
| | | 持续改进的实施方式 | 1. 突破性的持续改进：指对现有过程需进行较大的修改和改进，或实施新过程的持续改进。各部门应于每年年底制订下一年度突破性持续改进计划，交总经理确定全公司的突破性持续改进目标和计划，下发各部门实施<br>2. 渐进的持续改进：指对过程需进行局部的修改和改进。由质检部制订《持续改进计划》，并组织实施 | 《持续改进计划》 |
| | | 确定改进对象和目标 | 责任部门应确定的改进对象/项目，及对相关过程的目前状况进行评价，在此基础上建立改进的目标，目标应量化，考虑能够实现，并方便考核 | 《持续改进计划》 |
| | | 分析原因/采取措施 | 各部门负责人组织寻找需要改进的各方面原因，确定导致现有问题的根本原因。制订相关改进方案，如纠正、纠正措施、突破、创新、重组等，报总经理审批后实施方案。总经理对方案实施提供相关资源支持与监督 | 《持续改进计划》 |
| | | 效果验证 | 各部门负责人对持续改进措施的效果进行验证，包括产生问题的原因已经消除或减少，解决办法已经发生了作用，并实现了改进目标。验证结果记录于《持续改进成果反馈表》 | 《持续改进成果反馈表》 |
| | | 改进过程标准化 | 1. 对有效果的持续改进，各部门负责人应创建相关成文信息，或协调修改现有的相关文件。实施新的过程、方法，或代替原来的过程、方法，纳入公司日常的管理活动中。同时举一反三，将其推广到其他类似的项目<br>2. 质检部将已完成的计划登记于《持续改进清单》。将其作为其他改进项目及管理评审的输入 | 《持续改进清单》 |

**表 10-6 持续改进计划**

QR10.3-01　　　　　　　　　　　　　　　　　　　　　　　　　　　　　　　　No：

| 序号 | 责任部门 | 改进项目 | 改进目标 | 根本原因 | 改进方案 | 实施日期 | 完成日期 |
|---|---|---|---|---|---|---|---|
|  |  |  |  |  |  |  |  |
|  |  |  |  |  |  |  |  |
|  |  |  |  |  |  |  |  |
|  |  |  |  |  |  |  |  |
|  |  |  |  |  |  |  |  |
|  |  |  |  |  |  |  |  |
|  |  |  |  |  |  |  |  |
|  |  |  |  |  |  |  |  |

编制/日期：　　　　　　　　　　　　　　　审批/日期：

## 表 10-7 持续改进成果反馈表

QR10.3-02　　　　　　　　　　　　　　　　　　　　　　　　　　　　　No：

| 改进项目 | | 起止时间 | |
|---|---|---|---|
| 责任部门 | | 责任人 | |

现状描述：

　　　　　　　　　　　　　　　　　　　　　　　　　　　　　　制表/日期：

根本原因：

　　　　　　　　　　　　　　　　　　　　　　　　　　　　　　制表/日期：

改进效果验证：

　　　　　　　　　　　　　　　　　　　　　　　　　　　　　　验证人/日期：

改进过程标准化：

　　　　　　　　　　　　　　　　　　　　　　　　　　　　　　批准/日期：

表 10-8 持续改进清单

QR10.3-03　　　　　　　　　　　　　　　　　　　　　　　　　　　　No：

| 序号 | 责任部门 | 改进项目 | 改进目标 | 实际完成日期 | 改进效果验证 | 改进过程标准化 | 成果等级 | 奖励 |
|---|---|---|---|---|---|---|---|---|
| | | | | | | | | |
| | | | | | | | | |
| | | | | | | | | |
| | | | | | | | | |
| | | | | | | | | |
| | | | | | | | | |
| | | | | | | | | |
| | | | | | | | | |
| | | | | | | | | |
| | | | | | | | | |

编制/日期：　　　　　　　　　　　　　　　　　审批/日期：

# 附录  按过程进行的内部审核（案例）

## 内部质量管理体系审核计划

QR9.2-01　　　　　　　　　　　　　　　　　　　　　　　　　　　　No：

| 月份<br>部门 | 20××年度　内审计划 ||||||||||||
|---|---|---|---|---|---|---|---|---|---|---|---|---|
| | 1 | 2 | 3 | 4 | 5 | 6 | 7 | 8 | 9 | 10 | 11 | 12 |
| 高层管理 | | | | | | | | | √ | | | |
| 办公室 | | | | | | | | | √ | | | |
| 技术部 | | | | | | | | | √ | | | |
| 业务部 | | | | | | | | | √ | | | |
| 生产部 | | | | | | | | | √ | | | |
| 计划部 | | | | | | | | | √ | | | |
| 质检部 | | | | | | | | | √ | | | |
| 采购部 | | | | | | | | | √ | | | |

制表：李先生　日期：20××年××月××日　审批：赵先生　日期：20××年××月××日

## 审核实施计划

QR9.2－02　　　　　　　　　　　　　　　　　　　　　No：

1. 审核目的：<u>验证公司质量管理体系是否符合 GB/T 19001－2016/ISO 9001：2015 的要求、企业自身的质量管理体系运行要求，体系是否有效的实施和保持。</u>

2. 审核依据：<u>GB/T 19001－2016/ISO 9001：2015、公司质量管理体系规范 A 版及其支持文件。</u>

3. 审核覆盖产品：<u>F 产品的设计开发、生产和服务及相关管理活动。</u>

4. 审核时间：<u>20××年××月××日</u>

5. 首/末次会议时间：<u>首次会议时间：6 日 8 时 00 分；末次会议时间：7 日 17 时 00 分</u>

6. 现场审核期间请被审核方有关人员参加下列活动：<u>首、末次会议（高层管理及受审核部门主管、有关的管理人员参加）；审核活动（按审核日程安排，被审核方有关人员在本岗位）。</u>

7. 审核组成员：A 组成员：<u>　胡小姐　</u>B 成员：<u>　李先生（兼组长）　</u>

8. 审核时间安排表：

| 时间 开始 | 结束 | 过程编号 | 过程名称 | 标准条款 | 审核内容（标准条款） | 审核人员 | 受审部门/参与人员 |
|---|---|---|---|---|---|---|---|
| 6 日 08：00 | 6 日 08：30 | | | | 首次会议 | A/B | 部门主管 |
| 6 日 08：30 | 6 日 09：00 | M1 | 管理体系策划 | 4.1 | 理解组织及其环境 | A | 高层管理 |
| | | | | 4.2 | 理解相关方的需求和期望 | | |
| | | | | 4.3 | 确定质量管理体系的范围 | | |
| | | | | 4.4 | 质量管理体系及其过程 | | |
| | | | | 6.3 | 变更的策划 | | |
| 6 日 09：00 | 6 日 10：00 | M2 | 领导作用 | 5.1 | 领导作用和承诺 | A | 高层管理 |
| | | | | 5.2 | 方针 | | |
| | | | | 5.3 | 组织的岗位、职责和权限 | | |
| 6 日 10：00 | 6 日 11：30 | M3 | 风险机遇策划 | 6.1 | 应对风险和机遇的措施 | A | 高层管理 |
| 6 日 13：30 | 6 日 14：30 | M4 | 目标策划 | 6.2 | 质量目标及其实现的策划 | A | 高层管理 |
| 6 日 08：30 | 6 日 09：30 | M5 | 分析评价 | 9.1.1 | 总则 | B | 质检部 |
| | | | | 9.1.3 | 分析与评价 | | |
| 6 日 14：30 | 6 日 15：30 | M6 | 内部审核 | 9.2 | 内部审核 | A | 高层管理 |
| 6 日 15：30 | 6 日 16：30 | M7 | 管理评审 | 9.3 | 管理评审 | A | 高层管理 |

续表

| 时间 开始 | 时间 结束 | 过程编号 | 过程名称 | 标准条款 | 审核内容（标准条款） | 审核人员 | 受审部门/参与人员 |
|---|---|---|---|---|---|---|---|
| 6日16:30 | 6日17:30 | M8 | 改进 | 10.1 | 总则 | A | 高层管理 质检部 |
| | | | | 10.2 | 不合格和纠正措施 | | |
| | | | | 10.3 | 持续改进 | | |
| 7日08:30 | 7日09:30 | C1 | 顾客订单 | 8.2 | 产品和服务的要求 | A | 业务部 |
| 6日09:30 | 6日10:30 | C2 | 设计和开发 | 8.3 | 产品和服务的设计和开发 | B | 技术部 |
| 6日10:30 | 6日11:30 | C3 | 产品制造 | 8.5.1 | 生产和服务提供的控制 | B | 生产部 |
| | | | | 8.5.6 | 更改控制 | | |
| 6日13:30 | 6日14:30 | C4 | 防护和放行 | 8.5.4 | 防护 | B | 生产部 质检部 |
| | | | | 8.6 | 产品和服务的放行 | | |
| 7日09:30 | 7日10:30 | C5 | 交付后服务 | 8.5.5 | 交付后活动 | A | 业务部 |
| | | | | 9.1.2 | 顾客满意 | | |
| 7日10:30 | 7日11:30 | S1 | 人力资源 | 7.1.2 | 人员 | A | 办公室 |
| | | | | 7.2 | 能力 | | |
| | | | | 7.3 | 意识 | | |
| 6日15:30 | 6日16:30 | S2 | 基础设施 | 7.1.3 | 基础设施 | B | 生产部 |
| 7日13:30 | 7日14:30 | S3 | 过程运行环境 | 7.1.4 | 过程运行环境 | A | 办公室 |
| 6日16:30 | 6日17:30 | S4 | 监视和测量资源 | 7.1.5 | 监视和测量资源 | B | 质检部 |
| 7日08:30 | 7日09:30 | S5 | 知识 | 7.1.6 | 组织的知识 | B | 技术部 |
| 7日09:30 | 7日10:30 | S6 | 沟通 | 7.4 | 沟通 | B | 质检部 |
| 7日10:30 | 7日11:30 | S7 | 成文信息 | 7.5 | 成文信息 | A | 办公室 |
| 7日13:30 | 7日14:30 | S8 | 运行策划 | 8.1 | 运行的策划和控制 | B | 技术部 |
| 7日15:30 | 7日16:30 | S9 | 外供方控制 | 8.4 | 外部提供的过程、产品和服务的控制 | A | 采购部 |
| 7日14:30 | 7日15:00 | S10 | 标识和可追溯性 | 8.5.2 | 标识和可追溯性 | B | 质检部 生产部 |
| 7日15:00 | 7日15:30 | S11 | 顾客或外供方财产 | 8.5.3 | 顾客或外供方的财产 | B | 生产部 |
| 7日15:30 | 7日16:30 | S12 | 不合格控制 | 8.7 | 不合格输出的控制 | B | 质检部 |
| 7日16:30 | 7日17:00 | | | | 审核资料整理 | A/B | |
| 7日17:00 | 7日17:30 | | | | 末次会议 | A/B | 部门主管 |

编制/日期：李先生　20××年××月××日　　批准/日期：赵先生　20××年××月××日

## 不符合项报告（1）

QR9.2-04　　　　　　　　　　　　　　　　　　　　　　No：

| 受审核部门 | 办公室 | 部门负责人 | 田先生 |
|---|---|---|---|
| 审　核　员 | 胡小姐 | 审核日期 | 20××年××月××日 |

**不合格证据描述：**

《产品和服务的设计和开发管理流程》文件中的内容，有一处规定已经在20××年××月××日进行更新发放，版本号为A/2，但是在《受控文件一览表》的版本为A/1。

不符合　　程　序：<u>《成文信息管理流程》</u>

　　　　　　　标　准：<u>GB/T 19001-2016 之 7.5.3</u>

不合格类型：一般

审核员：<u>胡小姐</u>　　　　部门负责人：<u>田先生</u>

审核组长确认：<u>李先生</u>　　　日　期：20××年××月××日

**原因分析：**

《成文信息管理流程》未明确规定文件更新后的管理流程。

　　　　　部门负责人：<u>田先生</u>　日　期：20××年××月××日

**遏制措施/纠正：**

在《受控文件一览表》中修改《产品和服务的设计和开发管理流程》的版本，改为最新版本为A/2。重新检查《受控文件一览表》与公司所有受控文件的版本一致性。

　　　　　部门负责人：<u>田先生</u>　日　期：20××年××月××日

**系统的纠正措施：**

（1）修改《成文信息管理流程》，增加文件更新后的管理流程；

（2）修改后的《成文信息管理流程》重新发放形成记录。

（3）《成文信息管理流程》修改后组织各接口人员进行培训；

（4）组织对文件控制进行一次专项审核。

　　　　　部门负责人：<u>田先生</u>　日　期：20××年××月××日

**验证纠正措施实施的有效性：**

《受控文件一览表》《成文信息管理流程》《文件发布（更改）审批表》《培训有效性评价表》《培训记录表》《文件发放/回收记录》《文件控制专项审核检查表》《文件控制专项审核报告》。

　　　　　审核员：<u>胡小姐</u>　日　期：20××年××月××日

## 不符合项报告（2）

QR9.2-04　　　　　　　　　　　　　　　　　　　　　No：_____

| 受审核部门 | 生产部 | 部门负责人 | 孙小姐 |
|---|---|---|---|
| 审　核　员 | 李先生 | 审　核　日　期 | 20××年××月××日 |

**不合格证据描述：**

公司所有的设备均进行了日常维护保养，但是没有建立周期性的维护保养计划。

不符合　　程　序：《设施管理流程》

　　　　　　标　准：GB/T 19001-2016 之 7.1.3

不合格类型：一般

审核员：<u>李先生</u>　　　　部门负责人：<u>孙小姐</u>

审核组长确认：<u>李先生</u>　　日　期：20××年××月××日

---

**原因分析：**

在策划《设施管理流程》对设备管理时，由于认识得不充分，只明确了设备进行日常维护保养，未策划建立周期性的维护保养计划。

　　　　　部门负责人：<u>孙小姐</u>　日　期：20××年××月××日

---

**遏制措施/纠正：**

对现有设备制定《设备预防性维护保养计划》。

　　　　　部门负责人：<u>孙小姐</u>　日　期：20××年××月××日

---

**系统的纠正措施：**

(1) 修改《设施管理流程》，增加设备预防性维护管理要求，编制《设备预防性维护保养计划》；

(2) 修改《设施管理流程》后，将旧文件回收，新文件发放；

(3) 组织相关人员培训《设施管理流程》；

(4) 生产部制定《设备预防性维护保养计划》。

　　　　　部门负责人：<u>孙小姐</u>　日　期：20××年××月××日

---

**验证纠正措施实施的有效性：**

《设施管理流程》《设备预防性维护保养计划》《培训有效性评价表》《培训记录表》《文件发布（更改）审批表》《文件发放/回收记录》。

　　　　　审核员：<u>李先生</u>　日　期：20××年××月××日

## 不符合项报告（3）

QR9.2-04　　　　　　　　　　　　　　　　　　　　　No：

| 受审核部门 | 高层管理 | 部门负责人 | 赵先生 |
|---|---|---|---|
| 审 核 员 | 胡小姐 | 审 核 日 期 | 20××年××月××日 |

**不合格证据描述：**

检查最近20××年××月××日内部质量管理体系审核，提出的6个不符合项，其中有1个不符合项只提做了遏制措施/纠正，并未采取系统的纠正措施，不能消除不合格的原因，防止不合格的再发生。

不符合　程　序：《内部审核管理流程》
　　　　标　　准：GB/T 19001—2016 之 9.2
不合格类型：一般
审核员：<u>胡小姐</u>　　　部门负责人：<u>赵先生</u>
审核组长确认：<u>李先生</u>　　日　期：20××年××月××日

**原因分析：**

《内部审核管理流程》文件的权责规定"审核组负责编制审核文件，并进行审核及纠正和预防措施的验证。"审核组是临时组成的小组，责任心不强，审核人员执行力差。

　　　　部门负责人：<u>赵先生</u>　日　期：20××年××月××日

**遏制措施/纠正：**

对内部质量管理体系审核，提出的1个不符合项，重新发出《不合格和纠正措施单》，进行原因分析，采取措施消除不合格的原因，防止不合格的再发生，并验证纠正措施实施的有效性。

　　　　部门负责人：<u>赵先生</u>　日　期：20××年××月××日

**系统的纠正措施：**

（1）修改《内部审核管理流程》文件的权责，把"审核组负责编制审核文件，并进行审核及纠正和预防措施的验证"，改为"办公室负责审核文件发放，包括《不合格和纠正措施单》，并依据所计划的改正行动、纠正措施进行跟踪验证。措施无效时，重新发布《不合格和纠正措施单》，直到纠正措施有效"。
（2）修改《内部审核管理流程》后，将旧文件回收，新文件发放；
（3）组织相关人员培训《内部审核管理流程》。

　　　　部门负责人：<u>赵先生</u>　日　期：20××年××月××日

**验证纠正措施实施的有效性：**

《内部审核管理流程》《不合格和纠正措施单》《培训有效性评价表》《培训记录表》《文件发布（更改）审批表》《文件发放/回收记录》。

　　　　审核员：<u>胡小姐</u>　日　期：20××年××月××日

附录　按过程进行的内部审核（案例）

## 不合格项分布表

QR9.2-05　　　　　　　　　　　　　　　　　　　　　　　　　　No：

| 条款 | 标准内容 | 部门 ||||||||
|---|---|---|---|---|---|---|---|---|
| | | 高层管理 | 生产部 | 技术部 | 质检部 | 办公室 | 采购部 | 业务部 |
| 4 | 组织环境 | | | | | | | |
| 4.1 | 理解组织及其环境 | | | | | | | |
| 4.2 | 理解相关方的需求和期望 | | | | | | | |
| 4.3 | 确定质量管理体系的范围 | | | | | | | |
| 4.4 | 质量管理体系及其过程 | | | | | | | |
| 5 | 领导作用 | | | | | | | |
| 5.1 | 领导作用和承诺 | | | | | | | |
| 5.1.1 | 总则 | | | | | | | |
| 5.1.2 | 以顾客为关注焦点 | | | | | | | |
| 5.2 | 方针 | | | | | | | |
| 5.2.1 | 制定质量方针 | | | | | | | |
| 5.2.2 | 沟通质量方针 | | | | | | | |
| 5.3 | 组织的岗位、职责和权限 | | | | | | | |
| 6 | 策划 | | | | | | | |
| 6.1 | 应对风险和机遇的措施 | | | | | | | |
| 6.2 | 质量目标及其实现的策划 | | | | | | | |
| 6.3 | 变更的策划 | | | | | | | |
| 7 | 支持 | | | | | | | |
| 7.1 | 资源 | | | | | | | |
| 7.1.1 | 总则 | | | | | | | |
| 7.1.2 | 人员 | | | | | | | |
| 7.1.3 | 基础设施 | | 1 | | | | | |
| 7.1.4 | 过程运行环境 | | | | | | | |
| 7.1.5 | 监视和测量资源 | | | | | | | |
| 7.1.6 | 组织的知识 | | | | | | | |
| 7.2 | 能力 | | | | | | | |
| 7.3 | 意识 | | | | | | | |
| 7.4 | 沟通 | | | | | | | |
| 7.5 | 成文信息 | | | | | | | |
| 7.5.1 | 总则 | | | | | | | |
| 7.5.2 | 创建和更新 | | | | | | | |
| 7.5.3 | 成文信息的控制 | | | | | 1 | | |
| 8 | 运行 | | | | | | | |
| 8.1 | 运行的策划和控制 | | | | | | | |
| 8.2 | 产品和服务的要求 | | | | | | | |
| 8.2.1 | 顾客沟通 | | | | | | | |

编制/日期：李先生　20××年××月××日　　　批准/日期：赵先生　20××年××月××日

477

续表

| 条款 | 标准内容 | 部门 ||||||||
|---|---|---|---|---|---|---|---|---|
| | | 高层管理 | 生产部 | 技术部 | 质检部 | 办公室 | 采购部 | 业务部 |
| 8.2.2 | 产品和服务要求的确定 | | | | | | | |
| 8.2.3 | 产品和服务要求的评审 | | | | | | | |
| 8.2.4 | 产品和服务要求的更改 | | | | | | | |
| 8.3 | 产品和服务的设计和开发 | | | | | | | |
| 8.3.1 | 总则 | | | | | | | |
| 8.3.2 | 设计和开发策划 | | | | | | | |
| 8.3.3 | 设计和开发输入 | | | | | | | |
| 8.3.4 | 设计和开发控制 | | | | | | | |
| 8.3.5 | 设计和开发输出 | | | | | | | |
| 8.3.6 | 设计和开发更改 | | | | | | | |
| 8.4 | 外部提供过程、产品和服务的控制 | | | | | | | |
| 8.4.1 | 总则 | | | | | | | |
| 8.4.2 | 控制类型和程度 | | | | | | | |
| 8.4.3 | 提供给外部供方的信息 | | | | | | | |
| 8.5 | 生产和服务提供 | | | | | | | |
| 8.5.1 | 生产和服务提供的控制 | | | | | | | |
| 8.5.2 | 标识和可追溯性 | | | | | | | |
| 8.5.3 | 顾客或外部供方的财产 | | | | | | | |
| 8.5.4 | 防护 | | | | | | | |
| 8.5.5 | 交付后活动 | | | | | | | |
| 8.5.6 | 更改控制 | | | | | | | |
| 8.6 | 产品和服务的放行 | | | | | | | |
| 8.7 | 不合格输出的控制 | | | | | | | |
| 9 | 绩效评价 | | | | | | | |
| 9.1 | 监视、测量、分析和评价 | | | | | | | |
| 9.1.1 | 总则 | | | | | | | |
| 9.1.2 | 顾客满意 | | | | | | | |
| 9.1.3 | 分析与评价 | | | | | | | |
| 9.2 | 内部审核 | 1 | | | | | | |
| 9.3 | 管理评审 | | | | | | | |
| 9.3.1 | 总则 | | | | | | | |
| 9.3.2 | 管理评审输入 | | | | | | | |
| 9.3.3 | 管理评审输出 | | | | | | | |
| 10 | 改进 | | | | | | | |
| 10.1 | 总则 | | | | | | | |
| 10.2 | 不合格和纠正措施 | | | | | | | |
| 10.3 | 持续改进 | | | | | | | |
| 合计 | | 1 | 1 | | | 1 | | |

编制/日期：李先生　20××年××月××日　　批准/日期：赵先生　20××年××月××日

## 内部质量管理体系审核报告

QR9.2-06　　　　　　　　　　　　　　　　　　　　　　　　　　No：

| 审核目的 | 验证公司质量管理体系是否符合 GB/T 19001-2016/ISO 9001:2015 的要求、企业自身的质量管理体系运行要求，体系是否有效的实施和保持。 | 审核日期 | 20××年××月××日 |
|---|---|---|---|
| 审核范围 | F 产品的设计开发、生产和服务及相关管理活动。 | 上次审核日期 | 20××年××月××日 |
| 审核依据 | GB/T 19001-2016/ISO 9001:2015、质量管理体系规范、产品标准及质量管理体系支持文件。 | 上次审核报告编号 | 88881112A09 |

**审核过程综述：**

20××年××月××日以李先生为审核组长，胡小姐、李先生二人为审核组成员，按照内审计划和内审实施计划及内审检查表的要求，对本公司的质检部、生产部、计划部、办公室、高层管理、业务部、技术部、采购部、各车间、仓库以抽样的方式进行了内部质量管理体系审核。

按照识别的顾客导向过程 C1-C4、支持过程 S1-S10、管理过程 M1-M6，检查了生产过程有设备操作文件、工艺规程、生产作业指导书，检验有检验指导书，采购原材料和生产过程的半成品及产成品均有检验记录。各部门能按体系文件要求进行工作。

**不合格项统计与分析（包括：数量、严重程度、存在的主要问题等）：**

本次内审中共发现 3 个不符合项：

1. 《产品和服务的设计与开发管理流程》文件 1 个规定已经在 20××年××月××日进行更新发放，版本号为 A/2，但是在《受控文件一览表》的版本为 A/1。不符合标准：GB/T 19001-2016 之 7.5.3 条款。

2. 公司所有的设备均进行了日常维护保养，但是没有建立周期性的维护保养计划。不符合标准：GB/T 19001-2016 之 7.1.3 条款。

3. 检查最近 20××年××月××日内部质量管理体系审核，提出的 6 个不符合项，其中有 1 个不符合项只提做了遏制措施/纠正，并未采取系统的纠正措施，不能消除不合格的原因，防止不合格的再发生。不符合标准：GB/T 19001-2016 之 9.2 条款。

**对质量管理体系的评价（包括：文件体系与标准的符合程度、实施效果等）：**

本公司质量管理体系的实施情况与 GB/T 19001-2016/ISO 9001:2015 标准及体系文件基本符合，体系运行自运行以来能按文件程序进行操作，有能力提供满足顾客和法律法规要求的产品，顾客满意能达到质量目标要求，体系的运行取得了良好效果，实施有效。

**结论：**

经过一天的抽样审核，共发现了 3 个不符合项，审核结果成功。内审组认为本公司质量管理体系文件得到有效的执行，质量管理体系现状对本公司经营管理环境的变化具备了一定的适宜性，运行过程起到的良好作用，实际被证明体系是充分、有效的。

**纠正措施要求：**

对上述 3 个不符合项的纠正措施，分发到相关责任部门，应立即分析原因、制定对策、并切实实行，审核员在完成期限进行验证，对不合格的需重新进行纠正。

编制/日期：李先生　20××年××月××日　　　批准/日期：赵先生　20××年××月××日

## 会议签到表

QR9.2-07                                             No：

| 会议时间 | 20××年××月××日 |
|---|---|
| 会议地点 | 会议室 |
| 会议性质 | □首次会议　　□末次会议 |

| 参加人员签名 ||||||
|---|---|---|---|---|---|
|  |  |  |  |  |  |
|  |  |  |  |  |  |
|  |  |  |  |  |  |
|  |  |  |  |  |  |
|  |  |  |  |  |  |
|  |  |  |  |  |  |
|  |  |  |  |  |  |
|  |  |  |  |  |  |
|  |  |  |  |  |  |
|  |  |  |  |  |  |
|  |  |  |  |  |  |
|  |  |  |  |  |  |
|  |  |  |  |  |  |
|  |  |  |  |  |  |
|  |  |  |  |  |  |

## 质量管理体系内审检查表

QR9.2-03　　　　　　　　　　　　　　　　　　　　　　　　　　　　　　　　　　　　　　　　　　　　　　　No：

| 1. 六个过程特性： | | | | | | | |
|---|---|---|---|---|---|---|---|
| ●是否已规定过程的负责人（执行者）？ 是□ 否□ | | | | | | | |
| ●是否已对过程的接口加以明确？ 是□ 否□ | | | | | | | |
| ●是否已对过程给以定义？ 是□ 否□ | | | | | | | |
| ●过程是否已文件化？ 是□ 否□ | | | | | | | |
| ●过程是否被监控？ 是□ 否□ | | | | | | | |
| ●记录是否保持？ 是□ 否□ | | | | | | | |

| 2. 四个支持过程问题（关于风险）？ | |
|---|---|
| ●用什么？（原材料、设备） | 是□ 否□ |
| ●由谁做？（能力、培训） | 是□ 否□ |
| ●用哪些衡量指标？（测量、评估） | 是□ 否□ |
| ●如何做？（方法、技术） | 是□ 否□ |

【评估结果说明】
(1) 符合（√）；
(2) 需改进（○）；
(3) 不符合（×）

| 3. 过程（COP/MP/CP） | | 4. GB/T 19001-2016 IDT ISO 9001：2015 标准 | | 5. 质量目标/过程绩效指标 | 6. 责任部门 | 7. 相关管理体系文件 | | 8. 对审核观察到的、证据、潜在或实际发现的描述（审核记录） | 9. 评估结果 |
|---|---|---|---|---|---|---|---|---|---|
| 编号 | 名称 | 条款 | 标准内容 | | | 文件编号 | 文件名称 | | |
| M1 | 管理体系策划 | 4.1 | 理解组织及其环境 | 外部和内部事项评审及时率100% | 高层管理 | QM/W101 | 体系及变更的策划管理流程 | 目标考核结果：外部和内部事项评审及时率100%<br>(1) 公司全面收集信息，结合公司的宗旨和战略方向，对企业内外部因素进行分析，形成《内外部因素评审报告》，包括以下方面：<br>①公司主要产品和服务<br>②主要市场与顾客<br>③企业文化、愿景、使命及核心价值观<br>④企业人力资源状况<br>⑤企业主要设备及设施<br>⑥主要设备及设施<br>⑦法规和政策环境<br>⑧社会环境<br>⑨经济环境 | √ |

481

续表

| | | | | |
|---|---|---|---|---|
| 4.2 | 理解相关方的需求和期望 | 利益相关方的要求评审及时效率100% | 高层管理 | (1) 目标考核结果：利益相关方的要求评审及时效率100%<br>(2) 公司相关方包括：顾客、最终顾客或受益人、供应链中的供方、分销商、零售商、外包劳务、外部银行、股东、雇员、临时员工、外包劳务、立法机构（公证）、组织、政府机构、社会团体、社区等<br>(3) 从两个主要相关方进行描述：<br>①主要顾客群、市场细分及顾客需求和期望<br>②供应链上外供方的需求和期望 | √ |
| 4.3 | 确定质量管理体系的范围 | | 高层管理 | 公司质量管理体系的范围为：<br>①F产品的设计开发、生产和服务及相关管理活动<br>②生产加工场所：上海市宝山区建设路××号 | √ |
| 4.4 | 质量管理体系及其过程 | 过程正确识别率100% | 高层管理 | (1) 目标考核结果：过程正确识别率100%<br>(2) 公司以顾客为导向过程，建立了质量管理体系，包括：<br>①顾客导向过程C1-C4<br>②支持过程S1-S10<br>③管理过程M1-M6<br>(3) 公司外包过程有：产品运输、包装箱加工、检测设备校准、产品第三方检测 | √ |
| 6.3 | 变更的策划 | 变更输出有效率≥90% | 高层管理 | (1) 目标考核结果：变更输出有效率≥90%<br>(2) 公司变更的策划考虑下面：<br>①变更策划书<br>②基础设施、监视和测量设施、安全/环保设施、过程运行环境变更<br>③工艺、技术、作业过程变更 | √ |

附录 按过程进行的内部审核（案例）

| | | | | | | |
|---|---|---|---|---|---|---|
| M2 | 领导作用 | 5.1 | 领导作用和承诺 | 外部审核一次通过率100% | 高层管理 | | ④材料、信息系统、能源变更<br>⑤组织结构、人员、岗位及职责变更<br>⑥合同的变更<br>（1）目标考核结果：外部审核一次通过率100%<br>（2）领导承诺对下面工作支持：<br>①质量方针，发布文件，且明显位置公示<br>②质量目标，组织各部门分解，进行考核<br>③风险意识培训<br>④对质量管理体系运行提供资源<br>⑤过程分析乌龟图<br>⑥召开会议、培训、公示、宣传等方式传达管理体系要求<br>⑦定期组织管理评审<br>⑧制定质量奖励制度<br>⑨QC小组活动<br>⑩支持管理人员的岗位职责执行 | √ |
| | | 5.2 | 方针 | 质量方针抽查知晓率≥90% | 高层管理 | QM/W102 岗位描述 | （1）目标考核结果：质量方针抽查知晓率93.7%<br>（2）公司的质量方针：技术先导、品质卓越、产品精良、持续创新、顾客满意<br>（3）公司制定的质量方针考虑<br>①产品和服务有关要求、公示的承诺<br>②质量方针形成文件，公示于员工易看到地方<br>③组织员工培训 | √ |
| | | 5.3 | 组织的岗位、职责和权限 | 岗位职责理解执行率≥90% | 高层管理 | | （1）目标考核结果：岗位职责理解执行率96.2%<br>（2）公司制定了各部门及各个岗位的岗位职责，发放到各部门及各岗位，并组织员工学习，保留了岗位职责的培训记录 | √ |

483

续表

| | | | | | | 高层管理 | √ |
|---|---|---|---|---|---|---|---|
| | 7.1.1 | 支持/资源/总则 | | | | 公司支持资源包括：<br>①人力资源及其能力<br>②基础设施<br>③监视和测量资源<br>④企业的知识<br>⑤信息<br>⑥公司现需要的外包为：产品运输、产品电镀、热处理、检测设备校准、产品第三方检测 | |
| M3 | 6.1 | 应对风险和机遇的措施 | 风险和机会有效识别率100% | QM/WI03 | 风险和机遇的策划管理流程 | （1）目标考核结果：风险和机会有效识别率100%<br>（2）公司制定了《SWOT分析指引》《应对风险和机遇管理流程》<br>（3）总经理及各部门按管理流程要求，对风险和机遇进行分析，分析后形成《各部门风险和机遇分析报告》，由总经理汇总后形成《企业风险分析报告》。分发到各部门，并要求各部门制定《应对风险和机遇的措施单》<br>（4）总经理负责对风险和机遇评估后结果的审批，跟踪验证，直到计划目标达成 | √ |
| 风险机遇策划 | | | | QM/WI04 | 业务计划管理流程 | | |
| | | | | QM/WI05 | SWOT分析指引 | | |
| | | | | QM/WI06 | 波特五力模型指引 | | |
| | | | | QM/WI07 | 作业风险管理规定 | | |
| M4 | 6.2 | 质量目标及其实现的策划 | 质量考核达标率≥90% | QM/WI08 | 质量目标的策划管理流程 | （1）目标考核结果：质量考核达标率100%<br>（2）公司制定了过程绩效指标（质量目标）管理规定<br>（3）对20××年度质量目标进行了考核，均能达到要求 | 高层管理 √ |
| 目标策划 | | | | QM/WI09 | 过程绩效指标（质量目标）管理规定 | | |

附录 按过程进行的内部审核（案例）

| | | | | | | | |
|---|---|---|---|---|---|---|---|
| M5 | 分析评价 | 9.1.1 | 总则 | | 高层管理 | | 公司分析评价包括：<br>①顾客满意调查与分析报告<br>②数据分析与评价报告<br>③内部审核报告<br>④管理评审报告<br>⑤质量目标考核结果<br>⑥产品和服务监视和测量数据 | √ |
| | | 9.1.3 | 分析与评价 | 数据分析及时完成率100% | 质检部 | QM/W165 分析与评价管理流程 | （1）目标考核结果：数据分析及时完成率100%<br>（2）分析评价资料包括：<br>①数据和资料分析报告<br>②数据趋势图<br>③提交给顾客确认的数据报告资料<br>④不符合和纠正/预防措施状况（包括验证/确认） | √ |
| M6 | 内部审核 | 9.2 | 内部审核 | 不符合项有效关闭率100% | 高层管理 | QM/W166 内部审核管理流程 | （1）目标考核结果：不符合项有效关闭率100%<br>（2）查上次内审包括：<br>①《内部质量体系审核计划》<br>②《内审实施计划》<br>③《质量管理体系内审检查表》<br>④《会议签到表》<br>⑤《不符合项报告》<br>⑥《内部质量管理体系审核报告》<br>（3）检查最近20××年××月××日内部质量管理体系审核，提出的6个不符合项，其中有1个不符合项只提做了遏制措施/纠正，并未采取系统的纠正措施，不能消除不合格的原因，防止不合格的再发生 | × |

485

续表

| | | | | | | |
|---|---|---|---|---|---|---|
| M7 | 管理评审 | 9.3 | 管理评审 | 管理评审改进措施完成率100% | 高层管理 | QM/WI67 | 管理评审管理流程 | (1) 目标考核结果：管理评审改进措施完成率100%<br>(2) 查上次管理评审包括：<br>①评审计划、通知<br>②对质量管理体系的改进，（如：质量目标、过程绩效、管理流程等的更改）<br>③对产品和服务的改进<br>④过程的改进<br>⑤对质量管理体系变更的需求<br>⑥人员、基础设施、过程运行环境、企业知识方面资源的需求<br>⑦评审报告<br>⑧各部门评审总结报告<br>⑨评审会议记录 | √ |
| M8 | 改进 | 10.1 | 总则 | | 高层管理 | QM/WI68 | 不合格和纠正措施管理流程 | 公司持续改进包括：<br>①《持续改进/推进计划》<br>②《持续改进成果反馈表》<br>③产品质量满足顾客要求<br>④分析与评价报告<br>⑤纠正、纠正措施<br>⑥公司产品创新<br>⑦管理体系及过程优化<br>⑧业务提升、重组 | √ |
| | | 10.2 | 不合格和纠正措施 | 优先减小计划实施有效性≥85% | 质检部 | | | 1. 目标考核结果：<br>①优先减少计划实施有效性89.2%<br>②重复质量问题0.6次/月<br>③不合格与纠正措施关闭率100% | √ |

附录 按过程进行的内部审核（案例）

续表

| | | | | | |
|---|---|---|---|---|---|
| | 10.3 | 持续改进 | 重复质量问题≤1次/月<br>不合格与纠正措施关闭率100%<br>持续改进项目实施有效率≥90% | 高层管理 QM/WI69 | 持续改进管理流程 | (2) 公司对不合格管理包括：<br>①不合格和纠正措施单<br>②顾客退回产品试验和分析记录表<br>③纠正和预防措施实施情况<br>④优先减少计划<br>⑤质量月报<br>⑥因果图分析<br>(1) 目标考核结果：持续改进项目实施有效率100%<br>(2) 公司持续改进内容包括：<br>①《持续改进/推进计划》<br>②《持续改进成果反馈表》<br>③产品质量满足顾客要求<br>④管理体系及过程优化<br>⑤人员、设施、过程运行环境<br>⑥知识方面资源改善 | √ |

审核员：胡小姐　　日期：20××年××月××日　　组长：陈先生　　日期：20××年××月××日

# 质量管理体系内审检查表

QR9.2-03                                             No:

1. 六个过程特性：
- 是否已规定过程的负责人（执行者）？ 是□ 否□
- 是否已对过程的接口加以明确？ 是□ 否□
- 是否已对过程给能力加以定义？ 是□ 否□
- 过程是否已文件化？ 是□ 否□
- 过程是否被监控？ 是□ 否□
- 记录是否保持？ 是□ 否□

2. 四个支持过程问题（关于风险）？
- 用什么？（原材料、设备） 是□ 否□
- 由谁做？（能力、培训） 是□ 否□
- 用哪些衡量指标？（测量、评估） 是□ 否□
- 如何做？（方法、技术） 是□ 否□

【评估结果说明】
(1) 符合（√）；
(2) 需改进（○）；
(3) 不符合（×）

| 3. 过程(COP/MP/CP) | 4. GB/T 19001-2016 IDT ISO 9001:2015 标准 | | 5. 质量目标/过程绩效指标 | 6. 责任部门 | 7. 相关管理体系文件 | | 8. 对审核观察到的、证据、潜在或实际的发现的描述（审核记录） | 9. 评估结果 |
|---|---|---|---|---|---|---|---|---|
| 编号 | 名称 | 条款 | 标准内容 | | | 文件编号 | 文件名称 | | |
| C1 | 顾客订单 | 8.2 | 产品和服务的要求 | 合同评审完成率100% 顾客要求识别准确率≥95% | 业务部 | QM/WI32 | 产品和服务要求的管理流程 | (1) 目标考核结果：<br>①合同评审完成率100%<br>②顾客要求识别准确率98.4%<br>(2) 公司制定、实施和保持《产品和服务要求管理流程》，对顾客要求的识别、合同评审、售后服务实施控制，以达到顾客的持续满意<br>业务员通过电话、传真、QQ邮件与顾客进行沟通，包括：<br>①提供有关产品和服务的信息<br>②处理问询、合同或订单，包括变更<br>③获取有关产品和服务的顾客反馈，包括顾客抱怨<br>④处置或控制顾客财产<br>⑤关系重大时，制定有关应急措施的特定要求 | √ |
| | | 8.2.1 | 顾客沟通 | | | | | | |
| | | 8.2.2 | 产品和服务要求的确定 | | | QM/WI33 | 顾客账款管理规定 | 业务员对产品和服务有关的要求确定，包括：<br>①产品要求已得到规定，包括交付及交付后活动要求 | √ |

488

续表

| | | | | | | |
|---|---|---|---|---|---|---|
| C2 | 设计和开发 | 8.2.3 | 产品和服务要求的评审 | | QM/WI34 顾客投诉处理规定 | ②与以前表述不一致的合同或订单的要求已得到解决<br>③适用于产品和服务的法律法规要求<br>④公司规定的要求<br>⑤顾客没有明示，但规定的用途或已知的预期用途所必需的要求<br>对公司现有3家主要顾客，共抽查6份合同订单，签订了书面合同，形成合同评审记录，评审时间为签订合同当日，有相关评审会议记录及参会人员签名 | √ |
| | | 8.2.4 | 产品和服务要求的更改 | | | 当产品和服务要求发生更改，业务员制定《合同更改单》，并确保相关人员知道已更改的要求，发放到相关部门 | √ |
| | | 8.3.1 | 产品和服务的设计和开发总则 | 开发计划节点按时完成率≥95%<br>开发输出正确率≥99% | QM/WI35 产品和服务的设计和开发流程 | （1）目标考核结果：<br>①开发计划节点按时完成率96.9%<br>②开发输出正确率100%<br>（2）公司制定了《设计开发管理流程》 | √ |
| | | 8.3.2 | 设计和开发策划 | | QM/WI36 工模夹具设计与制作管理流程 技术部 | 设计和开发策划由技术部主管进行，形成设计开发计划书，安排设计开发过程的各个阶段，开发人员分工与接口关系，安排评审、验证、确认活动 | √ |
| | | 8.3.3 | 设计和开发输入 | | QM/WI37 FMEA管理规定 | 提供的产品要求记录单，产品设计开发任务书，产品与过程特殊特性明细表资料明表设计和开发评审、验证和确认记录显示已按策划实施评审 | √ |
| | | 8.3.4 | 设计和开发控制 | | | 产品设计和开发安排进行了评审、验证和确认，从记录显示已按策划实施评审 | √ |

489

续表

| | | | | | |
|---|---|---|---|---|---|
| | 8.3.5 | 设计和开发输出 | QM/WI38 | 工程变更管理规定 | (1) 设计开发输出资料包括：<br>①产品和服务技术规范或产品和服务标准<br>②设计方案<br>③技术方案<br>④各种技术图纸，包括电气原理图、接线表、布局图等<br>⑤装配、安装、调试作业指导书<br>⑥物料清单、外协采购需求<br>⑦验收准则、测试说明书<br>⑧产品使用说明书等<br>(2) 设计开发输出进行了评审，满足输入要求 | √ |
| | 8.3.6 | 设计和开发更改 | QM/WI39 | 技术文件管理规定 | (1) 设计开发期间及后续、因内、外部原因变化均会发生设计和开发的更改<br>(2) 公司设计和开发的更改由技术部归口管理 | √ |
| C3 | 8.5.1 | 生产和服务提供的控制 | 生产计划完成率≥99%<br>产品不良率≤0.3%<br>报废率≤0.03%<br>成品批次合格率≥80% | 生产部 | QM/WI41 生产和服务提供管理流程<br>QM/WI42 生产计划管理流程<br>QM/WI43 产品包装作业指导书<br>QM/WI44 进货检验指导书<br>QM/WI45 过程检验指导书 | (1) 目标考核结果：<br>①生产计划完成率 99.2%<br>②产品不良率 0.23%<br>③报废率 0.02%<br>④成品批次合格率 97.2%<br>(2) 生产和服务提供的控制记录如下：<br>①《销售计划》<br>②《周生产计划表》<br>③《质量状态标识卡》<br>④《生产日报》<br>⑤作业指导书<br>⑥工艺卡 | √ |

产品制造

续表

| | | | | | | | | | |
|---|---|---|---|---|---|---|---|---|---|
| | | | | | | QM/WI46 | 成品检验指导书 | ⑦检验指导书<br>⑧防错措施及记录<br>⑨关键岗位培训记录<br>⑩重要工序、设备验证记录<br>⑪人员资格确认 | |
| | | | | | | QM/WI47 | 防错管理规定 | | |
| | | | | | | QM/WI48 | 作业准备验证管理规定 | | |
| | | | | | | QM/WI49 | 工艺纪律管理规定 | | |
| | | 8.5.6 | 更改控制 | | 生产部 | QM/WI58 | 生产和服务提供的更改管理流程 | (1) 公司制定了《生产和服务提供的更改管理流程》<br>(2) 更改形成记录：<br>①《生产和服务提供更改申请单》<br>②《生产和服务提供更改评审表》 | √ |
| C4 | 防护和放行 | 8.5.4 | 防护 | 产品防护完好率≥97% | 生产部 | QM/WI52 | 防护管理流程 | (1) 目标考核结果：产品防护完好率 98.2%<br>(2) 公司制定了《防护管理流程》<br>(3) 公司产品防护严格按文件要求，产品防护从材料、零件、半成品、成品，到产品出货<br>(4) 生产创建了规范的作业管理现场，保持清洁的生产、储存环境 | √ |
| | | | | | | QM/WI53 | 材料仓库管理规定 | | |
| | | | | | | QM/WI54 | 半成品仓库管理规定 | | |
| | | | | | | QM/WI55 | 成品仓库管理规定 | | |
| | | 8.6 | 产品和服务的放行 | ★放行产品退货率≤0.5% | 质检部 | QM/WI59 | 产品和服务的放行管理流程 | (1) 目标考核结果：★放行产品退货率 0.35%<br>(2) 根据产品策划的安排，检验和试验过程分为进货检验、过程检验和最终检验<br>(3) 各阶段的检验均由质检部实施，检验记录要有检验人员签字，除非得到有关授权人员的批准，适用时得到顾客的批准，否则在所有检验项目完成之前，不向顾客交付产品 | |
| | | | | | | QM/WI60 | 批次管理规定 | | |

续表

| | | | | | | |
|---|---|---|---|---|---|---|
| | 8.5.5 | 交付后活动 | ★交付及时率≥98% | 业务部 | QM/WI56 | 产品交付管理流程 | (4) 产品及零部件的检验按照《进货检验标准书》《过程检验过程书》《成品检验标准书》，以策划的要求进行产品各阶段的检验和试验，完成对于产品质量的监视和测量，确保对经检验或试验合格的产品才能转入下道工序或出厂 | √ |
| | | | | | QM/WI57 | 售后服务管理规定 | (1) 目标考核结果：★交货及时率≥100%<br>(2) 公司按顾客要求，及时交付产品，填写了《送货单》、《产品交付跟踪记录表》，确保客户所需要的产品及时准备地交付给客 | √ |
| C5 | 9.1.2 | 顾客满意 | ★顾客满意度≥85分 顾客投诉及时回复率100% | 业务部 | QM/WI64 | 顾客满意管理流程 | (1) 目标考核结果：<br>①★顾客满意度88.3分<br>②顾客投诉及时回复率100%<br>(2) 为确保顾客满意，做了如下工作：<br>①《客户档案》<br>②《顾客满意度调查表》<br>③《顾客满意度分析表》<br>④《顾客信息反馈表》<br>⑤《不合格和纠正措施单》<br>⑥《顾客投诉信息处理单》 | √ |
| 交付后服务 | | | | | | | | |

审核员：胡小姐　　　日期：20××年××月××日　　　组长：陈先生　　　日期：20××年××月××日

## 附录 按过程进行的内部审核（案例）

### 质量管理体系内审检查表

QR9.2-03　　　　　　　　　　　　　　　　　　　　　　　　　　　　　　　No：

| 1. 六个过程特性： | | | 2. 四个支持过程问题（关于风险）？ | |
|---|---|---|---|---|
| ●是否已规定过程的负责人（执行者）？ | | 是□ 否□ | ●用什么？（原材料、设备） | 是□ 否□ |
| ●是否已对过程的接口加以明确？ | | 是□ 否□ | ●由谁做？（能力、培训） | 是□ 否□ |
| ●是否已对过程给以定义？ | | 是□ 否□ | ●用哪些衡量指标？（测量、评估） | 是□ 否□ |
| ●过程是否已文件化？ | | 是□ 否□ | ●如何做？（方法、技术） | 是□ 否□ |
| ●过程是否被监控？ | | 是□ 否□ | | |
| ●记录是否保持？ | | 是□ 否□ | | |

| 3. 过程（COP/MP/CP） | | 4. GB/T 19001-2016 IDT ISO 9001:2015标准 | | 5. 质量目标/过程绩效指标 | 6. 责任部门 | 7. 相关管理体系文件 | | 8. 对审核观察到的、证据、潜在或实际的发现的描述（审核记录） | 9. 评估结果 |
|---|---|---|---|---|---|---|---|---|---|
| 编号 | 名称 | 条款 | 标准内容 | | | 文件编号 | 文件名称 | | [评估结果说明]<br>(1) 符合（√）；<br>(2) 需改进（○）；<br>(3) 不符合（×） |
| S1 | 人力资源 | 7.1.2 | 人员 | 人员配置率≥95% | 办公室 | QM/W110 | 人员管理流程 | 对审核结果：人员配置率97.7%<br>(1) 目标考核结果：人员配置率97.7%<br>(2) 对人员管理，形成下面记录：<br>①对人员需求申请表<br>②岗位人员需求计划<br>③人员招聘计划<br>④人员配置矩阵图 | √ |
| | | | | | | QM/W111 | 员工招聘管理规定 | | |
| | | | | | | QM/W112 | 人员顶岗管理规定 | | |
| | | 7.2 | 能力 | 培训合格率100%<br>培训计划执行率100% | 办公室 | QM/W124 | 能力管理流程 | 对审核结果：<br>(1) 目标考核结果：<br>①培训合格率100%<br>②培训计划执行率100%<br>(2) 对能力管理，形成下面记录：<br>①培训申请<br>②岗位能力需求矩阵<br>③培训计划<br>④培训记录<br>⑤培训效果评估表 | √ |

493

续表

| | | | | | | | |
|---|---|---|---|---|---|---|---|
| S2 | 7.3 | 意识 | 质量意识宣传普及率100% | 办公室 | QM/WI25 | 意识管理流程 | ⑥员工技能评定表<br>⑦员工满意度调查表<br>⑧提案改善表<br>⑨上岗证<br>⑩分配员工满足岗位任职要求<br>⑪外包劳务<br>⑫招聘<br>(1) 目标考核结果：质量意识宣传普及率100%<br>为促进员工意识，重点对下面宣传：<br>①质量方针目标公示，培训<br>②质量目标考核记录<br>③提案改善<br>④员工质量意识宣传培训<br>⑤员工从事工作与体系的关联作用 | √ |
| | | | | | QM/WI26 | 提案改善管理规定 | | |
| | 7.1.3 | 基础设施 | 设备完好率≥85% | 生产部 | QM/WI13 | 设施管理流程 | (1) 目标考核结果：设备完好率90.9%<br>(2) 对公司基础设施管理包括：<br>①设备日常点检表<br>②设备维修保养记录<br>③设备维护保养计划<br>④设备配件清单<br>⑤设备添置申请表<br>⑥设备验收单<br>⑦设备台账<br>⑧设备维修申请单<br>(3) 公司所有的设备均进行了日常维护保养，但是没有建立周期性的维护保养计划 | × |
| | | | | | QM/WI14 | 设备维护保养规定 | | |
| | | | | | QM/WI15 | 工装模具管理规定 | | |

494

续表

| | | | | | | |
|---|---|---|---|---|---|---|
| S3 | 过程运行环境 | 7.1.4 | "7S"检查平均得分≥80分 | QM/WI116 | 工作环境管理规定 | (1) 目标考核结果:"7S"检查平均得分85.2分<br>(2) 对过程运行环境有效管理,包括:<br>①"7S"管理规定<br>②工作现场适宜的工作环境<br>③"7S"评分表<br>④"7S"检查记录<br>⑤员工意见反馈表<br>⑥和谐的人际关系<br>⑦顺畅的工作气氛<br>⑧愉快的员工心情 | ∨ |
| | | | | 生产部 QM/WI117 | "7S"管理规定 | | |
| | | | | QM/WI118 | 反对歧视管理规定 | | |
| S4 | 监视和测量资源 | 7.1.5 | 在用测量设备受检合格率100% | QM/WI119 | 监视和测量资源管理流程 | (1) 目标考核结果:在用测量设备受检合格率100%<br>(2) 对监视和测量资源管理形成记录如下:<br>①合格的监视和测量资源<br>②监视和测量资源合格状态标识<br>③校准记录<br>④偏离校准状态处置记录<br>⑤MSA分析报告<br>⑥测量系统更新措施 | ∨ |
| | | | | 质检部 QM/WI120 | 监测设备管理规定 | | |
| | | | | QM/WI121 | 检测设备自校规定 | | |
| | | | | QM/WI122 | 实验室管理规定 | | |
| S5 | 知识 | 7.1.6 | 组织的知识 知识有效率≥95% | 技术部 QM/WI123 | 知识管理流程 | (1) 目标考核结果:知识有效率96.2%<br>(2) 对下面知识进行管理:<br>①企业管理方法、工作方法、监测方法<br>②设计、生产、服务过程的经验总结报告<br>③产品说明书、维修记录<br>④知识有效性评价记录<br>⑤专利技术、知识产权 | ∨ |

续表

| | | | | | | |
|---|---|---|---|---|---|---|
| S6 | 沟通 | 7.4 | 沟通 | 质量信息传递及时率100% | QM/W127 沟通管理流程 | 质检部 | ⑥生产作业经验<br>⑦安全生产知识<br>⑧环保知识<br>⑨科研成果、工艺成果、QC成果<br>(1) 目标考核结果：质量信息传递及时率100%<br>(2) 对公司沟通管理，包括：<br>①质量信息反馈单<br>②开发产品质量问题单<br>③被查记录的质量信息反馈单、制程异常报告书、不符合各纠正措施单、整改通知单、优先减少计划<br>④不符合各纠正措施单<br>⑤质量问题改进状况一览表<br>⑥传真、邮件、QQ、MSA、微信、电子媒体<br>⑦电话、邮件、发文件<br>⑧公告、通知、简报<br>⑨会议记录、反会议跟踪记录 | √ |
| | | 7.5 | 成文信息 | 文件有效率100%<br>记录填写符合率100%<br>保密协议订率100% | QM/W128 会议管理制度 | | (1) 目标考核结果：<br>①目标有效率100%<br>②记录填写符合率100%<br>(2) 公司制定了《成文信息管理流程》 | √ |
| | | | | | QM/W129 成文信息管理流程 | 办公室 | | √ |
| S7 | 成文信息 | 7.5.1 | 总则 | | QM/W130 企业保密制度 | | (1) 目标考核结果：保密协议签订率100%<br>(2) 成文信息，标识，管理范围：<br>①经审批、发放并妥善保存的文件<br>②文件发放、更改、领用、销毁记录<br>③部门受控文件清单<br>④有效文件清单<br>⑤顾客工程规范评审记录 | √ |

附录 按过程进行的内部审核（案例）

续表

| | | | | | | |
|---|---|---|---|---|---|---|
| | 7.5.2 | 创建和更新 | | ⑥质量记录的标识、贮存、保护、检索、保存期限和处置等得到有效控制<br>⑦保密协议<br>创建和更新成文信息时，企业能确保适当的：<br>①标识和说明（如：标题、日期、作者、索引编号等）<br>②格式（如：语言、软件版本、图示）和媒介（如：纸质、电子格式）<br>③评审和批准，以确保适宜性和充分性 | | √ |
| | 7.5.3 | 成文信息的控制 | | (1) 控制的成文信息，包括：<br>①需要处能很快获得并适用<br>②保护并完整<br>③发放记录<br>④存储和防护<br>⑤文件变更管理<br>⑥保留和处置<br>(2) 对外来文件识别后，进行统一登记，并发放到相关使用部门<br>(3)《产品和服务的设计与开发管理流程》文件的内容，有一处规定已经在20××年××月××日进行更新发放，版本号为A/2，但是在《受控文件一览表》的版本为A/1 | | × |
| S8 | 运行策划 | 8.1 | 运行的策划和控制 | 过程策划输出实施有效率100% | 技术部QM/W131 | 运行的策划和控制管理流程 | 审核结果：过程策划输出实施有效<br>(1) 目标考核结果：过程策划输出实施有效率100%<br>(2) 公司运行策划做了下面工作：<br>①作业文件 |

497

续表

| S9 | 外供方控制 | 8.4 | 外部提供的过程、产品和服务的控制 | | | ②管理规范、制度、规程<br>③外包方的管理<br>④计划变更采取的措施<br>⑤检验标准、验收要求<br>⑥工作标准<br>⑦生产设备资源<br>⑧监视和测量设备<br>⑨过程运行环境<br>⑩合格上岗的人员<br>⑪生产作业记录<br>⑫监视和测量信息<br>⑬过程运行的信息 | √ |
| --- | --- | --- | --- | --- | --- | --- | --- |
| | | | | 原材料采购及时率≥95%<br>原材料批次合格率≥99% | | 目标考核结果：<br>①原材料采购及时率97.1%<br>②原材料批次合格率99.2% | √ |
| | | 8.4.1 | 总则 | | 采购部QM/W140 外部提供的过程、产品和服务管理流程 | 对外部提供过程、产品和服务的控制，填写了以下记录：<br>①供方调查（自评）表<br>②样品检测记录表<br>③合格供方日常管理记录表<br>④供方实地考查记录<br>⑤合格供应商名表<br>⑥供方业绩评价表<br>⑦委外加工协议<br>⑧质量技术保证协议<br>⑨采购计划<br>⑩采购申购单 | √ |

续表

| | | | | | |
|---|---|---|---|---|---|
| | 8.4.2 | 控制类型和程度 | | | ①采购合同<br>②验收标准、方式<br>③外供方自身有效控制评价报告<br>④验证记录<br>(1) 公司对外购材料、外加工产品，按质量管理体系进行管理<br>(2) 对外部供方提供的产品验收要求规定<br>(3) 定期评估供方提供满足顾客要求和服务对企业稳定地提供能力的法律法规要求的潜在影响<br>(4) 对外部自身管理体系控制的有效性定期进行确认<br>(5) 对供应产品进货检验、现场抽检，以确保外部提供方和服务满足要求 | √ |
| | 8.4.3 | 提供给外部供方的信息 | | | 采购部与外部供方沟通以下要求：<br>①所提供的产品和售后服务<br>②对产品质量要求、加工工艺、产品放行条件<br>③特殊岗位要求的人员资质<br>④外部供方与公司的接口<br>⑤公司对外部供方绩效的控制和监视 | √ |
| S10 标识和可追溯性 | 8.5.2 | 标识和可追溯性 | 产品状态标识率≥98% | 质检部<br>生产部 | QM/WI50 产品标识和可追溯性管理流程 | (1) 目标考核结果：产品状态标识率98.3%<br>(2) 公司对产品标识方式：<br>①《质量状态标识卡》<br>②《物料标识卡》<br>③《生产流程》<br>④产品本体字体标识<br>⑤标识牌 | √ |

续表

| | | | | | | | |
|---|---|---|---|---|---|---|---|
| S11 | 顾客或外供方财产 | 8.5.3 | 顾客或外供方的财产的控制 | 顾客或外供方财产完好率100% | 生产部 | 顾客或外供方的财产管理流程 QM/WI51 | (1) 目标考核结果：顾客或外供方财产完好率100%<br>(2) 公司应对公司控制下或公司使用的顾客或外部供方的财产进行识别、验证、保护和维护，如发现顾客或外部供方的财产损坏、丢失，不适用时，及时向顾客报告并保存记录。公司目前只有顾客财产，不涉及外部供方财产 | √ |
| S12 | 不合格控制 | 8.7 | 不合格输出的控制 | 返工产品一次交检合格率100%<br>不合格品处理按时完成率100% | 质检部 | 不合格输出管理流程 QM/WI61<br>产品召回管理规定 QM/WI62<br>返工返修作业流程 QM/WI63 | (1) 目标考核结果：①返工产品一次交检合格率100% ②不合格品处理按时完成率100%<br>(2) 对不合格输出管理记录：①《不合格品评审表》②《让步接收申请单》③《返工返修单》 | √ |

审核员：胡小姐　　　日期：20××年××月××日　　　组长：陈先生　　　日期：20××年××月××日

# 参考文献

[1] GB/T 19001-2016　质量管理体系　要求

[2] GB/T 19000-2016　质量管理体系　基础和术语

[3] IATF 16949-2016　汽车生产件及相关服务件组织的质量管理体系要求

[4] GB/T 19004-2020　质量管理　组织的质量　实现持续成功指南

[5] GB/T 19015-2008　质量管理体系　质量计划指南

[6] GB/T 19010-2009　质量管理　顾客满意　组织行为规范指南

[7] GB/T 19012-2019　质量管理　顾客满意　组织处理投诉指南

[8] GB/T 19023-2003　质量管理体系文件指南

[9] GB/T 19025-2001　质量管理　培训指南

[10] GB/T 19028-2018　质量管理　人员参与和能力指南

[11] GB/T 19011-2013　管理体系审核指南

[12] GB/T 24353-2009　风险管理　原则与实施指南

[13] GB/T 19017-2020　质量管理　技术状态管理指南

[14] GB/T 19022-2003　测量管理体系　测量过程和测量设备的要求